utb 4663

Eine Arbeitsgemeinschaft der Verlage

W. Bertelsmann Verlag · Bielefeld
Böhlau Verlag · Wien · Köln · Weimar
Verlag Barbara Budrich · Opladen · Toronto
facultas · Wien
Wilhelm Fink · Paderborn
A. Francke Verlag · Tübingen
Haupt Verlag · Bern
Verlag Julius Klinkhardt · Bad Heilbrunn
Mohr Siebeck · Tübingen
Ernst Reinhardt Verlag · München
Ferdinand Schöningh · Paderborn
Eugen Ulmer Verlag · Stuttgart
UVK Verlagsgesellschaft · Konstanz, mit UVK/Lucius · München
Vandenhoeck & Ruprecht · Göttingen
Waxmann · Münster · New York

Dipl. jur. Tina Hildebrand, B. A., lehrt an der Universität Bielefeld und bietet Schreibkurse und -beratung für Jura-Studierende an.

Tina Hildebrand

Wissenstraining Jura

BGB AT, StGB AT I, Staatsorganisationsrecht

A. Francke Verlag Tübingen

Umschlagsabbildung: stockpies/fotolia.com

Bibliografische Information der Deutschen Nationalbibliothek
Die Deutsche Nationalbibliothek verzeichnet diese Publikation in der Deutschen Nationalbibliografie; detaillierte bibliografische Daten sind im Internet über http://dnb.dnb.de abrufbar.

© 2018 · Narr Francke Attempto Verlag GmbH + Co. KG
Dischingerweg 5 · D-72070 Tübingen

Das Werk einschließlich aller seiner Teile ist urheberrechtlich geschützt. Jede Verwertung außerhalb der engen Grenzen des Urheberrechtsgesetzes ist ohne Zustimmung des Verlages unzulässig und strafbar. Das gilt insbesondere für Vervielfältigungen, Übersetzungen, Mikroverfilmungen und die Einspeicherung und Verarbeitung in elektronischen Systemen.
Gedruckt auf säurefreiem und alterungsbeständigem Werkdruckpapier.

Internet: www.francke.de
E-Mail: info@francke.de

Einbandgestaltung: Atelier Reichert, Stuttgart
Satz: pagina GmbH, Tübingen

Printed in Germany

utb-Nr. 4663
ISBN 978-3-8252-4663-1

Inhalt

Vorwort 13

Teil I: BGB Allgemeiner Teil 15

Kapitel 1: Willenserklärungen und Anspruchsaufbau 17
  1. Was ist das Thema im „Allgemeinen Teil" des BGB? 17
  2. Was ist so schwierig am Allgemeinen Teil des BGB? 17
  3. Wann ist ein Angebot ein Angebot? 18
  4. Wann ist eine Annahme eine Annahme? 19
  5. Was ist eine Willenserklärung? 19
    5.1 Worauf bezieht sich der Wille in der Willenserklärung? 19
    5.2 Was ist, wenn ein Willenselement fehlt? 21
  6. Wie formuliere ich die Prüfung von Angebot und Annahme? 25
  7. Warum ist es wichtig zu wissen, in welcher Sekunde der Kaufvertrag zustande kommt? 26
  8. Wie werde ich Eigentümer? 26
  9. Was ist ein Anspruch? 27
  10. Wie prüfe ich, ob jemand einen Anspruch hat? 27
  11. Wann entsteht ein Anspruch? 28
  12. Wann geht ein Anspruch unter? 28
  13. Wann ist ein Anspruch durchsetzbar? 28
  14. Wie löse ich Fälle aus dem Allgemeinen Teil des BGB? 29
  Aufgaben 30

Kapitel 2: Anfechtung 51
  1. Wie wirkt eine Anfechtung? 51
  2. Wann kann ich eine Willenserklärung anfechten? 51
    2.1 Was ist ein Inhaltsirrtum? 52
    2.2 Was ist ein Erklärungsirrtum? 52
    2.3 Welcher Irrtum liegt bei potentiellem Erklärungsbewusstsein vor? 53
    2.4 Was ist ein Eigenschaftsirrtum? 53
  3. Was ist Täuschen und Drohen nach § 123 BGB? 54

- 4. Warum prüfe ich die Kausalität? 56
- 5. Wie prüfe ich eine Anfechtung? 57
- 6. Wie prüfe ich die Anfechtung im Gutachten? 58
- 7. Hat die Anfechtung wegen §§ 119, 120 BGB auch Nachteile? 59
- Aufgaben 60

Kapitel 3: Wirksamkeit nach § 130 BGB 71
- 1. Wann bin ich an eine Willenserklärung gebunden? 71
- 2. Wo prüfe ich Abgabe und Zugang? 71
- 3. Was ist der Unterschied zwischen Abgabe und Zugang? 72
- 4. Warum wird zwischen Anwesenden und Abwesenden unterschieden? 72
  - 4.1 Was ist Abgabe und Zugang unter Anwesenden? 72
  - 4.2 Was ist, wenn der Empfänger nur einen Teil versteht? 72
  - 4.3 Für welche Vernehmungstheorie entscheide ich mich? 73
- 5. Was ist Abgabe und Zugang gegenüber Abwesenden gem. § 130 I 1 BGB? 74
  - 5.1 Was ist der Machtbereich? 74
  - 5.2 Wann habe ich die Möglichkeit der Kenntnisnahme? 75
  - 5.3 Geht eine Erklärung zu, wenn sie einer Person auf Seiten des Empfängers übergeben wird? 76
- 6. Kann ich eine einmal abgegebene Erklärung widerrufen? 77
- 7. Was passiert, wenn der Empfänger den Zugang verhindert? 78
- Aufgaben 80

Kapitel 4: Vertretung 89
- 1. Warum gibt es Stellvertreter? 89
- 2. Wer ist ein Stellvertreter? 89
- 3. Wie bezeichne ich die Personen in der Stellvertretung? 89
- 4. Wo prüfe ich den Stellvertreter? 90
  - 4.1 Was heißt eigene Willenserklärung? 91
  - 4.2 Was heißt in fremdem Namen? 92
  - 4.3 Wie entsteht Vertretungsmacht? 93
  - 4.4 Wie prüfe ich die Vollmacht? 94
- 5. Was ist, wenn ein Vertreter über seine Kompetenz handelt? 95
- 6. Kommt der Vertrag bei einem Missbrauch immer mit dem Geschäftsherrn zustande? 96
- 7. Wie erlischt eine Vollmacht? 98

8. Kann eine Vollmacht durch Rechtsschein entstehen? 100
9. Was passiert, wenn der Vertreter keine Vertretungsmacht hatte? ... 102
Aufgaben 103

Kapitel 5: Geschäftsfähigkeit 115
1. Was bedeutet Geschäftsunfähigkeit? 115
2. Braucht der Minderjährige für jeden Vertragsabschluss eine Zustimmung? 115
3. Wem muss die Zustimmung erklärt werden? 119
4. Wer hat ein Widerrufsrecht? 120
5. Wo prüfe ich die Geschäftsfähigkeit? 120
6. In welcher Reihenfolge prüfe ich die §§ 107 ff. BGB? 121
7. Wie sieht es bei einseitigen Rechtsgeschäften aus? 122
Aufgaben 124

Teil 2: Strafrecht 133

Kapitel 1: Tatbestand 135
1. Wann macht man sich strafbar? 135
2. Was prüfe ich im Tatbestand? 136
3. Was prüfe ich im objektiven Tatbestand? 136
4. Was ist eine Handlung? 137
5. Was ist ein Erfolg? 138
6. Was ist Kausalität? 138
   6.1 Was sind alternative und kumulative Kausalität? 139
   6.2 Wie formuliere ich die Kausalität? 140
7. Was ist objektive Zurechnung? 141
   7.1 Wann schafft der Täter eine rechtlich missbilligte Gefahr? ... 141
   7.2 Wann realisiert sich die missbilligte Gefahr im Erfolg? 142
   7.3 Wie formuliere ich die objektive Zurechnung? 143
8. Was prüfe ich im subjektiven Tatbestand? 144
   8.1 Wie formuliere ich den Vorsatz? 145
   8.2 Welche Vorsatzformen gibt es? 145
   8.3 Was ist Vorsatz 1. Grades? 146
   8.4 Was ist Vorsatz 2. Grades? 147
   8.5 Was ist, wenn der Täter Absicht und sicheres Wissen hat? 147
   8.6 Was ist Eventualvorsatz? 148

    8.7 Was ist der Unterschied zwischen Vorsatz und Fahrlässigkeit? 148
    8.8 Warum unterscheide ich die Vorsatzformen? 149
    8.9 Was ist, wenn der Täter sich irrt? 149
    8.10 Was ist, wenn der Täter das Opfer verwechselt? 150
    8.11 Was ist, wenn der Täter daneben schießt? 151
Aufgaben 153

Kapitel 2: Rechtswidrigkeit 171
  1. Was prüfe ich in der Rechtswidrigkeit? 171
  2. Welche Rechtfertigungsgründe gibt es? 171
  3. Wie prüfe ich die Rechtfertigungsgründe? 172
  4. Was ist eine EINWILLIGUNG? 172
    4.1 Wann ist ein Rechtsgut disponibel? 174
    4.2 Wann ist der Einwilligende verfügungsbefugt? 175
    4.3 Wann ist man einwilligungsfähig? 175
    4.4 Welche Willensmängel kann der Erklärende haben? 175
    4.5 (Wann) Muss die Einwilligung dem anderen gegenüber
        geäußert werden? 176
    4.6 Was ist eine mutmaßliche Einwilligung? 176
  5. Wie prüfe ich die NOTWEHR und die NOTSTÄNDE? 177
  6. Wie prüfe ich Notwehr? 177
    6.1 Was ist ein Angriff? 178
    6.2 Wann ist der Angriff gegenwärtig? 178
    6.3 Wann ist der Angriff rechtswidrig? 179
    6.4 Welche Handlungen erlaubt die Notwehr? 180
    6.5 Wann ist meine Verteidigung bei der Notwehr erforderlich? .. 180
    6.6 Wann ist eine Notwehrhandlung geboten? 182
    6.7 Muss ich wissen, dass ich in Notwehr handele? 183
  7. Was ist NOTSTAND? 183
    7.1 Was sind zivilrechtliche Notstände? 183
    7.2 Wie prüfe ich den Notstand gem. § 34 StGB? 184
    7.3 Wie wäge ich beim Notstand die Interessen ab? 186
    7.4 Kann man über Notstand Leben gegen Leben abwägen? 187
    7.5 Was ist die Angemessenheit beim Notstand? 188
  8. Was ist der Unterschied zwischen Notwehr und Notstand? 188
  9. Was ist, wenn der Täter gezwungen wird, jemanden zu verletzen? 189
 10. In welcher Reihenfolge prüfe ich die Rechtfertigungsgründe? ... 190
 11. Warum prüfe ich die Rechtswidrigkeit meistens nur kurz? 191
Aufgaben 192

Kapitel 3: Schuld 209
1. Was prüfe ich in der Schuld? 209
2. Was ist der Unterschied zwischen Rechtswidrigkeit und Schuld? . 210
3. Was ist, wenn dem Täter nicht bewusst ist, dass er Unrecht verwirklicht? 210
4. Was ist, wenn der Täter sich über das Vorliegen eines Rechtfertigungsgrundes irrt? 212
5. Was sind die Schuldausschließungsgründe nach § 20 StGB? 214
6. Was ist, wenn der Täter sich betrinkt, um Straffreiheit zu erlangen?. 215
7. Wie prüfe ich die actio libera in causa? 216
8. Was ist entschuldigender Notstand gem. § 35 I StGB? 216
9. Was ist der Unterschied zwischen rechtfertigendem und entschuldigendem Notstand? 217
10. Was ist der Notwehrexzess? 217
Aufgaben 219

Teil 3: Öffentliches Recht 229

Kapitel 1: Verfahrensarten 231
1. Welche Verfahrensarten gibt es? 231
2. Was prüfe ich mit den Verfahren? 231
3. Wie finde ich die richtige Verfahrensart? 232
4. Wie prüfe ich die Verfahren? 232
5. Wie argumentiere ich in der Begründetheit? 234
    5.1 Was prüfe ich in der Begründetheit der abstrakten Normenkontrolle? 234
    5.2 Wie prüfe ich die Begründetheit im Organstreit? 235
    5.3 Wie formuliere ich den Begründetheits-Obersatz für den Organstreit? 237
    5.4 Wie prüfe ich den Bund-Länder-Streit? 238
6. Was prüfe ich in der Zulässigkeit? 238
7. Wie prüfe ich die Zulässigkeit der abstrakten Normenkontrolle? .. 240
    7.1 Wie prüfe ich den Antragsgegenstand bei der abstrakten Normenkontrolle? 241
    7.2 Wie prüfe ich den Antragsgrund bei der abstrakten Normenkontrolle? 242

8. Wie prüfe ich die Zulässigkeit des Organstreits? 243
   8.1 Wer ist beteiligtenfähig im Organstreit? 243
   8.2 Wie prüfe ich den Antragsgegenstand beim Organstreit? 246
   8.3 Wie prüfe ich den Antragsgrund beim Organstreit? 247
   8.4 Wie prüfe ich Form und Frist? 248
9. Was sind Unterschiede zwischen abstrakter Normenkontrolle und den Streitigkeiten um Rechte? 248
10. Wie gehe ich in der Klausur vor? 249
Aufgaben 251

Kapitel 2: Staatsprinzipien 263
1. Welche Staatsprinzipien hat die BRD? 263
2. Was ist eine Demokratie? 264
   2.1 Warum ein Mehrparteiensystem? 264
   2.2 Gibt es in einer Demokratie Minderheitenschutz? 265
   2.3 Warum darf der Staat die politischen Ansichten des Volkes nicht beeinflussen? 265
   2.4 Was sind Abstimmungen? 266
3. Was ist ein Rechtsstaat? 266
   3.1 Was ist der Vorbehalt des Gesetzes? 267
   3.2 Was ist das Willkürverbot? 267
   3.3 Was ist der Bestimmtheitsgrundsatz? 267
   3.4 Was ist das Rückwirkungsverbot? 278
   3.5 Was ist Gewaltenteilung? 279
   3.6 Was ist der Verhältnismäßigkeitsgrundsatz? 270
   3.7 Warum Rechtschutz und das Recht auf ein faires Verfahren? . 271
4. Was ist ein Bundesstaat? 271
5. Was ist ein Sozialstaat? 273
6. Was ist eine Republik? 273
7. Was ist die Ewigkeitsgarantie? 272
8. Wozu brauche ich die Staatsprinzipien? 274
Aufgaben 275

Kapitel 3: Staatsorgane 287
1. Wofür brauche ich Wissen über die Staatsorgane? 287
2. Welche Rechte hat der Bundestag? 287
   2.1 Warum hat der Bundestag das Recht, bestimmte Bundesorgane zu wählen? 287

2.2 Warum und wie kontrolliert der Bundestag die
Bundesregierung? 288
2.3 Welche Rechte hat ein Abgeordneter des Bundestages? 291
    2.3.1 Was sind Indemnität und Immunität der Abgeord-
neten? 292
2.4 Was ist eine Fraktion? Welche Rechte hat sie? 293
2.5 Hat der Fraktionsvorsitzende das Recht, den Mitgliedern eine
Weisung zu erteilen? 293
3. Welche Rechte hat der Bundesrat? 294
4. Welche Rechte hat der Bundespräsident? 295
5. Welche Rechte hat die Bundesregierung? 297
    5.1 Welche Rechte hat der Bundeskanzler? 298
    5.2 Was ist die Vertrauensfrage? 299
    5.3 Wie wird man Bundesminister? 300
    5.4 Welche Rechte haben die Bundesminister? 301
    5.5 Was ist das Kollegialprinzip? 302
Aufgaben 303

Kapitel 4: Gesetzgebung 315
1. Wann überprüfe ich im Gutachten die Gesetzgebung? 315
2. Wann ist ein Gesetz formell verfassungsmäßig? 315
3. Wer ist zuständig für welches Gesetz? 316
4. Wie finde ich heraus, wer zuständig ist? 317
5. Wie prüfe ich das Gesetzgebungsverfahren? 320
    5.1 Das Einleitungsverfahren – oder wer kann alles einen
Gesetzesvorschlag einreichen? 321
    5.2 Wer bekommt den Vorschlag als nächstes? 322
    5.3 Was ist, wenn ein Beteiligter im Einleitungsverfahren
„vergessen" wurde? 322
6. Was ist eine wesentliche Verfahrensvorschrift? 323
7. Was passiert im Hauptverfahren? 323
8. Was ist, wenn gegen die GO BT verstoßen wird? 324
9. Wie beschließt der Bundestag ein Gesetz? 325
10. Welche Rechte hat der Bundesrat bei der Gesetzgebung? 327
11. Was ist der Vermittlungsausschuss? 329
12. Was passiert im Abschlussverfahren? 329
13. Welche Form-Aspekte müssen bei der Gesetzgebung beachtet
werden? 329
Aufgaben 330

Kapitel 5: Wahlsystem 337
   1. Warum brauche ich Wissen über das Wahlsystem? 337
   2. Was sind die Wahlrechtsgrundsätze? 337
   3. Welches Wahlsystem haben wir in Deutschland? 340
      3.1 Was ist die Zweitstimme? 340
      3.2 Was ist die Erststimme? 341
   4. Warum ist die Zweitstimme wichtiger als die Erststimme? 341
   5. Was ist die Fünf-Prozent-Hürde? 342
   6. Was ist die Grundmandatsklausel? 342
   7. Wie entsteht ein Überhangmandat? 343
   8. Was sind Ausgleichsmandate? 344
   9. Welche Rechte haben Parteien im Wahlsystem? 344
   Aufgaben 346

Lösungen 353

Teil 1 355

Teil 2 393

Teil 3 415

Literatur 447

Vorwort

Für Anfänger im Jurastudium sind die Lehrtexte schwierig zu verstehen, weil die einzelnen Fachwörter noch nicht bekannt sind. Zudem muss man sich in den juristischen Stil einlesen. Um diese Hürde leichter zu nehmen, eignet sich ein Training – und das bietet dieses Buch. Das Buch führt in verständlicher Sprache in alle wichtigen Themen ein und bietet ein Vertiefen durch Anwenden: Kurze und längere Übungen, mit denen Sie eigenständig trainieren können. Teilweise finden Sie in den Texten nicht alles, was in den Aufgaben gefragt ist. Das macht auch Sinn: Manches können Sie sich selbst erschließen, so lernt es sich besser. Die Lösungen finden Sie am Ende des Buches, sodass das Nachgucken ein wenig „erschwert" wird.

Dieses Buch ist niederschwellig, also für Anfänger gedacht. Es werden nicht alle Informationen, Ausnahmen und Sonderfälle erwähnt, damit für Sie schneller ein Gesamtbild entstehen kann. Wer die Regel verstanden hat, kann auch die Ausnahmen besser verstehen und einordnen. Sie bekommen schnell einen Überblick über den Lernstoff und können dann in den Lehrbüchern den Inhalt vertiefen. Dieses Buch bildet eine Brücke zu den Lehrbüchern.

Das Buch verwendet Zeichen, die Ihnen die Orientierung im Buch erleichtern sollen:

 Bei diesem Zeichen finden Sie Informationen, die Sie sich merken sollten.

 Hier finden Sie Beispiele.

 Dieses Zeichen kennzeichnet Definitionen.

Ich bedanke mich sehr herzlich bei den drei Fachlektoren für Ihre tatkräftige Unterstützung: Dr. Denis Basak, Prof. Dr. Roland Schimmel und Dr. Volker Steffahn. Außerdem danke ich, Sascha Löffler, Rudi Ruks, Julia Maier, Denis Hedermann, Lucas Pentschew, Peter Meißner, Kathrin Glindemann, Lynn Kempf, dem mittlerweile ehemaligen Mittagstisch: Kai Zaki, Torsten Breder und Tobias Nehab sowie meinem Jura-Kurs am Oberstufen-Kolleg.

Ich wünsche Ihnen vergnügliches Trainieren!

Teil I: BGB Allgemeiner Teil

Kapitel 1: Willenserklärungen und Anspruchsaufbau	17
Kapitel 2: Anfechtung	51
Kapitel 3: Wirksamkeit nach § 130 BGB	71
Kapitel 4: Vertretung	89
Kapitel 5: Geschäftsfähigkeit	115

Kapitel 1: Willenserklärungen und Anspruchsaufbau

1. Was ist das Thema im „Allgemeinen Teil" des BGB?

Im ersten Semester beschäftigen Sie sich im Allgemeinen Teil des Bürgerlichen Gesetzbuchs mit dem Zustandekommen von Verträgen und was dabei schiefgehen kann. Die Relevanz im Alltag ist hoch: Täglich schließen Sie Verträge, zum Beispiel beim Bäcker über einen Kaffee. Sie bestellen, machen dem Bäcker also ein Angebot, das dieser annimmt. In diesem Moment ist der Kaufvertrag geschlossen. Kurz: Jeder Vertrag kommt durch Angebot und Annahme zustande. Das gilt also nicht nur für Kaufverträge, sondern auch für Dienst-, Werk- und Mietverträge. Der Kaufvertrag ist meistens Prüfungsstoff im ersten Semester. Sollte in Ihrem Fall die Prüfung eines anderen Vertrags verlangt werden, seien Sie unbesorgt: Die allgemeinen Anforderungen an Angebot und Annahme gelten grundsätzlich für alle Verträge.

Schiefgehen kann bei einem Vertragsschluss einiges: Sie können sich versprechen, vertippen oder wollten keinen Vertrag schließen.

2. Was ist so schwierig am Allgemeinen Teil des BGB?

Die Verträge selbst finden Sie nicht im Allgemeinen Teil, sondern im nächsten: dem Recht der Schuldverhältnisse – Verträge sind Schuldverhältnisse. So ist der Kaufvertrag in § 433 BGB geregelt. Die Norm verrät aber nicht, wie der Kaufvertrag zustande kommt. Das erfahren Sie aus dem Allgemeinen Teil des BGB: Angebot und Annahme sind in den §§ 145 ff. BGB geregelt. Sind das Angebot oder die Annahme mehrdeutig, legen Sie diese nach den Grundsätzen der §§ 133, 157 BGB aus.

Die Schwierigkeit besteht in dreifacher Hinsicht: Zum einen verraten die Normen kaum, welche Voraussetzungen Sie prüfen müssen, zum anderen sind die Normen im Allgemeinen Teil verstreut. Zuletzt ist es nicht leicht zu entscheiden, in welcher Reihenfolge sie zu prüfen sind.

3. Wann ist ein Angebot ein Angebot?

Nicht jede menschliche Äußerung rund um einen Kauf ist ein Angebot. Zum Beispiel die Frage beim Bäcker: „Welche Körnerbrötchen haben Sie?" ist noch kein Angebot. Für die rechtliche Beurteilung ist es wichtig, genau festzustellen, wann in einem Gespräch der Kaufvertrag geschlossen wurde, denn alle weiteren Äußerungen können schon ein Rücktritt oder eine Anfechtungserklärung des Kaufvertrags oder Ähnliches sein.

Im Normalfall ist eine Erklärung ein Angebot, wenn deutlich wird, dass der Erklärende sich vertraglich binden will und die wesentlichen Vertragsbestandteile enthalten sind. Diese lauten beim Kaufvertrag: Kaufsache, Kaufpreis und Vertragsparteien.

„Ich möchte deinen Pullover kaufen." Wäre das bereits ein Angebot, könnte die Annahme lauten: „Gut, für 200 €." Der Kaufvertrag wäre zustande gekommen. Der Kaufpreis fehlt jedoch in der ersten Erklärung, daher ist die Äußerung noch kein Angebot, sondern die zweite Erklärung: „Gut, für 200 €."

Angebot: Ein Angebot ist eine empfangsbedürftige Willenserklärung, die auf einen Vertragsschluss gerichtet ist und die wesentlichen Vertragsbestandteile enthält.

Wesentliche Vertragsbestandteile: Bei einem Kaufvertrag sind die wesentlichen Vertragsbestandteile die Kaufsache, der Kaufpreis und die Vertragsparteien.

Tipp: Im Gesetz wird in § 145 BGB von Antrag statt Angebot gesprochen. Beide Begriffe bedeuten das Gleiche.

4. Wann ist eine Annahme eine Annahme?

Auch die Annahme ist eine Willenserklärung: Stimmt jemand einem Angebot vorbehaltlos zu, nimmt er es an. In dem Moment ist der Kaufvertrag geschlossen. Stimmt er zu, nimmt aber Änderungen vor, macht er ein neues Angebot gem. § 150 II BGB.

Beispiel für ein neues Angebot:
V: „Sie bekommen den Computer für 400 €."
K: „Gut, ich nehme den Computer, aber für 350 €."

5. Was ist eine Willenserklärung?

„Ich will nach Hause" mag im Alltag eine Willenserklärung sein, rechtlich gesehen sind nur solche Äußerungen Willenserklärungen, die eine Rechtsfolge herbeiführen sollen. So will eine Kündigung die Rechtsfolge, den Vertrag zu beenden und ist damit eine Willenserklärung. Angebot und Annahme sind ebenfalls Willenserklärungen. Willenserklärung ist ein Oberbegriff.

Der Begriff Willenserklärung besteht aus zwei Wörtern: Wille (innerlich) und Erklärung (nach außen). Daher besteht die Willenserklärung aus einem subjektiven Tatbestand, dem Willen, und einem objektiven Tatbestand, der Erklärung nach außen. Der Wille muss *erklärt*, d. h. geäußert werden. Das kann ausdrücklich sein: „Ich möchte das Vollkornbrot kaufen", kann aber auch durch Gestik oder Mimik erklärt werden, indem nur auf das Vollkornbrot gezeigt wird. Dieses „Zeigen" bezeichnen Sie als schlüssiges oder konkludentes Verhalten. Im Normalfall stimmen das nach außen Erklärte und das innerlich Gewollte überein. Juristisch interessant wird es, wenn die beiden nicht übereinstimmen.

5.1 Worauf bezieht sich der Wille in der Willenserklärung?

Auseinanderfallen kann das Erklärte und das Gewollte zu drei Themenbereichen, denn der Wille der Willenserklärung bezieht sich auf drei Elemente: handeln zu wollen, eine Rechtsfolge zu wollen und genau dieses Geschäft mit all seinen Details zu wollen. Und dies muss auch nach außen deutlich werden.

Subjektiver Teil der Willenserklärung = Hat der Erklärende alle drei Willenselemente? Was enthalten sie?
Objektiver Teil = Sieht es auch nach außen so aus, als hätte er alle drei und was enthalten die drei?

Willenselement I: Handlungswille

Der Handlungswille umfasst jedes vom menschlichen Willen gesteuerte Verhalten und ist damit der umfassendste Teil. Er fehlt zum Beispiel, wenn jemand im Schlaf zuckt.

Willenselement II: Erklärungsbewusstsein / Rechtsbindungswille

Das Erklärungsbewusstsein liegt vor, wenn der Erklärende sich bewusst ist, dass er gerade rechtlich relevant handelt. Der Rechtsbindungswille liegt vor, wenn auch nach außen deutlich wird, dass der Erklärende eine Rechtsfolge will.

 A glaubt eine Geburtstagskarte zu unterschreiben, in Wirklichkeit handelt es sich um einen Kaufvertrag über eine Waschmaschine. A ist sich nicht bewusst, dass er eine rechtliche Erklärung abgibt, ihm fehlt das Erklärungsbewusstsein. Nach außen sieht es aber so aus. Damit liegt ein Rechtsbindungswille vor.

Willenselement III: Geschäftswille

Der Geschäftswille ist der Wille, genau dieses Geschäft abzuschließen. Der Geschäftswille bezieht sich vor allem auf die wesentlichen Vertragsbestandteile: Genau diese Kaufsache zu diesem Preis von diesem Verkäufer.

 K kauft im Internet Vasen, klickt aber bei der Mengenangabe auf drei Vasen, statt zwei. K ist sich bewusst, dass er eine rechtliche Erklärung abgibt, denn er will Vasen kaufen, allerdings will er zwei statt drei und somit ein anderes Geschäft. Für dieses Geschäft *fehlt* ihm der innere Geschäftswille. Nach außen sieht es für den Empfänger so aus, als lägen alle Willenselemente vor. Er kann nicht sehen, dass K sich verklickt hat.

5. Was ist eine Willenserklärung?

Zusammensetzung einer Willenserklärung	
Subjektiv (innerlich)	**Objektiv (nach außen erklärt)**
Handlungswille	Handlungswille
Erklärungsbewusstsein	Rechtsbindungswille
Geschäftswille	Geschäftswille

Die drei Willenselemente bauen aufeinander auf: Sie werden immer spezieller. Will jemand nicht handeln, will er sich auch nicht rechtlich binden und erst recht nicht an ein bestimmtes Geschäft.

```
            Geschäftswille
   Rechtsbindungswille/Erklärungsbewusstsein
              Handlungswille
```

 A hat während des Schlafwandelns keinen Handlungswillen und damit erst recht keinen Rechtsbindungs- und Geschäftswillen.

Tipp: Die drei Willenselemente prüfen Sie im Gutachten nur, wenn es in Ihrem Fall Hinweise gibt, dass diese nicht bzw. anders vorliegen.

5.2 Was ist, wenn ein Willenselement fehlt?

Ob eine Willenserklärung vorliegt und damit ein Vertragsschluss möglich ist, hängt davon ab, welches Willenselement fehlt und ob es von innen oder nach außen fehlt.

Die Entscheidung treffen Sie anhand der Auslegungsmethoden im Zivilrecht. Für das Auslegen von Verträgen und Willenserklärungen gibt es zwei Methoden: der wirkliche Wille der Person (§ 133 BGB) und die Sichtweise eines objektiven Empfängers (§ 157 BGB). Wie hätte ein objektiver Dritter in der Situation des Empfängers die Erklärung verstanden? Das ist der *objektive Empfängerhorizont* gem. § 157 BGB.

A verspricht sich und bestellt am Telefon bei B ein Hotelzimmer für drei, statt für zwei Personen. Das Erklärte und das Gewollte stimmen mithin nicht überein. Betrachten Sie die Erklärung vom objektiven Empfängerhorizont, enthält sie eine Bestellung über drei Personen.

§ 157 BGB spricht nicht wortwörtlich vom objektiven Empfängerhorizont. Dort heißt es:

> Verträge sind so auszulegen, wie Treu und Glauben mit Rücksicht auf die Verkehrssitte es erfordern.

Damit ist gemeint, wie würde sich eine Person treu und nach der Sitte des Verkehrs verhalten? Oder anders: Wie würde sich eine Person in der Geschäftswelt angemessen verhalten? Die Wirkung der Person auf die anderen Teilnehmer in der Geschäftswelt wird untersucht – das ist der objektive Empfängerhorizont. Objektiv heißt es, weil es nicht auf den wirklichen Empfänger ankommt, sondern auf einen typischen Empfänger (mit dem Sonderwissen dieser Geschäftswelt). Im Beispiel ist also nicht ausschlaggebend, wie B die Bestellung des Hotelzimmers verstanden hat, sondern wie ein typischer Angestellter an der Rezeption sie verstanden hätte.

Welche Auslegungsmethode ist nun gerechter? Die Auslegung nach dem objektiven Empfängerhorizont stärkt das Vertrauen der Geschäftspartner, da sie sich auf den äußeren Eindruck, den ihr Gegenüber macht, verlassen können. Der Schutz des Rechtsverkehrs (Geschäftsverkehr) ist ein wichtiges Ziel des BGB. Daher ist diese Auslegung ausschlaggebend. Bis auf wenige Ausnahmen: Ein Kriterium ist, in wessen Sphäre der Fehler fällt (siehe zum Beispiel Aufgabe 23).

In der Prüfung beginnen Sie mit dem objektiven Tatbestand der Willenserklärung, denn wenn schon nach außen einer der Bestandteile fehlt, fehlt es an einer Willenserklärung, egal, was der Erklärende wollte.

 Fehlt ein Willenselement nach außen, liegt keine Willenserklärung vor.

Im Anschluss prüfen Sie den inneren (subjektiven) Tatbestand. Stimmt dieser mit dem äußeren überein, ist alles „in Ordnung". Ist dies nicht der Fall – beginnen Sie die Erklärung nach dem objektiven Empfängerhorizont auszulegen.

5. Was ist eine Willenserklärung?   23

Fehlender Handlungswille

Jemand, der ohne Handlungswillen etwas erklärt, ist schutzwürdig – immerhin hat er in diesem Moment keine Kontrolle über seinen Körper, er will nicht handeln. Daher ist es gerecht, dass er keine Willenserklärung abgibt und damit auch keinen Vertrag schließt.

Fehlendes Erklärungsbewusstsein

Fehlt das Erklärungsbewusstsein ist die Lösung schon schwieriger. Manche rücken diese Situation in die Nähe desjenigen, dem der Handlungswille fehlt: Immerhin ist dem Erklärenden nicht bewusst, dass er etwas Rechtserhebliches erklärt. Anderseits können Sie argumentieren, dass dieser die Kontrolle über seinen Körper hat, und es damit gerechtfertigt ist, den Empfänger der Erklärung zu schützen, wenn der Erklärende hätte erkennen können, dass sein Verhalten als Willenserklärung aufgefasst wird. Daher lässt die herrschende Ansicht ein potentielles Erklärungsbewusstsein genügen. Ob dieses vorliegt, ist eine Einzelfallentscheidung.

K ist auf einer Auktion und winkt einem Freund zu. Er erhält den Zuschlag für eine Vase über 200 €. K hätte wissen müssen, dass die Geste auf einer Auktion als Gebot gesehen wird, somit hatte er ein potentielles Erklärungsbewusstsein. Nach der herrschenden Ansicht gibt K durch das Winken ein Angebot ab, das der Auktionator durch den Zuschlag gem. § 156 S. 1 BGB annimmt. K hat in diesem Fall das Recht anzufechten (s. Kapitel 2).

Gegenbeispiel: K geht jeden Freitag in seine Stammkneipe. Diesen Freitag findet dort zum ersten Mal spontan eine Versteigerung statt, es gibt kein Hinweisschild am Eingang. Als K hereinkommt, sieht er die Bühne nicht und winkt gleich seinen Freunden. Hier ist die Situation eine andere und Sie können mit guten Gründen zu einem anderen Ergebnis kommen und ein potentielles Erklärungsbewusstsein verneinen.

Erklärungsbewusstsein fehlt = umstritten → h. A. potentielles Erklärungsbewusstsein genügt (wenn der Erklärende bei zumutbarer Sorgfalt hätte erkennen können, dass sein Verhalten als Willenserklärung aufgefasst wird).

Fehlendes Erklärungsbewusstsein und fehlender Rechtsbindungswille

Wie sieht es zum Beispiel bei Schaufensterauslagen aus? Läge tatsächlich bereits eine Willenserklärung vor, und damit ein Angebot – müsste der Verkäufer sämtliche Produkte aus dem Schaufenster verkaufen, wenn ein Kunde dies verlangt. Auch könnte es sein, dass er gerade das letzte Teil aus dem Schaufenster verkauft, aber es der Schaufensterauslage noch nicht entnommen hat – dann könnte er diesem Kunden gegenüber nicht erfüllen und müsste, wenn es dadurch zu einem Schaden gekommen wäre, sogar Schadensersatz zahlen. Es besteht also die Gefahr einer *Mehrfachverpflichtung*. Aus diesen Gründen – und die kennt auch ein verständiger Kunde – will der Verkäufer sich mit dem Schaufenster noch nicht rechtlich binden. Auch ein objektiver Empfänger weiß, dass der Verkäufer lediglich Kunden anlocken will, die ihm dann ein Angebot machen. Somit fehlen beim Dekorieren des Schaufensters der Rechtsbindungswille nach außen und das Erklärungsbewusstsein. Das Dekorieren eines Schaufensters ist keine Willenserklärung, es ist vielmehr eine Einladung, Angebote abzugeben, oder auf Latein: eine invitatio ad offerendum.

Weitere Beispiele für invitationes ad offerendum (h. A.): Kataloge, Prospekte, Zeitungsanzeigen, Speisekarten.

 Bei einer invitatio ad offerendum fehlen der Käufer, der Rechtsbindungswille und das Erklärungsbewusstsein, daher liegt keine Willenserklärung vor.

Fehlender / anderer Geschäftswille

Wie behandeln Sie K, der aus Versehen auf drei statt zwei Vasen klickt? Auf der einen Seite ist K, der nicht „ganz" will, schutzwürdig. Auf der anderen Seite ist auch das Gegenüber schutzwürdig, denn es kann den wirklichen Willen des anderen nicht erkennen. Im Geschäftsverkehr will man sich auf den äußeren Eindruck verlassen können.

K, der einen anderen Geschäftswillen hat, als er nach außen erklärt, kann anfechten. Um eine Willenserklärung anfechten zu können, muss diese erst einmal bestehen. Deswegen sind Erklärungen mit nicht übereinstimmendem Geschäftswillen (nach innen und nach außen) stets Willenserklärungen und der Vertrag kommt zustande.

K wird also durch die Möglichkeit der Anfechtung geschützt und der Empfänger dadurch, dass er Schadensersatz gem. § 122 BGB bekommen kann (Genaueres über die Anfechtung lesen Sie in Kapitel 2).

Fehlende Willenselemente im subjektiven Tatbestand

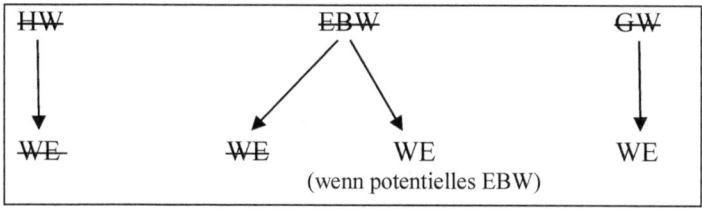

 Für eine Willenserklärung müssen im subjektiven Tatbestand mindestens Handlungswille und potentielles Erklärungsbewusstsein (h. A.) vorliegen, im objektiven alle drei Elemente.

6. Wie formuliere ich die Prüfung von Angebot und Annahme?

Es gibt zwei Möglichkeiten, die Prüfung von Angebot und Annahme im Gutachten zu formulieren: im kompletten gutachterlichen Viererschritt oder abgekürzt (also nicht alle vier Schritte)[1]. Zu Beginn des ersten Semesters sollten Sie den Viererschritt einhalten: Erst wer die Regel beherrscht, kann sie brechen. Das Prüfen von Angebot und Annahme wird aber im Laufe des Semesters an Bedeutung verlieren, wenn neue Themen dazukommen. Dann kann es sein, dass Sie es nicht schaffen, das Gutachten zu beenden, wenn Sie die Prüfung nicht verkürzen. Schätzen Sie in der Klausur ein, wo der Schwerpunkt liegt. Haben Sie beim Lesen des Falls das Gefühl, der Schwerpunkt liege gerade darauf, herauszufinden, welche Äußerungen Angebot und Annahme sind und vor allem welchen Inhalt sie haben, dann prüfen Sie diese ausführlich im gutachterlichen Viererschritt. Oder gibt es nach der Prüfung von Angebot und Annahme noch vieles andere zu prüfen (Anfechtung, Vertretung, Minderjährigkeit) und die Zeit reicht auf keinen Fall für eine ausführliche Prüfung? Dann kürzen Sie die Prüfung ab: Sie formulieren lediglich Subsumtion und Ergebnis.

---

1 Genaueres dazu in: Juristischer Gutachtenstil – Ein Lehr- und Arbeitsbuch, Kapitel 8.

kurze Prüfung: Die Erklärung des K an V, er nehme den Tisch für 70 €, ist eine Willenserklärung, die auf einen Vertrag gerichtet ist und die wesentlichen Vertragsbestandteile enthält, mithin ist sie ein Angebot im Sinne von § 145 BGB.

7. Warum ist es wichtig zu wissen, in welcher Sekunde der Kaufvertrag zustande kommt?

Entscheiden Sie sich zu spät für den Kaufvertrag, kann es sein, dass Sie Teile der Prüfung abschneiden:

 „Willst du diese Schere für 3 € kaufen?"
„Ja, gerne."
Käufer bezahlt, bekommt die Schere.
„Aber die ist ja ganz stumpf!"

Die letzte Erklärung könnte schon die Geltendmachung eines Mängelgewährleistungsrechts sein. Haben Sie die Erklärung „Ja, gerne." nicht als Annahme erkannt, ist noch kein Kaufvertrag geschlossen und Sie können das nicht prüfen.

8. Wie werde ich Eigentümer?

Durch den Kaufvertrag selbst, werden Sie noch nicht Eigentümer der Kaufsache, sondern Sie erwerben lediglich den Anspruch gem. § 433 I 1 BGB auf Übereignung, also künftig Eigentümer zu werden.

Allerdings werden Sie meistens sehr schnell zum Eigentümer, nämlich schon im Moment der Übergabe der Kaufsache, wenn gleichzeitig beide Vertragspartner einig sind, dass das Eigentum übergehen soll (§ 929 S. 1 BGB).

Sie müssen nicht bezahlen, um Eigentümer zu werden. Diese Trennung zwischen Vertrag und Eigentumserwerb ist eine Besonderheit des deutschen Zivilrechts und nennt sich Trennungsprinzip, weil der Kaufvertrag und die Übereignung zwei unterschiedliche, voneinander getrennte Geschäfte sind.

 K: „Ich nehme das Brot für 2 €." V packt ein. Der Kaufvertrag ist geschlossen. V reicht das Brot über die Theke. Jetzt wird K Eigentümer des Brotes. K überreicht das Geld, und in dem Moment ist V Eigentümer des Geldes.

 Durch den Kaufvertrag wird der Käufer noch nicht Eigentümer.

9. Was ist ein Anspruch?

Im Zivilrecht prüfen Sie zumeist, ob ein Bürger von einem anderen etwas verlangen darf. Ist dies der Fall, hat der eine einen *Anspruch* gegen den anderen. Was verlangt wird, kann sehr unterschiedlich sein, so beziehen sich die Ansprüche auf unterschiedliche Bereiche, zum Beispiel auf Schadensersatz wegen einer Körperverletzung, auf Unterhaltzahlung oder auf Bezahlung aus einem Kaufvertrag.

Der Anspruch ist in § 194 I BGB vom Gesetzgeber definiert worden: Das Recht, von einem anderen ein Tun oder Unterlassen zu verlangen. Ein Anspruch gibt das Recht, dass ein anderer etwas tut (Kaufpreis, Schadensersatz zahlen etc.). Ein Anspruch kann sich auch darauf beziehen, dass jemand etwas unterlässt (Beispiel: Unterlassen einer rufschädigenden Äußerung).

Für jedes Gutachten im Zivilrecht brauchen Sie als Einstieg – abhängig von der Fallfrage – eine *Anspruchsgrundlage*. Diese sind nach einem Wenn-dann-Schema aufgebaut: Wenn wir einen Kaufvertrag geschlossen haben, musst du bezahlen. Der Wenn-Teil enthält den Tatbestand, der Dann-Teil die Rechtsfolge in Form eines Tuns oder Unterlassens.

Tatbestand	Rechtsfolge
Wenn wir einen Kaufvertrag geschlossen haben,	musst du bezahlen.
Kaufvertrag gem. § 433 II BGB	Kaufpreiszahlung und Abnahme der Kaufsache

10. Wie prüfe ich, ob jemand einen Anspruch hat?

Die Prüfung des Anspruchs ist dreistufig. Stufe 1: Der Anspruch entsteht, meistens durch Vertrag. Stufe 2: Er darf nicht untergegangen sein, zum Beispiel weil die vertragliche Leistung schon erbracht worden ist. Stufe 3: Der Anspruch ist durchsetzbar und darf zum Beispiel nicht verjährt sein.

Im ersten Semester beschäftigen Sie sich fast ausschließlich mit Stufe 1.

Prüfungsschema Anspruch
1. Anspruch entstanden
2. Anspruch untergegangen
3. Anspruch durchsetzbar

11. Wann entsteht ein Anspruch?

Ein Anspruch entsteht entweder durch Vertrag oder Gesetz. Ein Vertrag entsteht durch Angebot und Annahme. Dann prüfen Sie auch Ansprüche, die auf einer vertragsähnlichen Verbindung beruhen: so wie beim Schadensersatz wegen Anfechtung eines Vertrages gem. § 122 BGB (Kapitel 2) oder beim Vertreter, der ohne Vertretungsmacht einen Vertrag schließt gem. § 179 I BGB (Kapitel 4), um zwei Beispiele aus dem Allgemeinen Teil des BGB zu nennen.

Gesetzliche Ansprüche ergeben sich unmittelbar aus dem Gesetz und bestehen losgelöst von vertraglichen Beziehungen, wie beim Schadensersatz wegen einer Körperverletzung gem. § 823 I Var. 2 BGB.

Themen, die für Sie im Rahmen der Anspruchsentstehung relevant sind:

- h. M.: Anfechtung gem. §§ 119, 120, 123 BGB (Kapitel 2)
- Wirksamkeit der Willenserklärung § 130 BGB (Kapitel 3)
- Stellvertretung gem. §§ 164 ff. BGB (Kapitel 4)
- Geschäftsfähigkeit §§ 104 ff. BGB (Kapitel 5)

12. Wann geht ein Anspruch unter?

Den Untergang des Anspruchs prüfen Sie nur, wenn es im Sachverhalt Hinweise auf einen Untergang gibt. Es kann sogar sein, dass Sie kein Wort über den Anspruchsuntergang verlieren, da dies meistens ein Thema des 2. Semester ist.

- Rücktritt: §§ 323, 326 V BGB; Rückgewährschuldverhältnis § 346 BGB
- Schadensersatz verlangt: § 281 IV BGB
- Erfüllung: § 362 BGB
- Unmöglichkeit: § 275 I BGB und § 326 I BGB

13. Wann ist ein Anspruch durchsetzbar?

Der Anspruch ist durchsetzbar, wenn der Anspruchsgegner keine Einreden geltend macht. Denken Sie vor allem an die Einrede der Verjährung gem. §§ 194, 438, 634a BGB.

14. Wie löse ich Fälle aus dem Allgemeinen Teil des BGB?

Lösen Sie Zivilrechtsfälle nach den Denkmethoden des Zivilrechts. Als erstes brauchen Sie eine Anspruchsgrundlage. Dabei gehen Sie von der Fallfrage aus: Die Anspruchsgrundlage muss die Rechtsfolge vorsehen, nach der gefragt ist.

Zumeist handelt es sich im ersten Semester um Vertragsrecht: Entscheiden Sie, welcher Vertrag einschlägig ist. Stellen Sie dann fest, worin Angebot und Annahme liegen. Sollte der Inhalt unklar sein, ermitteln Sie im Anschluss den Inhalt der beiden Willenserklärungen durch die Auslegungsmethoden: wirklicher Wille und objektiver Empfängerhorizont. Entscheiden Sie nicht nach Gefühl, sondern in diesen Denkstrukturen.

Zusammenfassung:

Ein Vertrag wird durch Angebot und Annahme geschlossen. Diese Willenserklärungen müssen in den wesentlichen Vertragsbestandteilen übereinstimmen. Unbedingte Voraussetzungen sind Handlungswille und das potentielle Erklärungsbewusstsein (h. A.) im subjektiven Tatbestand, im objektiven Tatbestand müssen alle drei Willenselemente vorliegen. Unterscheiden sich die Geschäftswillen der Parteien oder hat der Erklärende nur ein potentielles Erklärungsbewusstsein, kann angefochten werden.

Aufgaben

Aufgabe 1: Entscheiden Sie für die folgenden Erklärungen, ob sie Angebot, Annahme, Ablehnung oder nichts dergleichen sind.

a) „Ich möchte deinen Pullover kaufen." _____

„Gut, für 100 000 €." _____

„Dann lieber doch nicht." _____

b) „Ich möchte dein Buch für 2 € kaufen." _____

„Ja gern, aber für 3 €." _____

„Nein, dann lieber nicht." _____

Am nächsten Tag bezieht sich der Verkäufer auf den vorherigen Tag:

„Na gut, ich verkaufe es dir für 2 €." _____

„Jetzt habe ich es schon woanders gekauft." _____

c) Im Schaufenster hängt ein Pullover für 50 €. _____

A und B betreten den Laden und rufen gleichzeitig: „Ich nehme den Pullover." _____

Der Pullover ist aber nur noch einmal da. Der Verkäufer V weigert sich, A und B den Pullover zu verkaufen. _____

Aufgabe 2: Lesen Sie die beiden Normen. Auf welche zwei Erklärungen in Aufgabe 1 beziehen sich die Normen?

§ 147 BGB
(1) Der einem Anwesenden gemachte Antrag kann nur sofort angenommen werden.

§ 150 BGB
(1) Die verspätete Annahme eines Antrags gilt als neuer Antrag.
(2) Eine Annahme unter Erweiterungen, Einschränkungen oder sonstigen Änderungen gilt als Ablehnung verbunden mit einem neuen Antrag.

a) Norm(en): _____ Erklärung 1: _____

b) Norm(en): _____ Erklärung 2: _____

Aufgabe 3: Welche Norm bezieht sich auf das Angebot, welche auf die Annahme?

§ 145 BGB
Wer einem anderen die Schließung eines Vertrags anträgt, ist an den Antrag gebunden, es sei denn, dass er die Gebundenheit ausgeschlossen hat. _____

§ 146 BGB
Der Antrag erlischt, wenn er dem Antragenden gegenüber abgelehnt oder wenn er nicht diesem gegenüber nach den §§ 147 bis 149 rechtzeitig angenommen wird.
_____

Aufgabe 4: Welche Informationen muss eine Erklärung in der Regel enthalten, damit sie ein Angebot zu einem Kaufvertrag ist?

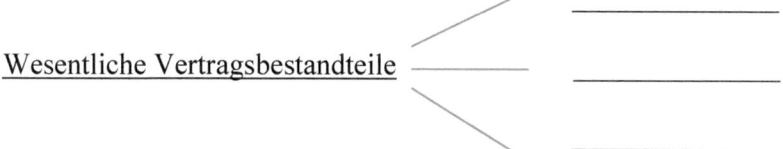

Wesentliche Vertragsbestandteile

Aufgabe 5: Prüfen Sie im gutachterlichen Viererschritt, ob beim folgenden Dialog Angebot und Annahme vorliegen.
K: „Ich möchte dein Buch für 2 € kaufen."
V: „Sehr gern, für 2,50 €."
Hinweis: Die Übung umfasst nur einen Ausschnitt des Gutachtens.

a) Ist die Erklärung des K ein Angebot?

Obersatz
Die Erklärung des K, er nehme das Buch für 2€, _____
_____

Definition
Ein Angebot ist eine _____, die auf einen Vertragsschluss gerichtet ist und die wesentlichen _____ enthält. Bei einem Kaufvertrag sind dies
_____
_____

Subsumtion
Die Erklärung des K enthält _____
_____
_____
_____
_____

Ergebnis
_____

b) Ist die Erklärung des V eine Annahme?

Obersatz – Annahme?
_____

Definition
Eine Annahme ist eine Willenserklärung, die dem Inhalt des _____ vorbehaltlos zustimmt.

Subsumtion
_____
_____
_____

Ergebnis
_____

c) Ist die Erklärung des V ein neues Angebot?

Obersatz

___

Definition (beachten Sie § 150 BGB)

___
___
___

Subsumtion

___
___

Ergebnis

___

d) Hat V also einen Anspruch auf Bezahlung in Höhe von 2,50 € gegen K?
Ja ☐   Nein ☐

Aufgabe 6: Was in § 433 BGB verrät, dass man durch den Kaufvertrag noch nicht Eigentümer der Kaufsache wird? Unterstreichen Sie es.

§ 433 BGB
(1) Durch den Kaufvertrag wird der Verkäufer einer Sache verpflichtet, dem Käufer die Sache zu übergeben und das Eigentum an der Sache zu verschaffen. Der Verkäufer hat dem Käufer die Sache frei von Sach- und Rechtsmängeln zu verschaffen.
(2) Der Käufer ist verpflichtet, dem Verkäufer den vereinbarten Kaufpreis zu zahlen und die gekaufte Sache abzunehmen.

a) Wie müsste § 433 I BGB formuliert sein, wenn der Käufer durch den Kaufvertrag sofort Eigentümer würde? Machen Sie einen Formulierungsvorschlag.

___
___

b) K kauft bei V eine Nähmaschine. V soll zwei Tage später liefern. In den zwei Tagen überlegt sich V, dass er die Maschine lieber für sich haben will. K verlangt die Maschine.

Kapitel 1: Willenserklärungen und Anspruchsaufbau

aa) Nach welcher Norm kann K die Maschine verlangen?
_____

bb) Nach welcher Norm kann V das Geld verlangen?
_____

Aufgabe 7: Füllen Sie die Lücken.

Käufer wird Eigentümer, Annahme, Kaufvertrag geschlossen, Angebot, noch kein Angebot, Verkäufer wird Eigentümer

a) Über den Brötchen hängt ein Schild: Normales Brötchen 20 Cent.
_____
b) „Guten Tag, ich hätte gern zwei normale Brötchen." _____
c) „Ja, gern." _____
→ _____
d) Die Bäckerin packt zwei Brötchen ein und gibt sie dem Kunden.
_____ der Brötchen.
e) Der Kunde zahlt.
_____des Geldes.

Aufgabe 8: Wie viele Rechtsgeschäfte enthält die vorherige Aufgabe? (Ein Rechtsgeschäft besteht aus einer oder mehreren Willenserklärungen, die darauf gerichtet sind, eine von den Parteien gewollte Rechtsfolge herbeizuführen.)

Anzahl der Rechtsgeschäfte: _____
Welche sind es? _____
_____

Aufgabe 9: Wie wird man Eigentümer?

§ 929 S. 1 BGB
Zur Übertragung des Eigentums an einer beweglichen Sache ist erforderlich, dass der Eigentümer die Sache dem Erwerber übergibt und beide darüber einig sind, dass das Eigentum übergehen soll.

a) Für die Übereignung einer beweglichen Sache braucht es gem. § 929 S. 1 BGB eine _____ und eine _____ .

b) Kann der Käufer Eigentümer der Sache werden, ohne bezahlt zu haben?
   Ja ☐   Nein ☐
c) Lesen Sie § 929 S. 2 BGB: Besitz und Eigentum sind nicht das Gleiche, wie es in der „Laiensphäre" der Fall ist.

   § 929 S. 2 BGB
   Ist der Erwerber im Besitz der Sache, so genügt die Einigung über den Übergang des Eigentums.

   Was sind Besitz und Eigentum? Lesen Sie dazu §§ 854 I, 903 1 BGB.
   Besitz: _____
   Eigentum: _____

d) V leiht K einen Pullover. Nach drei Tagen macht K dem V ein Angebot zum Kauf. Dieser willigt ein. K gibt V das Geld. V sagt: „Den Pullover hast du ja schon."
   Nach welcher Norm wird K Eigentümer? _____

Aufgabe 10: Welche Anspruchsgrundlage ist für K richtig? § 985 oder § 433 BGB?

a) K kauft bei V eine Vase. V packt die Vase ein und stellt diese neben die Kasse. K ist sehr eilig und vergisst sie mitzunehmen. Nach einem Tag will die Freundin des V gerne die Vase für sich. V beschließt die Vase seiner Freundin nächsten Monat zum Geburtstag zu schenken. Nach drei Tagen kommt K und verlangt die Vase. V weigert sich.

   Ist K Eigentümer der Vase? Ja ☐   Nein ☐
   Anspruchsgrundlage für K: _____

b) Dieses Mal nimmt K die Vase gleich mit. Nach drei Stunden in der Innenstadt, wird ihm diese zu schwer, daher fragt er V, ob er die Vase noch bei ihm unterstellen kann. Nach drei Tagen kommt K und verlangt die Vase. V weigert sich.
   (Hinweis: ein eventueller Verwahrungsvertrag ist nicht zu prüfen.)

   Ist K Eigentümer der Vase? Ja ☐   Nein ☐
   Anspruchsgrundlage für K: _____

Aufgabe 11: Tragen Sie in die Lücken die richtige Prüfungsreihenfolge ein.

_____ Geschäftswille

_____ Handlungswille

_____ Rechtsbindungswille / Erklärungsbewusstsein

Aufgabe 12: Welches Willenselement fehlt im subjektiven Tatbestand der Willenserklärung?

Handlungswille, Geschäftswille, Erklärungsbewusstsein.

a) Wirt W fragt A, ob er eine Cola wolle. **A nickt.** Allerdings wollte er nur seinem Spiegelbild zunicken. Hinter W ist ein Spiegel angebracht. W stellt A eine Cola hin und besteht auf Zahlung.
Fehlendes Willenselement: _____

b) M bietet L einen Mietvertrag für ein Auto an. **L stimmt zu, geht aber von einem Leihvertrag aus.**
Fehlendes Willenselement: _____

c) A ist auf einer Auktion für alle sichtbar eingeschlafen. **Im Schlaf zuckt seine Hand hoch und ersteigert eine Vase für 20 000€.**
Fehlendes Willenselement: _____

d) Sie bieten einer alten Dame eine Uhr an. **Diese nickt, aber nur weil sie den Kopf nicht halten kann. Der Unterschied ist nicht zu erkennen.**
Fehlendes Willenselement: _____

e) A sucht im Internet nach einer Vase. **Er klickt aber aus Versehen bei der Menge auf „zwei" Vasen.**
Fehlendes Willenselement: _____

f) In welchen Fällen dieser Aufgabe kommt unstreitig ein Vertrag zustande? _____

g) In welchem Fall ist es streitig? _____

Wann würde in diesem Fall nach der herrschenden Ansicht ein Vertrag vorliegen?

Aufgabe 13: Liegt eine Willenserklärung vor, wenn ...
a) nach außen (objektiv)
   aa) ... der Handlungswille fehlt? Ja ☐   Nein ☐   umstritten ☐
   bb) ... der Rechtsbindungswille fehlt? Ja ☐   Nein ☐
       umstritten ☐
   cc) ... der Geschäftswille fehlt? Ja ☐   Nein ☐   umstritten ☐
b) von innen (subjektiv)
   aa) ... der Handlungswille fehlt? Ja ☐   Nein ☐   umstritten ☐
   bb) ... das Erklärungsbewusstsein fehlt? Ja ☐   Nein ☐
       umstritten ☐
   cc) ... der Geschäftswille fehlt? Ja ☐   Nein ☐   umstritten ☐

Aufgabe 14: Im Schaufenster des V liegen Waren mit Preisangabe aus. K betritt das Geschäft und sagt: „Ich kaufe Ihre ganze Ware aus dem Schaufenster." V ist entsetzt und verneint. K besteht auf Übergabe.

a) Welcher wesentliche Vertragsbestandteil fehlt beim Dekorieren des Schaufensters?

b) Was ist richtig?
   Ohne einen bestimmten Käufer liegt nie eine Willenserklärung vor. ☐
   Ohne einen bestimmten Käufer kann eine Willenserklärung vorliegen, wenn der Verkäufer nicht vor einer Mehrfachverpflichtung geschützt werden muss. ☐

c) Streichen Sie die falsche Alternative durch:
   Bei einem Schaufenster wird der Verkäufer nur vor einer Mehrfachverpflichtung geschützt, wenn das Dekorieren ein Angebot / kein Angebot ist.

d) Welches innere Willenselement fehlt dem Verkäufer beim Dekorieren des Schaufensters?

e) Wie entscheiden Sie über das Vorliegen des Willenselements nach außen? Ein verständiger Kunde weiß, dass Ware im Schaufenster gerade verkauft sein könnte und auch, dass der Verkäufer nicht sein ganzes dekoriertes Schaufenster verkaufen möchte. Daher fehlt es nach außen am _____.

f) Hat K also einen Anspruch gegen V aus einem Kaufvertrag gem. § _____ BGB?
Ja ☐   Nein ☐

Aufgabe 15: Vertrag ja oder nein? Tragen Sie ein, was in Frage kommt:

Angebot, Annahme, invitatio ad offerendum, Ablehnung.

K geht in das Skateboardgeschäft des V und fragt: „Haben Sie auch günstige Anfängerboards?". Da sieht sie im Schaufenster eines für 63 €. „Das nehme ich." V verneint, weil er dieses gerade an D verkauft hat. K verlangt das Board. V weigert sich.

a) Ausstellen des Boards im Fenster: _____
b) „Haben Sie auch günstige Anfängerboards?" _____
c) (Sie sieht eines für 63 €) „Das nehme ich!" _____
d) Verneinen des V: _____
e) Kaufvertrag? Ja ☐   Nein ☐
f) Wer hat Recht? _____

Aufgabe 16: K wirft in den Süßigkeiten-Automaten des V eine Münze ein und bekommt einen Schokoladenriegel.

a) Welcher wesentliche Vertragsbestandteil, wenn V den Automaten aufstellt? _____
b) Wird der Verkäufer bei einem Süßigkeiten-Automaten vor einer Mehrfachverpflichtung geschützt? Ja ☐   Nein ☐
c) Was sind also das Angebot und die Annahme nach der h. A.?
    aa) Das Aufstellen des Automaten durch V. _____
    bb) Das Einwerfen der Münze. _____
    cc) Das Entnehmen des Riegels. _____

d) Wie lautet die lateinische Bezeichnung für dieses Angebot? _____

e) **Variante:** K wirft eine Münze in den Süßigkeiten-Automaten des V. Allerdings kommt kein Schokoriegel heraus, weil der Automat kaputt ist. Zufällig kommt V vorbei, der das Geld aus dem Automaten leeren will. K besteht auf Herausgabe des Schokoriegels, V ist lediglich bereit, das Geld herauszugeben, da er keinen Riegel dabei hat.
In diesem Fall ist kein Kauvertrag zustande gekommen. Das Angebot wird bei einem Automaten stets unter drei Bedingungen gestellt. Kommen Sie darauf, welche es sind?
Tipp: Der Sachverhalt enthält eine Bedingung.

  1. _____
  2. _____
  3. _____

f) Finden Sie im BGB die Norm über Bedingungen – Welche ist es? _____

Aufgabe 17: K bestellt im Internet ein Biomüsli.

a) Es steht dabei, dass nur noch drei auf Lager sind. Ist das Einstellen der Anzeige im Internet ein Angebot? Welche Argumente finden Sie überzeugend?
   ▶ In der Anzeige steht, dass nur noch drei Müsli-Produkte auf Lager sind. Damit besteht keine Gefahr einer Mehrfachverpflichtung des Verkäufers. ☐
   ▶ Die Aktualisierung der Warenangabe kann nicht schnell genug sein, vor allem wenn man bedenkt, dass weltweit auf eine Homepage zugegriffen werden kann. Somit kann es doch zu einer Mehrfachverpflichtung des Verkäufers kommen. ☐
   ▶ Im Internet werden auch weit teurere Produkte als ein Biomüsli verkauft, sodass es für den Verkäufer wichtig sein kann, die Bonität des Käufers zu prüfen. ☐

b) Variante: Dieses Mal ist keine Angabe über die Stückzahl angegeben. Ist die Situation für Sie eher vergleichbar mit:
   ▶ einem Schaufenster ☐
   ▶ einem Süßigkeiten-Automaten ☐

Aufgabe 18: K betritt den „Backladen". In diesem nimmt sich der Kunde die Ware selbst mit einer Zange aus einem Glaskasten. K nimmt ein Schokobrötchen heraus und geht damit zur Kasse. Die Kassiererin tippt den Betrag ein. K bezahlt.

a) Worin liegt das Angebot?
   - Bereitstellen der Ware ☐
   - Das Entnehmen der Ware ☐
   - Ware neben die Kassiererin legen ☐
   - Kassiererin tippt Betrag ein. ☐
   - Das Bezahlen ☐

b) Warum haben Sie sich für diesen Zeitpunkt entschieden? Mehrfachantworten sind möglich.
   - Das Bereitstellen der Ware ist vergleichbar mit einem Schaufenster – es liegt noch kein Rechtsbindungswille vor. ☐
   - In diesem Fall besteht nicht die Gefahr einer Mehrfachverpflichtung, denn der Verkäufer kann nur so viele Kaufverträge schließen, wie auch Backwaren vorhanden sind. ☐
   - Die Ware ist mit Preisen ausgezeichnet, sodass Kaufsache, Kaufpreis und potentielle Vertragsparteien hinreichend bestimmbar sind und ein Angebot ad incertas personas vorliegt. ☐
   - Der Käufer kann die Ware aus hygienischen Gründen nicht wieder zurücklegen. ☐

Aufgabe 19: Was liegt vor? Kreuzen Sie an (h.A.).

	Fall	invitatio ad offerendum	Angebot	Annahme
a)	Schaufenster			
b)	Aufstellen eines Süßigkeiten-Automatens			
c)	Armheben bei einer Auktion			
d)	Auktionator stellt Ware vor.			
e)	Auktionator gibt den Zuschlag mit einem Hammer.			
f)	Online zum Verkauf stellen mit Stückzahlangabe			
g)	Online zum Verkauf stellen ohne Stückzahlangabe			

Aufgabe 20: Angebot oder Annahme?

a) Markieren Sie, ob Angebot oder Annahme vorliegen. Wenn ja, schlüssig oder ausdrücklich?

	Sachverhalt	Angebot	Annahme	ausdrücklich	schlüssig
a)	A ruft: „Ich nehme das Skateboard, das dort im Schaufenster hängt."				
b)	A hebt die Hand, um eine Weinflasche zu ersteigern.				
c)	A sieht im Katalog einen Pullover für 50 €. Er ruft beim Versandhaus an: „Ich kaufe den Pullover auf Seite 3 für 50 €."				

Aufgabe 21: Verträge und Willenserklärungen werden nach zwei Grundprinzipien ausgelegt. Welche sind es?

§ 157 BGB
Verträge sind so auszulegen, wie Treu und Glauben mit Rücksicht auf die Verkehrssitte es erfordern.

Prinzip 1: _____

§ 133 BGB
Bei der Auslegung einer Willenserklärung ist der wirkliche Wille zu erforschen und nicht an dem buchstäblichen Sinne des Ausdrucks zu haften.

Prinzip 2: _____

Aufgabe 22: A will im Internet zwei Vasen bestellen, klickt aber aus Versehen auf drei Vasen. Über wie viele Vasen hat A ein Angebot gemacht? Nutzen Sie zwei Auslegungsmöglichkeiten.

a) Nach § 157 BGB:
    Anzahl der Vasen: ____
    Begründung: _____
    _____

b) Nach § 133 BGB:
   Anzahl der Vasen: _____
   Begründung: _____

c) Finden Sie ein Argument gegen die Auslegung nach § 133 BGB und eins für die nach § 157 BGB.
   Argument gegen § 133 BGB:
   Tipp: In wessen Sphäre fällt der Fehler?

   _____
   _____

   Argument für § 157 BGB:

   _____
   _____

d) Welches Willenselement einer Willenserklärung wird hier ausgelegt?
   _____

e) Über wie viele Vasen kommt der Vertrag zustande? _____

f) Welches Recht hat nun A? _____

Aufgabe 23: K bestellt bei V 100 Tonnen „Haakjöringsköd". Beide gehen davon aus, dass das Wort Walfischfleisch bedeutet. In Wirklichkeit bedeutet es Haifischfleisch. Als die 100 Tonnen geliefert werden, stellt sich das Malheur heraus. V will unbedingt, dass K die 100 Tonnen an sich nimmt.

Über was kommt der Vertrag zustande? Legen Sie nach den beiden Prinzipien aus.

a) Was enthält der Vertrag nach § 157 BGB? _____
   Warum?
   _____

b) Was enthält der Vertrag nach § 133 BGB? _____
   Warum?
   _____

c) Finden Sie ein Argument gegen die Auslegung nach § 157 BGB.
Tipp: Was soll § 157 schützen? Ist dies hier schutzwürdig?
_____
_____

Warum folgen Sie in diesem Fall ausnahmsweise § 133 BGB?
Tipp: Was haben V und K gemeinsam?
_____
_____

d) Worüber ist der Vertrag zustande gekommen? _____

e) Hat V eine Anfechtungsmöglichkeit? Ja ☐ Nein ☐

f) **Abwandlung:** Dieses Mal glaubt nur K, dass das Wort Walfischfleisch bedeutet, V weiß, dass es sich um Haifisch handelt.

aa) Nach § 157 BGB für K: _____
bb) Nach § 133 BGB für K: _____
cc) Finden Sie ein Argument gegen die Auslegung nach § 133 BGB und eins für die nach § 157 BGB.
Argument gegen § 133 BGB:
_____
_____

Argument für § 157 BGB:
_____
_____

Welche Methode ist die gerechtere im Fall? § 133 BGB ☐ § 157 BGB ☐

dd) Welches Willenselement einer Willenserklärung wurde hier ausgelegt?
_____

ee) Worüber ist der Vertrag zustande gekommen? _____
ff) Wie kann sich K wehren? _____

Aufgabe 24: K nimmt im Supermarkt des V einen Rasierer mit einem Preisschild von 20 € aus dem Regal und geht zur Kasse. Sie legt ihn auf das Fließband. Als V den Rasierer scannt, erscheint 40 €. K besteht darauf, nur 20 € zu bezahlen, V auf 40 €.

a) Ob das Präsentieren des Rasierers im Regal bereits ein Angebot darstellt, ist umstritten. Unterstellen Sie, dass es ein Angebot ist: Finden Sie zwei Argumente dafür und zwei dagegen.

Tipp: Versetzen Sie sich in die Lage eines Geschäftsinhabers.

Pro 1: _____
Pro 2: _____
Contra 1: _____

Contra 2: _____

Was ist das Präsentieren des Rasierers also nach der herrschenden Ansicht?
_____

b) Was ist das Angebot?

das Legen auf das Fließband ☐
das Scannen des Rasierers ☐

Grund: _____

c) Kommt es zu einem Vertragsschluss? Ja ☐   Nein ☐

Grund: _____

Aufgabe 25: A besucht eine Bootsmesse in Leipzig. Er interessiert sich für eine kleine Segeljacht eines Unternehmens aus den USA für 23 000 Dollar. Als A den Verkäufer V anspricht, antwortet dieser auf Englisch. A spricht aber nur französisch, daher sprechen sie französisch miteinander.

Nun folgt der Dialog übersetzt:

A: „Ich spreche nur Französisch."

V: „Ahh. Sie können meine Sprache! Ich komme aus Kanada."

A: „Ja, ein wunderbares Land, Kanada. Ich war mit meiner Frau letztes Jahr dort."

V: „Wie schön! Dann sind Sie ja fast ein Landsmann."

A: „Überzeugt! Ich nehme die Yacht für 23 000 Dollar."

V: „Das freut mich."

A bezahlt 23 000 kanadische Dollar, weil der Verkäufer aus Kanada kommt und französisch gesprochen hat. Dieser besteht allerdings auf Zahlung in US-Dollar.

a) Was ist das Angebot? _____
b) Was ist die Annahme? _____
c) Was enthält das Angebot?

aa) Tragen Sie ein, was im Fall aus Sicht eines objektiven Empfängers in der Lage des V für kanadische Dollar oder US-Dollar spricht.

Kanadische Dollar	US-Dollar

bb) Wirklicher Wille des A: _____
cc) Wie entscheiden Sie beim Angebot nach dem objektiven Empfängerhorizont des V?
_____

d) Wie entscheiden Sie sich bei der Annahme?
aa) Objektiver Empfängerhorizont des A: _____
bb) Wirklicher Wille des V: _____

e) Vertragsschluss: Ja ☐   Nein ☐
Über: US-Dollar ☐   Kanadische Dollar ☐

f) Wie kann A sich wehren? _____

Aufgabe 26: Mit einem Zeitungsinserat möchte V einen 50er-Jahre-Füller verkaufen. K liest die Anzeige, ruft bei V an: „Ich nehme den Füller für 150 €." V erwidert „Gerne, aber für 200 €." Das ist K zu viel und er antwortet daher: „Drei Wochen lang bin ich bereit, den Füller für 150 € zu nehmen."
Nachdem V auch nach einer Woche keinen Käufer gefunden hat, sendet er ein Einschreiben an K, in dem er mitteilt, dass er den Füller für 150 € verkaufe.

a) Finden Sie in jedem Satz die Möglichkeit, ein Angebot oder eine Annahme zu prüfen. Markieren Sie, ob das Merkmal erfüllt ist.
Satz 1: _____ Zeitungsinserat _____ = _____ ?
Satz 2: _____ = _____ ?
Satz 3: _____ = _____ ?
Satz 4: _____ = _____ ?
Satz 5: _____ = _____ ?

b) Formulieren Sie für die 5 Sätze die Obersätze.
Satz 1: _____
_____
Satz 2: _____
_____
Satz 3: _____
_____
Satz 4: _____
_____
Satz 5: _____
_____

Aufgabe 27: Was ist Tatbestand, was ist Rechtsfolge bei den folgenden Anspruchsgrundlagen?

Tipp: Rechtsfolge = Tun oder Unterlassen
  Tatbestand = Voraussetzungen der Norm

a) § 433 I BGB
(1) Durch den Kaufvertrag wird der Verkäufer einer Sache verpflichtet, dem Käufer die Sache zu übergeben und das Eigentum an der Sache zu verschaffen. Der Verkäufer hat dem Käufer die Sache frei von Sach- und Rechtsmängeln zu verschaffen.
Tatbestand: <u>Kaufvertrag</u>

Rechtsfolge: <u>Sache übergeben und Eigentum frei von Sach- und Rechtsmängeln verschaffen.</u>

b) § 433 II BGB
Der Käufer ist verpflichtet, dem Verkäufer den vereinbarten Kaufpreis zu zahlen und die gekaufte Sache abzunehmen.
Tatbestand: _____
Rechtsfolge: _____

c) § 535 I BGB
(1) Durch den Mietvertrag wird der Vermieter verpflichtet, dem Mieter den Gebrauch der Mietsache während der Mietzeit zu gewähren. Der Vermieter hat die Mietsache dem Mieter in einem zum vertragsgemäßen Gebrauch geeigneten Zustand zu überlassen und sie während der Mietzeit in diesem Zustand zu erhalten. Er hat die auf der Mietsache ruhenden Lasten zu tragen.
Tatbestand: _____
Rechtsfolge: _____

d) § 535 II BGB
Der Mieter ist verpflichtet, dem Vermieter die vereinbarte Miete zu entrichten.
Tatbestand: _____
Rechtsfolge: _____

e) § 631 BGB
(1) Durch den Werkvertrag wird der Unternehmer zur Herstellung des versprochenen Werkes, der Besteller zur Entrichtung der vereinbarten Vergütung verpflichtet.
(2) Gegenstand des Werkvertrags kann sowohl die Herstellung oder Veränderung einer Sache als auch ein anderer durch Arbeit oder Dienstleistung herbeizuführender Erfolg sein.
Tatbestand: _____
Rechtsfolge für den Unternehmer: _____
Rechtsfolge für den Verbraucher: _____

f) 812 I 1 1. Alt. BGB
(1) Wer durch die Leistung eines anderen […] etwas ohne rechtlichen Grund erlangt, ist ihm zur Herausgabe verpflichtet.

Tatbestand: _____

Rechtsfolge: _____

g) 985 BGB
Der Eigentümer kann von dem Besitzer die Herausgabe der Sache verlangen.

Tatbestand: _____

Rechtsfolge: _____

h) Unterstreichen Sie in den Anspruchsgrundlagen die Formulierung, anhand derer man erkennen kann, dass es sich um eine Anspruchsgrundlage handelt. Welches ist hier das häufigste Wort, das eine Anspruchsgrundlage ausmacht? _____

Aufgabe 28: Ordnen Sie die folgenden Begehren des Anspruchstellers einer der Anspruchsgrundlagen zu.

	Begehren des Anspruchsstellers	**Anspruchsgrundlage**
a)	Oma O ist ein Füllerfan und bittet ihren Enkel E, jeden Füller aus den 50er Jahren bis 50 € zu kaufen. E kauft bei V einen Füller aus den 60er Jahren. Kann V von O Zahlung verlangen?	
b)	M unterschreibt und verschickt versehentlich zwei Mietverträge, einen mit A und einen mit B. M möchte nur bei A einziehen. Kann B von M Miete verlangen?	
c)	A steigt in ein Taxi, um zum Bahnhof gefahren zu werden. Allerdings fährt ihn der Fahrer zum Stadion. A verweigert die Zahlung. Zu Recht?	
d)	Chef C beauftragt Sekretärin S sein Auto zum bestmöglichen Preis zu verkaufen. S erhält mehrere Angebote. Das niedrigste kommt von F. Da S mit F eng befreundet ist, veräußert sie diesem das Auto. F verlangt nun von C das Auto. Zu Recht?	
e)	K kauft von V eine Vase. Später bemerkt V, dass diese eine Antiquität ist und daher viel mehr Wert, als K bezahlt hat. Daher ficht V den Kaufvertrag und verlangt die Vase zurück. Zu Recht?	

f)	Als S in ihre Wohnung kommt, sieht sie, dass ein Wasserohrbruch ihre Wohnung 1cm unter Wasser gesetzt hat. Kann sie von ihrem Vermieter die Reinigung verlangen?	
g)	M sieht einen Anzug im Schaufenster für 140 €. Dem Verkäufer sagt er, dass er ihn kaufe und später abhole. Später stellt sich heraus, dass der Anzug falsch ausgezeichnet war und 340 € kostet. M besteht darauf, den Anzug für 140 € sofort mitzunehmen. Zu Recht?	

Aufgabe 29: Welche Normen sind Anspruchsgrundlagen?

Tipp: Enthält die Rechtsfolge ein Tun oder Unterlassen, ist es eine Anspruchsgrundlage.

Norm	Ja	Nein
§ 929 BGB		
§ 120 BGB		
§ 433 BGB		
§ 133 BGB		
§ 812 BGB		
§ 142 BGB		
§ 985 BGB		

Aufgabe 30: Jedes Gutachten im Zivilrecht beginnen Sie mit einem bestimmten Obersatz. Was in diesen gehört, ergibt sich aus dem Merksatz: Wer will was von wem woraus?

a) Tragen Sie die Informationen aus dem Merksatz für diesen Fall ein: V bietet K per Mail ein Auto für 1000 € an. K ruft sofort V auf dem Handy an und spricht ihm seine Zustimmung auf die Mailbox. Zwei Tage später liefert V. V will sein Geld. Zu Recht?

Merksatz	Sachverhalt
Wer?	
Will was?	
Vom wem?	
Woraus? (Anspruchsgrundlage)	

b) Formulieren Sie den Obersatz:

_____
_____

Kapitel 2: Anfechtung

1. Wie wirkt eine Anfechtung?

In Kapitel 1 haben Sie erfahren, dass der Erklärende anfechten kann, wenn er einen anderen Geschäftswillen nach außen erklärt, als er innerlich hat oder lediglich ein potentielles Erklärungsbewusstsein. Bejahen Sie eine Anfechtung wird das Rechtsgeschäft, zum Beispiel ein Kaufvertrag, gem. § 142 I BGB nichtig: Es gehen keine rechtlichen Wirkungen von diesem aus – und das von Anfang an². Bei einem Kaufvertrag entfallen die Pflichten: keine Kaufpreiszahlung, keine Übereignung. Sie fechten gem. §§ 119 ff. BGB die Willenserklärung an, zum Beispiel das Angebot, mit der Folge, dass der Kaufvertrag gem. § 142 I BGB nichtig ist.

 Willenserklärung wird wirksam angefochten → Rechtsgeschäft ist nichtig

2. Wann kann ich eine Willenserklärung anfechten?

Eine Willenserklärung können Sie anfechten, wenn Sie sich geirrt haben oder der Vertragspartner Sie arglistig getäuscht oder bedroht hat. Zudem können Sie bei einer falschen Übermittlung anfechten. Die Anfechtungsgründe brauchen Sie nicht auswendig lernen, Sie können sie den Überschriften der §§ 119 ff. BGB entnehmen.

Nicht jeder Irrtum ermöglicht Ihnen eine Anfechtung. Kaufen Sie zum Beispiel ein Geburtstagsgeschenk, und stellen später fest, dass die Person nicht Geburtstag hat, können Sie wegen dieses Irrtums nicht anfechten: Sie haben sich lediglich über den Grund zum Kauf geirrt (Motivirrtum), nicht über einen Bestandteil des Vertrages. Nur drei bestimmte Irrtümer ermöglichen eine Anfechtung: der Inhalts-, der Erklärungs-, und der Eigenschaftsirrtum, diese sind alle in § 119 BGB normiert.

---

2   Ausnahme: Dauerschuldverhältnisse wie Arbeitsverträge. Da ist eine Rückgewähr der Arbeitskraft bei Nichtigkeit von Anfang an meist nicht möglich. Daher sind Arbeitsverträge in der Regel ab der Anfechtung nichtig.

2.1 Was ist ein Inhaltsirrtum?

Beim Inhaltsirrtum verstehen Sie den Inhalt der Erklärung anders als die Allgemeinheit. Sie beurteilen also, wie ein objektiver Empfänger die Erklärung verstehen würde.

 A sitzt im Lokal des B in Köln. Auf der Karte steht „Halve Hahn". A denkt, ein halbes Hähnchen würde ihm schmecken und bestellt „einmal Halve Hahn". In Wirklichkeit bedeutet Halve Hahn ein belegtes Käsebrötchen.

In Betracht kommt ein Inhaltsirrtum des A gem. § 119 I 1. Alt. BGB. Dies ist der Fall, wenn die Person den Inhalt der Erklärung anders versteht als die Allgemeinheit. A wollte ein halbes Hähnchen und sagt „Halve Hahn", weil er glaubte, es bedeute halbes Hähnchen. Allerdings wird unter ‚Halve Hahn' ein belegtes Käsebrötchen verstanden, sodass A den Inhalt seiner Erklärung anders versteht als die Allgemeinheit. A befindet sich in einem Inhaltsirrtum gem. § 119 I 1. Alt. BGB.

Ein Unterfall des Inhaltsirrtums liegt vor, wenn Sie sich über die Identität einer Person oder Sache irren.

 K möchte den ihm bekannten Tischler Schmidt engagieren, engagiert aber versehentlich einen anderen Schmidt, der ebenfalls Tischler ist.

2.2 Was ist ein Erklärungsirrtum?

Beim Erklärungsirrtum erklären Sie versehentlich etwas anderes, als sie wollten: Sie vertun sich, Sie versprechen sich, vertippen sich, ... Würde Ihnen im Nachhinein jemand sagen, was Sie gesagt haben, wüssten Sie sofort, dass Sie dies nicht erklären wollten. Ein Erklärungsirrtum liegt also vor, wenn der Erklärende ein **anderes Erklärungszeichen** setzt, als er setzen wollte.

 A verschreibt sich und bestellt aus Versehen 40 Flaschen Wein statt vier.

In Betracht kommt ein Erklärungsirrtum des A gem. § 119 I 2. Alt. BGB. Dies ist der Fall, wenn der Erklärende ein anderes Erklärungszeichen setzt, als er setzen wollte. A wollte vier Flaschen Wein bestellen, bestellte aber 40 Flaschen. Mithin nutzte er ein anderes Erklärungszeichen (40), als er wollte (4). A befindet sich in einem Erklärungsirrtum gem. § 119 I 2. Alt BGB.

Ich habe mich vertan = Erklärungsirrtum

2.3 Welcher Irrtum liegt bei potentiellem Erklärungsbewusstsein vor?

Die Irrtümer nach § 119 BGB beziehen sich auf den Geschäftswillen, daher werden sie bei einem potentiellen Erklärungsbewusstsein (analog) herangezogen. Die Interessenslage ist vergleichbar: Jemand der dieses Geschäft nicht will, aber ein anderes, sollte nicht besser gestellt werden, als jemand, der kein Geschäft will. Somit sollte ihm ebenfalls die Möglichkeit der Anfechtung zustehen. Sie entscheiden dann, ob es in Ihrem Fall eher ein Erklärungsirrtum oder ein Inhaltsirrtum ist.

 A winkt auf einer Auktion einem Freund zu, um ihn zu grüßen und erhält den Zuschlag, obwohl er nicht bieten wollte. A irrt sich über die Bedeutung seines Winkens, er glaubt, es heiße grüßen, in diesem Fall heißt es aber bieten. Daher befindet er sich in einer Art Inhaltsirrtum³, nur nicht über einen Vertragsbestandteil. Daher wenden Sie in diesem Fall den Inhaltsirrtum analog an.

 A unterschreibt ein Kaufangebot im Glauben, die Antwortkarte für eine Feier auszufüllen. A hat sich bei der Antwortkarte vergriffen und daher ein falsches Zeichen gesetzt. Somit können Sie hier einen Erklärungsirrtum analog anwenden.

2.4 Was ist ein Eigenschaftsirrtum?

Der dritte Irrtumsfall ist der Eigenschaftsirrtum gem. § 119 II BGB. Dieser liegt vor, wenn Sie sich über eine verkehrswesentliche Eigenschaft der Person oder der Sache, die Gegenstand des Rechtsgeschäfts ist, irren (zum Beispiel über die Kaufsache). Eigenschaften einer Sache sind Faktoren, die ihr dauerhaft anhaften und wertbildend sind: das Alter einer Antiquität, die Lage eines Grundstücks, die Urheberschaft eines Kunstwerkes.

 A kauft bei B ein Pferd, weil er dieses für ein Reitpferd hält. In Wirklichkeit ist es ein Kutschpferd. Die Ausbildung, die ein Kutschpferd von einem Reitpferd unterscheidet, haftet diesem dauerhaft an, ist wertbildend und damit eine Eigenschaft.

---

3   Andere verstehen die Situation auch als Erklärungsirrtum, weil der Erklärende sich im Zeichen vergreife.

Der Kaufpreis selbst ist keine Eigenschaft, da dieser durch Veränderungen auf dem Markt schwankt und somit der Sache gerade nicht dauerhaft anhaftet. Eigenschaften i.S.d. §119 II BGB sind nur die Faktoren, die den Preis mitbestimmen. Der Preis selbst beruht auf Angebot und Nachfrage.

 K kauft eine Hose im Geschäft des A für 100 €. Im Geschäft des B findet er dieselbe Hose für 80 €. A fragt sich, ob er wegen eines Eigenschaftsirrtums anfechten kann.

 Der Preis ist keine Eigenschaft.

Anfechtbar ist ein Rechtsgeschäft auch, wenn man sich über eine Eigenschaft des Rechtsgeschäftspartners irrt, zum Beispiel über Zahlungsfähigkeit, Beruf, Alter, Geschlecht und Gesundheitszustand. Auch diese muss verkehrswesentlich sein.

 V stellt K als Koch in seiner Kneipe an, weil er sicher ist, dass K eine Ausbildung zum Koch absolviert hat, was K nie behauptet hat.

Verkehrswesentlich ist eine Eigenschaft, wenn sie üblicherweise bei diesem Geschäft von entscheidendem Wert und ausschlaggebend für dessen Abschluss ist.

 Wenn man ein Reitpferd kaufen will, dann ist die Ausbildung als Reitpferd von entscheidendem Wert und auch ausschlaggebend für einen Kauf, mithin verkehrswesentlich.

3. Was ist Täuschen und Drohen nach § 123 BGB?

§ 123 BGB enthält zwei verschiedene Anfechtungsgründe: die Anfechtung wegen arglistiger Täuschung und die Anfechtung wegen widerrechtlicher Drohung.

Eine Täuschung ist ein Verhalten, welches bei einem anderen einen Irrtum hervorrufen, verstärken oder aufrechterhalten soll.

 V erzählt K wahrheitswidrig, die Uhr funktioniere. Daher kauft K die Uhr.

Genauso kann auch der Käufer täuschen, etwa über seine Zahlungsfähigkeit. Getäuscht werden kann ausdrücklich, konkludent und durch Unterlassen.

Was ist, wenn nicht der Geschäftspartner täuscht, sondern ein Dritter?

Hat ein Dritter getäuscht, kann der Getäuschte gem. § 123 II BGB nur anfechten, wenn der Geschäftspartner die Täuschung kannte oder kennen musste. Wer ist dieser Dritte? Jedenfalls kein Vertreter des Geschäftspartners: Täuschungen eines Vertreters prüfen Sie über die Normen zur Vertretung, §§ 164 ff. BGB.

Ein „Unbeteiligter", zum Beispiel ein Kunde, kann Dritter sein. Dann muss sich der Vertragspartner die Täuschung nur zurechnen lassen, wenn er die Täuschung kannte oder aufgrund von Fahrlässigkeit nicht kannte.

 Autoverkäufer V will weiter „Verkäufer des Monats" im Autohaus des G bleiben. Daher erzählt er den Kunden „das Blaue vom Himmel herunter". So erzählt er dem K wahrheitswidrig, der Wagen sei unfallfrei und ein Sparangebot. Kann K den Kaufvertrag mit G anfechten? Ja, zwar kannte G die Täuschungen des V nicht, aber diese muss er sich zurechnen lassen, V ist kein Dritter im Sinne des § 123 II BGB. Anders wäre es, wenn ein Kunde den K getäuscht hätte.

Wann ist sie arglistig?

Allerdings muss die Täuschung auch arglistig sein, das bedeutet sie muss vorsätzlich geschehen. Über die verschiedenen Vorsatzformen können Sie sich im Teil Strafrecht informieren, die Definitionen sind auch für das Zivilrecht gültig. Wie im Strafrecht genügt im Zivilrecht grundsätzlich Eventualvorsatz. Sie prüfen also, ob die täuschende Partei zumindest billigend in Kauf nimmt, dass die andere Partei getäuscht wird und aufgrund dieser Täuschung den Vertrag eingeht.

 V verkauft eine kaputte Uhr – weiß aber nichts von diesem Defekt. Dies ist keine Täuschung, weil V nicht vorsätzlich handelte. Eine Anfechtung wegen eines Eigenschaftsirrtums gem. § 119 II BGB ist möglich.

Widerrechtliche Drohung

Eine Drohung ist das Inaussichtstellen eines zukünftigen Übels, auf dessen Eintritt bzw. Ausbleiben der Drohende vorgibt, Einfluss zu haben. Zudem prüfen Sie, ob die Drohung widerrechtlich war. Das ist der Fall, wenn das angedrohte Mittel oder der erstrebte Zweck rechtswidrig oder die Zweck-Mittel-Relation anstößig sind.

 K hat das Reitpferd, das er bei V gekauft hat, noch nicht bezahlt. V ruft diesen an und droht ihm mit rechtlichen Konsequenzen, falls er nicht bezahlen sollte.

Zwar stellt V ein künftiges Übel in Aussicht und droht dem Kunden, jedoch ist die Androhung der gerichtlichen Durchsetzung von legal erworbenen Zahlungsansprüchen nicht widerrechtlich.

4. Warum prüfe ich die Kausalität?

Ähnlich wie im Strafrecht muss der Anfechtungsgrund kausal für den Vertragsschluss sein, das heißt, Sie stellen die Frage, ob die Vertragspartei den Vertrag auch eingegangen wäre, wenn sie ihrem Irrtum gekannt hätte oder sie nicht getäuscht oder bedroht worden wäre.

Für die Irrtümer lesen Sie dies aus dem Wortlaut von § 119 I HS. 2 BGB heraus: Der Erklärende kann anfechten, „wenn anzunehmen ist, dass er sie [die Erklärung] **bei Kenntnis der Sachlage** und **bei verständiger Würdigung** des Falles nicht abgegeben haben würde."

Die „Kenntnis der Sachlage" bezieht sich auf die subjektive Erheblichkeit: Hätte der Erklärende sich ohne Irrtum anders entschieden?

A will eine Jeans 0815 im Internetshop des V bestellen, versehentlich klickt er auf den Internetshop des K und bestellt die 0815 Jeans dort.

Bei „verständiger Würdigung" bezieht sich auf die objektive Erheblichkeit: Hätte ein verständiger Mensch – frei von Eigensinn und törichten Anschauungen – die Erklärung abgegeben?

A ist überzeugt, dass nur Zahlen Glück bringen, die durch drei teilbar sind. Daher will er im Hotel das Hotelzimmer 12 bestellen, bestellt aber aus Versehen das Zimmer 11.

Die Kausalität prüfen Sie auch bei § 120 BGB: Dieser verweist auf die ‚gleichen Voraussetzungen' des § 119 BGB.

Bei der Täuschung und Drohung gem. § 123 BGB ergibt sich die Prüfung der Kausalität aus dem Wortlaut ‚zur Abgabe bestimmt werden'. Es muss eine Kausalität zwischen Täuschung und Irrtum, sowie zwischen Irrtum und Abgabe der Willenserklärung vorliegen. Das ist nicht der Fall, wenn eine Vertragspartei die Täuschung durchschaut hat und trotzdem die Willenserklärung abgibt oder wenn die Partei die Willenserklärung auch abgegeben hätte, wenn sie sich nicht geirrt hätte.

K kauft ein Motorrad. Verkäufer V versichert ihm, dass das Motorrad funktioniert, obwohl er weiß, dass dies nicht der Fall ist.

 Variante 1 (Kausalität): K vertraut auf die Angaben des V und stellt zu Hause entsetzt fest, dass das Motorrad nicht fährt und er eine bereits mit seinen Freunden geplante Tour absagen muss.

 Variante 2 (keine Kausalität): K durchschaut V zwar nicht, es ist ihm aber sowieso egal, ob der Motor funktioniert, weil er das Motorrad nur als Ausstellungsstück nutzen und nicht ein einziges Mal damit fahren möchte. Hier besteht zwar Kausalität zwischen Täuschung und Irrtum, aber nicht zwischen Irrtum und Abgabe der Willenserklärung.

5. Wie prüfe ich eine Anfechtung?

Anfechten können Sie nur aus einem der gesetzlichen Gründe. Daher prüfen Sie als erstes, ob ein Anfechtungsgrund der §§ 119 ff. BGB vorliegt. Als nächstes prüfen Sie, ob eine Anfechtungserklärung gem. § 143 BGB vorliegt. Diese ist eine Willenserklärung, daher wird sie durch Abgabe und Zugang nach § 130 BGB wirksam (s. Kapitel 3). Sie darf nicht bedingt oder befristet sein, muss aber z. B. nicht explizit das Wort „Anfechtung" enthalten. Allein der Wille zur Anfechtung muss deutlich werden.

 V hat K eine kaputte Uhr verkauft. K bemerkt dies zu Hause und ruft V an: „Die Uhr ist kaputt, ich will mein Geld zurück." Das ist eine Anfechtungserklärung.

Die Anfechtung ändert das Rechtsverhältnis kraft Gesetz ohne Zutun des anderen (§ 142 I BGB). Eine Anfechtung muss nicht angenommen werden wie ein Angebot beim Kaufvertrag. Sie ist ein einseitiges Rechtsgeschäft.

Im Anschluss prüfen Sie, ob die Anfechtungsfrist eingehalten wurde. Diese ist bei den Anfechtungsgründen der §§ 119, 120 BGB sehr kurz: unverzüglich, also ohne schuldhaftes Zögern, nachdem der Irrtum oder Fehler bemerkt wurde, gem. § 121 I 1 BGB. Bei § 123 BGB ist die Frist länger, da hier der Anfechtende besonders schutzwürdig ist. Die Frist beträgt gem. § 124 I, II BGB ein Jahr ab dem Zeitpunkt, in dem der Anfechtende die Täuschung erkennt, im Falle der Drohung mit dem Aufhören der Zwangslage. Unabhängig davon ist eine Anfechtung zehn Jahre nach Abgabe der Willenserklärung in jedem Fall ausgeschlossen (§§ 124 III, 121 II BGB).

Als letztes kann es sein, dass der Anfechtungsberechtigte das Rechtsgeschäft bestätigt hat, weil er es trotzdem gut findet. Dann ist gem. § 144 I BGB die Anfechtung ausgeschlossen. Diese Bestätigung kann auch durch konkludentes Verhalten erklärt werden: indem der Anfechtungsberechtigte zum Beispiel bezahlt, obwohl er weiß, dass er zu einer Anfechtung berechtigt ist.

> **Prüfungsschema Anfechtung**
> 1. Anfechtungsgrund (+ Kausalität)
> 2. Anfechtungserklärung
>   a) Abgabe
>   b) Zugang
> 3. Anfechtungsfrist
> 4. Keine Bestätigung des Rechtsgeschäfts
> 5. Rechtsfolge: Nichtigkeit

6. Wie prüfe ich die Anfechtung im Gutachten?

Meist prüfen Sie einen Vertragsschluss und im Anschluss, ob eine Willenserklärung aus diesem angefochten wurde. Wenn Sie die Anfechtung bejahen, ist der Vertrag nichtig und es entsteht kein Anspruch aus diesem.

Sie differenzieren, welche Willenserklärung angefochten wird: Die aus dem Vertrag (Verpflichtungsgeschäft) oder die aus der Übereignung (Verfügungsgeschäft). In den meisten Fällen werden Sie durch Auslegung dazu kommen, dass das Verpflichtungsgeschäft angefochten wurde. Für das Verfügungsgeschäft gibt es meistens keinen Anfechtungsgrund. Eine etwaige Übereignung einer Kaufsache gilt wegen des Abstraktionsprinzips weiter.

Ihre Fallfrage kann auch lauten: Kann V von K die Kaufsache zurückverlangen?
Die Rückabwicklung prüfen Sie meist über § 812 I 1 Alt. 1 BGB: § 812 verpflichtet zur Herausgabe, wenn man etwas ohne rechtlichen Grund erlangt hat: Ohne Rechtsgrund, weil der Vertrag, der Rechtsgrund, durch die Anfechtung wegfällt.

 K und V haben einen Kaufvertrag über ein Pferd geschlossen. V hat dem K das Pferd übereignet und K hat bezahlt. Nun hat K seine Willenserklärung aus dem Kaufvertrag wegen eines Eigenschaftsirrtums gem. § 119 II BGB wirksam angefochten, sodass der Kaufvertrag gem. § 142 I BGB nichtig ist. Bei der Übereignung, die auch aus zwei Willenserklärungen besteht, hat sich K nicht geirrt, daher ficht er nur die schuldrechtliche Willenserklärung aus dem Kaufvertrag an. V hat nun einen Anspruch gegen K aus § 812 I 1 1. Alt. BGB auf Herausgabe des Pferdes, K dagegen auf Herausgabe des Geldes, weil sie diese durch Leistung und ohne rechtlichen Grund erlangt haben. Der Kaufvertrag ist ein rechtlicher Grund, der durch die Anfechtung nichtig ist.

Sollten Sie einen Anfechtungsgrund nach § 123 BGB bejaht haben, sieht es anders aus: Im Falle einer Anfechtung wegen einer Täuschung oder Drohung bezieht sich die Anfechtung ebenfalls auf die Willenserklärung aus dem Vertrag, aber auch auf die Übereignung, denn auch diese wurde durch Täuschung oder Drohung erreicht. Sie können die Anfechtung also so auslegen, dass sie auch das Verfügungsgeschäft (die Übereignung) umfasst, dann verliert der Anfechtungsgegner das Eigentum und Sie können die Herausgabe nach § 985 BGB prüfen: Der Eigentümer kann vom Besitzer die Herausgabe verlangen.

7. Hat die Anfechtung wegen §§ 119, 120 BGB auch Nachteile?

Die Anfechtung hat den Nachteil, dass der Anfechtende gegebenenfalls gem. § 122 BGB Schadensersatz leisten muss. Allerdings nur bei den Anfechtungsgründen nach §§ 119, 120 BGB. Bei Täuschung oder Drohung gem. § 123 BGB braucht der Anfechtende keinen Schadensersatz zu leisten: Wer täuscht und droht braucht nicht durch den Schadensersatzanspruch geschützt werden. Der Anfechtende soll für den Schaden aufkommen, der dem Anfechtungsgegner entstanden ist, weil er „auf die Gültigkeit der Erklärung vertraut" hat, auch ‚negatives Interesse' oder ‚Vertrauensschaden' genannt.

 Anfechtung nach §§ 119, 120 BGB → Schadensersatz gem. § 122 BGB.

Aufgaben

Aufgabe 1: Welche Irrtümer sind in § 119 BGB geregelt? Unterstreichen Sie den Wortlaut der drei Irrtümer und tragen Sie die Begriffe mit Gesetzesangabe ein.

§ 119 BGB
(1) Wer bei der Abgabe einer Willenserklärung über deren Inhalt im Irrtum war oder eine Erklärung dieses Inhalts überhaupt nicht abgeben wollte, kann die Erklärung anfechten, wenn anzunehmen ist, dass er sie bei Kenntnis der Sachlage und bei verständiger Würdigung des Falles nicht abgegeben haben würde.
(2) Als Irrtum über den Inhalt der Erklärung gilt auch der Irrtum über solche Eigenschaften der Person oder der Sache, die im Verkehr als wesentlich angesehen werden.

Irrtum 1: _____ § _____
Irrtum 2: _____ § _____
Irrtum 3: _____ § _____

Aufgabe 2: Ordnen Sie die Irrtümer den Definitionen zu.

1. Erklärender irrt über eine verkehrswesentliche Eigenschaft einer Person oder Sache. _____
2. Erklärender setzt (versehentlich) ein anderes Erklärungszeichen, als er setzen wollte. _____

3. Erklärender wollte die Erklärung so abgeben, hat sie aber inhaltlich falsch bewertet. _____

Aufgabe 3: Welcher Irrtum liegt vor?

a) Vertippen: _____
b) Einen Leihvertrag für einen Leasingvertrag halten: _____
c) Verschreiben: _____
d) Glauben, ein Gemälde sei von Picasso: _____

Aufgabe 4: Welcher Irrtum liegt vor?

a) A will per E-Mail ein Angebot zum Kauf eines Gemäldes über 2000 € abgeben. Er vertippt sich und schreibt daher 20 000 €.
Irrtum: _____ Norm: _____

b) A glaubt, der Pullover der Marke X sei gerade modern, irrt sich aber und will den Pullover deswegen zurückgeben.
Irrtum: _____ Norm: _____

c) T braucht für sein vierwöchiges Praktikum ein Auto. Seine Bekannte S bietet ihm an, ihm ihres zu leihen. Nach den vier Wochen sagt S: „So, nun müssen wir aber über den Preis reden." „Du hast von Leihe gesprochen, die ist immer unentgeltlich."
Irrtum: _____ Norm: _____

d) B will für sein Hotel Toilettenpapier bestellen. Sie werden in der Einheit „Gros" angeboten. B ist sich sicher, dass ein Gros 12 bedeutet. Da er 120 Rollen braucht, bestellt er 10 Gros. Allerdings bedeutet Gros: 144. Daher werden ihm 1440 Rollen geliefert.
Irrtum: _____ Norm: _____

e) A kauft einen Hut als Geburtstagsgeschenk, irrt sich aber über das Datum und will daher den Vertrag anfechten.
Irrtum: _____ Norm: _____

f) A kauft einen Hut, weil er glaubt, dieser sei aus Wolle. Ist er aber nicht.
Irrtum: _____ Norm: _____

Aufgabe 5: Welcher Anfechtungsgrund liegt hier vor?

§ 120 BGB
Eine Willenserklärung, welche durch die zur Übermittlung verwendete Person oder Einrichtung unrichtig übermittelt worden ist, kann unter der gleichen Voraussetzung angefochten werden wie nach § 119 eine irrtümlich abgegebene Willenserklärung.

Anfechtungsgrund: _____

a) Wer oder was macht hier etwas falsch?
_____ oder _____
b) Wer ist in § 120 1. Alt. BGB gemeint? Kreuzen Sie an.

Bote ☐

Vertreter ☐

Beides ☐

Aufgabe 6: § 123 BGB
(1) Wer zur Abgabe einer Willenserklärung durch arglistige Täuschung oder widerrechtlich durch Drohung bestimmt worden ist, kann die Erklärung anfechten.

a) Unterstreichen Sie die beiden Anfechtungsgründe.
b) Prüfen Sie bei der arglistigen Täuschung auch die Widerrechtlichkeit? Argumentieren Sie mit einem Erst Recht-Schluss: _____
_____

c) Wie ist Ihr Ergebnis? Prüfen Sie oder prüfen Sie nicht? Ja ☐   Nein ☐

Aufgabe 7: Kommen die Verträge zustande? Und wenn ja, kann man sie anfechten und warum?

a) K lässt sich freiwillig von V hypnotisieren. V bringt K dann dazu, einen nicht gewollten Vertrag über eine Waschmaschine zu unterschreiben.
Ja ☐   Nein ☐
Wenn ja, Anfechtungsgrund: _____
Wenn nein, Grund: _____
b) A bestellt bei V ein Dutzend Ketten, im Glauben ein Dutzend sei sechs.
Ja ☐   Nein ☐
Wenn ja, Anfechtungsgrund: _____
Wenn nein, Grund: _____
c) A winkt auf einer Auktion einem Freund zu. Er erhält den Zuschlag. (Vertragsschluss nach der herrschenden Ansicht beurteilen)
Ja ☐   Nein ☐
Wenn ja, Anfechtungsgrund: _____
Wenn nein, Grund: _____

d) A kauft einen Hut, weil er glaubt, seine Freundin hätte Geburtstag.
Ja ☐   Nein ☐
Wenn ja, Anfechtungsgrund: _____
Wenn nein, Grund: _____

e) A ist auf einer Auktion eingeschlafen, er zuckt mit der Hand hoch und erhält den Zuschlag.
Ja ☐   Nein ☐
Wenn ja, Anfechtungsgrund: _____
Wenn nein, Grund: _____

f) M bietet L einen Mietvertrag für ein Auto an, L stimmt zu, geht aber von einem Leihvertrag aus.
Ja ☐   Nein ☐
Wenn ja, Anfechtungsgrund: _____
Wenn nein, Grund: _____

g) Verkäufer V droht den K einzusperren, bis dieser den Vertrag unterzeichnet. K unterzeichnet.
Ja ☐   Nein ☐
Wenn ja, Anfechtungsgrund: _____
Wenn nein, Grund: _____

h) Die Mutter schickt ihr sechsjähriges Kind, um beim Bäcker vier Brötchen zu kaufen. Das Kind verspricht sich und kauft vierzig Brötchen. Es sagt, seine Mutter werde später bezahlen. Diese weigert sich.
Ja ☐   Nein ☐
Wenn ja, Anfechtungsgrund: _____
Wenn nein, Grund: _____

i) V will den sehr bekannten Zauberer Zorro engagieren, allerdings engagiert er den wenig bekannten Zorro, der nur den gleichen Namen verwendet.
Ja ☐   Nein ☐
Wenn ja, Anfechtungsgrund: _____
Wenn nein, Grund: _____

j) V etikettiert einige Waren in seinem Geschäft als „Supersonderangebot", obwohl er weiß, dass sie genau den vom Hersteller empfohlenen Preis aufweisen. K ist hocherfreut über die Schnäppchen und kauft eine Tasche und drei Füller.
Ja ☐   Nein ☐
Wenn ja, Anfechtungsgrund: _____
Wenn nein, Grund: _____

k) Sie bieten einer alten Dame eine Uhr an. Diese nickt, aber nur, weil sie den Kopf nicht halten kann.
Ja ☐   Nein ☐
Wenn ja, Anfechtungsgrund: _____
Wenn nein, Grund: _____

l) T hält O ein Messer an den Kopf, damit dieser ihm sein Fahrrad abkauft.
Ja ☐   Nein ☐
Wenn ja, Anfechtungsgrund: _____
Wenn nein, Grund: _____

m) A kauft bei V einen Ring. Er geht davon aus, dass dieser aus echtem Gold ist. In Wirklichkeit ist der Ring nur vergoldet.
Ja ☐   Nein ☐
Wenn ja, Anfechtungsgrund: _____
Wenn nein, Grund: _____

n) K bestellt bei V „Haakjöringsköd" im festen Glauben, damit sei Walfleisch gemeint, in Wirklichkeit bedeutet es aber Haifleisch.
Ja ☐   Nein ☐
Wenn ja, Anfechtungsgrund: _____
Wenn nein, Grund: _____

Aufgabe 8: A kauft einen Pullover im Laden des B für 200 €, dieser kostet im Laden des C nur 100 €. Daher will er anfechten.

Welcher Anfechtungsgrund kommt in Betracht: _____
Liegt dieser vor? Ja ☐   Nein ☐
Begründung: _____

Aufgabe 9: K schlendert im Autogeschäft des G herum. Da spricht ihn D, ein Kunde an, gibt sich aber als Verkäufer aus und erzählt K, der Wagen sei unfallfrei, obwohl dies nicht der Fall ist. K beschließt kurzentschlossen einen Kauf. Später findet er die Wahrheit heraus.

a) Welcher Anfechtungsgrund kommt in Betracht? _____
b) Wonach könnte die Anfechtung ausgeschlossen sein? _____
c) Ist D ein Dritter im Sinne der Norm? Ja ☐   Nein ☐
d) Wann wäre die Anfechtung dann nur ausgeschlossen? Wenn G _____

e) Variante: D ist Verkäufer bei V. Ist D ein Dritter im Sinne der Norm?
Ja ☐   Nein ☐

Aufgabe 10: A hat sich bei einem Kauf über eine verkehrswesentliche Eigenschaft geirrt.
a) Wie lange hat er Zeit dies zu bemerken, wenn er noch anfechten will?
_____ Norm: _____
b) Wie lange hat er Zeit, wenn er den Irrtum bemerkt hat?
_____ Norm: _____
c) A bemerkt den Irrtum nach sechs Jahren und erklärt am nächsten Morgen die Anfechtung. Ist diese wirksam?
Ja ☐   Nein ☐
d) Variante: A wurde bei dem Kauf getäuscht. Er stellt dies ein halbes Jahr nach dem Kauf fest und zögert noch ein halbes Jahr, bevor er sich zu einer Anfechtung durchringt.
aa) Wie lange kann A anfechten, nachdem er die Täuschung entdeckt hat?
Frist:_____ Norm: _____
bb) Wann ist die Frist abgelaufen, egal ob A die Täuschung entdeckt hat oder nicht?
Fristende:_____ Norm: _____
e) Warum ist die Frist für eine Anfechtung bei Täuschung oder Drohung länger als bei einem Irrtum?
_____

Aufgabe 11:

a) Welche Rechtsfolge sieht § 142 I BGB vor? _____
b) K bestellt bei V ein Dutzend Ketten, im Glauben, ein Dutzend sei sechs. Als K dies bei der Lieferung bemerkt, beschwert er sich bei V. Formulieren Sie den Obersatz für die Anfechtung.

Hinweis: Sie haben bereits den Kaufvertrag bejaht und springen nun direkt zum Obersatz der Anfechtung.

_____
_____

c) Sortieren Sie das Prüfungsschema.

Anfechtungsgrund, Abgabe, keine Bestätigung, Anfechtungsfrist, Anfechtungserklärung, Rechtsfolge: Nichtigkeit, Zugang

1. _____
2. _____
   a) _____
   b) _____
3. _____
4. _____
5. _____

Aufgabe 12: A kauft bei V einen Ring. Drei Wochen später ficht er seine Willenserklärung aus dem Kaufvertrag wegen eines Inhaltirrtums gem. § 119 I 1. Alt. BGB wirksam an. Kann V von A Herausgabe des Rings verlangen?

a) Finden Sie die passende Norm: _____
b) Die Prüfung der Norm ist in diesem Fall dreischrittig, welche drei Schritte sind es?
Hinweis: Jeder Strich steht für ein Wort.

1. _____ _____
2. _____ _____
3. _____ _____ _____

c) Sortieren Sie zu den gesetzlichen Voraussetzungen die Informationen aus dem Fall.

1. = _____
2. = _____
3. = _____

Aufgabe 13: K sieht ein Gemälde und geht davon aus, dass es von Picasso ist. Sie bietet daher 1 Mio. €. In Wirklichkeit ist das Bild von einem Picassoschüler und nur 10 000 € wert. V übergibt ihr das Bild, sie nimmt es mit nach Hause und bemerkt den „Fehler" erst nach drei Wochen. Sie ficht ihre Willenserklärung aus dem Kaufvertrag sofort an. V verlangt daraufhin das Bild zurück.

a) Beginnen Sie die Prüfung mit dem Herausgabeanspruch aus § 985 BGB. Lesen Sie die Norm. Was ist ihr Tatbestand?

1. Anspruchssteller = _____
2. Anspruchsgegner = _____

ungeschrieben:
Tipp: Lesen Sie dazu § 986 I 1 BGB

3. _____

b) Füllen Sie die Lücken im Gutachten.

V könnte gegen K einen _____ auf _____ des Gemäldes aus § 985 BGB haben.

Dann müsste V _____ des Bildes sein und K _____ und K dürfte kein Recht zum Besitz haben.

V könnte sein _____ an K durch eine _____ gem. § 929 S. 1 BGB verloren haben.
Dies setzt eine Übergabe und eine Einigung voraus.
_____

Zudem waren sich K und V im Zeitpunkt der Übergabe einig über den Eigentumswechsel.
Somit hat V sein _____ an K verloren.
Mithin hat V keinen Anspruch auf _____ des Bildes nach § 985 BGB gegen _____.

c) Kann V nach § 812 BGB die Herausgabe verlangen?

aa) Was ist der Tatbestand von § 812 I 1 1. Alt. BGB? (eine Lücke = ein Wort)

1. _____ _____
2. _____ _____
3. _____ _____

bb) Füllen Sie die Lücken im Gutachten.

V könnte gegen K einen Anspruch auf _____
_____ aus § 812 I 1 1. Alt. haben.

Dann müsste K etwas erlangt haben und zwar _____
_____
_____.

1. Fraglich ist, ob K etwas erlangt hat.

Etwas erlangt hat der Anspruchsgegner mit jedem vermögenswerten Vorteil.
_____
_____

Somit hat K _____.

2. K müsste diesen Vorteil durch _____ des V erlangt haben.
Eine solche ist jede bewusste und zweckgerichtete Mehrung fremden Vermögens. V übergab und übereignete K das Bild, somit hat V das Vermögen der K _____ vermehrt. Dies tat V, um den Kaufvertrag mit K zu erfüllen, somit war die Mehrung des Vermögens auch _____.

Folglich hat K _____
_____.

3. K müsste _____
ohne rechtlichen Grund erlangt haben.

Als Rechtsgrund kommt ein Vertrag in Betracht.

Fraglich ist, ob zwischen K und V ein _____ gem. § 433 BGB
über das Gemälde besteht.

Ein Kaufvertrag kommt durch _____ und _____ zustande.

a) Das Präsentieren durch den Auktionator könnte ein Angebot sein.
Ein Angebot ist eine Willenserklärung, die die wesentlichen Vertragsbestandteile enthält und auf einen Vertragsschluss gerichtet ist.
Fraglich ist, ob V sich durch das Präsentieren bereits rechtlich binden wollte.
Zum einen steht der _____ zu diesem Zeitpunkt noch nicht fest, zum anderen will sich V erst binden, wenn das vermeintlich _____ Gebot eingegangen ist.

Somit wollte er sich noch nicht rechtlich binden. Die Präsentation ist keine Willenserklärung.

b) K könnte jedoch ein Angebot durch das _____ über _____ € gemacht haben.
Dieses enthält den _____ in Höhe von 1 Mio. €, die Kaufsache, das Gemälde, und die Parteien K und V. Das Gebot ist auf den Abschluss eines Kaufvertrages gerichtet.
Somit ist _____ ein Angebot.

c) Dieses Angebot könnte V durch den _____ gem. § 156 BGB angenommen haben.
Eine Annahme ist eine _____

_____
Durch den Schlag mit dem Hammer hat V_____

_____
Somit hat V das Angebot der K durch den _____ angenommen.
Somit liegt ein Kaufvertrag zwischen K und V vor, mithin ein _____
_____ .

4. Allerdings könnte der Kaufvertrag gem. § 142 I BGB _____ sein, wenn K _____ hat.

a) Dazu bedarf es eines Anfechtungsgrundes. Bei der Verwechslung über den Künstler könnte es sich um einen _____ gem. § 119 II BGB handeln.

Ein solcher liegt vor, wenn sich der Erklärende über eine verkehrswesentliche Eigenschaft einer Person oder Sache irrt. Eigenschaften einer Sache sind Faktoren, die ihr dauerhaft anhaften und wertbildend sind.

_____
_____
_____
_____
Somit irrt sich K über eine _____ .
b) Diese müsste verkehrswesentlich sein.

Verkehrswesentlich ist eine Eigenschaft, wenn sie üblicherweise bei diesem Geschäft von entscheidendem Wert und ausschlaggebend für dessen Abschluss ist.

_____
_____
_____

Somit ist die Eigenschaft _____.

c) Hätte K gewusst, dass dieses Bild nicht von Picasso stammt, hätte sie es nicht gekauft, was die Anfechtung deutlich macht. Somit ist der Irrtum kausal für den _____.

d) K hat die Anfechtung gem. § 143 BGB erklärt und zwar sofort, also ohne _____ Zögern gem. § 121 I 1 BGB. Es sind erst drei Wochen seit dem Kauf vergangen, daher ist die Anfechtungsfrist von _____ Jahren nach § _____ BGB gewahrt. Folglich ist die Anfechtung wirksam und der Kaufvertrag gem. § 142 I BGB _____.

e) Damit hat K das Eigentum am Gemälde _____ erlangt. Mithin hat V einen Anspruch auf Herausgabe des Bildes nach § _____ gegen K.

Aufgabe 14: Welche Anspruchsgrundlage passt?

§ 433 II BGB, § 985 BGB, § 812 I 1 1. Alt BGB.

	Fall	Anspruchsgrundlage
a)	A kauft bei B eine antike Vase, er will sie drei Tage später abholen. Nach zwei Tagen beschließt er, die Vase nicht abzuholen, weil er sie auf einmal sehr hässlich findet. B verlangt, dass A die Vase abholt. Wonach?	
b)	Dieses Mal nimmt A die Vase mit nach Hause. Dort stellt er fest, dass es sich bei der Vase um eine Fälschung des B handelt, die dieser angefertigt hat. A ficht an. B verlangt die Vase. Wonach?	
c)	A findet einen Stuhl im Geschäft des B. Er bezahlt ihn und will ihn am nächsten Tag abholen. Am nächsten Tag weigert sich B, diesen herauszugeben.	
d)	A kauft bei B eine antike Vase. A dachte allerdings, dass es sich um eine Urne handeln würde. Daher ficht er den Vertrag an. B verlangt, dass A die Vase herausgibt. Wonach?	

Kapitel 3: Wirksamkeit nach § 130 BGB

1. Wann bin ich an eine Willenserklärung gebunden?

Willenserklärungen sind – von Ausnahmen abgesehen – empfangsbedürftig, d. h. sie müssen „empfangen" werden: Dazu werden sie vom Erklärenden abgegeben und müssen beim Empfänger zugehen. Erst dann wird die Willenserklärung gem. § 130 I 1 BGB wirksam und entfaltet rechtliche Wirkungen: Die Person ist an die Willenserklärung gebunden.

Was ist aber zum Beispiel, wenn die Willenserklärung auf eine Mailbox gesprochen wird, aber der Empfänger diese nicht abhört? Ist die Willenserklärung dann zugegangen? Oder wenn der Erklärende so leise spricht, dass man ihn kaum versteht? Das sind die Themen dieses Kapitels.

 Empfangsbedürftig = Abgabe und Zugang

2. Wo prüfe ich Abgabe und Zugang?

Nachdem Sie festgestellt haben, worin die Willenserklärung besteht, prüfen Sie ob diese abgegeben wurde und zugegangen ist. Handelt es sich um ein Angebot, wiederholen Sie dies bei der Annahme. Auch bei einseitigen Rechtsgeschäften, wie der Anfechtung, prüfen Sie, ob diese Anfechtungserklärung abgegeben worden und zugegangen ist.

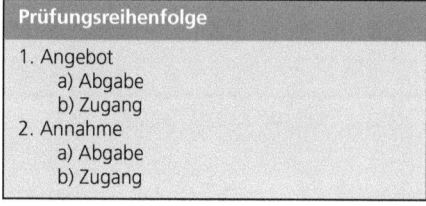

3. Was ist der Unterschied zwischen Abgabe und Zugang?

Für die Abgabe ist der Erklärende zuständig. Im Wortlaut „abgeben" ist enthalten, dass der Erklärende sich der Erklärung willentlich entäußert, sonst kann man nicht von „geben" sprechen. Der Empfänger wiederum muss Vorkehrungen treffen, damit ihm Willenserklärungen zugehen können: einen Briefkasten mit Namen aufstellen, sicherstellen, dass dieser nicht voll oder verklebt ist etc.

4. Warum wird zwischen Anwesenden und Abwesenden unterschieden?

Stehen sich die Erklärenden gegenüber, müssen beide nicht viel tun, um ihre Willenserklärungen abzugeben, deutliches Sprechen reicht. Ist der andere nicht persönlich anwesend, reicht dies nicht aus. Deswegen unterscheiden sich die Definitionen von Abgabe und Zugang unter Anwesenden und Abwesenden. Denkbar ist auch, dass Anwesende Geschriebenes übergeben, dann nutzen Sie die Definitionen unter Abwesenden.

4.1 Was ist Abgabe und Zugang unter Anwesenden?

Unter Anwesenden reicht es für die Abgabe aus, dass der Erklärende sich so äußert, dass ein gewöhnlicher Empfänger in der Lage ist, ihn zu verstehen: Er muss laut und deutlich sprechen. In einem Telefongespräch werden die Erklärungen ebenfalls unter Anwesenden abgeben vgl. § 147 I 2 BGB.

 A und B stehen sich gegenüber. A spricht sein Angebot deutlich aus, mithin hat er es abgegeben.

Eine Willenserklärung unter Anwesenden geht zu, wenn der Empfänger sie korrekt verstanden hat.

 B versteht die Erklärung des A. Die Erklärung ist zugegangen.

4.2 Was ist, wenn der Empfänger nur einen Teil versteht?

Versteht der Empfänger nur einen Teil der Erklärung, wird darüber gestritten, ob die Erklärung dennoch zugegangen ist.

Ansicht 1: Die strenge Vernehmungstheorie

Die strenge Vernehmungstheorie verlangt vollständiges richtiges Verstehen der Willenserklärung. Das heißt, eine falsch verstandene Erklärung geht dem anderen nicht zu.

Ansicht 2: Die eingeschränkte Vernehmungstheorie

Nach der eingeschränkten Vernehmungstheorie geht auch eine falsch verstandene Willenserklärung zu, wenn der Erklärende damit rechnen durfte, das der Empfänger seine Worte nicht richtig und vollständig vernommen hat.

 A bietet B sein Fahrrad für 100 € an. A und B sehen sich zum ersten Mal. B ist stark schwerhörig, gibt es aber nicht zu. B nickt zustimmend, allerdings hat er 50 € verstanden.

Nach der strengen Vernehmungstheorie wäre die Willenserklärung des A nicht zugegangen.
Nach der eingeschränkten läge Zugang vor. A konnte nicht erkennen, dass B schwerhörig war.

4.3 Für welche Vernehmungstheorie entscheide ich mich?

Die eingeschränkte Vernehmungstheorie schützt den Erklärenden. Hatte der Erklärende keinen Grund, das Verstehen des Empfängers zu bezweifeln, kann er darauf vertrauen, dass seine Erklärung zugegangen ist. Damit wird die Vornahme von Vertragsabschlüssen, also der Rechtsverkehr, geschützt, was ein Ziel des BGB ist. Außerdem könnte jemand, der mit einem „Ja" auf ein falsch verstandenes Angebot reagiert, nach § 119 I 1. Alt BGB anfechten, weil er zwar „Ja" sagen will, aber damit inhaltlich etwas anderes meint. § 119 I BGB ermöglicht eine Anfechtung einer wirksamen, also auch zugegangen Willenserklärung. Würde eine falsch verstandene Willenserklärung nie zugehen, wäre die Anfechtungsmöglichkeit unlogisch. Mit diesen Argumenten können Sie der eingeschränkten Vernehmungstheorie folgen.

Im obigen Beispiel wäre das Angebot für das Fahrrad über 100 € zugegangen und der Vertrag zustande gekommen. Allerdings könnte B wegen eines Inhaltsirrtums nach § 119 I 1. Alt. BGB anfechten.

Tipp: Die Anfechtungserklärung erfolgt häufig konkludent, zum Beispiel durch die Bitte, die Ware zurückzunehmen.

5. Was ist Abgabe und Zugang gegenüber Abwesenden gem. § 130 I 1 BGB?

Gegenüber Abwesenden gibt der Erklärende eine Willenserklärung ab, wenn er sie so in Richtung des Empfängers auf den Weg gebracht hat, dass ohne weiteres Zutun des Erklärenden bei Zugrundelegung normaler Verhältnisse mit einem Zugang zu rechnen ist[4].

 A wirft die ausreichend frankierte Erklärung in den Postbriefkasten. Damit hat er alles Erforderliche getan: die Erklärung ist in Richtung des B auf den Weg gebracht. Unter normalen Bedingungen wirft der Postbote den Brief nach einem Tag in den Briefkasten, sodass mit einem Zugang zu rechnen ist.

Unter Abwesenden geht eine Erklärung zu, wenn sie so in den Machtbereich des Empfängers gelangt, dass er unter normalen Umständen die Möglichkeit hat, von der Erklärung Kenntnis zu nehmen. Der Empfänger muss sie also nicht tatsächlich zur Kenntnis nehmen. Der Zugang besteht aus zwei Teilen:

1. Machtbereich
2. Möglichkeit der Kenntnisnahme

5.1 Was ist der Machtbereich?

Der Machtbereich ist der Bereich, über den der Empfänger Macht hat, also seine Wohnung und Arbeitsräume, aber auch Einrichtungen, die der der Entgegennahme von Erklärungen dienen.

Briefkasten, Postfach, Anrufbeantworter, E-Mail-Account, Handy, Mailbox.

Der Machtbereich kann sich auch auf eine Person erstrecken, die im Haushalt des Empfängers lebt, einen „menschlichen Briefkasten".

---

4 Brox / Walker, AT, Rn. 147.

> **Tipp:** Die gesprochene Nachricht auf eine Mailbox behandeln Sie nicht wie ein Telefongespräch: Sie ist eine Erklärung unter Abwesenden.

5.2 Wann habe ich die Möglichkeit der Kenntnisnahme?

Befindet sich die Willenserklärung im Machtbereich, bejahen Sie den Zugang noch nicht. Der Empfänger muss noch die Möglichkeit der Kenntnisnahme haben. Dabei legen Sie die gewöhnlichen Verhältnisse zu Grunde und entscheiden vor allem anhand von drei Kriterien:

1. Uhrzeit
2. Privat / Geschäftlich
3. Art der Willenserklärung

Nachts wird der Empfänger seinen Briefkasten nicht leeren. Das kann unter gewöhnlichen Umständen niemand erwarten und diese sind Maßstab der Beurteilung.

A wirft nachts einen Brief in den Hausbriefkasten des B. Dieser geht erst am nächsten Tag zu.

Ein weiteres Kriterium für Ihre Entscheidung ist, ob es sich um eine private oder geschäftliche Erklärung handelt. Die Möglichkeit einer Kenntnisnahme besteht grundsätzlich während der Geschäftszeiten. Weiterhin ist relevant, um welche Art von Willenserklärung es sich handelt. Handys werden in der Regel häufiger kontrolliert als Briefkästen, sodass Sie bei einer SMS oder E-Mail einen früheren Zugang annehmen können als bei einem Brief: Mails gehen während der Arbeitszeit sofort zu; privat eher nach Feierabend.

Im Falle eines Briefes geht dieser zu, wenn der Empfänger für gewöhnlich seinen Briefkasten entleert, zumeist mit Beginn der Geschäftszeit. Privatpersonen leeren ihren Briefkasten ebenfalls meist einmal am Tag.

Drei Kriterien für die Beurteilung der Möglichkeit der Kenntnisnahme: Zeitpunkt, Privat / Geschäftlich, Art der Willenserklärung.

Tipp: Die genaue Uhrzeit des Zugangs festzustellen kann schwierig sein, daher ist es ausreichend, dass Sie die Informationen aus ihrem Fall zu den drei Kriterien nutzen, um eine ungefähre Uhrzeit festzulegen.

Was ist, wenn der Empfänger im Urlaub ist oder gar im Krankenhaus liegt? Seien Sie hier konsequent, und nehmen Sie einen Zugang an, wann er unter normalen Umständen vorliegen würde, egal wie ungerecht Ihnen das Ergebnis erscheint. Diese Regelung dient der Rechtssicherheit, denn schlussendlich liegt ein Krankenhausaufenthalt oder ein Urlaub nicht in der Sphäre des Absenders, der auf einen Zugang der Willenserklärung vertrauen können möchte. Das gilt vor allem dann, wenn bereits laufende Geschäftsbeziehungen bestehen oder eine Erklärung erwartet wird. Der Empfänger hätte in aller Regel Vorkehrungen treffen müssen, um eine solche Situation zu vermeiden, etwa jemanden mit der Leerung seiner Post beauftragen.

Was ist, wenn der Empfänger seinen Briefkasten ungewöhnlich oft kontrolliert? In so einem Fall brauchen Sie nicht mehr zu tüfteln, wann eine mögliche Kenntnisnahme vorliegen könnte, sondern Sie können den Zugang im tatsächlichen Zeitpunkt bejahen.

 V sitzt noch am Samstagabend im Büro. Beim Hinausgehen kontrolliert er den Briefkasten und findet ein Vertragsangebot des K, dass dieser persönlich am Nachmittag hineingeworfen hat. Dieses Angebot wäre normalerweise am Montag mit Beginn der Geschäftszeit zugegangen. Jetzt geht es bereits Samstagabend zu.

5.3 Geht eine Erklärung zu, wenn sie einer Person auf Seiten des Empfängers übergeben wird?

Personen auf Seiten des Empfängers können ein Empfangsbote oder ein Empfangsvertreter sein (Zum Unterschied zwischen Vertreter und Bote lesen Sie Kapitel 4 unter 4.1). Der Empfangsvertreter wird behandelt wie der Empfänger: die Erklärung geht zu, wenn sie in den Machtbereich des Empfangsvertreters gelangt und dieser die Möglichkeit der Kenntnisnahme hat.

Empfangsbote ist, wer geeignet und nach der Verkehrssitte als ermächtigt anzusehen ist, Willenserklärungen entgegenzunehmen, wie der Ehepartner oder ein Mitbewohner in einer Wohngemeinschaft. Die Erklärung geht zu, wenn mit einer Übergabe an den Empfänger zu rechnen ist.

 G erwartet ein Geschäftsangebot des D. D gibt dieses bei G zu Hause ab. Die 18-jährige Tochter T nimmt die Erklärung an, gibt sie aber ihrem Vater nicht. Die Erklärung wird gegen Abend wirksam.

Was ist, wenn der Absender den Brief einem zufällig angetroffenen Nachbarn übergibt? Dann trägt der Absender das Risiko, wenn der Nachbar den Brief nicht übergibt. Die Erklärung geht erst zu, wenn der Nachbar den Brief tatsächlich übergibt. In dieser Konstellation ist die Mittelsperson *Erklärungsbote*, da sie vom Erklärenden eingesetzt wird und somit nicht auf der Seite des Empfängers steht.

6. Kann ich eine einmal abgegebene Erklärung widerrufen?

Sie können eine abgegebene Erklärung gem. § 130 I 2 BGB widerrufen. Allerdings nur bis sie dem Empfänger zugegangen ist. Deswegen ist es so wichtig, den Zeitpunkt des Zugangs zu bestimmen.

 A wirft einen Brief mit einem Angebot morgens um 1 Uhr in den Briefkasten des V, um drei Uhr morgens den Widerruf. Beide werden gleichzeitig zugehen. Daher ist der Widerruf gem. § 130 I 2 BGB wirksam. Das Angebot entfaltet keine rechtlichen Wirkungen.

> **Tipp:** Die Widerrufserklärung ist eine Willenserklärung, daher prüfen Sie, ob diese abgegeben worden und zugegangen ist. Auch hier unterscheiden Sie nach Anwesenden und Abwesenden.

Prüfung eines Angebots mit Widerruf
1. Angebot
a) Wirksamkeit
aa) Abgabe
bb) Zugang
cc) Widerruf
(a) Abgabe
(b) Zugang

Tipp: Formulieren Sie den Obersatz für den Widerruf rechtsfolgenbezogen, damit dem Leser klar wird, warum der Widerruf für Ihre Prüfung relevant ist und das bisherige Ergebnis verändern kann:

Das Angebot des A könnte gem. § 130 I 2 BGB unwirksam sein, wenn er es widerrufen hat.

Beispiel ohne Rechtsfolge:
A könnte widerrufen haben.

7. Was passiert, wenn der Empfänger den Zugang verhindert?

Stellen Sie sich vor, der Empfänger weiß, dass ein Vertragspartner ihn erreichen will und er will genau dies verhindern, also löscht er seinen E-Mail-Account, deaktiviert die Mailbox oder wechselt seine Handynummer. Dann „blockiert" er seinen Machtbereich und keine Erklärung kann zugehen. Die Folge: Der Vertrag kann nicht zustande gekommen. Der „böse" Empfänger bekommt, was er wollte, wird also vom Gesetz geschützt. Ist das gerecht?

Ist im Zivilrecht etwas ungerecht, können Sie an den Grundsatz von Treu und Glauben gem. § 242 BGB denken. Nach diesem Grundsatz überlegen Sie sich, wie sich ein Mensch treu verhalten hätte. Treu wäre es z. B. den Briefkasten nicht arglistig abzumontieren. Daher behandeln Sie den Fall so, als hätte er diesen nicht abmontiert. „So tun als ob" nennt man juristisch fingieren. Der Zugang wird also in diesem Fall fingiert (sogenannte Zugangsfiktion) und der Vertrag kommt zustande. Das Gesetz kennt zwei vergleichbare Fälle in den §§ 162, 815 BGB: Der Rechtsgedanke dieser Normen wurde bei der Zugangsfiktion ebenfalls herangezogen. Es lohnt sich, diese beiden Normen einmal zu lesen.

Eselsbrücke: Bei Science-Fiction wird „so getan als ob" → Fiktion des Zugangs

A, weiß, dass eine Vertragsannahme des B brieflich eintreffen wird. Weil A den Vertrag nicht mehr will, montiert A den Briefkasten ab. Der Postbote kann die Annahme des B nicht einwerfen. In diesem Fall fingieren Sie den Zugang wegen arglistiger Zugangsverhinderung: Dann geht die Willenserklärung A zu und der Vertrag zwischen den beiden ist geschlossen.

Bei arglistiger Zugangsverhinderung muss der Erklärende keinen neuen Zustellungsversuch unternehmen. Die Zugangsverhinderung kann auch fahrlässig geschehen, wenn der Empfänger wegzieht und vergisst, einem Vertragspartner seine neue Adresse mitzuteilen. Dann verlangt die Rechtsprechung einen erneuten Zustellversuch, sobald der Absender erfährt, dass die Zustellung fehlgeschlagen ist. Geht die Willenserklärung dann zu, muss sich der Empfänger so behandeln lassen, als sei sie bereits beim ersten Zustellversuch zugegangen. Eine berechtigte Zugangsvereitelung geht zu Lasten des Erklärenden (z. B. mangelnde Frankierung).

Aufgaben

Aufgabe 1: Unterstreichen Sie die drei Wirksamkeitsvoraussetzungen in § 130 I BGB.

Tipp: Eine Voraussetzung schließen Sie aus § 130 I 2 BGB mit einem Umkehrschluss.

§ 130 BGB
(1) Eine Willenserklärung, die einem anderen gegenüber abzugeben ist, wird, wenn sie in dessen Abwesenheit abgegeben wird, in dem Zeitpunkt wirksam, in welchem sie ihm zugeht. Sie wird nicht wirksam, wenn dem anderen vorher oder gleichzeitig ein Widerruf zugeht.

a) Tragen Sie die drei Voraussetzungen ein. Bei den ersten beiden gibt es eine Differenzierung – wonach? Pro Strich ein Wort.

```
1. _____    _____
2. _____    _____
3. _____
```

Aufgabe 2: K macht dem V ein Angebot und schreibt auf eine Karte: „Ich möchte deinen roten Pullover für 4 € kaufen, lieber V!".
Ist die Willenserklärung wirksam? Kreuzen Sie an, welche Voraussetzungen erfüllt sind.

a) K wirft die Karte in den Hausbriefkasten des V. V findet sie dort am nächsten Morgen.
Abgabe ☐   Zugang ☐   Wirksamkeit ☐

b) K steckt die Karte in eine Flasche und wirft sie ins Meer.
Abgabe ☐   Zugang ☐   Wirksamkeit ☐

c) K wirft die Karte in den Briefkasten der Post.
Abgabe ☐   Zugang ☐   Wirksamkeit ☐

d) K flüstert den Text der Karte V extrem leise ins Ohr. Das Gehör des V ist sehr gut, trotzdem versteht er nichts.
Abgabe ☐   Zugang ☐   Wirksamkeit ☐

e) K wirft die Karte in den Hausbriefkasten. V nimmt die Post heraus und wirft die Karte versehentlich mit der Werbung weg.
Abgabe ☐   Zugang ☐   Wirksamkeit ☐

f) V schickt K ein Angebot während der Arbeitszeit per Mail an die Geschäftsadresse.
Abgabe ☐   Zugang ☐   Wirksamkeit ☐

Aufgabe 3: Richtig oder falsch?

		Richtig	Falsch
a)	Eine Willenserklärung wird erst mit Zugang wirksam, damit der Betroffene sich auf die Rechtsfolgen einstellen kann.		
b)	Sobald eine Willenserklärung in den Machtbereich des Empfängers gelangt, ist sie zugegangen.		
c)	Eine Willenserklärung kann nicht widerrufen werden.		
d)	Die meisten Willenserklärungen sind empfangsbedürftig, weil sie der Verständigung und Klärung dienen.		
e)	In einem Telefongespräch werden Willenserklärungen unter Abwesenden abgegeben.		
f)	Sie können nur ein Angebot widerrufen, keine Annahme.		

Aufgabe 4: V macht dem K ein Angebot, dass dieser bis zum 22.1. annehmen kann. K schickt eine Annahme per Post, die am 20.1. bei V in den Briefkasten geworfen wird. V befindet sich allerdings auf einer spontanen Reise und kommt erst am 24.1. nach Hause. Daher will er die Annahme nicht gelten lassen.

a) Welche Voraussetzung des Zugangs ist unproblematisch gegeben? _____

b) Welche ist fraglich? _____

c) Liegt Zugang vor?
Ja ☐ Nein ☐ Grund: _____

Aufgabe 5: V bietet dem K sein Motorrad für 1500 € an. Eine Woche lang soll das Angebot gelten und K solle ihm eine E-Mail schicken. Nach zwei Tagen reut V sein Angebot und er löscht den E-Mail-Account. K schickt am fünften Tag eine Annahme per Mail, erhält aber nur eine Fehlermeldung.

a) Woran scheitert der Zugang der E-Mail bei V? _____

b) Welche Normen können K in diesem Fall helfen? _____

c) Mithilfe dieser Norm wird der Zugang _____.

d) Hat K also einen Anspruch auf Übergabe und Übereignung des Motorrads? Ja ☐ Nein ☐

Aufgabe 6: Wann geht die Willenserklärung zu? Ein genauer Zeitpunkt kann schwierig sein – Hauptsache Sie begründen Ihre Entscheidung.

a) V wirft einen Geschäftsbrief am Mittwoch um 20 Uhr in den Büro-Briefkasten des K. K erhält nur einmal täglich (morgens) Post.
Zeitpunkt: _____
Grund: _____

b) V spricht K um 3 Uhr morgens auf die private Mailbox.
Zeitpunkt: _____
Grund: _____

c) V schickt K eine Geschäfts-E-Mail um 15 Uhr.
Zeitpunkt: _____
Grund: _____

Aufgabe 7: V verkauft Heizdecken über das Telefon. Er ist altersbedingt schwerhörig. K ruft an und bestellt zwei Heizdecken. V sagt ja, versteht allerdings drei Heizdecken. K konnte die Schwerhörigkeit nicht an der Stimme des V erkennen, er hat eine „junge" Stimme.

a) Wie viele Heizdecken enthält das Angebot des K nach dem objektiven Empfängerhorizont gem. § 157 BGB? _____

b) Wie viele Heizdecken enthält die Bestellung des K nach dem wirklichen Willen gem. § 133 BGB? _____

c) Warum ist in diesem Fall umstritten, ob die Bestellung bei V zugegangen ist?

aa) Wann geht eine Willenserklärung nach der strengen Vernehmungstheorie zu? _____

Wäre die Bestellung nach dieser Theorie also zugegangen? Ja ☐   Nein ☐

bb) Wann geht eine Willenserklärung nach der eingeschränkten Vernehmungstheorie zu? _____

Wäre die Bestellung nach dieser Theorie also zugegangen? Ja ☐   Nein ☐

d) Wie viele Heizdecken enthält die Annahme des V ...?
aa) ... nach dem objektiven Empfängerhorizont gem. § 157 BGB?
_____
Grund:_____

bb) ... nach dem wirklichen Willen gem. § 133 BGB? _____
Grund:_____

cc) Wie entscheiden Sie sich? Zwei ☐   Drei ☐
Grund: _____

dd) Was kann V tun? _____

Aufgabe 8: Formulieren Sie den Streit von 7c). Ist die Bestellung bei V zugegangen?

a) Obersatz (Zugang)

b) Definition

c) Leiten Sie den Streit ein, indem Sie deutlich machen, warum Sie den Streit erörtern.
Tipp: Siehe unter Aufgabe 7c.

d) Ansicht I (streng)
Man kann vertreten, dass ein Zugang nur vorliegt, wenn _____

e) Formulieren Sie das Ergebnis der strengen Vernehmungstheorie im Konjunktiv II.
_____

f) Ansicht II (eingeschränkt)
Andererseits kann man einen Zugang bejahen, wenn_____
_____

g) Subsumieren Sie die eingeschränkte Vernehmungstheorie:
_____
_____

h) Formulieren Sie das Ergebnis der eingeschränkten Vernehmungstheorie im Konjunktiv II.
_____

i) Gelangen die Ansichten zu unterschiedlichen Ergebnissen, sodass eine Stellungnahme erforderlich ist? Ja ☐   Nein ☐

j) Finden Sie ein Contra-Argument für die strenge Vernehmungstheorie. **Tipp:** Was ist ein Sinn und Zweck des BGB?

Die strenge Vernehmungstheorie hat zur Folge, dass sich der Erklärende nie sicher sein kann, ob_____(1).
Ein Sinn und Zweck des BGB besteht darin, den _____(2) zu schützen.
Die strenge Vernehmungstheorie schützt diesen nicht.

Aufgabe 9: Was sind Willenserklärungen? Kreuzen Sie an.

Testament	☐
Widerruf	☐
Bei Ebay Kleinanzeigen eine Tasche für 14 € inserieren	☐
Übergabe einer Kaufsache	☐
Angebot	☐
Anfechtung	☐
Nicken auf ein Angebot	☐
Kündigung	☐
Annahme	☐
Nicken während einer Unterhaltung	☐

Im Schaufenster einen Pullover für 20 € ausstellen ☐
Einigung bei Übergabe einer Kaufsache ☐

a) Welche der Willenserklärungen ist nicht empfangsbedürftig?

Aufgabe 10: A hat sein Vertragsangebot in den Hausbriefkasten des Empfängers geworfen, aber er will den Vertrag nicht mehr. Was kann er tun? Lesen Sie dazu § 130 I 2 BGB.

> § 130 I 2 BGB: Sie [eine Willenserklärung] wird nicht wirksam, wenn dem anderen vorher oder gleichzeitig ein Widerruf zugeht.

a) Muss ein Widerruf abgegeben werden und zugehen? Ja ☐   Nein ☐

b) Welche weitere Voraussetzung hat ein Widerruf? Lesen Sie dazu wieder § 130 I 2 BGB.

1. Widerrufserklärung
2. _____
3. _____
4. _____

Aufgabe 11: K wirft um 1 Uhr nachts eine Annahme in den Briefkasten des V, um 3 Uhr nachts einen Widerruf der Annahme.

Wird der Widerruf wirksam? Ja ☐   Nein ☐
Warum?_____

Aufgabe 12: Bringen Sie folgende Punkte in die richtige Reihenfolge.

> Abgabe 2x
> Wirksamkeit 2x
> Zugang 2x
> Annahme
> Kein Widerruf 2x
> Angebot

I. _Kaufvertrag_
   1. _____
   2. _____
      a) _____
      b) _____
      c) _____
   3. _____
   4. _____
      a) _____
      b) _____
      c) _____

Aufgabe 13: K sieht im Katalog des V eine Goldkette für 2000 Euro. Er trägt alle Daten richtig ein und versendet die beiliegende Karte. Diese bringt er noch am selben Tag zur Post. Am nächsten Morgen bringt der Postbote, wie gewohnt, die Post um 9.30 Uhr zu V. Darunter ist auch die Karte des K. V prüft die Post täglich um 9.30 Uhr, an diesem Tag ist er allerdings geschäftlich unterwegs und kontrolliert seinen Briefkasten daher nicht. Als er nachmittags um 15 Uhr das Büro betritt, checkt er seine E-Mails. Er findet eine E-Mail des K: „Ich möchte die Goldkette doch nicht bestellen. Meine Frau sagt, sie würde ihr nicht gefallen. Bitte ignorieren Sie die Karte." Diese Mail ist um 12.55 Uhr bei V eingegangen. V macht daher schnell die Bestellung fertig und schickt sie K mit einer Rechnung. Muss K bezahlen?

a) Anspruchsgrundlage: _____
b) Was ist der Brief rechtlich gesehen?_____
Norm: _____
c) Was könnte die E-Mail sein?_____
Norm: _____
d) Ist die Mail vor dem Brief zugegangen? Finden Sie ein Pro- und ein Contra-Argument.
Pro: _____
Contra: _____
e) Wie entscheiden Sie sich?
Verspätet ☐   Pünktlich ☐
f) Hat V einen Anspruch auf Bezahlung? Ja ☐   Nein ☐

Aufgabe 14: Ein Widerruf geht zu spät zu – Was kann die Widerrufserklärung dann sein?

___

Aufgabe 15: Am schwarzen Brett der Uni sieht K einen Aushang: „Gebrauchter Volkswagen Käfer 1303, Silber, 150 000 km, TÜV neu, Preis Verhandlungssache." K schickt V eine E-Mail und bietet 1600 €. V ist begeistert und antwortet mit „Ja, das passt. Sie können den Wagen nächste Woche abholen." Allerdings klickt er nicht auf „Senden", weil er den Wagen noch seinem Freund F anbieten will, der kein Auto hat. V verlässt das Zimmer, um bei seinem Freund anzurufen. Tatsächlich möchte der Freund das Auto gerne haben. In der Zwischenzeit betritt die Babysitterin B das Zimmer des V und schickt die E-Mail ab, weil sie glaubt, dieser habe vergessen, sie abzuschicken. Nach einer Woche steht K vor der Tür und verlangt das Auto. Zu Recht?

Schritt 1: Ergänzen Sie die Lösungsskizze.
A. Anspruch des K gegen V auf Übereignung des Wagens gem. § 433 I 1 BGB.
I. Kaufvertrag
  1. Angebot
    a) _____
    b) E-Mail des K
  2. Annahme
    a) _____
    b) Wirksamkeit
      _____
II. Kein Kaufvertrag/Kaufvertrag
B. Ergebnis Anspruch

Schritt 2: Wo liegt der Schwerpunkt in der Lösungsskizze? _____
Schritt 3: Legen Sie die Voraussetzung nach dem Wortlaut aus.
Tipp: Wann spricht man davon, dass eine Person etwas abgibt?

___

Hat V nach dem allgemeinen Sprachgebrauch abgegeben? Ja ☐   Nein ☐
Schritt 4: Sinn und Zweck des bürgerlichen Rechts ist es, auch den Rechtsverkehr zu schützen. Was folgern Sie für den Fall?

___

Hat V danach abgegeben? Ja ☐   Nein ☐

Schritt 5: Für welche Ansicht entscheiden Sie sich?

Kapitel 4: Vertretung

1. Warum gibt es Stellvertreter?

Verträge können Sie abschließen, ohne selbst tätig zu werden: Das kann ein (Stell-)Vertreter übernehmen. Je mehr Vertreter eine Person hat, desto mehr Verträge kann sie abschließen. Das erleichtert das Geschäftemachen. Im Alltag begegnen Sie Vertretern häufig im Einzelhandel: Die Mitarbeiter sind Vertreter des Geschäftsinhabers.

 Vertreter: (Fach-)Verkäufer

2. Wer ist ein Stellvertreter?

§ 164 BGB
(1) Eine **Willenserklärung**, die jemand innerhalb der ihm zustehenden **Vertretungsmacht im Namen des Vertretenen** abgibt, wirkt unmittelbar für und gegen den Vertretenen. [...]

Ein Vertreter liegt gem. § 164 I 1 BGB vor, wenn jemand eine **eigene** Willenserklärung abgibt (Vorsicht, das „eigene" steht nicht ausdrücklich in § 164 I 1 BGB), in fremdem Namen und mit Vertretungsmacht.

3. Wie bezeichne ich die Personen in der Stellvertretung?

Es gibt drei Personen, die bei jeder Vertretung auftauchen: der Vertreter, die Person, die er vertritt (der Vertretene oder auch der Geschäftsherr) und die Person, mit der der Vertreter einen Vertrag verhandelt: der Dritte (auch Geschäftsgegner und -partner genannt).

Weil Vertreter und Vertretener sehr ähnlich klingen, wird in diesem Buch die Bezeichnung Geschäftsherr verwendet. Im Gesetz wird allerdings in den §§ 164 ff. BGB der Begriff *Vertretener* benutzt.

Personen bei einer Vertretung

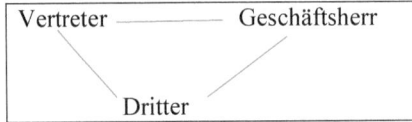

4. Wo prüfe ich den Stellvertreter?

Der Stellvertreter gibt gem. § 164 I 1 BGB eine eigene Willenserklärung ab, die aber nicht ihn bindet, sondern den Geschäftsherrn. Deswegen stellen Sie bei der Prüfung der Willenserklärung zunächst fest, dass der Geschäftsherr selbst keine Willenserklärung abgegeben hat. Allerdings kann ihm die Willenserklärung des Vertreters zugerechnet werden, wenn die Voraussetzungen der Stellvertretung gem. § 164 I 1 BGB erfüllt sind. Sie prüfen die Stellvertretung also beim Vorliegen einer Willenserklärung.

 Der Vertreter des G, der V, soll diesem ein Aquarium für 40 € bei D kaufen. So kommt es. Kann D von G Zahlung verlangen?

Formulierungsvorschlag:

A. Anspruch entstanden
   D (Dritter) könnte einen Anspruch gegen G auf Kaufpreiszahlung in Höhe von 40 € aus einem Kaufvertrag gem. § 433 II BGB haben.

   I. Kaufvertrag
   Ein Kaufvertrag kommt durch Angebot und Annahme zustande.

   1. Angebot
   G selbst hat keine Erklärung und damit auch kein Angebot abgegeben. Ihm könnte aber die Erklärung des V zugerechnet werden. Dazu müsste V den G gem. § 164 I 1 BGB wirksam vertreten haben.

   Das ist der Fall, wenn V eine eigene Willenserklärung im Namen des G mit Vertretungsmacht abgegeben hat.

   In Anfängerklausuren wird häufig Wert darauf gelegt, die Zulässigkeit der Vertretung zu prüfen. Diese ist bei höchstpersönlichen Geschäften unzulässig, zum Beispiel bei der Eheschließung.

4.1 Was heißt eigene Willenserklärung?

Ein Vertreter schließt für Sie einen Vertrag. Sie können aber auch einen Boten wählen, der Ihre Willenserklärung überbringt. Im Gutachten entscheiden Sie also, ob im Fall ein Bote oder ein Vertreter handelt. Der Unterschied besteht darin, dass der Stellvertreter einen Entscheidungsspielraum hat und deswegen eine *eigene* Willenserklärung äußert. Für diesen Spielraum braucht er Vertretungsmacht. Der Bote überbringt eine „Botschaft", die jemand anders formuliert hat, also eine *fremde* Willenserklärung, er ist ein „Sprachrohr". Deswegen braucht der Bote keine Vertretungsmacht.

 Bote: Das 5-jährige Kind gibt beim Bäcker einen Einkaufszettel ab.

Der Stellvertreter kommt im Geschäftsverkehr häufiger vor als der Bote, weil er in bestimmten Grenzen selbst Entscheidungen treffen kann. Er braucht nicht bei jeder Abweichung nachzufragen, ob er den Vertrag schließen kann. Das spart Zeit und Geld.

 Der Vertreter hat einen Entscheidungsspielraum, der Bote nicht.

Prüfungsschema Stellvertreter / Bote	
Stellvertreter	**Bote**
1. Eigene Willenserklärung	1. Fremde Willenserklärung
2. In fremdem Namen	2. In fremdem Namen
3. Mit Vertretungsmacht	3. („Botenmacht")

Wird jemand geschickt mit der Vorgabe: „Kaufe drei normale Brötchen beim Bäcker um die Ecke", hat er keinen Entscheidungsspielraum und ist Bote. Bei der Vorgabe: „Bring mir bitte irgendwelche Brötchen mit", kann die Person entscheiden, welche Sorte, wie viele, bei welchem Bäcker etc. Damit hat sie Entscheidungsspielraum und gibt eine eigene Willenserklärung ab. Im Gutachten grenzen Sie zwischen Bote und Vertreter ab, wenn Sie die eigene Willenserklärung prüfen.

 Merke:
Bei der eigenen Willenserklärung erfolgt die Abgrenzung zum Boten.

Interessant ist die Frage, ob der Handelnde Bote oder Stellvertreter ist, auch bei der Frage, auf wessen Wissen oder Willen es ankommt. Beim Stellvertreter sind seine Kenntnis und sein Wille gem. § 166 I BGB ausschlaggebend. Seine Irrtümer werden also dem Geschäftsherrn zugerechnet, so als hätte er sich selbst geirrt oder wäre selbst getäuscht worden.

V verkauft als Vertreter für G ein Auto, dabei verspricht er sich und bietet es für 250 € statt für 2500 € an. G kann den Vertrag wegen eines Erklärungsirrtums nach § 119 I 2. Alt. BGB anfechten. § 166 I BGB rechnet den Irrtum des V dem G zu.

Macht der Bote einen Fehler beim Überbringen der Botschaft, hat der Geschäftsherr die Möglichkeit, das Rechtsgeschäft nach § 120 BGB anzufechten. Macht dagegen der Geschäftsherr beim Anweisen des Boten einen Fehler, hat er einen eigenen Anfechtungsgrund nach § 119 BGB.

Über § 164 I BGB wird eine Willenserklärung des Vertreters dem Geschäftsherrn zugerechnet, über § 166 I BGB das Wissen des Vertreters.

4.2 Was heißt in fremdem Namen?

§ 164 BGB
(1) Eine Willenserklärung, die jemand innerhalb der ihm zustehenden Vertretungsmacht **im Namen des Vertretenen** abgibt, wirkt unmittelbar für und gegen den Vertretenen. **Es macht keinen Unterschied, ob die Erklärung ausdrücklich im Namen des Vertretenen erfolgt oder ob die Umstände ergeben, dass sie in dessen Namen erfolgen soll.**

‚In fremdem Namen' heißt, dass der Vertreter im Namen des Geschäftsherrn handelt. Der Wille, in fremdem Namen zu handeln, muss erkennbar sein (*Offenkundigkeitsprinzip*). Allerdings braucht der Vertreter den Namen des Geschäftsherrn nicht ausdrücklich zu nennen. Es reicht gem. § 164 I 2 BGB, dass aus den Umständen deutlich wird, wer der Vertragspartner ist. Dazu stellen Sie auf die Sicht eines objektiven Dritten ab.

Verkäufer in einem Großhandelskaufhaus müssen nicht explizit sagen, mit wem der Vertrag geschlossen wird. Sie handeln konkludent in fremden Namen.

Ist in Ihrem Fall nicht deutlich geworden, dass ein Geschäft in fremdem Namen geschlossen werden soll, kann eine Ausnahme vorliegen:

In allen Fällen, in denen es dem Geschäftspartner gleichgültig ist, wer Vertragspartner wird. Das trifft auf Bargeschäfte des Alltags zu, die sofort abgewickelt werden: Es liegt eine Stellvertretung vor, der Vertrag kommt mit dem Geschäftsherrn und dem Dritten zustande. Andere lehnen dies ab, weil dem Dritten ein Geschäftspartner „untergeschoben" wird. Sinn und Zweck des Offenkundigkeitsprinzip nach § 164 I BGB ist es, den Geschäftspartner zu schützen: Jeder möchte wissen, mit wem er einen Vertrag schließt. Will der Geschäftspartner das nicht wissen, kann § 164 I BGB insoweit teleologisch reduziert werden.

Liegt keine Ausnahme vor, machen Sie den Vertreter zum Vertragspartner. Der Erklärende, der nicht in fremdem Namen auftritt, also ein Eigengeschäft abschließt, befindet sich zwar in einem Irrtum nach § 119 I 1. Alt. BGB, er kann aber deswegen nicht anfechten: § 164 II BGB normiert ein Anfechtungsverbot. § 164 II BGB drückt dies allerdings etwas komplizierter aus:

> § 164 BGB
> (2) Tritt der Wille, in fremdem Namen zu handeln, nicht erkennbar hervor, so kommt der Mangel des Willens, im eigenen Namen zu handeln, nicht in Betracht.

Gemeint ist, dass der Vertreter zwar nicht Vertragspartner werden will, dieser Mangel des Willens aber egal ist (er kommt nicht in Betracht), wenn der Vertreter das nicht deutlich macht: Er wird Vertragspartner und kann nicht anfechten.

 Wird nicht deutlich, dass der Vertreter in fremdem Namen handelt, wird er Vertragspartner.

4.3 Wie entsteht Vertretungsmacht?

Vertretungsmacht ist die Befugnis, für einen anderen mit verbindlicher Wirkung Willenserklärungen abzugeben oder zu empfangen. Wollen Sie herausfinden, ob in Ihrem Fall eine Vertretungsmacht vorliegt, denken Sie an zwei Möglichkeiten: durch Gesetz oder durch Rechtsgeschäft.

Möglichkeit 1: Gesetz

Eine Vertretungsmacht kann auch auf Gesetz beruhen, so sind Eltern die (gesetzlichen) Vertreter ihrer Kinder. Gem. §§ 1626 I, 1629 BGB umfasst die elterliche Sorge nämlich die Vertretung des Kindes.

 Eltern haben Vertretungsmacht für ihre Kinder.

Möglichkeit 2: Rechtsgeschäft

Das Rechtsgeschäft, das dem Vertreter Vertretungsmacht verleiht, ist in den meisten Fällen ein Arbeitsvertrag, wie bei den (Fach-)Verkäufern, kann aber auch ein einmaliger Auftrag sein, etwas zu mieten oder zu kaufen. Dieses Verhältnis wird ‚Grundverhältnis' genannt. Die Vertretungsmacht durch Rechtsgeschäft bezeichnen Sie gemäß der Legaldefinition des § 166 II 1 BGB als Vollmacht. Zwischen Vertreter und Geschäftsherrn bestehen immer zwei Rechtsgeschäfte: das Grundverhältnis und die Vollmacht.

 Vertretungsmacht durch Rechtsgeschäft = Vollmacht

Rechtsgeschäfte zwischen Vertreter und Geschäftsherrn

```
            Grundverhältnis (Arbeitsvertrag, Auftrag)
  Vertreter ─────────────────────────────── Geschäftsherr
                        Vollmacht
```

4.4 Wie prüfe ich die Vollmacht?

Ob der Vertreter mit Vollmacht gehandelt hat oder nicht, ist von hoher Relevanz: Wer ist Vertragspartner? Wer zahlt? Wer haftet? Daher prüfen Sie in Ihrem Gutachten im ersten Schritt, ob eine Vollmacht erteilt wurde und welchen Umfang diese hat (Einzel- Gattungs-, und Generalvollmacht). Im zweiten Schritt, ob diese erloschen ist.

Es gibt gem. § 167 BGB zwei Möglichkeiten, eine Vollmacht zu erteilen: gegenüber dem Vertreter (Innenvollmacht) oder gegenüber dem Dritten (Außenvollmacht). Sie prüfen also zunächst, um welche Art der Vollmacht es sich handelt. Ob eine Innen- oder Außenvollmacht vorliegt, ist im Fall relevant: Die Außenvollmacht endet nur, wenn sie dem Dritten gem. § 170 BGB angezeigt wird. Weiß der Dritte schon vom Erlöschen der Vollmacht, muss ihm dies wiederum nicht angezeigt werden, § 173 BGB.

 Das Erteilen der Vollmacht ist in § 167 BGB geregelt.

Tipp: Das Grundverhältnis zwischen Vertreter und Geschäftsherrn wird auch Innenverhältnis genannt. Das Innenverhältnis betrifft das Vertragsverhältnis zwischen Vollmachtgeber und Bevollmächtigtem. Verwechseln Sie dieses nicht mit der Innenvollmacht.

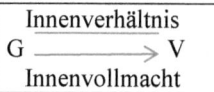

5. Was ist, wenn ein Vertreter über seine Kompetenz handelt?

Gerade weil in der Geschäftswelt Vertreter häufig sind, kann es passieren, dass jemand über seine Kompetenz (Vertretungsmacht) handelt und Verträge schließt, die er nicht hätte schließen dürfen. Was passiert dann mit diesem Vertrag?

 V ist als Einkäufer bei G angestellt mit einer Einkaufsobergrenze in Höhe von 10 000 €. Die Geschäftspartner wissen von der Bevollmächtigung des V, aber nichts von der Begrenzung. V schließt nun mit D einen Kaufvertrag über Waren im Wert von 20 000 €. Im Innenverhältnis (G-V) ergibt sich das rechtliche Dürfen eines Einkaufs bis zu 10 000 €. Dieses rechtliche Dürfen hat V im Außenverhältnis (rechtliches Können) überschritten.

Lösung: Der Vertrag zwischen G und D kommt nach der herrschenden Ansicht zustande. Es spielt für die Wirksamkeit der Vertretung im Außenverhältnis keine Rolle, ob der Vertreter seinen Verpflichtungen gegenüber dem Geschäftsherrn, die sich aus dem Innenverhältnis ergeben, nachkommt, das heißt ein Missbrauch geht grundsätzlich zu Lasten des Geschäftsherrn. Warum? Das BGB schützt die Rechtssicherheit. Sieht es nach außen so aus, als dürfe der missbrauchende Vertreter so handeln, ist der Dritte schutzwürdiger als der Geschäftsherr. Es ist dem Dritten auch nicht zumutbar, sich bei jedem Vertragsschluss mit einem Vertreter bei seinem Geschäftsherrn zu erkundigen, ob dieser so handeln durfte. Zum einen hat der Geschäftsherr durch den Vertreter viele Vorteile, zum anderen hat er den Vertreter ausgesucht, dann hätte er diesen besser aussuchen müssen. Daher ist es ihm zuzurechnen, wenn der Vertreter Fehler macht. Allerdings macht sich der Vertreter gegenüber dem Geschäftsherrn haftbar.

Tipp: Der Missbrauch der Vertretungsmacht bezieht sich nur auf Fälle, in denen die Vertretungsmacht im Innenverhältnis überschritten wird, d. h. in denen nach außen Vertretungsmacht bestand.

 Das Innenverhältnis legt fest, was der Vertreter darf, die (Innen-)Vollmacht, was er nach außen kann.

Wer wird Vertragspartner?

Missbrauch der Vertretungsmacht
↓
Vertrag mit Geschäftsherrn

6. Kommt der Vertrag bei einem Missbrauch immer mit dem Geschäftsherrn zustande?

Nein. Von diesem Grundsatz gibt es zwei Ausnahmen, wenn der Dritte nicht schutzwürdig ist.

1. Der Vertreter und der Dritte handeln gemeinsam gegen den Geschäftsherrn (Kollusion). Dann ist das Rechtsgeschäft sittenwidrig und daher nach § 138 I BGB nichtig.

 V ist als Hosen-Einkäufer für G tätig. D ruft bei V an, und sagt ihm, er habe noch einige T-Shirts, die ihm niemand abnehme. V lehnt ab. Da bietet D dem V 500 €, falls er den Vertrag für G schließen würde. V ist einverstanden und schließt den Vertrag. Der Kaufvertrag ist nichtig, weil er nach § 138 I BGB sittenwidrig ist.

2. Es kann auch sein, dass der Missbrauch so offensichtlich ist, dass der Dritte es weiß oder vermutet (Evidenz). In diesem Fall ist der Dritte nicht schutzwürdig, weil er nicht gutgläubig ist.

6. Kommt der Vertrag bei einem Missbrauch immer mit dem Geschäftsherrn zustande?

 Evidenz: G besitzt eine wertvolle Uhr, weiß aber nicht, dass sie viel wert ist. Weil er in Geld- und Zeitnot ist, bittet er seinen Freund V, die Uhr für ihn zu verkaufen. V, der seit langem einen Groll gegen G hegt, sieht „seine Zeit" gekommen. Er begibt sich zum Uhrenhändler D und sagt ihm, er verkaufe die Uhr für den Trottel G und bietet D die Uhr weit unter Preis an. D, der den wahren Wert der Uhr kennt, wittert ein überaus lukratives Geschäft und nimmt an.

Bei Evidenz und Kollusion entsteht der Kaufvertrag erst einmal, weil Vertretungsmacht vorlag. Bei einer Kollusion verstößt ein Vertrag nach der herrschenden Ansicht gegen die guten Sitten gem. § 138 BGB und ist daher nichtig, weil die Rechtsordnung derart verwerfliche Geschäfte nicht duldet und der Geschäftsherr in der Regel kein Interesse an Geschäften hat, die ihn schädigen. Andererseits: Wenn dem Geschäftsherrn das Geschäft gefällt, warum sollte das BGB ihm dies verwehren? Konstruieren lässt sich dies auf zweierlei Weise. Erstens: Das Geschäft ist schwebend unwirksam und er kann es analog § 177 BGB genehmigen (eine Ansicht). Zweitens: Das Geschäft ist wirksam, aber der Geschäftsherr kann die Einrede der unzulässigen Rechtsausübung (§ 242 BGB) erheben (andere Ansicht).

Bei der Evidenz ist umstritten, ob der Dritte vom Missbrauch gewusst haben muss oder ob eine grob fahrlässige Unkenntnis (h.A.) genügt. Auch in der Rechtsfolge ist die Evidenz umstritten: Der Geschäftsherr kann ähnlich wie bei der Kollusion das Geschäft gem. § 177 BGB genehmigen oder nach anderer Ansicht einfach nicht die Einrede der unzulässigen Rechtsausübung nach § 242 BGB erheben, dann bleibt das Geschäft wirksam.

Prüfungsschema:

> I   Abschluss eines Vertrages (+)
> II Unwirksamkeit wegen Missbrauchs der Vertretungsmacht
>   1. Missbrauch der Vertretungsmacht (Nach h.A. kein vorsätzliches Überschreiten erforderlich)
>   2. Kollusion oder Evidenz
>   a) Voraussetzungen
>   b) Rechtsfolge (entweder Nichtigkeit gem. § 138 I BGB oder Wahlrecht § 177 BGB analog bzw. Einrede der unzulässigen Rechtsausübung gem. § 242 BGB

7. Wie erlischt eine Vollmacht?

Sie prüfen in einem zweiten Schritt, ob die Vollmacht gem. § 168 BGB erloschen ist, denn dann würde Ihr Vertreter ohne Vertretungsmacht handeln. Es gibt mehrere Möglichkeiten, wie diese erlöschen kann. In § 168 BGB sind allerdings nur zwei geregelt: Die Vollmacht kann widerrufen werden (§§ 168 S. 2, 3, 167 I BGB), durch das zugrundeliegende Rechtsverhältnis erlöschen (§ 168 S. 1 BGB), angefochten werden oder sich sonst erledigen.

> § 168 BGB
> Das Erlöschen der Vollmacht bestimmt sich nach dem ihrer Erteilung zugrunde liegenden Rechtsverhältnis. Die Vollmacht ist auch bei dem Fortbestehen des Rechtsverhältnisses widerruflich, sofern sich nicht aus diesem ein anderes ergibt. Auf die Erklärung des Widerrufs findet die Vorschrift des § 167 Abs. 1 entsprechende Anwendung.

Möglichkeit 1: Widerruf

Die Vollmacht kann widerrufen werden. Dieser Widerruf ist eine empfangsbedürftige Willenserklärung gem. §§ 168 S. 3, 167 I BGB, muss also entweder dem Vertreter oder dem Dritten zugehen. Der Geschäftsherr kann eine Innenvollmacht aber auch gegenüber dem Dritten widerrufen und andersherum.

Möglichkeit 2: Erlöschen des zugrundeliegenden Rechtsgeschäfts

Wie gesagt, besteht zwischen dem Vertreter und dem Geschäftsherrn ein Grundverhältnis. Beendet der Geschäftsherr das Grundverhältnis, erlischt die Vollmacht, da er natürlich nicht möchte, dass dieser Vertreter weiterhin für ihn tätig wird.

 Der Supermarktangestellte A erhält eine Kündigung seines Arbeitsverhältnisses. Nach der Kündigung hat A keine Vertretungsmacht mehr zum Verkauf der Waren.

Widerruft der Geschäftsherr dagegen nur die Vollmacht, ist das keine automatische Beendigung des Grundverhältnisses vgl. § 168 S. 2 BGB.

 G widerruft die Vollmacht gegenüber seinem Einkäufer V, weil V nicht die nötige Fachkenntnis hat, die Verträge zu beurteilen. Dadurch wird aber nicht automatisch das Arbeitsverhältnis zwischen V und G beendet.

Grundverhältnis weg → Vollmacht weg
Vollmacht weg → Grundverhältnis kann bleiben

Möglichkeit 3: Anfechtung

Die Erteilung der Vollmacht ist eine Willenserklärung. Diese kann, wie jede Willenserklärung, angefochten werden. Der Geschäftsherr muss sich also bei der Erteilung der Vollmacht gem. § 119 BGB geirrt haben, seine Bevollmächtigung wurde gem. § 120 BGB falsch übermittelt oder er wurde gem. § 123 BGB getäuscht oder bedroht. Folge der Anfechtung ist die Nichtigkeit der Vollmacht gem. § 142 I BGB.

Allerdings wird die Vollmacht nur angefochten, wenn sie bereits „benutzt" wurde, sonst reicht ein Widerruf. Die Anfechtung einer genutzten Vollmacht ist sehr umstritten[5]. Die Anfechtung muss dem Dritten mitgeteilt werden, sonst kann die Vertretung weiter – als Rechtsschein – für und gegen den Geschäftsherrn wirken. Zudem ist umstritten, wem gegenüber die Anfechtung zu erfolgen hat. Lösung 1: Anfechtender hat ein Wahlrecht. Lösung 2: Gegeüber dem Dritten. Lösung 3: bei Innenvollmacht Vertreter, bei Außenvollmacht der Dritte.

Möglichkeit 4: Erledigung der Vollmacht

Eine Vollmacht kann sich erledigen: weil der Vertreter seine einmalige Vollmacht genutzt hat oder sich der Zweck der Vollmacht nicht mehr erreichen lässt.

 G beauftragt V eine bestimmte Vase zu kaufen. Diese ist ein Unikat und wird vor dem Kauf zerstört.

Dann kann sich die Vollmacht noch durch Fristablauf gem. § 163 BGB oder durch eine auflösende Bedingung gem. § 158 II BGB erledigen.

 V soll G so lange vertreten, wie er auf Reisen ist.

---

5 Vertiefender Lesehinweis: Bitter / Röder; BGB AT, Rn. 118–127; Brox / Walker, AT; Rn. 571–574; Bork, AT; Rn.1470–1479.

8. Kann eine Vollmacht durch Rechtsschein entstehen?

Im Geschäftsverkehr ist es unzumutbar, sich immer wieder beim Geschäftsherrn zu erkundigen, ob der Vertreter tatsächlich Vertretungsmacht hat. Deswegen kennt das Gesetz drei Fälle, in denen der Dritte geschützt wird, weil er das Erlöschen nicht kennt und nicht kennen musste (§ 173 BGB): bei der Außenvollmacht (§ 170 BGB), bei besonderer Mitteilung an den Dritten oder Kundgebung (§ 171 BGB) und bei einer Vollmachtsurkunde (§ 172 BGB). Diese gesetzlichen Rechtscheine knüpfen an die Wirkungsdauer einer Vollmacht an. Dieser Gedanke wird übertragen auf den Fall, in denen keine Vollmacht besteht. Dass diese Übertragung überhaupt möglich ist, liegt an den gesetzlich geregelten Rechtscheintatbeständen. Ist der Dritte aus guten Gründen davon ausgegangen, dass der Vertreter eine Vollmacht hatte, auch wenn dies nicht der Fall ist, kommt der Vertrag dennoch mit dem Geschäftsherrn zustande. Jedenfalls dann, wenn der Geschäftsherr einen Rechtsschein gesetzt hat: durch das Dulden des Verhaltens des Vertreters (Duldungsvollmacht) oder weil der Geschäftsherr bei pflichtgemäßer Sorgfalt das Verhalten des vermeintlichen Vertreters hätte erkennen und verhindern können (Anscheinsvollmacht). Im Zivilrecht ist die Rechtssicherheit, genauer die Vertragssicherheit, ein wichtiges Ziel. Der Dritte ist aber nur schützenswert, wenn er gutgläubig war, also nicht wusste, dass der vermeintliche Vertreter keine Vollmacht hatte.

Möglichkeit 1: Duldungsvollmacht

Der Geschäftsherr weiß über das Handeln des vermeintlichen Vertreters Bescheid (Duldungsvollmacht). Der Dritte ist gutgläubig.

 Musikliebhaber G weiß, dass V manchmal CDs in G's Namen bestellt, ohne dass G ihn jemals darum gebeten hätte. Weil G sich nicht traut, dem ruppigen V dieses zu verbieten, lässt er ihn gewähren.

Sie grenzen die Duldungsvollmacht von einer konkludenten Bevollmächtigung ab. Bei dieser nehmen Sie eine Vertretung gem. § 164 BGB an. Die Abgrenzung erfolgt durch Auslegung nach dem objektiven Empfängerhorizont.

 Dieses Mal lässt G den V gewähren, weil er dessen Geschmack schätzt. Wenn V und G sich treffen, äußert G seine Freude über die CDs. In diesem Fall können Sie auch eine konkludente Bevollmächtigung annehmen.

Möglichkeit 2: Anscheinsvollmacht

Der Geschäftsherr hätte wissen müssen, dass der vermeintliche Vertreter häufiger für ihn aufgetreten ist und hätte es verhindern können (Anscheinsvollmacht). Der Dritte ist gutgläubig.

 Musikliebhaber G erhält immer wieder CDs, die er nicht bestellt hat, zahlt aber die Rechnungen, weil ihm die CDs gefallen. V bestellt diese für ihn und fragt häufig, wie G diese finde. G stellt dennoch keinen Bezug her.

 Nur das Wissen des Geschäftsherrn unterscheidet die Duldungs- von der Anscheinsvollmacht.

Duldungsvollmacht	Anscheinsvollmacht
Geltung umstritten: • konkludente Duldungsvolmacht (e.A.) • Rechtsscheintatbestand (h.M.)	**Geltung umstritten:** • Rechtsscheinvollmacht analog § 167 BGB (h.M.) • § 167 BGB analog nur im kaufmännischen Rechtsverkehr (a.A.) • Anscheinsvollmacht existiert nicht (a.A.)
1. Rechtsschein einer Bevollmächtigung Jemand tritt so auf, dass der Dritte nach Treu und Glauben mit Rücksicht auf die Verkehrssitte von einer Bevollmächtigung ausgehen kann.	**1. Rechtsschein einer Bevollmächtigung** Jemand tritt so auf, dass der Dritte nach Treu und Glauben mit Rücksicht auf die Verkehrssitte von einer Bevollmächtigung ausgehen kann.
2. Gutgläubigkeit des Dritten Der Dritte muss gutgläubig von einer Bevollmächtigung ausgehen (Treu und Glauben).	**2. Gutgläubigkeit des Dritten** Der Dritte muss gutgläubig von einer Bevollmächtigung ausgehen (Treu und Glauben).
3. Kausalität des Vertrauens für den Geschäftsabschluss Der Dritte schließt den Vertrag ab, weil er mit dem Vertretenen kontrahieren will.	**3. Kausalität des Vertrauens für den Geschäftsabschluss** Der Dritte schließt den Vertrag ab, weil er mit dem Vertretenen kontrahieren will.
4. Kenntnis und Dulden bei Möglichkeit der Verhinderung Der Geschäftsherr weiß davon und schreitet nicht ein, obwohl ihm dies möglich ist.	**4. Kennenmüssen und Möglichkeit der Verhinderung** Der Geschäftsherr hätte dies bei Anwendung der pflichtgemäßen Sorgfalt kennen müssen (Zurechnung!) und verhindern können.
5. Rechtsfolge - Vertreter handelt mit Vertretungsmacht. (Rechtsscheinvollmacht) § 167 BGB analog (h.M.)	**5. Rechtsfolge** Vertreter handelt mit Vertretungsmacht § 167 BGB analog.

Obwohl diese beiden Rechtsscheinvollmachten gesetzlich nicht geregelt sind, ist die Anscheinsvollmacht im Gegensatz zur Duldungsvollmacht vor allem im privaten Bereich umstritten: Sie würde einen privaten Geschäftsherrn zu sehr benachteiligen, denn dieser weiß nicht, dass ein Vertreter für ihn auftritt. Das lösen Sie, indem Sie für jeden Fall einzeln entscheiden, ob dem Geschäftsherrn der Rechtsschein zugerechnet werden kann oder nicht.

Tipp: Ist der Geschäftsherr in Ihrem Fall beschränkt geschäftsfähig, sind weder Anscheins- noch Duldungsvollmacht zulässig.

9. Was passiert, wenn der Vertreter keine Vertretungsmacht hatte?

Haben Sie sich dafür entschieden, dass der Vertreter keine Vertretungsmacht hatte, gibt es zwei Möglichkeiten, wie sich der Geschäftsherr verhalten kann:

Er kann sich über den Kauf freuen und das Geschäft gem. § 177 I BGB genehmigen. Dann wäre gem. § 184 I BGB die Vertretungsmacht rückwirkend hergestellt und der Geschäftsherr ist Vertragspartner.

Ist der Vertrag zwischen Vertreter und dem Dritten endgültig unwirksam, prüfen Sie die Haftung des vermeintlichen Vertreters nach § 179 BGB. In Ihrem Gutachten sollten Sie beachten, dass Sie jetzt einen neuen Prüfungspunkt eröffnen, da Sie einen Anspruch gegen eine andere Person (den Vertreter) prüfen. Der Vertrag kann zum Beispiel unwirksam sein, weil der Geschäftsherr die Genehmigung verweigert hat (§ 177 I BGB), oder weil der Geschäftsherr auf die Aufforderung zur Genehmigung durch den Dritten nicht reagiert hat (§ 177 II 2 BGB). In diesen Fällen sieht das Gesetz in § 179 I BGB vor, dass der Vertreter den Vertrag mit dem Dritten erfüllt oder diesem Schadensersatz zahlt. Das kann der Dritte wählen.

Variante 1: Grundsatz

Der Vertreter hat keine Vertretungsmacht. Der Geschäftsherr genehmigt das Geschäft nicht. Der Vertreter haftet dem Dritten gegenüber gem. § 179 I BGB.

Variante 2: Genehmigung

Der Vertreter hat keine Vertretungsmacht. Der Geschäftsherr genehmigt das Geschäft. Der Vertrag kommt mit dem Geschäftsherrn zustande.

Aufgaben

Aufgabe 1: Wie lautet das Prüfungsschema für die Vertretung? Unterstreichen Sie die Merkmale in § 164 I 1 BGB und tragen Sie sie in der richtigen Reihenfolge ein (eine Lücke = ein Wort).

Eine Willenserklärung, die jemand innerhalb der ihm zustehenden Vertretungsmacht im Namen des Vertretenen abgibt, wirkt unmittelbar für und gegen den Vertretenen.

1. _____   _____
2. _____   _____   _____   _____
3. _____
a) Welche der Voraussetzungen ist ungeschrieben? _____
b) Wie ersetzt man häufig „im Namen des Vertretenen", obwohl die gesetzliche Formulierung genauer ist? _____

Aufgabe 2: Unterstreichen Sie in § 167 BGB einmal die Außenvollmacht und einmal die Innenvollmacht.

§ 167 BGB
(1) Die Erteilung der Vollmacht erfolgt durch Erklärung gegenüber dem zu Bevollmächtigenden oder dem Dritten, dem gegenüber die Vertretung stattfinden soll.

Aufgabe 3: Liegt eine Vollmacht vor?
a) Arbeitgeber G kündigt seinem Verkäufer V.
   Ja ☐ Nein ☐ Norm: _____
b) Arbeitgeber G widerruft die Vollmacht gegenüber seinem Verkäufer V, kündigt ihm aber nicht.
   Ja ☐ Nein ☐ Norm: _____

Aufgabe 4: Wer wird Vertragspartner?
a) Prokurist V soll nur Hosen für seinen Geschäftsherrn G einkaufen, V kauft aber auch T-Shirts bei D. _____

b) V arbeitet für G im Verkauf, soll aber nicht einkaufen. Weil er überzeugt ist, dass ein T-Shirt sich sehr gut verkaufen würde, bestellt er 1000 Stück im Namen des G. G ist über den Kauf nicht erfreut. ____

Aufgabe 5: liegt eine Vollmacht vor?

Anscheinsvollmacht, Duldungsvollmacht, konkluente Bevollmächtigung

a) Arbeitgeber G macht Lieferant D die Bevollmächtigung des Einkäufers V bekannt. Nachdem V entlassen wurde, vergaß G den D darüber zu informieren. V schließt weiter mit D Verträge. Ist die Vollmacht erloschen?
Ja ☐   Nein ☐   Welche Vollmacht? _____
Norm: _____
b) Geschäftsführer G weiß, dass V ständig Waren verkauft, obwohl dies nicht zu seinem Auftragsbereich gehört und er dazu auch nicht bevollmächtigt wurde. Da er seine Sache aber gut macht, unternimmt G nichts.
Ja ☐   Nein ☐   Welche Vollmacht? _____
c) Der gleiche Fall wie unter b, jedoch weiß der Geschäftsführer von den Verkäufen nichts, hätte dies aber, durch die Regelmäßigkeit, mit der V Waren verkauft, erkennen müssen.
Ja ☐   Nein ☐   Welche Vollmacht? _____
d) Der gleiche Fall wie unter b, dieses Mal lobt G den V für seine Verkäufe.
Ja ☐   Nein ☐   Welche Vollmacht? _____

Aufgabe 6: Kommt der Vertrag zustande – ja oder nein?

Sie kaufen einen Computer für einen Ihrer Freunde, weil dieser Ihnen gerade am Vortag erzählt hatte, er wolle sich diesen zulegen. Dem Verkäufer, der für den Geschäftsinhaber G tätig ist, erzählen Sie, Sie kaufen den Rechner im Namen des Freundes. Ihr Freund ist entsetzt, als Sie ihm vom Kauf erzählen und will nicht bezahlen.
Ja ☐   Nein ☐? Wenn ja, zwischen wem? _____

Aufgabe 7: Lesen Sie die Vorschriften über die Stellvertretung §§ 164–181 BGB. Ordnen Sie die Vorschriften den Fällen zur Stellvertretung zu.

Fall 1: V ist so stolz auf seine Vollmachtsurkunde, dass er sie nicht zurückgeben möchte. Arbeitgeber G besteht auf Herausgabe. Norm:_____

Fall 2: M ist 16 Jahre alt und arbeitet in einem Elektromarkt. D lässt sich von ihm beraten und kauft einen USB-Stick. Norm: _____

Fall 3: G will, dass V für ihn seinen Mietvertrag mit D kündigt. Gem. § 568 I BGB bedarf die Kündigung des Mietverhältnisses der schriftlichen Form. G erklärt gegenüber D, dass V ihn vertreten wird, aber nicht schriftlich. Norm: _____

Fall 4: Vertreter V ficht einen Kaufvertrag, den sein Geschäftsherr mit D geschlossen hat, gegenüber D an. Allerdings hat V seine Vollmachtsurkunde vergessen. D weist deshalb die Anfechtungserklärung zurück. Ist die Anfechtung wirksam?
Norm: _____

Fall 5: D lässt sich im großen Elektromarkt des G von V ausführlich beraten, dann kauft er einen Fernseher. V ist nicht Inhaber des Geschäfts und sagt nicht, wer der Eigentümer ist. D fragt auch nicht. Ist der Vertrag zwischen G und D wirksam?
Norm: _____

Fall 6: Auf einer Betriebsfeier gibt G bekannt, dass er von V vertreten wird. Nach einem halben Jahr widerruft G die Vollmachtserteilung gegenüber V. V schließt weiter Verträge. Norm: _____

Fall 7: V soll für G ein Fahrrad von D kaufen. D ist nicht Eigentümer, was G weiß, V aber nicht. Norm: _____

Fall 8: Arbeitgeber G möchte nicht mehr, dass V für ihn Verträge abschließt. V bangt um seinen Arbeitsplatz. Ist dieser mit dem Entzug der Vollmacht automatisch verloren?
Norm: _____

Fall 9: G erklärt gegenüber D, dass V ihn vertritt. G vergisst gegenüber D die Vollmacht zu widerrufen. V und D schließen weiter Verträge. Sind diese wirksam?
Norm: _____

Fall 10: G gibt V eine Vollmachtsurkunde. Stolz zeigt V diese dem D bei einem Verkaufsgespräch. Später möchte G die Vollmacht widerrufen, vergisst aber die Urkunde von V zurückzufordern und diesen überhaupt zu informieren. V und D schließen weitere vier Verträge. Allerdings hat D – bevor er die vier Verträge geschlossen hat – auf einer Party erfahren, dass G von V nicht mehr vertreten werden möchte. Norm: _____

Fall 11: G will seine Uhr verkaufen und bittet seinen Freund V, dies zu übernehmen und einen entsprechenden Kaufvertrag aufzusetzen. Dieser wollte die Uhr schon immer haben und trägt sich selbst als Vertreter und als Käufer im Vertrag ein. G ist erzürnt und fragt sich, ob er das gelten lassen muss.
Ja ☐   Nein ☐ Norm: _____

Fall 12: V sieht im Geschäft des D einen 70er-Sessel, von dem er weiß, dass sein Freund G einen solchen sucht. Daher betritt er den Laden des D und kauft den Stuhl im Namen des G, obwohl G ihn darum nie gebeten hat. Wie V erwartet hat, ist G begeistert.
a) Warum ist der Vertrag nicht nach § 164 I BGB zustande gekommen?
_____

b) Nach welcher Norm ist ein Vertrag zwischen G und D zustande gekommen?
_____

Fall 13: G und V spielen zusammen in einem Tennisverein. Sie unterhalten sich darüber, wie unzufrieden sie mittlerweile mit dem Verein sind. Am nächsten Tag kündigt V seine Mitgliedschaft und die des G im Namen des G. Als G später davon erfährt, freut er sich, dass V dies für ihn erledigt hat.
Ist die Kündigung des K durch V wirksam? Ja ☐   Nein ☐
Normen: _____ in Verbindung mit _____

Aufgabe 8: Personalleiter V stellt den Bewerber D ein. V stellt sich als Personalleiter vor, sagt dabei aber nicht, dass er D für seinen Chef G anstellt. Kommt der Arbeitsvertrag trotzdem zwischen G und D zustande?

Ja ☐   Nein ☐

Grund:
_____
_____

Aufgabe 9: Kommen die Verträge mit dem Geschäftsherrn zustande? Warum/Warum nicht?

a) G und V sind gut befreundet. V gibt sich häufig als „rechte Hand" des G aus und behauptet, er kümmere sich um Verträge des G. V schließt auch Verträge für G ab. Millionär G weiß von den „Späßen" des V, da er aber ohnehin zu viel Geld übrig hat, ist es ihm egal, wer wie viel von seinem Geld erhält.
Ja ☐   Nein ☐
Grund:

_____
_____

b) G und V sind Mitglieder des Lese-Clubs. V hat in der Vergangenheit häufig Bücher im Namen des G bestellt und zu G liefern lassen. Die Frau des G hat die Bücher stets entgegengenommen. Als G die große Anzahl an Rechnungen auf seinem Schreibtisch bearbeitet, achtet er nicht auf die dort genannten Kaufgegenstände und veranlasst stets die Überweisung des Kaufpreises. Erst mehrere Wochen und 20 Bücher später entdeckt er auf einer der Rechnungen, dass V für ihn aufgetreten ist, und ist empört. Sind die bisherigen Verträge wirksam?
Ja ☐   Nein ☐
Grund:

_____
_____

Aufgabe 10: Wer wird Vertragspartner?

V schließt mit D einen Vertrag für G über 4000 €. Es wird nicht deutlich, dass G Vertragspartner werden soll. D besteht auf Erfüllung durch V.
V ☐   G ☐   Norm: _____

Aufgabe 11: G hat Büroräume gemietet. Gerade ist nur sein Geschäftsführer V anwesend, als der Vermieter D die Räume betritt. D übergibt V eine schriftliche Kündigung des Mietverhältnisses.

a) Wirkt diese gegenüber G? Ja ☐   Nein ☐
b) Norm: _____
c) Wie nennt sich diese Vertretung: _____
d) Geht die Kündigung zu, sobald sie V in den Händen hält? Ja ☐   Nein ☐

Kapitel 4: Vertretung

Aufgabe 12: V und G sind mit dem Auto unterwegs. An einer Tankstelle bittet G den V, ihm „irgendein Wasser" mitzubringen. V betritt die Tankstelle des D und kauft sich einen Schokoriegel und das Wasser für G, ohne die Kassiererin über G zu informieren.

a) Gegen welche gesetzliche Voraussetzung der Stellvertretung hat V hier verstoßen? _____

b) Warum liegt dennoch eine wirksame Stellvertretung vor? _____

c) Wer ist Vertragspartner des D über den Schokoriegel?
V ☐   G ☐

Aufgabe 13: G interessiert sich für eine Lederjacke, die er auf einer Kleinanzeigenseite im Internet gefunden hat. Weil er aber gerade im Urlaub ist, fragt er seinen Freund V, ob dieser die Jacke für ihn kaufen könne. Als V die Jacke begutachtet, behauptet D erneut, bewusst wahrheitswidrig, diese sei aus Leder. Daher kauft V die Jacke. Als G zurückkommt, stellt er sofort fest, dass die Jacke nur aus einem Lederimitat gemacht ist.

a) Welcher Anfechtungsgrund kommt in Betracht? _____
b) Kann sich auch G auf diesen Anfechtungsgrund berufen, obwohl er sofort gewusst hätte, dass es sich nicht um Leder handelt?
Ja ☐   Nein ☐   Norm: _____
c) Nach welchen Normen könnte G die Erstattung des Kaufpreises verlangen? _____

Aufgabe 14: G möchte für seine Restaurantkette 100 Tonnen Walfischfleisch kaufen. Deswegen beauftragt er V, dies für ihn zu erledigen. Um den V zu beeindrucken, sagt G, V solle 100 Tonnen *Haakjöringsköd* einkaufen. V, der weiß, dass dies Haifischfleisch bedeutet, kauft bei D 100 Tonnen Haifischfleisch.

a) Welcher Anfechtungsgrund kommt in Betracht? _____
b) Kann sich auch G auf diesen Anfechtungsgrund berufen?
Ja ☐   Nein ☐   Norm: _____ Grund: _____

c) Variante: Kann G anfechten, wenn es sich bei V um einen Boten handelt?
Ja ☐   Nein ☐   Grund: _____

Aufgabe 15: G möchte gern ein Grundstück kaufen, weil er aber viel beschäftigt ist, bittet er den Makler V dies für ihn zu übernehmen. V und G vereinbaren, dass V eine Vertragsstrafe in Höhe von 2000 € zu zahlen hat, sollte er keinen Kauf abschließen. Dieser sucht ein Grundstück aus und erscheint zur Unterschrift beim Notar.

a) Was ist der Sinn und Zweck der notariellen Unterschrift? _____
_____
b) Nach welcher Norm wäre die Bevollmächtigung des V eigentlich wirksam? _____
c) Warum wird mit dem Sinn und Zweck der notariellen Unterschrift der Anwendungsbereich der Norm aus b) verneint? _____
_____

Aufgabe 16: V soll für G eine Vase im Geschäft des D kaufen. G hat D vorab angerufen und angekündigt, das V für ihn eine Vase kaufen wird. Als V die Vase sieht, hält er diese für das optimale Geschenk für seinen Vater. Daher sagt V nichts von G und kauft die Vase.

a) Wer ist der Vertragspartner des D …
   aa) … nach dem objektiven Empfängerhorizont? V ☐   G ☐
   bb) … nach dem tatsächlichen Willen des V?   V ☐   G ☐
b) Wer wird Vertragspartner des D? _____
   Norm: _____
c) Kann V seine Willenserklärung anfechten? _____
d) Welche Norm ist hier im Umkehrschluss anwendbar? _____
e) Hier ist der Wortlaut der Norm – ersetzen Sie „fremd" mit „eigen" und andersherum:

Tritt der Wille, in fremdem Namen zu handeln, nicht erkennbar hervor, so kommt der Mangel des Willens, im eigenen Namen zu handeln, nicht in Betracht.

Aufgabe 17: Welche Vollmacht liegt vor?

Innenvollmacht, Außenvollmacht, nach außen kundgetane Innenvollmacht

a) G möchte seine Armbanduhr an D verkaufen und sagt diesem, dass V den Verkauf für ihn übernehme, ohne dass er V bereits bevollmächtigt hat.
Vollmacht: _____ Norm: _____
b) G möchte seine Armbanduhr verkaufen. Dafür bevollmächtigt er V und stellt diesem eine Vollmachtsurkunde aus, die V dem Käufer D zeigt.
Vollmacht: _____ Norm: _____
c) G möchte seine Armbanduhr verkaufen. Dafür bevollmächtigt er V.
Vollmacht: _____ Norm: _____
d) G möchte seine Armbanduhr verkaufen und bevollmächtigt den D. Später ruft er noch G an, um ihm zu sagen, dass V gleich bei ihm vorbeikäme, um die Uhr zu verkaufen.
Vollmacht: _____ Norm: _____
e) Bevor V für G handelt, hat G alle Vollmachten widerrufen. Orden Sie die gesetzlichen Rechtscheintatbestände zu.

    aa) Die Vollmacht aus a) kann gem. § _____ als Rechtschein existieren.
    bb) Die Vollmacht aus b) kann gem. § _____ als Rechtschein existieren.

f) Ist ein gesetzlicher Rechtsschein auch möglich, wenn D wusste, dass G die Vollmachten widerrufen hat?
Ja ☐   Nein ☐ Norm: _____

Aufgabe 18: G besitzt eine Boutique. Verkäuferin V hat schon einige Male, ohne beauftragt gewesen zu sein, beim Großhändler D Kleidung nachbestellt. G hat diese Rechnungen stets beglichen und der V das Bestellen nicht verboten, weil G die V als Angestellte nicht verlieren will. Nun hat V eine ganz neue Sommerkollektion bei D bestellt. G ist entsetzt und will nicht zahlen. D verlangt Zahlung.

a) Was ist die Anspruchsgrundlage des D? _____
b) An welcher Voraussetzung des § 164 I BGB fehlt es? _____

c) Welche Voraussetzungen liegen vor, die das Fehlen in § 164 I BGB ausgleichen können?
   1. In Bezug auf V: _____
   2. In Bezug auf G: _____
   3. In Bezug auf D: _____
d) Wie nennt sich diese Variante eines Rechtscheintatbestandes?
   _____
e) Ist dieser gesetzlich geregelt? Ja ☐   Nein ☐
f) Kann die Zahlungsverweigerung nach herrschender Ansicht als Anfechtung des Rechtsscheintatbestandes gesehen werden? Ja ☐   Nein ☐
   Grund: Rechtsscheintatbestand ist keine anfechtbare
   _____.
g) Kommt zwischen G und D ein Vertrag zustande? _____

Aufgabe 19: G und V sind Freunde und leben in unterschiedlichen Städten. G ist Sammler von Briefmarken. In der Stadt des V ist ein Briefmarkengeschäft D, in dessen Onlineshop sich G immer wieder eine Marke aussucht und dann den V bittet, diese im Geschäft zu kaufen. G und V streiten sich. Tage später entdeckt V im Laden D eine Briefmarke und kauft sie für G. Als V diese Marke dem G bringen will, weigert sich dieser, sie anzunehmen. D schickt eine Rechnung. G weigert sich zu zahlen.

a) Was ist die Anspruchsgrundlage des D? _____
b) An welcher Voraussetzung des § 164 I BGB fehlt es? _____
   _____
c) Um welchen Rechtsscheintatbestand könnte es sich hier handeln?
   _____
d) Welche Voraussetzungen hat dieser Rechtsschein?
   1. _____
   2. _____
   3. _____
   4. _____
e) Welche der drei Voraussetzungen ist in diesem Fall fraglich? Nr. ____
f) Entscheiden Sie sich für ein Vorliegen des Rechtsscheins oder dagegen?
   Dafür ☐ Dagegen ☐
g) Wenn Sie sich dafür entschieden haben sollten, wonach könnte V dem G haften? _____

h) Wenn Sie sich dagegen entschieden haben sollten, wonach könnte V dem G haften? _____

Aufgabe 20: G bittet Freund V, seine Jagdhütte für ihn zu verkaufen, da er schnell Geld braucht. Als V dem D die Hütte zeigt, entscheidet sich dieser dagegen, möchte aber eine Kommode aus dem 19. Jahrhundert erstehen. V verkauft diese dem D.

a) Wonach entscheiden Sie, ob V für die Kommode Vertretungsmacht hatte? _____
b) Was spricht dafür? _____
c) Wenn Sie eine Vertretungsmacht nach § 164 I BGB verneinen – was käme dann in Betracht? _____
d) Variante: D sieht auf dem Grundstück der Jagdhütte das Motorrad des G. Auch über diesen Kauf werden sich die beiden einig.
Ergibt sich aus einer Vertretungsmacht für die Berghütte eine für das Motorrad?
Ja ☐   Nein ☐

Aufgabe 21: Welche Norm aus dem Abschnitt über die Geschäftsfähigkeit ist dieser Norm sehr ähnlich?

§ 177 BGB
(1) Schließt jemand ohne Vertretungsmacht im Namen eines anderen einen Vertrag, so hängt die Wirksamkeit des Vertrags für und gegen den Vertretenen von dessen Genehmigung ab.
(2) Fordert der andere Teil den Vertretenen zur Erklärung über die Genehmigung auf, so kann die Erklärung nur ihm gegenüber erfolgen; eine vor der Aufforderung dem Vertreter gegenüber erklärte Genehmigung oder Verweigerung der Genehmigung wird unwirksam. Die Genehmigung kann nur bis zum Ablauf von zwei Wochen nach dem Empfang der Aufforderung erklärt werden; wird sie nicht erklärt, so gilt sie als verweigert.

a) Ähnliche Norm aus der Geschäftsfähigkeit: _____ .
b) Ein Vertrag nach § 177 I BGB ist bis zur Genehmigung _____ unwirksam.

Aufgabe 22: Ordnen Sie die Fälle § 179 BGB zu.

a) V handelte ohne Vertretungsmacht bei Vertragsabschluss, aber der Geschäftspartner D wusste dies. _____
b) V wusste nicht, dass er nicht mehr bevollmächtigt ist. _____
c) Vertreter V war 14 Jahre alt. _____
d) Der Dritte möchte vom vermeintlichen Vertreter V Schadensersatz. _____

e) Gegenüber wem haftet der Vertreter nach § 179 I BGB?
Dem Geschäftsherrn ☐ Dem Dritten ☐ Beiden ☐

Aufgabe 23: V arbeitet als Verkäuferin im Juwelier des G. Als ihr Lebensgefährte D vorbeikommt, sagt sie ihm, er solle sich etwas aussuchen, sie würde ihm einen sehr guten Preis machen. Er sucht sich ein Armband im Wert von 1000 € aus und bezahlt nur 50 €. D bezweifelt, dass V dies darf, fragt aber lieber nicht nach.

a) Hat V Vertretungsmacht gem. § 164 I BGB?
Ja ☐   Nein ☐
b) Ist es gerecht, dass der Vertrag zwischen G und D zustande kommt?
Ja ☐   Nein ☐
c) Falls Sie sich für ungerecht entschieden haben, über welche Norm können Sie das Dilemma lösen (h. M.)? § _____ BGB
Welche Einrede stünde G nach dieser Ansicht zu? _____
d) Tut G nichts, ist der Vertrag nach einer anderen Ansicht _____
e) Wonach könnte V gegenüber D haften? _____.
f) Welche Norm schließt diese Haftung wiederum aus? _____
Grund: _____

Kapitel 5: Geschäftsfähigkeit

1. Was bedeutet Geschäftsunfähigkeit?

Zwei Personengruppen können keine Willenserklärungen mit rechtlicher Wirkung abgeben: Erwachsene Personen, die an einer krankhaften Störung der Geistestätigkeit im Sinne des § 104 Nr. 2 BGB leiden, und Kinder unter sieben Jahren. Beide sind gem. § 104 BGB geschäftsunfähig und ihre Willenserklärungen gem. § 105 I BGB nichtig. Die Rechtsfolgen sind eindeutig, daher sind sie weniger klausurrelevant, im Gegensatz zu den älteren Minderjährigen von 7–17 Jahre alt und den anderen beschränkt Geschäftsfähigen. Wird im Folgenden von Minderjährigen geschrieben, ist stets diese Altersstufe gemeint.

2. Braucht der Minderjährige für jeden Vertragsabschluss eine Zustimmung?

Ältere Minderjährige (7–17 Jahre alt) brauchen für die Vornahme von Rechtsgeschäften grundsätzlich die Zustimmung des gesetzlichen Vertreters. Zumeist sind dies gem. §§ 1626, 1629 BGB die Eltern. Diese können vorher oder nachher zustimmen. Die vorherige Zustimmung, die Einwilligung, ist in § 107 BGB geregelt:

> § 107 BGB
> Der Minderjährige bedarf zu einer Willenserklärung […] der Einwilligung seines gesetzlichen Vertreters.

Die Einwilligung ist in § 183 BGB legaldefiniert. Aus dieser Norm ergibt sich auch, dass die Einwilligung widerrufbar ist:

> § 183 BGB
> Die vorherige Zustimmung (Einwilligung) ist **bis zur Vornahme des Rechtsgeschäfts widerruflich**, soweit nicht aus dem ihrer Erteilung zugrunde liegenden Rechtsverhältnis sich ein anderes ergibt. Der Widerruf kann sowohl **dem einen als dem anderen Teil gegenüber erklärt werden**.

Die Eltern des 14-jährigen M erlauben ihm den Kauf eines Computers im Geschäft des V und schicken ihn los. Dann bekommen sie Bedenken und rufen V an und sagen ihm, dass sie nicht wollen, dass ihr Sohn einen Computer kauft.

Ohne eine vorherige Einwilligung macht die nachträgliche Zustimmung, die Genehmigung, das Geschäft wirksam. Die Genehmigung ist in § 184 I BGB legaldefiniert. Bis zur Genehmigung ist das Rechtsgeschäft gem. § 108 I BGB *schwebend unwirksam*:

> § 108 BGB
> (1) Schließt der Minderjährige einen Vertrag ohne die erforderliche Einwilligung des gesetzlichen Vertreters, so hängt die Wirksamkeit des Vertrags von der Genehmigung des Vertreters ab.

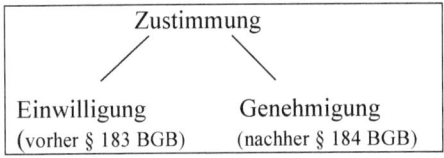

Um dem Minderjährigen doch am Rechtsverkehr teilnehmen zu lassen, gibt es von diesem Grundsatz der Zustimmungsbedürftigkeit Ausnahmen:

Ausnahme I: Rechtlicher Vorteil

> § 107 BGB
> Der Minderjährige bedarf zu einer Willenserklärung, durch die **er nicht lediglich einen rechtlichen Vorteil** erlangt, der Einwilligung seines gesetzlichen Vertreters.

Für ein Geschäft, das dem Minderjährigen ausschließlich einen rechtlichen Vorteil bringt, braucht der Minderjährige gem. § 107 BGB keine Einwilligung. Diese Verträge sind stets wirksam.

 V schenkt dem 14-jährigen M ein Buch.

Der Kaufvertrag dagegen bringt neben möglichen Vorteilen auch Verpflichtungen, wie die Kaufpreiszahlungspflicht, daher fällt dieser nicht unter die Ausnahme des § 107 BGB. Das Empfangen eines Angebots zu einem Kaufvertrag ist aber ein rechtlicher Vorteil, so dass der Zugang wirksam ist.

2. Braucht der Minderjährige für jeden Vertragsabschluss eine Zustimmung?

 Willenserklärungen, die dem Minderjährigen nur einen rechtlichen Vorteil bringen, sind immer wirksam.

Interessanterweise ist bei der Beurteilung, ob ein Vorteil vorliegt nach der herrschenden Meinung nicht relevant, ob der Minderjährige durch das Geschäft reicher wird, sondern es kommt nur auf eine *rechtliche* Verbesserung an.

 Der 14-jährige M kauft einen gebrauchten Computer für 150 €. Dieser ist 400 € wert. Die Eltern verweigern die Genehmigung und der Vertrag ist unwirksam, da M zur Zahlung von 150 € verpflichtet ist.

Bis auf die Schenkung sind daher alle schuldrechtlichen Verträge zustimmungspflichtig.

Das Abstraktionsprinzip (Verpflichtungs- und Verfügungsgeschäft sind voneinander unabhängig) gilt auch bei einem Minderjährigen und ist sogar von besonderer Brisanz. So kann das Verpflichtungsgeschäft unwirksam sein, weil es den Minderjährigen – wie der Name schon sagt – verpflichtet. Durch das Verfügungsgeschäft erlangt der Minderjährige zumeist einen rechtlichen Vorteil gem. § 107 BGB, daher ist dieses wirksam.[6]

 Der 13-jährige K kauft bei V einen Computer über eine Zeitungsanzeige für 300 €. Dieser ist 2000 € wert. K holt ihn am nächsten Tag ab. Die Eltern wollen nicht, dass ihr Kind bereits einen Computer hat und verlangen, dass K den Computer zurückgibt. K fragt sich, ob er den Computer behalten kann.

Bei der Bewertung trennen Sie zwischen dem Kaufvertrag (Verpflichtungsgeschäft) und der Übereignung (Verfügungsgeschäft). Zwar erlangt K einen wirtschaftlichen Vorteil in Höhe von 1700 €, allerdings muss er 300 € zahlen. Rein rechtlich betrachtet ist das Geschäft also ein Nachteil und bedarf der Genehmigung. Diese haben die Eltern verweigert. Somit ist der Kaufvertrag gem. § 108 I BGB unwirksam.

Durch die Übereignung, das Verfügungsgeschäft, erlangt M einen rechtlichen Vorteil, das Eigentum an dem Computer, so dass diese – auch ohne den Kaufvertrag – wirksam ist. Allerdings kann V den Computer nach § 812 I 1 1. Alt. BGB herausverlangen, weil K den Computer ohne rechtlichen Grund (der Kaufvertrag ist unwirksam) erlangt hat.

---

6   Eine Übereignung kann auch rechtlich nachteilhaft sein z. B. wenn ein mit einer Reallast belastetes Grundstück übereignet wird.

Ausnahme II: Neutrales Geschäft

§ 107 BGB schützt den Minderjährigen vor Verschuldungen, daher erlaubt die Norm dem Minderjährigen nur rechtlich vorteilhafte Rechtsgeschäfte. Vor neutralen Geschäften braucht er nach dem Schutzzweck ebenfalls nicht geschützt werden, so dass auch diese ohne Genehmigung möglich sind. Deswegen kann ein Minderjähriger gem. § 165 BGB ein Vertreter sein.

 Der 14-jährige M geht mit dem Hund des Nachbarn spazieren und verschenkt den Hund an eine Tierschützerin. M ist nicht Eigentümer, kann also durch die Übereignung keinen Rechtsverlust erleiden.

 Der Minderjährige kann ein Vertreter sein.

Ausnahme III: konkludente Einwilligung: Taschengeld

§ 110 BGB
Ein von dem Minderjährigen ohne Zustimmung des gesetzlichen Vertreters geschlossener Vertrag gilt als von Anfang an wirksam, wenn der Minderjährige die vertragsmäßige Leistung mit Mitteln bewirkt, die ihm zu diesem Zweck oder **zu freier Verfügung** von dem Vertreter oder mit dessen Zustimmung von einem Dritten überlassen worden sind.

Wenn Sie § 110 BGB lesen, könnten Sie meinen, der Minderjährige darf über sein Taschengeld frei verfügen. Das ist aber nicht der Fall: Durch das Überlassen des Taschengeldes willigen die gesetzlichen Vertreter konkludent nur darin ein, Verträge mit diesem Geld abzuschließen, die von ihren Erziehungsvorstellungen gedeckt sind. Diese Verträge sind wirksam, wenn der Minderjährige erfüllt hat.

 Die Eltern verbieten ihrem 12-jährigen Sohn Bücher über Delphine zu kaufen. Dennoch kauft M ein solches Buch. Jetzt fällt der Kauf eines solchen Buches nicht mehr unter § 110 BGB.

 Gegenbeispiel: Der 12-jährige M kauft sich von seinem Taschengeld ein Buch über Delphine. Die Eltern verbieten den Kauf und verlangen, dass M das Buch zurückgibt. Dieses Geschäft bleibt wirksam.

3. Wem muss die Zustimmung erklärt werden?

Entweder gegenüber dem Minderjährigen oder dem Geschäftspartner. Das finden Sie in § 182 I BGB:

> § 182 BGB
> (1) Hängt die Wirksamkeit eines Vertrags oder eines einseitigen Rechtsgeschäfts, das einem anderen gegenüber vorzunehmen ist, von der Zustimmung eines Dritten ab, so kann die Erteilung sowie die Verweigerung der Zustimmung sowohl dem einen als dem anderen Teil gegenüber erklärt werden.

Die Wahl zwischen dem Minderjährigen und dem Geschäftspartner (anderer Teil) entfällt, wenn der Geschäftspartner gem. § 108 II BGB zur (nachträglichen) Genehmigung auffordert:

> § 108 II BGB
> Fordert der andere Teil den [gesetzlichen] Vertreter zur Erklärung über die **Genehmigung** auf, so kann die Erklärung nur ihm gegenüber erfolgen; eine vor der Aufforderung dem Minderjährigen gegenüber erklärte Genehmigung oder Verweigerung der Genehmigung wird unwirksam. [...]

§ 108 II BGB bezieht sich nur auf Genehmigungen. Ist auch der Fall erfasst, in dem dem Minderjährigen vorher eine Einwilligung für den Vertragsschluss gegeben wird? Einerseits kann man eine analoge Anwendung bejahen, denn der Vertragspartner hat auch in diesem Fall ein schützenswertes Interesse an Rechtssicherheit. Andererseits ist die Interessenslage nicht vergleichbar: Im Fall einer fehlenden Genehmigung ist der Vertrag schwebend unwirksam, bei einer erteilten Einwilligung besteht er schon und würde bei einer Anwendung des § 108 II BGB schwebend unwirksam. Beide Ansichten werden vertreten.

Der 14-jährige M kauft bei V mit Einwilligung seiner Eltern einen Computer. V ist nicht sicher, ob der Vertrag wirksam ist und ruft daher die Eltern des M an. Diese haben es sich inzwischen anders überlegt und sagen V, dass sie den Vertrag nicht wollen.

4. Wer hat ein Widerrufsrecht?

Die gesetzlichen Vertreter können ihre Einwilligung bis zur Vornahme des Rechtsgeschäfts gem. § 183 BGB widerrufen. Der Geschäftspartner kann seine Willenserklärung bis zur Genehmigung des Vertrages gem. § 109 BGB widerrufen, wenn er den Schwebezustand aufgrund der Minderjährigkeit beenden will.

> § 109 BGB
> (1) Bis zur Genehmigung des Vertrags ist der andere Teil zum Widerruf berechtigt. Der Widerruf kann auch dem Minderjährigen gegenüber erklärt werden.
> (2) Hat der andere Teil die Minderjährigkeit gekannt, so kann er nur widerrufen, wenn der Minderjährige der Wahrheit zuwider die Einwilligung des Vertreters behauptet hat; er kann auch in diesem Falle nicht widerrufen, wenn ihm das Fehlen der Einwilligung bei dem Abschluss des Vertrags bekannt war.

V ist mit den Eltern des 13-jährigen M befreundet. V hat ein Computergeschäft und weiß, dass die Eltern des M nicht wollen, dass M sich einen Computer kauft. M betritt den Laden des V und will einen Computer kaufen, mit der Behauptung, er dürfe dies. Würde V mit M einen Kaufvertrag schließen, könnte er seine Willenserklärung nicht widerrufen, weil er wusste, dass M minderjährig ist und keine Zustimmung seiner Eltern hatte.

5. Wo prüfe ich die Geschäftsfähigkeit?

Es gibt mehrere Möglichkeiten, wo Sie die Geschäftsfähigkeit prüfen können. Lassen Sie sich daher nicht verunsichern, wenn Sie in unterschiedlichen Fall-Lösungen die Geschäftsfähigkeit an unterschiedlicher Stelle finden. Sie können die diese an zwei Stellen prüfen:

1. Bei der Wirksamkeit der Willenserklärungen
2. Bei der Wirksamkeit des Vertrages

Der Vorschlag der Prüfung bei der Willenserklärung hat den Vorteil, dass man genauer differenzieren kann: Der Zugang des Angebots kann rechtlich vorteilhaft sein, das Rechtsgeschäft selbst aber nachteilig. Zudem sagt auch § 131 II BGB, dass eine Willenserklärung, die einem beschränkt Geschäftsfähigen gegenüber abgegeben wird, erst wirksam wird, wenn sie dem gesetzlichen Vertreter zugeht, was für eine Prüfung bei der Willenserklärung spricht. Allerdings gibt es auch da Gegenstimmen: Das klappt für den Zugang eines Angebotes sehr gut, eine Annahme könnte einem Minderjährigen nicht mehr zugehen, ein Vertrag nicht zustande kommen[7]. Damit steht § 131 II BGB im Widerspruch zu § 108 I BGB[8]. Aufgrund dieses Widerspruchs ist keine der beiden Prüfungsmöglichkeiten optimal. Wenn Sie die Geschäftsfähigkeit also im Rahmen der Willenserklärungen prüfen, könnten Sie nur prüfen, wie der Vertrag, wenn er zustande gekommen *wäre*, zu beurteilen ist. Daher bietet es sich an, die Geschäftsfähigkeit bei der Wirksamkeit des Vertrages zu prüfen, also nachdem Sie festgestellt haben, ob ein Vertrag geschlossen wurde.

> I. Vertrag
>   1. Angebot
>   2. Annahme
> II. Wirksamkeit des Vertrages → Geschäftsfähigkeit

6. In welcher Reihenfolge prüfe ich die §§ 107 ff. BGB?

Achten Sie beim Formulieren der Obersätze auf die Rechtsfolge. Hier geht es meistens um die Wirksamkeit bzw. Unwirksamkeit des Vertrages oder einer Willenserklärung

Sie beginnen mit dem Grundsatz der schwebenden Unwirksamkeit nach § 108 I BGB.

Formulierungsvorschlag § 108 BGB: Der Kaufvertrag könnte gem. § 108 I BGB *schwebend unwirksam* sein, wenn M beschränkt geschäftsfähig ist und eine Genehmigung des gesetzlichen Vertreters erforderlich ist. M ist 12 Jahre alt und damit beschränkt geschäftsfähig nach § 106 BGB.

Als nächstes prüfen Sie die Ausnahmen und beginnen mit dem rechtlichen Vorteil nach § 107 BGB.

Formulierungsvorschlag § 107 BGB: Der Vertrag könnte ohne Genehmigung wirksam sein, wenn M durch das Geschäft ausschließlich einen rechtlichen Vorteil gem. § 107 BGB erlangt. Zwar erhält M durch den Kaufvertrag den Anspruch

---

[7] Fritzsche, Fälle zum BGB, S. 189 f.
[8] Die herrschende Literatur verneint die Rechtsfolgen des § 131 II BGB bei einer Annahme gegenüber einem Minderjährigen, so dass die Annahme dem Minderjährigen wirksam zugeht.

auf Übereignung, ist aber verpflichtet den Kaufpreis zu bezahlen. Somit ist das Geschäft nicht lediglich rechtlich vorteilhaft.

Sollten Sie die Vorteilhaftigkeit verneinen, prüfen Sie, ob das Geschäft vielleicht rechtlich neutral ist:

Formulierungsvorschlag § 107 BGB: Weiterhin könnte der Vertrag analog § 107 BGB wirksam sein, wenn das Geschäft für M rechtlich neutral war.

Die analoge Anwendung des § 107 BGB begründen Sie im Gutachten mit dem Schutzgedanken des Minderjährigenrechts. § 107 BGB spricht nur von „vorteilhaften", nicht von neutralen Rechtsgeschäften. Argumentieren können Sie damit, dass der Minderjährige bei neutralen Geschäften nicht schutzbedürftig ist.

Sollte das Geschäft nachteilig sein, können Sie weiter nach § 110 BGB prüfen, ob es vom Taschengeld bezahlt wurde.

Formulierungsvorschlag § 110 BGB: Fraglich ist, ob der Vertrag nach § 110 BGB wirksam ist. Das ist der Fall, wenn M den Vertrag mit Mitteln bewirkt hat, die ihm zur freien Verfügung von seinen Eltern überlassen worden sind.

Prüfungsreihenfolge

1. Grundsatz: Zustimmungsbedürftigkeit
→ Genehmigung erforderlich: Verträge sind schwebend unwirksam § 108 BGB
2. Genehmigungsfreie Geschäfte § 107 BGB
Rechtlich vorteilhaft, rechtlich neutral
3. Konkludente Genehmigung: Taschengeld § 110 BGB

---

7. Wie sieht es bei einseitigen Rechtsgeschäften aus?

Einseitige Rechtsgeschäfte, wie eine Anfechtung oder eine Kündigung, sind ohne Einwilligung und wenn sie rechtlich nachteilhaft sind, sofort gem. § 111 BGB unwirksam. Einen Schwebezustand wie in § 108 I BGB gibt es nicht. Warum? Der Erklärungsempfänger kann an einem einseitigen Rechtsgeschäft nicht teilnehmen, daher soll er wenigstens Rechtssicherheit haben.

Selbst wenn der gesetzliche Vertreter in ein einseitiges Rechtsgeschäft einwilligt, kann das Geschäft unwirksam sein gem. § 111 S. 2 BGB: Hat er keine schriftliche Einwilligung ist das Geschäft ebenfalls unwirksam, wenn der Empfänger diese Erklärung nicht akzeptiert.

7. Wie sieht es bei einseitigen Rechtsgeschäften aus?

 Der 14-jährige M ficht einen genehmigten Kaufvertrag ohne Einwilligung der Eltern an. Diese Anfechtungserklärung ist gem. § 111 S. 1 BGB unwirksam.

 Bei einseitigen, nachteiligen Rechtsgeschäften ist § 108 I BGB nicht anwendbar.

Aufgaben

Aufgabe 1: Wer ist nach § 104 BGB geschäftsunfähig?

Nr. 1: _____

Nr. 2: _____

Aufgabe 2: Was ist Geschäftsfähigkeit? Kreuzen Sie an.

Person kann Verträge schließen ☐
Person kann sich auf die Grundrechte berufen ☐

Aufgabe 3: Wann hat eine Person ihr siebentes Lebensjahr vollendet?

An ihrem 6. Geburtstag ☐   An ihrem 7. Geburtstag ☐
An ihrem 8. Geburtstag ☐

Aufgabe 4: Kreuzen Sie an, was vorliegt.

Alter	Minderjährigkeit	Beschränkte Geschäftsfähigkeit
0–6		
7–17		

Aufgabe 5: Beantworten Sie die Fragen mit den Normen aus dem Minderjährigenrecht.

Frage 1: Kann sich der 14-jährige K von seinem Taschengeld wirksam ein Buch über Seehunde kaufen? Die Eltern haben dies nie verboten.
Antwort: _____ Norm: _____

Frage 2: Ist der 6-Jährige K geschäftsunfähig?
Antwort: _____ Norm: _____

Frage 3: Was braucht der 16-jährige U, um ein Unternehmen zur Reparatur von Computern zu gründen?

    1. _____
    2. _____

Norm: _____

Frage 3.1: Kann der 16-jährige U im Rahmen seines Unternehmens wirksame Verträge schließen?
Antwort: _____ Norm: _____

Frage 3.2: Für die zum Unternehmen gehörenden Verträge ist der Minderjährige …?
Voll geschäftsfähig ☐

Beschränkt geschäftsfähig ☐

Frage 4: Was passiert mit dem Kaufvertrag, wenn ein Geschäftsunfähiger ihn schließt?
Antwort: _____ Norm: _____

Frage 5: Kann der volljährige Geschäftsunfähige in einem Restaurant einen wirksamen Bewirtungsvertrag schließen?
Antwort: _____ Norm: _____

Frage 6: Ist die 7-jährige K geschäftsunfähig?
Antwort: _____ Norm: _____

Frage 7: Was braucht der 15-jährige M, um in einem Supermarkt zu arbeiten?
Antwort: Eine_____
Norm: _____

Frage 7.1: Für die zum Supermarkt gehörenden Rechtsgeschäfte ist der Minderjährige …?
Voll geschäftsfähig ☐

Beschränkt geschäftsfähig ☐

Frage 7.2: Darf M mit dem Lohn kaufen, was er will?
Ja ☐   Nein ☐

Frage 8: Kann der 14-jährige M einen Kaufvertrag ohne Zustimmung der Eltern anfechten?
Antwort: _____ Norm: _____

Kapitel 5: Geschäftsfähigkeit

Aufgabe 6: § 107 BGB
Der Minderjährige bedarf zu einer Willenserklärung, durch die er nicht lediglich einen rechtlichen Vorteil erlangt, der Einwilligung seines gesetzlichen Vertreters.

a) Was ist Sinn und Zweck von § 107 BGB?
Schutz von _____ (1) vor _____ (2)
b) Folgern Sie aus dem Sinn und Zweck, für welche Art Geschäft der Minderjährige ebenfalls keine Genehmigung braucht.
Für _____ Geschäfte.

Aufgabe 7: A ist 14 Jahre alt und kauft sich eine Hängematte für 150 €. Er hatte dafür ein halbes Jahr sein Taschengeld gespart. Die Treckinghängematte kostet normalerweise 400 €. Seine Eltern erlauben den Kauf der Hängematte nicht, als sie davon erfahren.

a) Liegt durch den Preis ein lediglich rechtlicher Vorteil im Sinne von § 107 BGB vor?
Pro: _____
Contra: _____
Entscheidung: Ja ☐   Nein ☐
b) Ist das Geschäft rechtlich neutral?
Ja ☐   Nein ☐   Grund: _____
c) Hat er die Hängematte mit Mitteln bewirkt, die ihm im Sinne von § 110 BGB zur freien Verfügung von den Eltern überlassen worden sind?
aa) Hat er bewirkt? Ziehen Sie ein Pro-Argument aus dem Fall.
_____
_____

bb) Fällt dies unter die freie Verfügung? Was spricht im Fall dagegen?
_____
_____

cc) Fällt dies unter die freie Verfügung? Was im Fall spricht dafür?
_____
_____

dd) Formulieren Sie Ihr Ergebnis.
_____
_____

d) Ist der Kaufvertrag über die Hängematte wirksam?

Ja ☐   Nein ☐
e) Formulieren Sie die Obersätze dieses Falls.
aa) § 108 BGB: Der Kaufvertrag könnte gem. § 108 BGB _____(1) _____(2) sein. § 108 BGB verlangt eine _____(3). Die Eltern sind empört und genehmigen nicht.
bb) § 107 BGB: Der Vertrag könnte _____(1)_____(2) wirksam sein, wenn M durch das Geschäft gem. § 107 BGB ausschließlich einen rechtlichen _____(3) erlangt. Zwar erhält M durch den Kaufvertrag den Anspruch auf Übereignung der _____(4) und diese ist _____ € (5) günstiger, was für einen rechtlichen Vorteil spricht, andererseits ist M verpflichtet den _____(6) zu bezahlen. Somit ist das Geschäft nicht lediglich rechtlich _____(7).

Aufgabe 8: Der Wortlaut des § 110 BGB ist nicht vollständig. Ergänzen Sie.

vollständig, ausdrücklich, hat

§ 110 BGB
Ein von dem Minderjährigen ohne_____ (1) Zustimmung des gesetzlichen Vertreters geschlossener Vertrag gilt als von Anfang an wirksam, wenn der Minderjährige die vertragsmäßige Leistung mit Mitteln _____(2) bewirkt_____(3), die ihm zu diesem Zweck oder zu freier Verfügung von dem Vertreter oder mit dessen Zustimmung von einem Dritten überlassen worden sind.

a) Warum muss „ausdrücklich" ergänzt werden? Das Überlassen der Mittel ist eine _____ Einwilligung.
b) Die Ergänzung „vollständig" – soll welche Art von Käufen ausschließen?
_____

c) Welche Normen ermöglichen den Eltern das Vorgeben der Erziehungsziele?
Tipp: Einmal GG, zweimal BGB.
Art. _____ GG
§§ _____ BGB

Aufgabe 9: Der 14-jährige K kauft sich ein Fahrrad für 500 €, das 1000 € wert ist. Er bekommt 100 € Taschengeld und hat 500 € gespart. Die Eltern sind mit dem Kauf nicht einverstanden. Prüfen Sie in drei Schritten, ob der Vertrag wirksam ist.

Bringen Sie die Normen in die richtige Reihenfolge.

§ 110 BGB Taschengeld, § 107 BGB rechtlich neutral, § 107 BGB rechtlich nachteilig, § 107 BGB rechtlicher Vorteil

1. _____
2. _____
3. _____
4. _____

Aufgabe 10: Der 14-jährige M schließt ein Leihvertrag mit D über ein Ruderboot und bringt das Boot gleich nach Hause. Die Eltern sind empört.

a) Ist ein Leihvertrag entgeltlich? Ja ☐   Nein ☐   Norm: _____
b) Wofür spricht das? Für einen _____ _____ gem. § 107 BGB.
c) Trifft den M aus dem Leihvertrag eine Pflicht? _____

Tipp: Lesen Sie die nächsten Normen nach der Leihe.

d) Stellen Sie sich vor, das Ruderboot sinkt und der Vertrag wäre wirksam. Was würde das für M bedeuten? Er müsste _____ _____.
e) Ist ein Leihvertrag also gem. § 107 BGB wirksam? Ja ☐   Nein ☐
f) Dieses Mal hat M das Ruderboot gekauft, bezahlt und mit nach Hause genommen. Wieder sind die Eltern empört. M fragt sich, ob er dennoch Eigentümer des Bootes ist. Ja ☐   Nein ☐
Grund: _____

g) Wonach kann D das Ruderboot herausverlangen?
§ 433 I BGB ☐
§ 985 BGB ☐
§ 812 I 1, 1. Alt. BGB ☐

Aufgabe 11: Der 10-jährige M tauscht seine Barbie gegen einen Fußball. Die Eltern sind nicht einverstanden. Ist der Tausch wirksam?

Ja ☐   Nein ☐   Norm: _____

Aufgabe 12: Der 14-jährige M schließt einen Kaufvertrag über einen Lautsprecher für 50 €. Da er 20 € Taschengeld erhält, schließt er einen Ratenzahlungsvertrag über drei Monate ab.

a) Ist der Kauf nach § 110 BGB wirksam?
Pro: _____
Contra: _____

b) Entscheidung: Ja ☐   Nein ☐

Aufgabe 13: Was ist nach § 107 BGB wirksam? Kreuzen Sie an.

a) Etwas kaufen, das viel mehr Geld wert ist ☐
b) Verbesserung der Rechtsstellung ☐
c) Einen Vertrag eingehen ☐
d) Ein Angebot erhalten ☐
e) Tausch ☐
f) Darlehen ☐
g) Leihe ☐
h) Werkvertrag ☐
i) Minderjähriger Vertreter ☐
j) Minderjähriger bevollmächtigt einen Vertreter ☐
k) Minderjähriger übereignet etwas ☐
l) Minderjähriger bekommt etwas übereignet ☐
m) Anfechtung, Widerruf ☐

Aufgabe 14: Die Tante T des 13-jährigen M schenkt diesem ein Schlagzeug. Die Eltern sind entsetzt. M freut sich und möchte das Schlagzeug gern behalten.

a) Darf M das Schlagzeug behalten?
Ja ☐   Nein ☐   Norm: _____ Grund: _____
b) Der 13-jährige M verschenkt das Schlagzeug an seinen Freund F ohne Zustimmung der Eltern.

Eine Schenkung ist ein _____ Vertrag. Braucht M als Schenkender für diesen auch eine Zustimmung?
Ja ☐   Nein ☐   Norm: _____

Aufgabe 15: Die Eltern erlauben ihrem 14-jährigen Sohn M ein Smartphone zu kaufen. M macht sich auf den Weg ins Geschäft des D. Den Eltern kommen Bedenken. Weil sie ihren Sohn nicht erreichen können, rufen Sie D an, und erklären diesem, dass sie ihrem Sohn kein Smartphone erlauben.

a) Können die Eltern überhaupt widerrufen?
Ja ☐   Nein ☐   Norm: _____
b) Wenn ja, können sie das auch gegenüber D?
Ja ☐   Nein ☐   Norm: _____

Aufgabe 16: Der 11-jährige M kauft einen Computer bei V ohne vorher seine Eltern zu fragen. Seine Eltern erfahren von dem Verkauf und wollen diesen nicht genehmigen, vergessen aber trotz Aufforderung des K diesen zu informieren. Es vergehen drei Wochen.

a) Kann V das Geld behalten?
Ja ☐   Nein ☐   Norm: _____   Grund: _____

b) Dieses Mal erteilen die Eltern dem Sohn vorher die Zustimmung. Ist die Norm auch bei einer Einwilligung anwendbar?

aa) Contra-Argument aus dem Wortlaut: _____

bb) Pro-Argument aus dem Sinn und Zweck: _____

Aufgabe 17: Der 14-jährige M soll für seinen Vater V den Computer Maxi im Laden des D kaufen. Im Laden tut M so, als wäre er Vertreter des V und kauft den Computer Megamaxi.

a) Kann M Vertreter sein?
Ja ☐   Nein ☐   Norm: _____
b) Wenn ja, welche Norm enthält eine Begründung: § _____.
c) Wonach beurteilt sich die Haftung eines minderjährigen Vertreters?
_____

Aufgabe 18: Sind diese Geschenke rechtliche Vorteile im Sinne des § 107 BGB?
Die Eltern des 14-jährigen M wollen ihrem Sohn übereignen ...

a) ... ein Grundstück (ohne Bebauung), das 100 000 € wert ist, aber belastet mit einer Hypothek von 50 000 €.
   Tipp: Lesen Sie dazu § 1113 BGB.
   Ja ☐   Nein ☐
b) ... eine bewohnte Eigentumswohnung.
   Tipp: Lesen Sie dazu § 535 BGB und § 566 BGB.
   Ja ☐   Nein ☐

Aufgabe 19: Der 16-jährige M bekommt von seinen Eltern für die Klassenfahrt 200 €. Davon kauft er Postkarten und Bier. Die Eltern haben vor Wochen geäußert, dass sie nicht wollen, dass ihr Sohn Bier trinkt.

a) Ist der Postkartenkauf wirksam?
Ja ☐   Nein ☐   Norm: _____ Grund: _____
_____

b) Ist der Bierkauf wirksam?
Ja ☐   Nein ☐   Norm: _____ Grund: _____
_____

Aufgabe 20: Der 14-jährige M kauft sich von seinem Taschengeld ein Los. Er gewinnt 25 000 € und kauft sich davon ein Motorrad. Die Eltern sind schockiert.

a) Ist der Loskauf wirksam?
Ja ☐   Nein ☐   Norm: _____

b) Ist der Motorradkauf von § 110 BGB erfasst?
Ja ☐   Nein ☐   Grund: _____
_____

Aufgabe 21: Die Eltern des 16-jährigen M willigen in alle Rechtsgeschäfte ein, die ihr Sohn tätigen will, egal worum es sich handelt. Geht das?

Ja ☐   Nein ☐   Grund: _____
_____

Teil 2: Strafrecht

Kapitel 1: Tatbestand	135
Kapitel 2: Rechtswidrigkeit	171
Kapitel 3: Schuld	209

Kapitel 1: Tatbestand

1. Wann macht man sich strafbar?

Nicht jedes Fehlverhalten, wie zum Beispiel Falschparken, ist strafbar. Man kann sich nur strafbar machen, wenn es eine Strafnorm gibt und für Falschparken existiert keine. Dieser Grundsatz ist auch im Grundgesetz normiert und zwar in Art. 103 II GG und in § 1 StGB:

> Eine Tat kann nur bestraft werden, wenn die Strafbarkeit gesetzlich bestimmt war, bevor die Tat begangen wurde.

Der Bürger muss wissen, mit welchem Verhalten er sich strafbar macht und mit welchem nicht. Eine Bestrafung ist schließlich eine starke Rechtsfolge. Deswegen dürfen Strafnormen nicht so ausgelegt werden, dass auch Fälle darunter fallen, die vom Wortlaut eigentlich nicht erfasst sind (*Analogieverbot*). Es sei denn, diese Erweiterung des Wortlauts fällt zu Gunsten des Täters aus, dann ist eine Analogie möglich.

Man macht sich strafbar, wenn man alle Voraussetzungen einer Strafnorm erfüllt.

 Bei einer Sachbeschädigung gem. § 303 I StGB sind die Voraussetzungen: das vorsätzliche Beschädigen oder Zerstören einer fremden Sache.

Das vorsätzliche Verwirklichen des Tatbestandes ist die erste Stufe der Strafbarkeit. Wer diesen erfüllt, handelt grundsätzlich auch *rechtswidrig*. Trotzdem kann sein Verhalten ausnahmsweise gerechtfertigt sein, wenn ein Rechtfertigungsgrund vorliegt, zum Beispiel Notwehr. Sie prüfen die Rechtfertigungsgründe auf der zweiten Stufe der Strafbarkeit: der Rechtswidrigkeit.

Die dritte Stufe ist die Schuld. Schuldig ist, wer für seine Tat persönlich verantwortlich gemacht werden kann. Das ist der Grundsatz, von dem – wie bei der Rechtswidrigkeit – Ausnahmen anerkannt sind: Nicht persönlich verantwortlich gemacht werden zum Beispiel Kinder oder psychisch kranke Menschen gem. § 20 StGB. Nur wer erstens den Tatbestand erfüllt, zweitens rechtswidrig und drittens schuldhaft handelt, macht sich strafbar.

Tatbestand + Rechtswidrigkeit + Schuld = Strafbar

2. Was prüfe ich im Tatbestand?

Jedes Delikt hat einen Tatbestand, der aus unterschiedlichen Voraussetzungen besteht. Diese muss der Täter *erfüllen*, um sich strafbar zu machen. Eine einzelne Voraussetzung nennt sich Tatbestandsmerkmal.

 Eine „fremde, bewegliche Sache" beim Diebstahl gem. § 242 I StGB sind drei Tatbestandsmerkmale.

Im Tatbestand prüfen Sie, ob das Verhalten des Täters mit den gesetzlichen Voraussetzungen übereinstimmt und ob er dies wusste und wollte. Daher besteht der Tatbestand bei vorsätzlichen Delikten immer aus zwei Teilen: einem objektiven und einem subjektiven. Der objektive Tatbestand untersucht, was der Täter genau gemacht hat und welche Folgen sein Handeln hatte. Sie beurteilen dies wie bei einem Film, in dem Sie zwar alles von außen sehen können, aber nichts über die Gedanken des Täters wissen. Diese klären Sie erst im subjektiven Tatbestand: Wusste der Täter, dass er den objektiven Tatbestand eines Delikts erfüllt? Wollte er das auch?

 Objektiver Tatbestand → Was hat der Täter gemacht?
Subjektiver Tatbestand → Was wollte und wusste der Täter?

3. Was prüfe ich im objektiven Tatbestand?

Im objektiven Tatbestand betrachten Sie Ihren Fall, wie gesagt, wie ein Zuschauer von außen. Um sich überhaupt strafbar zu machen, muss sich eine Person irgendwie verhalten: das kann ein Tun sein oder auch ein Unterlassen. Hier beschäftigen wir uns nur mit dem Tun: Die erste Voraussetzung der Strafbarkeit ist damit eine *Handlung*.

Sie untersuchen nach der Handlung des Täters ihre Folgen: Sie prüfen, ob die Handlung „erfolgreich" war. Das klingt zynisch, denn zum Beispiel ist der Erfolg beim Totschlag der Tod eines Menschen. Die zweite Voraussetzung des objektiven Tatbestandes ist also der *Erfolg*.

Die Handlung muss den Erfolg verursacht haben. Die *Kausalität* ist die dritte Voraussetzung. Denken Sie die Tathandlung weg und der Erfolg tritt dennoch ein, ist die Handlung nicht kausal für den Erfolg.

Für manche Juristen ist die Kausalität die letzte Voraussetzung, was aber zu merkwürdigen Ergebnissen führen kann. Zum Beispiel würde auch die Mutter eines Mörders den objektiven Tatbestand erfüllen: hätte sie den Täter nicht geboren, hätte dieser nicht morden können. Im Anschluss prüfen Sie daher, ob die eingetretenen Schäden als das Werk des Täters erscheinen, also dem Täter objektiv zugerechnet werden können. Dies ist die vierte und letzte Voraussetzung.

> **!\ Prüfungsreihenfolge im objektiven Tatbestand**
> 1. Handlung des Täters
> 2. Erfolg
> 3. Kausalität/Ursächlichkeit
> 4. Objektive Zurechnung

4. Was ist eine Handlung?

Eine Handlung ist jedes von einem Willen gesteuerte menschliche Verhalten. Keine Handlung liegt vor, wenn der „Täter" nur im Schlaf zuckt oder gegen eine Person stolpert.

 F schlägt im Schlaf um sich und trifft dabei ihren Mann M. Das ist keine Körperverletzung, weil keine Handlung vorliegt.

Gerade haben Sie gelesen, dass es im objektiven Tatbestand nicht auf den Willen ankommt und nun enthält die erste Voraussetzung den Willen des Täters („von einem *Willen* gesteuertes Verhalten"). Dieser Wille bezieht sich nur auf das Ausführen der Handlung und nicht – wie beim Vorsatz – auf den gesamten objektiven Tatbestand. Wäre nur „menschliches Verhalten" von der Handlungsdefinition erfasst, wäre diese viel zu weit, denn dann wären zum Beispiel die Schlaf-Fälle erfasst. Daher ist der Wille erforderlich.

Hat Ihr Täter im Fall nicht gehandelt, hat er sich normalerweise auch nicht strafbar gemacht. Der Schlaf-Fall ist an dieser Stelle zu Ende und Sie stellen fest, dass F sich nicht strafbar gemacht hat.

5. Was ist ein Erfolg?

Für den „Erfolg" einer Handlung existiert keine allgemeingültige Definition. Vielmehr unterscheidet sich der Erfolg von Delikt zu Delikt. Bei einem Diebstahl gem. § 242 I StGB ist der Erfolg, dass die Sache „geklaut" ist, sich also im Gewahrsam eines anderen befindet oder beim Totschlag nach § 212 I StGB der Tod eines anderen Menschen. Wenn Sie den Erfolg verneinen, können Sie einen Versuch gem. §§ 22, 23 I StGB prüfen.

 A schießt auf B. Dieser fällt in ein Koma.

6. Was ist Kausalität?

In der Kausalität untersuchen Sie, ob die Handlung ursächlich für den Erfolg ist (lat. *causa* = Ursache). Es gibt mehrere Definitionen der Kausalität[9], vor allem eine sollten Sie kennen: Die Äquivalenzformel, nach der alle Ursachen gleichwertig, also äquivalent, sind. Danach ist eine Handlung kausal für den Erfolg, wenn sie nicht hinweggedacht werden kann, ohne dass der Erfolg in seiner konkreten Gestalt entfiele. Sie machen quasi eine Zeitreise mit folgendem Gedankenexperiment: Was wäre, wenn der Täter die Handlung nicht vorgenommen hätte? Wäre der Erfolg trotzdem eingetreten? Die Äquivalenztheorie wird daher auch conditio-sine-qua-non-Formel genannt, denn die Handlung ist in diesem Fall eine „Bedingung, ohne die nicht" der Erfolg eintritt.

 A vergiftet B. Bevor dieser an der Vergiftung stirbt, wird er von C erschossen. Hätte A den B nicht vergiftet, wäre B trotzdem tot. A kann nicht wegen eines vollendeten Totschlags bestraft werden, anders aber C.

Eselsbrücke: **K**eine Handlung des Täters → **K**ein Erfolg → **K**eine **K**ausalität

Tipp: Verwenden Sie bei der Formulierung der Kausalität den Konjunktiv II in der Subsumtion: Hätte …, wäre …

---

9 Vgl. zu den Definitionen: Rengier, Strafrecht AT, S. 74 ff.

Ist die Handlung offensichtlich kausal für den Erfolg (A erschießt B), reicht die Äquivalenztheorie als Beurteilungsmaßstab und ein gekürzter Stil aus.

 Formulierungsbeispiel: Hätte A nicht auf B geschossen, wäre dieser nicht tot. Somit ist der Schuss kausal für den Tod des B.

6.1 Was sind alternative und kumulative Kausalität?

Es gibt Konstellationen, in denen die Äquivalenztheorie nicht gut funktioniert und zwar sind dies Fälle der alternativen und kumulativen Kausalität.

Am leichtesten erklären sich diese anhand eines Beispiels: zwei Täter vergiften unabhängig voneinander dasselbe Opfer, beide haben Tötungsvorsatz. Einmal sind beide Dosen tödlich (alternative Kausalität), einmal sind sie nur zusammen tödlich (kumulative Kausalität).

Variante 1: Zwei Dosen Gift wirken zusammen tödlich (kumulative Kausalität)

 A und B geben unabhängig voneinander dem C Gift. A gibt 50 % eines Giftes, B ebenfalls. Das Gift ist nur bei 100 % tödlich. C stirbt.

Denken Sie eine Dosis Gift weg, würde das Opfer nicht sterben. Damit funktioniert die „normale" Definition bei der kumulativen Kausalität. Beide Dosen Gift sind kausal. Das Problem verschieben Sie in die objektive Zurechnung: Kann dem einen Täter das Vergiften durch den anderen zugerechnet werden? War das vorhersehbar? Diese Konstellation ist so sehr vom Zufall abhängig, dass Sie die Zurechnung verneinen sollten. Damit entfällt bei der kumulativen Kausalität die objektive Zurechnung. Beide Täter sind nur wegen eines Versuchs strafbar. Das Ergebnis ist gerecht, denn ihre Dosis Gift war für sich allein nicht tödlich.

Eselsbrücke: Kumulative Kausalität = **k**ein Problem der Kausalität, objektive Zurechnung prüfen.

Tipp: Sie prüfen die Giftgaben von A und B getrennt, weil Sie auch die Strafbarkeit der beiden getrennt prüfen, weil die beiden keine Mittäter sind.

Variante 2: Zwei tödliche Dosen Gift (alternative Kausalität)

 A und B geben unabhängig voneinander dem C Gift. A gibt 100 % eines Giftes, B ebenfalls. Das Gift ist nur bei 100 % tödlich. C stirbt.

Denken Sie nur eine tödliche Dosis weg, ist das Opfer trotzdem tot, nämlich durch die andere tödliche Dosis. Daher würden Sie mit der „normalen" Theorie die Kausalität verneinen müssen und den Täter nur wegen eines Versuchs bestrafen, was verharmlosend klingt. Es braucht für diesen Fall eine „alternative" Definition. Diese lautet: Jede Handlung ist bei der *alternativen* Kausalität kausal. Damit sind beide Dosen Gift kausal und auch beide Täter wegen vollendeten Totschlags/Mordes zu bestrafen. Die objektive Zurechnung bejahen Sie knapp, weil Sie nicht die Tat des anderen Täters zurechnen müssen – jeder hat eine tödliche Handlung begangen.

Eselsbrücke Alternative Kausalität = eine alternative Definition um Kausalität zu bejahen.

Tipp: Lesen Sie Ihren Sachverhalt genau: Wusste einer der Täter, dass der andere auch Gift geben würde? Dann kann ihm das Verhalten des anderen zugerechnet werden und er erfüllt den objektiven Tatbestand. Wussten beide sogar voneinander? Dann prüfen Sie darüber hinaus Mittäterschaft.

6.2 Wie formuliere ich die Kausalität?

Bevor Sie die Kausalität prüfen, haben Sie bereits festgestellt, worin Handlung und Erfolg bestehen. Verwenden Sie diese im Obersatz.

 Der Schuss des A müsste kausal für den Tod des B sein.

 Gegenbeispiel: Die Handlung müsste kausal für den Erfolg sein.

Lassen Sie den Erfolg nicht weg, sonst fehlt die Information, für was die Handlung kausal sein muss. Vergleichen Sie: „Ich bin abhängig." Auch hier fehlt die Information von was – Drogen oder Schokolade?

 Unvollständiges Beispiel: Die Schuss des A müsste kausal sein.

7. Was ist objektive Zurechnung?

Die objektive Zurechnung unterscheidet Unglück von Unrecht. Sie prüfen, ob der Erfolg auch „Werk" des Täters ist, ob ihm der Erfolg zugerechnet werden kann. Die objektive Zurechnung versichert, dass weder die Mutter des Mörders für den Tod des Opfers, noch ein Anrufer bei der Feuerwehr für den Tod des Feuerwehrmanns verantwortlich sind.

Die Definition der objektiven Zurechnung besteht aus zwei Stufen: dem Schaffen einer rechtlich missbilligten Gefahr (1), die sich im konkreten Erfolg realisiert (2).

7.1 Wann schafft der Täter eine rechtlich missbilligte Gefahr?

Als erstes prüfen Sie, ob der Täter eine rechtlich missbilligte Gefahr geschaffen oder erhöht hat. Eine solche Gefahr liegt immer vor, wenn der Täter eine Strafnorm verwirklicht hat.

T überredet O zu einem Waldspaziergang bei gutem Wetter. Auf dem Spaziergang wird O von einem Blitz erschlagen. Mit dem Überreden zu einem Waldspaziergang hat T keine rechtlich missbilligte Gefahr geschaffen, sodass Sie schon bei der 1. Stufe aussteigen. Der Tod des O ist T nicht objektiv zurechenbar.

Die Gefahr muss grundsätzlich eine Erheblichkeitsschwelle überschreiten. So kann ein Husten in der Bahn entweder an der fehlenden Erheblichkeit scheitern oder aber an der rechtlichen Missbilligung. Im Ergebnis bleibt, dass der Erfolg (eine Infektion der anderen Fahrgäste) nicht objektiv zurechenbar wäre.

Es sind unterschiedliche Fallgruppen anerkannt, in denen der Täter keine Gefahr schafft oder erhöht:

Fallgruppe	Beispiel
Eigenverantwortliche Selbstgefährdung	A überredet B zu einem Bungee-Sprung und das Seil reißt.
Erlaubtes Risiko	A fährt im Auto des B mit. Es kommt zu einem Unfall.
Risikoverringerung	A schubst B weg, damit ihn ein Auto nicht erfasst. Durch das Schubsen erleidet B eine schwere Prellung.

7.2 Wann realisiert sich die missbilligte Gefahr im Erfolg?

Hat der Täter eine rechtlich missbilligte Gefahr geschaffen, prüfen Sie als nächstes, ob sich diese Gefahr im konkreten Erfolg realisiert hat. Das ist der Fall, wenn der Erfolg nach allgemeiner Lebenserfahrung **vorhersehbar** ist, also „Werk" des Täters ist.[10]

T schlägt O auf einer Landstraße in einer Kurve nieder. Dieser bleibt verwundet liegen. 20 Minuten später wird er überfahren. T hat durch das Niederschlagen eine rechtlich missbilligte Gefahr geschaffen. Die Gefahr, die T geschaffen hat, indem er O auf einer Landstraße niedergeschlagen hat, hat sich durch das Überfahren mit dem Auto realisiert und ist T mithin objektiv zurechenbar.

Gegenbeispiel: T schlägt O in einem verlassenen Haus nieder. Das Haus stürzt kurze Zeit später ein. O kommt dabei ums Leben. Es gab keine Anhaltspunkte, die auf ein Einstürzen schließen lassen konnten. Das Einstürzen war nicht vorhersehbar und T mithin nicht objektiv zurechenbar. T macht sich nur wegen des Niederschlagens strafbar.

Realisiert sich die Gefahr des Schusses/des Vergiftens/des Niederschlagens = objektiv zurechenbar

Es kann vorkommen, dass in Ihrem Fall ein Dritter zwischen Handlung und Erfolg tritt und ebenfalls am Erfolg beteiligt ist: ein operierender Arzt, ein Krankenwagenfahrer, ein Feuerwehrmann, ein anderer Täter. Diese schaffen ebenfalls Gefahren für das Opfer. Dann bleiben Sie bei der Grundfrage: Hat sich noch die Gefahr, die der Täter geschaffen hat, realisiert?

A schlägt B nieder. Auf dem Weg ins Krankenhaus verursacht der betrunkene Fahrer einen Unfall, bei dem B stirbt.

Formulierungsvorschlag; Durch den Schlag hat A eine rechtlich missbilligte Gefahr geschaffen. Fraglich ist allerdings, ob sich diese im konkreten Erfolg, dem Unfalltod, realisiert hat. Dafür spricht, dass das Niederschlagen durch A so heftig war, dass dieser ins Krankenhaus eingeliefert werden musste, also eine Fahrt im Krankenwagen zur Folge hatte. Im Straßenverkehr sind Unfälle vorhersehbar. Gegen die objektive Zurechnung spricht allerdings, dass ein betrunkener Fahrer in einem Krankenwagen selten und nicht vorhersehbar ist.

---

10 Die Rechtsprechung prüft dies im Rahmen des Vorsatzes.

Der Unfall und damit der Tod des B beruhen gerade auf diesem Umstand. Der Tod des B ist A nicht objektiv zurechenbar (andere Ansicht vertretbar).

 Leichte Fahrlässigkeit eines Dritten können Sie noch dem Täter objektiv zurechnen, bewusste Fahrlässigkeit nicht (herrschende Ansicht).

Bei den Rettungsfällen unterscheiden Sie danach, ob die Person durch ihren Beruf verpflichtet war zu retten oder nicht.

 T zündet ein Wohnhaus an. Feuerwehrmann F und Nachbar N betreten das brennende Haus, um die Bewohner zu retten und beide sterben. Können dem Täter beide Tode zugerechnet werden?

Dass ein Feuerwehrmann das Haus betritt, ist vorhersehbar, es ist sein berufliches Risiko – im Gegensatz zum Nachbarn. Deswegen wird der Tod des Feuerwehrmanns dem Täter objektiv zugerechnet, der Tod des Nachbarn in der Regel nicht (Mögliche Ausnahme: Vater will sein Kind retten.)

Tipp: Der Maßstab ist objektiv – es kommt also nicht darauf an, ob der Täter den Erfolg vorsehen konnte, sondern es kommt darauf an, ob der Erfolg nach allgemeiner Lebenserfahrung vorhersehbar war. Daher auch der Begriff *objektive Zurechnung*. Schreiben Sie also nicht: *A konnte den Blitz nicht vorhersehen*, sondern: *nach allgemeiner Lebenserfahrung war der Blitz nicht vorhersehbar.*

7.3 Wie formuliere ich die objektive Zurechnung?

Werden Sie auch beim Formulieren des Obersatzes für die objektive Zurechnung so genau wie möglich und beziehen Sie sich auf Ihren Fall:

 Ungenaues Beispiel: Der Erfolg müsste objektiv zurechenbar sein.

 „Richtiges" Beispiel: Der Unfalltod des B müsste A objektiv zurechenbar sein.

Wichtig ist hier: Der Erfolg wird zugerechnet, nicht die Handlung des Täters. Das ist ein häufiger Fehler, den Sie vermeiden sollten.

 Falsches Beispiel: Der Schuss des A müsste ihm objektiv zurechenbar sein.

In der Kausalität ist Ihr Ansatzpunkt die Handlung, in der objektiven Zurechnung der Erfolg.

Gibt es Anhaltspunkte, die Sie im Rahmen der objektiven Zurechnung diskutieren, denken Sie daran, die Argumentation noch einmal beim Vorsatz anzusprechen, denn dieser bezieht sich auch auf die objektive Zurechnung.

Tipp: Die objektive Zurechnung ist ein Korrektiv. Das heißt, Sie prüfen sie nur, wenn Anhaltspunkte im Sachverhalt vorhanden sind, die gegen eine objektive Zurechnung sprechen. Sonst können Sie sie weglassen.

 A erschießt B. Hier brauchen Sie die objektive Zurechnung nicht zu thematisieren.

Abschluss-Tipp für Fortgeschrittene: Delikte aus dem Besonderen Teil des StGB, die Sie später in Ihrem Studium prüfen werden, enthalten die Prüfungspunkte (Erfolg, Handlung, Kausalität, objektive Zurechnung) häufig schon in der Tathandlung. Dann bietet es sich an, sich nicht an dieses Schema zu halten. Prüfen Sie zum Beispiel einen Diebstahl: A steckt im Supermarkt einen Lippenstift in seinen Rucksack, ist eine Prüfung der Kausalität und der objektiven Zurechnung überflüssig.

8. Was prüfe ich im subjektiven Tatbestand?

Im subjektiven Tatbestand prüfen Sie, was der Täter wusste und wollte. Dabei geht es nicht darum, ob er wusste, dass er sich strafbar macht, sondern, ob er wusste und wollte, dass er den objektiven Tatbestand verwirklicht. Er müsste also Vorsatz bezüglich Erfolg, Handlung, Kausalität und objektiver Zurechnung aufweisen. Er muss wissen, was er tut und welche Folgen sein Handeln haben kann. Das ist der sogenannte Vorsatz. Der Täter muss nicht die genaue rechtliche Bedeutung von Kausalität oder objektiver Zurechnung kennen. Er muss die Umstände im „echten" Leben kennen, die von den Tatbeständen beschrieben werden, nicht die einzelnen Definitionen. Es reicht ein grobes Vorstellungsbild.

8. Was prüfe ich im subjektiven Tatbestand?

> **Tipp:** Den Vorsatz prüfen Sie nur bei einem **vorsätzlichen** Begehungsdelikt – bei einem fahrlässigen ist keine Einteilung in subjektiver und objektiver Tatbestand erforderlich.

Bei manchen Delikten prüfen Sie im subjektiven Tatbestand nicht nur den Vorsatz, sondern auch besondere Absichten. Taucht in Ihrem Delikt das Wort „Absicht" auf, prüfen Sie nach dem Vorsatz diese *besondere* Absicht, zum Beispiel die Zueignungsabsicht beim Diebstahl.

§ 242 StGB Diebstahl
(1) Wer eine fremde bewegliche Sache einem anderen in der **Absicht** wegnimmt, die Sache sich oder einem Dritten rechtswidrig zuzueignen, wird mit Freiheitsstrafe bis zu fünf Jahren oder mit Geldstrafe bestraft.

8.1 Wie formuliere ich den Vorsatz?

„Vorsatz ist Wissen und Wollen der Tatbestandsverwirklichung", ist eine Definition, die häufig verwendet wird. Diese Definition sollten Sie lieber vermeiden, sie ist eher eine Eselsbrücke als ein vollständiger, korrekter Satz.

Formulierungsbeispiel: Der Täter handelt vorsätzlich, wenn er wissentlich und willentlich den objektiven Tatbestand verwirklicht hat.

Sollte der Vorsatz unproblematisch sein, können Sie diesen so formulieren:

T wusste, dass er O mit der Pistole töten konnte und wollte dies auch, daher handelte er vorsätzlich.

8.2 Welche Vorsatzformen gibt es?

Wissen und Wollen funktionieren als Vorsatzdefinition nicht für alle Fallkonstellationen. Was ist, wenn der Täter sein Opfer töten will, aber nicht sicher weiß, ob sein Plan funktionieren wird? Was ist, wenn der Erfolg dem Täter sogar unerwünscht ist? Je nachdem, wie viel der Täter wusste oder wie sehr er wollte, unterscheiden Sie drei Vorsatzformen: Zielgerichtetes Anstreben des Erfolgs (Absicht), sicheres Wissen um den Erfolgseintritt (direkter Vorsatz), Erkennen und Inkaufnahme des Risikos des Erfolgseintritts (Eventualvorsatz).

T möchte seine Ehefrau E töten. Er bringt im Privatjet der E eine Bombe an. T wusste, dass die Freundin der E manchmal mitflog und hielt es auch diesmal für möglich. Dass sich der Tod des stets zuverlässigen P nicht vermeiden ließ, bedauert T. Durch die Explosion werden E, ihre Freundin F und der Pilot P getötet.

8.3 Was ist Vorsatz 1. Grades?

Bei dieser Vorsatzform überwiegt das Willenselement. Dem Täter kommt es gerade darauf an, den Erfolg herbeizuführen, er handelt mit Absicht.

Lösung I Privatjet: T handelte mit Absicht bezüglich seiner Ehefrau.

Bei dieser Vorsatzform überwiegt das Willenselement so sehr, dass es ein geringeres Wissen des Täters ausgleichen kann und Sie den Vorsatz 1. Grades bejahen. Für das Wissenselement genügt es, dass der Täter weiß, dass der Erfolgseintritt möglich ist.

 A schickt B aus Wut eine selbstgebastelte Briefbombe, um diesen endlich „loszuwerden". Er ist nicht sicher, ob sie funktioniert. B stirbt beim Öffnen der Bombe.

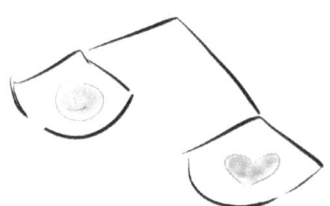

Vorsatz 1. Grades – Wollen wiegt schwerer

Der be**absicht**igte Erfolg kann bei diesem Vorsatz auch nur ein Zwischenziel sein.

 A foltert B, um an den Aufenthaltsort des C zu gelangen. Es ist die Absicht des A, dass B Schmerzen empfindet, um seinen Willen zu beugen. Der Grund, dass er eigentlich nur an C herankommen will, spielt keine Rolle. A handelte mit der Vorsatzform Absicht.

Diese Vorsatzform nennt sich auch direkter Vorsatz, Absicht oder dolus directus 1. Grades.

8.4 Was ist Vorsatz 2. Grades?

Beim Vorsatz 2. Grades überwiegt das Wissenselement. Der Täter weiß sicher, dass sein Handeln zum Erfolg führt. Ob er den Erfolg überhaupt will, ist dann unerheblich, er handelt dennoch vorsätzlich: Dem Täter mag der Erfolg unerwünscht sein, wenn er dennoch handelt, nimmt er den Erfolg in seinen Willen auf.

Lösung II Privatjet: T wusste sicher, dass der Pilot durch die Bombe sterben würde. Zwar bedauert T den Tod des P, brachte aber dennoch die Bombe an und nahm damit den Tod des P in seinen Willen auf. Für einen Vorsatz 2. Grades genügt sein sicheres Wissen um dessen Tod.

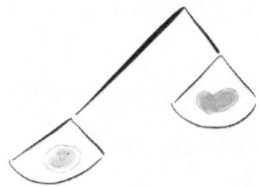

Vorsatz 2. Grades – Wissen wiegt schwerer

8.5 Was ist, wenn der Täter Absicht und sicheres Wissen hat?

Dass der Täter den Erfolg für möglich hält, ist lediglich Mindestvoraussetzung der Absicht als Vorsatzform. In dem Beispiel mit dem Privatjet, beabsichtigt T den Tod seiner Frau, zudem weiß er sicher, dass sie sterben wird. Mithin hat er sicheres Wissen und Absicht: Kommen beides zusammen, handelt der Täter mit Vorsatz 1. Grades.

8.6 Was ist Eventualvorsatz?

Beim Eventualvorsatz hält der Täter den Erfolgseintritt für möglich, auf der Willensseite findet sich der Täter mit diesem ab. Wissen und Wollen sind bei dieser Vorsatzform geringer ausgeprägt im Vergleich zu den anderen beiden Vorsatzformen.

Lösung III Privatjet: T wusste nicht, ob sich die Freundin F seiner Ehefrau im Privatjet befand. Er wusste, dass dies möglich war und brachte die Bombe dennoch an, somit fand er sich mit ihrem Tod ab.

Zusammenfassung Vorsatzformen				
Vorsatz-Variante		Der Täter hält den Erfolgseintritt für ...		Der Täter will den Erfolgseintritt ...
1. Grades (Absicht)		möglich.		mit Absicht.
2. Grades (sicheres Wissen)		sicher.		weil er trotz sicherem Wissen handelt.
Eventualvorsatz		möglich.		weil er sich mit diesem abfindet.

8.7 Was ist der Unterschied zwischen Vorsatz und Fahrlässigkeit?

Je mehr der Täter weiß und will, desto eher bejahen Sie den Vorsatz. Je weniger er weiß und will, desto eher handelt er fahrlässig.

bewusste Fahrlässigkeit   Billigend in Kaufnehmen   Wissen   Absicht

 Unternehmer U setzt eine Maschine ein, von der er nicht sicher ist, ob sie gefährlich ist. Er will aber seine Produktion nicht stoppen und setzt Arbeitnehmer A ein. Dieser verletzt sich.

Für die Entscheidung, ob Vorsatz oder Fahrlässigkeit vorliegt, kann ein Anhaltspunkt sein, ob der Täter Schutzmaßnahmen ergriffen hat. Das kann ein Indiz dafür sein, dass er den Erfolg verhindern will. Andererseits lässt sich das Argument auch umdrehen und die Schutzmaßnahmen weisen darauf hin, dass die Kenntnis der Risiken größer war. Hier können Sie mit Ihrem Fall argumentieren.

8.8 Warum unterscheide ich die Vorsatzformen?

Die Unterscheidung der Vorsatzformen ist für die Bestimmung des Strafrahmens relevant. Alle drei Vorsatzformen genügen für eine Strafbarkeit, wenn nichts Anderes im Gesetz vorgesehen ist (Manche Delikte verlangen eine bestimmte Vorsatzform). Bei einem Eventualvorsatz kann die Strafe geringer ausfallen als beim Vorsatz 1. Grades. Auch gibt es eine Reihe von Strafnormen für die Eventualvorsatz nicht ausreicht. Diese erkennen Sie im Gesetz zum Beispiel an den Formulierungen „wider besseren Wissens" oder „wissentlich" und für den dolus directus 1. Grades am „um... zu...".

§ 145 I Nr. 1 StGB: Wer absichtlich oder wissentlich Notrufe oder Notzeichen missbraucht, wird mit Freiheitsstrafe bis zu einem Jahr oder mit Geldstrafe bestraft.

8.9 Was ist, wenn der Täter sich irrt?

Lesen Sie dazu § 16 I 1 StGB:

§ 16 StGB

(1) Wer bei Begehung der Tat einen **Umstand** nicht kennt, der zum gesetzlichen Tatbestand gehört, handelt nicht vorsätzlich.

Was ist ein Umstand? Es geht um tatsächliche Umstände „aus dem Leben", die aber zum gesetzlichen Tatbestand gehören – nicht um Rechtliches.

Beispiel: A zieht den Abzug einer Pistole, hält diese aber für eine unbrauchbar gemachte Dekorationswaffe. Es handelt sich aber um eine scharfe und geladene Schusswaffe, der Schuss trifft B und tötet ihn.

Nicht jeder Umstand aus der Realität wirkt sich auf den Vorsatz aus: Umstände, die sich lediglich auf das Motiv des Täters beziehen, lassen nie den Vorsatz entfallen.

A zerstört die Porzellanvase des B, weil er Vasen hasst. Später stellt sich heraus, dass es sich um eine Urne handelte. Hätte A das gewusst, hätte er die Urne nicht zerstört.

Formulierungsvorschlag: A müsste die Vase vorsätzlich zerstört haben. Vorsätzlich handelt, wer den objektiven Tatbestand wissentlich und willentlich verwirklicht. A erkannte zwar, dass er eine fremde Sache zerstört, wusste aber nicht, dass es sich um eine Urne handelte, diese wollte er nicht zerstören. Somit könnte sein Vorsatz gem. § 16 I 1 StGB entfallen. Allerdings gehört zum Tatbestand der Sachbeschädigung gem. § 303 I StGB keine bestimmte Sache, vielmehr ist jede Sache erfasst. Somit kannte A jeden Umstand, der zum gesetzlichen Tatbestand gehört und handelte mithin vorsätzlich.

8.10 Was ist, wenn der Täter das Opfer verwechselt?

Handelt ein Täter vorsätzlich, der das Opfer verwechselt? Dieses Opfer *wollte* er schließlich nicht beeinträchtigen. Aber deswegen gleich den Vorsatz nach § 16 I 1 StGB entfallen lassen[11]?

Beim error in persona vel obiecto verwechselt der Täter Personen und / oder Sachen. Dann differenzieren Sie: Sind das geplante und tatsächlich betroffene Rechtsgut gleichwertig? Beide Menschen? Gem. § 16 I 1 StGB handelt vorsätzlich, wer „einen Umstand nicht kennt, der zum gesetzlichen Tatbestand gehört." Bei Tötungsdelikten ist das entscheidende Tatbestandsmerkmal ein anderer Mensch. Ein Irrtum über die Person des Opfers ist kein Irrtum über den gesetzlichen Tatbestand. Dann handelt der Täter vorsätzlich.

 A will B töten. Als er im Dunklen C sieht, hält er diesen für B und erschießt ihn.

Lösung: B und C sind beides Menschen und damit gleichwertig. Also handelt A vorsätzlich.

Sind die betroffenen Rechtsgüter nicht gleichwertig, verneinen Sie den Vorsatz am getroffenen und ziehen eine fahrlässige Bestrafung in Betracht. Bezüglich des eigentlich gewollten Opfers, prüfen Sie einen Versuch.

 A will B töten. Er glaubt, dieser verstecke sich in einem Gebüsch und schießt auf darauf. Allerdings versteckt sich dort der Hund des B. Der Hund stirbt.

Lösung: Hier sind die Rechtsgüter ungleichwertig, daher: versuchter Totschlag (§§ 212 I, 22 StGB) bezüglich B und eine „fahrlässige Sachbeschädigung" (nicht strafbar) des Hundes.

---

11   Vertiefender Lesehinweis: Rengier, AT, § 15, Rn. 21 ff; Wessels / Beulke / Satzger § 7 Rn. 360–363, Kudlich, Fälle, S. 61 ff.

Beim error in persona vel objecto prüfen Sie die Gleichwertigkeit der Tatobjekte.

8.11 Was ist, wenn der Täter sich über den Verlauf der Tat irrt?

Verläuft die Tat atypisch, entfällt die objektive Zurechnung und Sie kommen nicht mehr dazu, den Vorsatz zu prüfen. Gibt es aber in der objektiven Zurechnung Diskussionsstoff und Sie entscheiden sich für eine Zurechnung, sprechen Sie diesen Diskussionsstoff auch im Vorsatz an.

Beispiel: T sticht mehrmals mit Tötungsabsicht auf O ein. Dieser wird schwer verletzt ins Krankenhaus gefahren. Der Krankenwagenfahrer verursacht leicht fahrlässig einen Unfall, bei dem O stirbt. Bejahen Sie die objektive Zurechnung, sprechen Sie den Unfall des Krankenwagenfahrers auch im Vorsatz an.

Der Täter hat sich in diesen Fällen den Verlauf der Tat anders vorgestellt, als sie tatsächlich abgelaufen ist. Dieser *Irrtum* über den *Kausalverlauf* lässt nicht gem. § 16 I 1 StGB den Vorsatz entfallen, es sei denn die Änderung im Verlauf ist wesentlich, was der Fall ist, wenn der Verlauf außerhalb des nach der allgemeinen Lebenserfahrung Vorhersehbarem liegt (ähnlich der Definition der objektiven Zurechnung) und keine andere Bewertung der Tat gerechtfertigt ist.

Beispiel: T und O befinden sich auf einer Bergwanderung. Die Ausdauer des O macht T so aggressiv, dass dieser O eine Ohrfeige geben möchte. Als T ausholt, tritt O zurück, stürzt in die Tiefe und stirbt.[12]

Das Zurückweichen des O und sein Sturz liegen nicht außerhalb des nach allgemeiner Lebenserfahrung Voraussehbarem, damit können Sie die objektive Zurechnung bejahen. T wollte O jedoch nicht töten. Der eingetretene Tod weicht wesentlich von der gewollten Körperverletzung gem. § 223 I StGB ab, und folglich ist eine andere rechtliche Bewertung der Tat gerechtfertigt. T handelte nicht vorsätzlich.

8.11 Was ist, wenn der Täter daneben schießt?

Trifft der Täter beim Ausführen der Tat aus Versehen etwas anderes oder einen anderen, hängt die Bestrafung davon ab – wie beim error in persona – ob das getroffene und das anvisierte Rechtsgut gleichwertig sind (sogenannte aberatio ictus).

---

12 Rengier, AT, § 15 Rn. 15 f.

(1) A will den Hund des B erschießen, trifft aber aus Versehen B.
(2) A will B erschießen, trifft aber aus Versehen den Hund des B.

In beiden Fällen sind die Rechtsgüter nicht gleichwertig (Sache versus Menschenleben). Dann bejahen Sie einen Versuch am anvisierten Rechtsgut und bezüglich des tatsächlich Getroffenen eine Fahrlässigkeit.

Im Beispiel (1): Versuchte Sachbeschädigung des Hundes und eine fahrlässige Tötung des B.

Im Beispiel (2): Versuchte Tötung des B. Eine fahrlässige Sachbeschädigung des Hundes gibt es nicht.

Bei Ungleichwertigkeit → Versuch und Fahrlässigkeit (Das gilt auch für den error in persona vel objecto.)

Liegt Gleichwertigkeit vor, ist die Lösung umstritten.

A will B im Dunklen erschießen. Weil er auch kein guter Schütze ist, trifft er aus Versehen den C.

Lösung 1: Der Täter wollte genau diese Art Rechtsgut verletzen und so ist es gekommen. Er handelt vorsätzlich. A erschießt den C also vorsätzlich. (Formelle Gleichgewichtstheorie)

Lösung 2: Bei höchstpersönlichen Rechtsgütern, also Leben, Gesundheit, Freiheit, Ehre, zählt die Gleichwertigkeit nicht. Dann liegt eine erhebliche Abweichung vom vorgestellten Kausalverlauf vor. A macht sich also wegen eines versuchten Totschlags des B und wegen einer fahrlässigen Tötung des C strafbar.

Lösung 3 (herrschende Ansicht): Der Vorsatz des Täters war auf ein bestimmtes Ziel konkretisiert, was er dann nicht getroffen hat. Daher macht er sich wegen eines Versuchs am anvisierten Rechtsgut strafbar und wegen Fahrlässigkeit am getroffenen Rechtsgut (herrschende Ansicht). Also für A: ein versuchter Totschlag des B und eine fahrlässige Tötung des C.

- Error in persona vel obiecto → Gleichwertigkeit?
- Irrtum über den Kausalverlauf → Wesentlichkeit?
- Aberatio ictus
  - Bei Gleichwertigkeit: umstritten
    → Gleichwertigkeit: formell oder materiell?
    → Konkretisierung

Aufgaben

Aufgabe 1: Füllen Sie die Lücken.

> objektiv zurechenbar, rechtswidrig, Schuldausschließungsgründe, Tatbestand, Strafbarkeit, kausal, Erfolg 2x, stark Alkoholisierten, hinweggedacht, Werk, Vorsatz, Entschuldigungsgründe, Wissen, Kindern unter 14 Jahre, Wollen, Rechtfertigungsgründe, Täters, Rechtswidrigkeit, Notwehr, Schuld 2x.

Im Strafrecht fragt man nach der _____ (1) des _____ (2). Diese Prüfung ist dreiteilig und besteht aus:

_____ (3), _____ (4) und _____ (5).

Die Handlung muss _____ (6) für den _____ (7) sein.

Dies ist der Fall, wenn die Handlung nicht _____ (8) werden kann, ohne dass der konkrete _____ (9) entfiele.

Zudem muss der Erfolg dem Täter _____ _____ (10) sein, d. h. das _____ (11) des Täters sein.

Im subjektiven Tatbestand fragt man nach dem _____ (12) und besonderen Absichten. Ersterer ist gegeben, wenn _____ (13) und _____ (14) der Tatbestandsverwirklichung vorliegen.

Nach der Erfüllung des Tatbestandes prüfen Sie, ob die Tat _____ (15) war.

Das heißt, es dürfen keine _____ (16) vorliegen. Werden Sie zum Beispiel angegriffen, dürfen Sie sich verteidigen – dieser Rechtfertigungsgrund nennt sich _____ (17).

Die letzte Voraussetzung ist die _____ (18). Es können Gründe vorliegen, die diese entfallen lassen, diese Gründe sind: _____ (19) und _____ (20).

Keine Schuldfähigkeit ist zum Beispiel bei _____ (21) gem. § 19 StGB oder _____ (22) gem. § 20 StGB gegeben.

Aufgabe 2: Wann macht sich ein Täter strafbar?

a) Bringen Sie folgende Prüfungsmerkmale in die richtige Reihenfolge.

Besondere Absichten, Entschuldigungsgründe, Notwehr, Einwilligung, Kausalität, Objektiver Tatbestand, Schuldausschließungsgrunde, Schuld, Tatbestand, Subjektiver Tatbestand, Handlung, Erfolg, Objektive Zurechnung, Vorsatz, Rechtswidrigkeit.

A. <u>Strafbarkeit</u>
   I. _____
      1. _____
         a) _____
         b) _____
         c) _____
         d) _____
      2. _____
         a) _____
         b) _____
   II. _____
      1. _____
      2. _____
   III. _____
      1. _____
      2. _____

B. Ergebnis

b) Sortieren Sie die Prüfungsmerkmale zur Definition.

Kausalität, Handlung, Erfolg, objektive Zurechnung, Vorsatz.

aa)	Wenn man die Handlung hinwegdenkt und der Erfolg in seiner konkreten Gestalt entfiele.	
bb)	Wissen und Wollen der Tatbestandsverwirklichung.	
cc)	Jedes vom Willen gesteuerte menschliche Verhalten.	
dd)	Der Täter hat eine rechtlich missbilligte Gefahr geschaffen, die sich im konkreten Erfolg realisiert hat.	
ee)	Eine allgemeine Definition gibt es nicht, sie hängt vom jeweiligen Delikt ab.	

Aufgabe 3: Im Schlaf schlägt T ihren Freund O. Dieser erwacht und ist so erzürnt, dass er sie wegen Körperverletzung anzeigt.

a) Was im Fall können Sie für eine Verteidigung der T nutzen? _____

b) Bei welchem Prüfungsmerkmal bringen Sie die Informationen unter? _____

c) Ist das Merkmal erfüllt? Ja ☐ Nein ☐

d) Formulieren Sie das Prüfungsmerkmal im gutachterlichen Viererschritt.

Obersatz
Der Schlag der T müsste eine _____ *sein.*

Definition
_____
_____
_____

Subsumtion
_____
_____

Ergebnis
_____
_____

Aufgabe 4: Formulieren Sie nur die Kausalität. Handlung und Erfolg brauchen Sie nicht zu prüfen.

a) T will O töten und schießt auf den im Bett liegenden O. T dachte, O schlafe nur. Tatsächlich war O bereits an einem Herzinfarkt gestorben.

Obersatz _____
Definition
_____
_____
_____

Subsumtion (**Tipp:** Hätte …, wäre …)
_____
_____
_____

Ergebnis
_____

Aufgabe 5: Wie haben sich A und B strafbar gemacht?

a) Die Neffen A und B haben einen reichen Onkel O. Beide sind im Testament des O enthalten, beide beschließen daher O zu töten, sprechen aber nicht miteinander darüber. A gibt 50 % einer tödlichen Giftmenge in den Wein des O, genau wie B. Beide glauben, dass 50 % reiche, um einen Menschen zu töten, aber nur 100 % sind tödlich. O trinkt den Wein und stirbt.

Hinweis: Prüfen Sie nur den Totschlag gem. § 212 I StGB.

aa) Ist jede Giftgabe für sich kausal für den Tod des O?

(1) Hätte A kein Gift gegeben, wäre O _____.
(2) Damit ist die Giftgabe des A nach der conditio-sine-qua-non-Formel _____.
(3) Hätte B kein Gift gegeben, wäre O _____.
(4) Damit ist die Giftgabe des B nach der conditio-sine-qua-non-Formel _____.
(5) Fachausdruck für diese Fallkonstellation:
_____

bb) War es vorhersehbar, dass ein anderer Täter die fehlende Giftmenge gibt?

Ja ☐   Nein ☐

cc) Damit entfällt die _____.

dd) Wie haben sich A und B also strafbar gemacht? _____
_____

ee) Ist das Ergebnis gerecht, wenn man bedenkt, dass das Opfer tot ist?
Ja ☐   Nein ☐   Grund: _____
_____

b) Dieses Mal schütten A und B eine Dosis Gift in den Wein, die jeweils tödlich ist. Wieder wissen A und B nichts von dem Gift des anderen. O stirbt.

aa) Ist jede Giftgabe für sich kausal für den Tod des O?

(1) Hätte A kein Gift gegeben, wäre O _____.
(2) Damit ist die Giftgabe des A nach der conditio-sine-qua-non-Formel _____.
(3) Hätte B kein Gift gegeben, wäre O _____.
(4) Damit ist die Giftgabe des B nach der conditio-sine-qua-non-Formel _____.
(5) Fachausdruck für diese Fallkonstellation: _____
(6) Bei dieser Fallkonstellation wird die Kausalität ausnahmsweise …
bejaht ☐   verneint ☐

bb) Wie haben sich A und B also strafbar gemacht? _____
_____

cc) Ist diese Lösung gerecht?
Ja ☐   Nein ☐   Grund: _____
_____

Aufgabe 6: Prüfen Sie § 212 I StGB und setzen Sie die für das jeweilige Merkmal relevante Fallinformation ein.

a) Neffe N überredet seinen Erbonkel zu einem Flug, weil er auf einen Absturz der Maschine hofft. Der Onkel O unternimmt die Reise und kommt wirklich bei dem Flugzeugabsturz ums Leben.

aa) Handlung → _____

bb) Erfolg → _____
cc) Kausalität → _____
dd) Objektive Zurechnung → _____
    (a) Hat N eine rechtlich missbilligte Gefahr geschaffen? Ja ☐   Nein ☐
    (b) Hat sich diese Gefahr im Erfolg realisiert? Ja ☐   Nein ☐

b) T schlägt O nieder. Dieser bleibt verwundet bei gutem Wetter liegen und wird zwei Stunden später vom Blitz getroffen und stirbt.

aa) Handlung → _____
bb) Erfolg → _____
cc) Kausalität → _____
dd) Objektive Zurechnung → _____
    (a) Hat T eine rechtlich missbilligte Gefahr geschaffen? Ja ☐   Nein ☐
    (b) Hat sich diese Gefahr im Erfolg realisiert? Ja ☐   Nein ☐
ee) Wie hat sich T also strafbar gemacht? _____

d) Prüfen Sie die Kausalität und objektive Zurechnung von b).
aa) Obersatz Kausalität

_____

Definition

_____
_____
_____

Subsumtion

_____
_____
_____

Ergebnis

_____

bb) Obersatz Objektive Zurechnung

_____

Definition

_____
_____
_____

Subsumtion

Ergebnis

Aufgabe 7: Seit Jahren streiten sich T und sein Nachbar O vor Gericht, weil O auf seinem Balkon ein Zelt aufgebaut hat. Als O ihm wieder mal aus seinem Zelt heraus zuwinkt, verliert T die Nerven. Er zieht eine Pistole und schießt mehrere Male auf O. Andere Nachbarn rufen einen Krankenwagen und O wird ins Krankenhaus gebracht und sofort operiert. Dem Arzt unterläuft leicht fahrlässig bei der Operation ein Fehler. Wegen dieses Fehlers stirbt O.
T wird wegen Totschlags vor Gericht angeklagt. Sein Verteidiger hat herausgefunden, dass O unter einem schweren Herzfehler litt und sowieso in ca. 3 Wochen gestorben wäre. Damit versucht er, den Richter zu überzeugen.

a) Wo bringen Sie folgende Informationen im objektiven Tatbestand unter?

(1) mehrere Schüsse _____

(2) Dass überhaupt ein Arzt zwischen Handlung und Erfolg auftaucht.

(3) Fehler des Arztes war nur leicht fahrlässig. _____

(4) Herzfehler _____

b) Formulieren Sie die Subsumtion im Rahmen der objektiven Zurechnung. Verwenden Sie dabei die Informationen aus a) einmal als Pro-, einmal als Contra-Argument.

*Einerseits*_____

*Andererseits*_____

*Somit*_____

Aufgabe 8: Schafft der Täter eine rechtlich missbilligte Gefahr? Realisiert sie sich im Erfolg? Kreuzen Sie an. Andere Ansichten sind möglich – es kommt darauf an, ob Sie Ihre Entscheidung vertreten können. Falls eine anerkannte Fallgruppe vorliegt, tragen Sie diese ein (Mehrfachantworten sind möglich). Die Fallgruppen sind Begründungen.

Kapitel 1: Tatbestand

> Fallgruppen: erlaubtes Risiko, eigenverantwortliche Selbstgefährdung, Risikoverringerung

Tipp: Schafft der Täter keine rechtlich missbilligte Gefahr, kann diese sich auch nicht im Erfolg realisieren.

Fall 1: T schießt auf O. Dieser wird schwer verletzt. Im Krankenhaus begeht Arzt A grob fahrlässig einen Fehler, sodass O stirbt.
a) Schaffen einer rechtlich missbilligten Gefahr? Ja ☐   Nein ☐
b) Realisierung der Gefahr im konkreten Erfolg? Ja ☐   Nein ☐
c) Begründung: _____

Fall 2: T schießt auf O. Dieser wird schwer verletzt. Im Krankenhaus begeht Arzt A leicht fahrlässig einen Fehler, sodass O stirbt.
a) Schaffen einer rechtlich missbilligten Gefahr? Ja ☐   Nein ☐
b) Realisierung der Gefahr im konkreten Erfolg? Ja ☐   Nein ☐
c) Begründung: _____

Fall 3: T überredet O zu einem Bungee-Jump. Das Seil reißt und O stirbt.
a) Schaffen einer rechtlich missbilligten Gefahr? Ja ☐   Nein ☐
b) Realisierung der Gefahr im konkreten Erfolg? Ja ☐   Nein ☐
c) Fallgruppe: _____

Fall 4: Ein Dachziegel droht auf O zu fallen. T versucht das abzuwenden, er schubst O heftig gegen eine Mauer, O erleidet eine stark blutende Kopfverletzung. Ohne das Eingreifen des T wäre er gestorben.
a) Schaffen einer rechtlich missbilligten Gefahr? Ja ☐   Nein ☐
b) Realisierung der Gefahr im konkreten Erfolg? Ja ☐   Nein ☐
c) Fallgruppe: _____

Fall 5: T schlägt O auf einer Brücke, O fällt gegen das eigentlich hinreichend hohe Brückengeländer, das wegen eines nicht sichtbaren Materialfehlers aber bricht, sodass O 7m in die Tiefe stürzt und sich mehrere Knochen bricht.
a) Schaffen einer rechtlich missbilligten Gefahr? Ja ☐   Nein ☐
b) Realisierung der Gefahr im konkreten Erfolg? Ja ☐   Nein ☐
c) Begründung: _____

Fall 6: T überredet O mit dem Auto nach Hause zu fahren, dabei kommt es zu einem Unfall und O erleidet einen Beinbruch.

a) Schaffen einer rechtlich missbilligten Gefahr? Ja ☐   Nein ☐
b) Realisierung der Gefahr im konkreten Erfolg? Ja ☐   Nein ☐
c) Fallgruppe: _____

Fall 7: T überredet O zu einem Waldspaziergang bei gutem Wetter. Plötzlich zieht ein Gewitter auf und O wird vom Blitz getroffen und stirbt.
a) Schaffen einer rechtlich missbilligten Gefahr? Ja ☐   Nein ☐
b) Realisierung der Gefahr im konkreten Erfolg? Ja ☐   Nein ☐
c) Begründung: _____

Fall 8: Student T ist erkältet. Auf dem Weg zur Uni steckt er in der Bahn drei Menschen an.
a) Schaffen einer rechtlich missbilligten Gefahr? Ja ☐   Nein ☐
b) Realisierung der Gefahr im konkreten Erfolg? Ja ☐   Nein ☐
c) Fallgruppe: _____

Fall 9: O spritzt sich Heroin, das er von T bekommen hat und stirbt. Ist der Tod dem T objektiv zurechenbar?
a) Schaffen einer rechtlich missbilligten Gefahr? Ja ☐   Nein ☐
b) Realisierung der Gefahr im konkreten Erfolg? Ja ☐   Nein ☐
c) Fallgruppe: _____

Aufgabe 9: Pyromane P setzt eine mehrstöckige Villa in Brand und schaut vorher nicht nach, ob sich etwaige Bewohner in dem Haus befinden, er denkt sich: „Dann soll es so sein.". Nachbar N, der sich zur Rettung der Bewohner in das Haus begibt, verliert aufgrund der starken Rauchentwicklung die Orientierung und kommt in den Flammen um. Feuerwehrmann F, der sich ebenfalls zur Rettung der Bewohner in das Haus begibt, wird von einem herabstürzenden Balken erschlagen. Hat P sich wegen Totschlags gem. § 212 I StGB in Bezug auf N und F strafbar gemacht?

a) Wo liegt der Schwerpunkt in diesem Fall? _____

b) Beenden Sie den Obersatz.

A. Strafbarkeit des P gem. § 212 I StGB an N
P könnte sich wegen Totschlags gem. § 212 I StGB strafbar gemacht haben, indem er _____.

c) Füllen Sie die Lücken:

Kapitel 1: Tatbestand

Hinweis: Erfolg, Handlung und Kausalität sind im abgekürzten Gutachtenstil verfasst – immer nur Subsumtion und Ergebnis.

1. Erfolg
N ist tot.
Somit ist der Erfolg des § 212 I StGB _____(1).

2. Handlung
Das Inbrandsetzen war ein vom _____(2) getragenes Verhalten des P, somit liegt eine Handlung vor.

3. Kausalität
Hätte P das Haus _____(3) angezündet, hätte N es nicht betreten, und _____ (4) nicht in den Flammen umgekommen. Somit ist das Anzünden kausal für den Tod des N.

d) Formulieren Sie die objektive Zurechnung.

4. Objektive Zurechnung

Obersatz
_____
_____

Definition
_____
_____
_____

Subsumtion
*Einerseits*_____
_____

*Andererseits*_____
_____
_____

Ergebnis
_____
_____

B. Ergebnis Strafbarkeit
_____
_____

C. Strafbarkeit des P gem. § 212 I StGB an F

Obersatz: _____
_____

I. Tatbestand

1. Objektiver Tatbestand

a) Erfolg – Formulieren Sie diesen gekürzt – nur Subsumtion und Ergebnis.
_____
_____

b) Handlung – Formulieren Sie diese gekürzt – nur Subsumtion und Ergebnis.
_____
_____

c) Kausalität – Formulieren Sie diese gekürzt – nur Subsumtion und Ergebnis.
_____
_____

d) Objektive Zurechnung

Obersatz
_____
_____

Definition – kann weggelassen werden, weil sie in derselben Prüfung schon erwähnt wurde.

Subsumtion
*Einerseits*_____
_____
*Andererseits*_____
_____

Ergebnis
_____
_____

2. Subjektiver Tatbestand

Obersatz

Definition

Subsumtion
Einerseits

Andererseits

Ergebnis

II. Rechtswidrigkeit

III. Schuld

D. Ergebnis

Aufgabe 10: T nimmt die Stelle in einer Bank an, weil er die Vorstandsmitglieder töten möchte. Nach einigen Monaten freundet er sich sehr gut mit einigen Mitarbeitern der Bank an. T darf nur die erste Etage des Gebäudes betreten und bringt dort eine Bombe an. Er weiß nicht, ob seine Bombe ausreicht, die Vorstandsetage zu erreichen. Er ist sich sicher, dass die Bombe alle seine Kollegen töten wird, was er schrecklich findet, aber nicht zu vermeiden weiß. Manchmal versteckt sich ein Obdachloser im Keller des Gebäudes. Am Tag der Zündung nimmt sich T nicht die Zeit nachzuschauen, ob der Obdachlose im Keller ist. Die Bombe tötet den Vorstand, die Angestellten und den Obdachlosen.

Welchen Vorsatz hat T bezüglich der drei Opfer im Rahmen eines Totschlags gem. § 212 I StGB? Tragen Sie die Sachverhaltsinformation über das Wissen und Wollen des T in die Tabelle ein.

Opfer	T hält den Erfolgseintritt für ...	T will den Erfolgseintritt ...	Vorsatzform
Vorstandsmitglieder			
Kollegen/Freunde			
der Obdachlose			

Aufgabe 11: T wirft aus Langeweile Steine von einer Brücke. Dabei ist ihm klar, dass dadurch Autofahrer getötet werden können. Er schiebt den Gedanken weg und wirft weiter Steine. Schließlich trifft er den Wagen des O. O stirbt.

Welche Vorsatzform kommt in Betracht? _____

Aufgabe 12: Auf einer Party werden alle Jacken auf einen Haufen gelegt.

a) A nimmt sich eine Jacke, von der er glaubt, es sei seine. In Wirklichkeit ist es die Jacke des B.
aa) Welches Delikt könnte A begangen haben? _____
bb) Das Delikt erfordert die Wegnahme einer fremden Jacke. War die Jacke für A fremd?
Ja ☐   Nein ☐
cc) A glaubt, die Jacke sei seine. In welcher Norm ist der Irrtum des A geregelt? _____
dd) Was ist die Rechtsfolge dieser Norm? _____
ee) Wie nennt sich dieser Irrtum? _____

b) A findet seine Jacke nicht. Er beschließt eine andere Jacke mitzunehmen. In Wirklichkeit nimmt er genau seine eigene Jacke mit.
aa) Bei welchem Tatbestandsmerkmal des Diebstahls liegt das Problem? _____
bb) Ist dieses Merkmal erfüllt? Ja ☐   Nein ☐

cc) Wonach könnte sich B dann strafbar gemacht haben?
_____

c) Dieses Mal ist die Garderobe in einem abgeteilten Bereich. Ein Herr nimmt die Jacken an und gibt sie wieder heraus. Dieser ist gerade nicht anwesend. A steigt hinter die Absperrung und nimmt seine Jacke mit, im Glauben, er würde sich damit wegen eines Diebstahls strafbar machen.
aa) Macht A sich wegen Diebstahls strafbar? Ja ☐   Nein ☐
bb) Wie nennt man diese Fallkonstellation? _____

Aufgabe 13: A möchte seinen Rivalen R töten. Als er auf R anlegt, springt dieser zur Seite und der Schuss trifft die Ehefrau M des R. Sie stirbt. Strafbarkeit des A gem. § 212 I StGB?

a) Bei welchem Prüfungsmerkmal im Tatbestand liegt der Schwerpunkt in diesem Fall? _____

b) Sind anvisiertes und getroffenes Rechtsgut gleichwertig? Ja ☐   Nein ☐

c) In diesem Fall ist die Lösung umstritten. Sind folgende Argumente für oder gegen das Vorliegen des Merkmals? Kreuzen Sie an.

aa) In § 212 I StGB heißt es, wer „einen Menschen" tötet. Genau dies hat A getan. Als er geschossen hat, wollte er einen Menschen töten. Es ist unerheblich, dass er versehentlich die M getroffen hat.
Pro ☐   Contra ☐

bb) Sinn und Zweck des Vorsatzes ist es, den Täter nur für etwas zu bestrafen, dass er gewollt hat. Hier hat sich der Vorsatz des A auf R konkretisiert. Den Tod der M hat A gerade nicht gewollt.
Pro ☐   Contra ☐

cc) Welche Lösung finden Sie überzeugender? _____

d) Wie hat sich A nach der 2. Lösung strafbar gemacht?
aa) Vorsatz bzgl. R: Ja ☐   Nein ☐
Strafbarkeit gem. _____

bb) Vorsatz bzgl. M: Ja ☐   Nein ☐
Strafbarkeit gem. _____

e) Wie lautet der lateinische Begriff für diese Fallkonstellation?
_____

Aufgabe 14: Ordnen Sie die Fallkonstellationen den Fällen zu. Stirbt ein Mensch, wird in dieser Übung nur der Totschlag geprüft, es kann sein, dass die Täter sich wegen Körperverletzungsdelikten strafbar gemacht haben.

> Tatumstandsirrtum als error in persona vel obiecto, aberatio ictus.

Fall 1: A will den B erschießen, verwechselt ihn aber mit C und tötet diesen.
a) Irrtum: _____
b) Gleichwertigkeit? Ja ☐   Nein ☐
c) Vorsatz bzgl. C: Ja ☐   Nein ☐

Fall 2: A schießt auf den B, um ihn zu töten, trifft aber den neben B stehenden C. C stirbt.
a) Irrtum: _____

b) Beantworten Sie nach der Konkretisierungstheorie:
aa) Vorsatz bzgl. B: Ja ☐   Nein ☐
Strafbarkeit gem. _____
bb) Vorsatz bzgl. C: Ja ☐   Nein ☐
Strafbarkeit gem. _____

c) Beantworten Sie nach der formellen Gleichwertigkeitstheorie:
aa) Vorsatz bzgl. B: Ja ☐   Nein ☐   Strafbarkeit gem. _____
bb) Vorsatz bzgl. C: Ja ☐   Nein ☐   Strafbarkeit gem. _____

Fall 3: A will den Hund des C erlegen, tatsächlich versteckt sich C selbst in der Hundehütte. C stirbt.
a) Irrtum: _____
b) Gleichwertigkeit? Ja ☐   Nein ☐
c) Vorsatz bzgl. des Hundes: Ja ☐   Nein ☐   Strafbarkeit gem. _____
d) Vorsatz bzgl. C: Ja ☐   Nein ☐   Strafbarkeit gem. _____

Aufgabe 15: Zusammenfassung: Bei welchem Prüfungsmerkmal liegt in den folgenden Fällen das Problem bzw. der Schwerpunkt? Mehrfachantworten sind möglich. Stirbt ein Mensch ist nur Totschlag zu prüfen, eventuell kommt eine Strafbarkeit wegen versuchtem Totschlags oder eines Körperverletzungsdelikts in Betracht.

> Kausalität, Handlung, Erfolg. Objektive Zurechnung, Vorsatz.

a) Im Supermarkt stolpert O gegen das Lippenstiftregal. Dabei fällt ein Stift in ihre Tasche. Am Ausgang schlägt der Alarm los. Detektiv D will Anzeige erstatten.
Prüfungsmerkmal: _____
Merkmal erfüllt? Ja ☐   Nein ☐

b) A vergiftet O, der, bevor das Gift wirkt, von B erschossen wird. Strafbarkeit des A wegen Totschlags gem. § 212 I StGB?
Prüfungsmerkmal: _____
Merkmal erfüllt? Ja ☐   Nein ☐

c) T sticht in Tötungsabsicht mit einem Messer auf O ein und verletzt ihn schwer, aber nicht lebensgefährlich. Der Krankenwagenfahrer verursacht leicht fahrlässig einen Unfall, bei dem O stirbt. Strafbarkeit des T wegen Totschlags gem. § 212 I StGB?
Prüfungsmerkmal: _____
Merkmal erfüllt? Ja ☐   Nein ☐

d) A und B geben O unabhängig voneinander eine Dosis Gift, beide haben Tötungsvorsatz. Keine Dosis ist tödlich, Zusammen wirken diese jedoch tödlich. O stirbt. Strafbarkeit von A und B wegen Totschlags gem. § 212 I StGB?
Prüfungsmerkmal: _____
Merkmal erfüllt? Ja ☐   Nein ☐
Strafbarkeit? Ja ☐   Nein ☐
Wenn ja, wonach? _____

e) T bastelt eine Briefbombe für O. Beim Öffnen explodiert die Bombe nicht. Strafbarkeit des T gem. § 212 I StGB?
Prüfungsmerkmal: _____

Merkmal erfüllt? Ja ☐   Nein ☐

f) A schießt auf B, hält ihn aber für C. B stirbt.
Prüfungsmerkmal: _____
Merkmal erfüllt? Ja ☐   Nein ☐

g) A zündet eine Bombe in der Fußgängerzone, er weiß, dass seine beste Freundin dabei auch sterben wird. Genauso geschieht es.
Prüfungsmerkmal: _____
Merkmal erfüllt? Ja ☐   Nein ☐

h) T schießt auf O. Durch die schwere Verletzung fällt dieser in ein Koma. Die Ärzte bezweifeln, dass er noch einmal aufwachen wird. Strafbarkeit des T gem. § 212 I StGB?
Prüfungsmerkmal: _____
Merkmal erfüllt? Ja ☐   Nein ☐

Kapitel 2: Rechtswidrigkeit

1. Was prüfe ich in der Rechtswidrigkeit?

Jemand kann den Tatbestand eines Delikts erfüllen und trotzdem straffrei bleiben, wenn es ausnahmsweise erlaubt ist: weil sein Verhalten gerechtfertigt ist, zum Beispiel durch Notwehr. Rechtfertigungsgründe erlauben dem „Täter" also ein Rechtsgut zu verletzen. Ihre Aufgabe auf Ebene der Rechtswidrigkeit ist es, passende Rechtfertigungsgründe zu finden.

 T will O erschießen. Um sich zu verteidigen, schlägt O mit aller Kraft auf den Arm des T. Der Schlag des O erfüllt den Tatbestand der Körperverletzung, dennoch ist er durch Notwehr gem. § 32 StGB gerechtfertigt.

Tipp: Achten Sie bei der Notwehr darauf, Täter und Opfer nicht zu verwechseln: das Opfer des Angriffs wird meistens als Täter geprüft, nämlich als Täter der Notwehrhandlung.

 Rechtswidrig handelt, wer keinen Rechtfertigungsgrund für sein Handeln hat.

2. Welche Rechtfertigungsgründe gibt es?

Damit Sie feststellen können, ob in Ihrem Fall eine Ausnahme, also ein Rechtfertigungsgrund, vorliegt, gehen Sie die Rechtfertigungsgründe einmal gedanklich durch. Hier einige Beispiele:

Strafrecht	Zivilrecht
Notwehr, § 32 StGB	Defensivnotstand, § 228 BGB
Notstand, § 34 StGB	Selbsthilfe, § 229 BGB
Einwilligung	Besitzkehr oder -wehr, § 859 BGB
Mutmaßliche Einwilligung	Aggressivnotstand, § 904 BGB

Vielleicht haben Sie den Satz *„Es gibt keinen Numerus-Clausus der Rechtfertigungsgründe"* schon einmal gehört. Er bedeutet, dass die Rechtfertigungsgründe nicht abschließend geregelt und über alle Rechtsgebiete verstreut sind. Deswegen können sich auch neue außergesetzliche Rechtfertigungsgründe entwickeln, wie die Einwilligung.

Klausurtaktisch sind für Sie vor allem folgende Rechtfertigungsgründe relevant: Notwehr § 32 StGB, zivilrechtliche Notstände §§ 228, 904 BGB, Notstand § 34 StGB und die (mutmaßliche) Einwilligung. Diese Rechtfertigungsgründe werden in diesem Kapitel erläutert.

3. Wie prüfe ich die Rechtfertigungsgründe?

Die Rechtfertigungsgründe bestehen aus einem objektiven und einem subjektiven Teil, ähnlich wie der Tatbestand. Im objektiven Teil prüfen Sie, ob die äußeren Voraussetzungen des Rechtfertigungsgrundes vorliegen. Im subjektiven Teil, ob der Täter wusste, dass ein Rechtfertigungsgrund vorlag und er eben deshalb handelte. Diese Einteilung hilft Ihnen die Rechtfertigungsgründe zu strukturieren und den subjektiven Teil nicht zu vergessen.

 A schlägt B nieder, ohne zu wissen, dass dieser eine Pistole hinter dem Rücken versteckt hatte, um A zu erschießen. In diesem Fall wusste A nicht, dass Notwehr vorlag. Somit ist er nicht aus Notwehr gem. § 32 StGB gerechtfertigt.

 Bei den Rechtfertigungsgründen prüfen Sie einen objektiven und einen subjektiven Teil.

4. Was ist eine EINWILLIGUNG?

Grundsätzlich kann jeder in Deutschland mit seinen Rechtsgütern machen, was er möchte: er kann auch erlauben, dass andere diese verletzen. Die Einwilligung ist gesetzlich nicht geregelt. Ihre Existenz wird mit dem Sinn und Zweck des Strafrechts begründet: Das Strafrecht soll das Opfer schützen: Hat es eingewilligt, muss es nicht geschützt werden.

4. Was ist eine EINWILLIGUNG?

 A und B verabreden sich zu einer Prügelei. Keiner der beiden macht sich strafbar, weil sie eingewilligt haben (solange sich die Schläge im Rahmen des Üblichen halten).

 Weitere Beispiele: Sadomasochismus, Tätowierung etc.

Tipp: Prüfen Sie eine Einwilligung, brauchen Sie ausnahmsweise keine Norm (weil es keine gibt), das hat aber den Nachteil, dass Sie die Voraussetzungen auswendig lernen müssen.

In den Fällen, in denen dem Täter eine Verletzung erlaubt wird, denken Sie an zwei rechtliche Lösungen: das Einverständnis, das den Tatbestand ausschließt und die Einwilligung, die die Rechtswidrigkeit entfallen lässt. Um herauszufinden, was vorliegt, schauen Sie sich den gesetzlichen Tatbestand des Delikts an: Enthält dieser bereits das Handeln gegen oder ohne den Willen des Opfers? Dann prüfen Sie das Einverständnis.

 Erlauben Sie jemandem, etwas zu nehmen, kann dieser es nicht mehr wegnehmen. Erlauben Sie dagegen jemandem, etwas zu zerstören, kann er dies noch zerstören. Daher prüfen Sie beim Diebstahl ein Einverständnis und bei der Sachbeschädigung eine Einwilligung.

 Weitere Beispiele (Tatbestand = Wille des Opfers): Eindringen beim Hausfriedensbruch gem. § 123 I StGB, Beleidigen gem. § 185 StGB.

 Weitere Beispiele (Tatbestand ≠ Wille des Opfers): Freiheitsberaubung gem. § 239 I StGB oder Körperverletzung gem. § 223 I StGB.

Auch ein ärztlicher Heilangriff ist nach herrschender Ansicht tatbestandlich eine Körperverletzung, der jedoch durch die Einwilligung des Patienten gerechtfertigt ist. Auf diese Weise wird der Patient vor einem Arzt geschützt, der seine Methode gegen den Willen des Patienten durchsetzen möchte.

Eine wirksame Einwilligung hat mehrere Voraussetzungen:

1. **Di**sponibilität des Rechtsgutes = Leben ist z. B. nicht disponibel
2. **Ver**fügungsbefugnis = Inhaber des Rechtsgutes
3. **E**inwilligungsfähigkeit = Urteilsfähigkeit des Rechtsinhabers
4. **K**eine Willensmängel = Keine Drohung, Gewalt, Täuschung, kein Irrtum
5. **E**inwilligungs**E**rklärung = ausdrücklich oder durch schlüssiges Verhalten (konkludent)
6. **K**enntnis der Einwilligung = Täter muss um die Einwilligung wissen

Eselsbrücke: Die verfluchte **E**inwilligung **k**ann **e**rst **k**einer.

4.1 Wann ist ein Rechtsgut disponibel?

Die Rechtsordnung erlaubt nicht, dass über jedes Rechtsgut frei verfügt wird. Was ist zum Beispiel, wenn das Opfer den Täter bittet, es zu töten? Kann es darin einwilligen? Gem. § 216 I StGB ist Töten auf Verlangen strafbar. Diese Entscheidung des StGB beruht auf dem Schutz der Menschenwürde gem. Art. 1 I GG. Das Rechtsgut Leben ist damit nicht disponibel. In diesem Fall verneinen Sie die Einwilligung gleich bei der ersten Voraussetzung.

 Einwilligung in eine Tötung nicht möglich.

Auch Allgemeingüter sind von der Einwilligung ausgeschlossen. So verneinen Sie eine Einwilligung bei Umweltdelikten gem. §§ 324 ff. StGB, weil diese Straftatbestände nicht nur dem Schutz des Einzelnen vor Gesundheitsbeeinträchtigungen dienen, sondern auch die Allgemeinheit schützen sollen. Über Rechtsgüter der Allgemeinheit kann der Einzelne nicht disponieren.

 O willigt ein, dass T in seinem Garten Giftmüll vergräbt.

Demgegenüber sind zum Beispiel Freiheit, Körper und Eigentum disponibel: in Freiheitsberaubungen, Sachbeschädigungen und Köperverletzungen kann man einwilligen.

Sie finden als Erstes heraus, welches Rechtsgut das jeweilige Delikt schützt und im Anschluss, ob dieses disponibel ist.

4.2 Wann ist der Einwilligende verfügungsbefugt?

Eine weitere Voraussetzung ist, dass der Einwilligende Inhaber des Rechtsguts sein muss. Dann ist er auch **verf**ügungsbefugt.

 A erlaubt T, das Auto zu zerstören, das A und seiner Ehefrau gehört. A ist nicht alleiniger Inhaber und damit nicht verfügungsbefugt.

4.3 Wann ist man einwilligungsfähig?

Sie prüfen als nächstes, ob der Einwilligende fähig ist, die Tragweite seiner Entscheidung nach seiner geistigen und sittlichen Reife zu überblicken. Auch ein Geschäftsunfähiger kann einwilligungsfähig sein. Das ist eine Einzelfallentscheidung. Falls Sie in Ihrem Gutachten bei diesem Punkt argumentieren sollen, wird Ihr Fall dazu Angaben enthalten.

 Patient P kommt sichtlich betrunken zum Zahnarzt Z und bittet diesen, ihm alle Zähne zu ziehen. Z zieht ihm daraufhin diese, obwohl keine medizinische Indikation vorlag.

4.4 Welche Willensmängel kann der Erklärende haben?

Die Einwilligung muss aus freiem Willen gegeben werden, dass setzt voraus, dass der Einwilligende nicht bedroht, getäuscht oder durch Gewalt zur Einwilligung gebracht wird.

Ob ein sich Irrender einwilligen kann, ist umstritten: Teilweise wird angenommen, dass die Einwilligung stets unwirksam ist, andere stellen auf die Bedeutung des Irrtums für das jeweils geschützte Rechtsgut ab: Motivirrtümer sind nach dieser Ansicht irrelevant und die Einwilligung bleibt wirksam. Gelegentliche Fehlinformiertheit gehört zum allgemeinen Lebensrisiko.

 Arzt A klärt Patient P nicht über die Risiken einer Operation auf. P willigt in die Operation ein. Der Irrtum bezieht sich auf das Rechtsgut der Körperverletzung und die Einwilligung ist damit unwirksam.

Irrtümer zu Nebenaspekten wie der Finanzierung o. Ä. ordnen Sie dem Verantwortungsbereich des Patienten zu und nicht zu Lasten des Arztes.

Arzt A klärt P nicht darüber auf, dass die Operation 50 € kostet. Der Wille des P weist zwar einen Mangel auf, allerdings beziehen sich dieser nur auf die Finanzierung. Die Einwilligung des P ist wirksam. Zivilrechtlich ist die Nichtaufklärung über die Kosten aber von Bedeutung.

Tipp: Die strafrechtliche Lösung ähnelt der des Zivilrechts über die Anfechtungsgründe (Täuschung, Drohung und Irrtümer). Im Straf- wie im Zivilrecht sind Motivirrtümer rechtlich nicht relevant.

4.5 (Wann) Muss die Einwilligung dem anderen gegenüber geäußert werden?

Die Einwilligung muss vor der Tat ausdrücklich oder konkludent geäußert werden. Sie kann jederzeit zurückgenommen werden. Strittig ist, ob die Einwilligung gegenüber dem Täter geäußert werden muss. Nach herrschender Ansicht muss dies nicht der Fall sein. Es reicht, wenn der Täter von der Einwilligung weiß, was gleichzeitig die letzte Voraussetzung Ihrer Einwilligungsprüfung und die subjektive Seite dieses Rechtfertigungsgrundes ist.

 A erzählt B, der C könne ihr Auto zerstören. B erzählt dies dem C, der das Auto zerstört.

4.6 Was ist eine mutmaßliche Einwilligung?

Fehlt es an einer Einwilligung, prüfen Sie, ob der Betroffene diese bei Kenntnis der Lage gegeben hätte. Bei der Beurteilung gehen Sie von einem objektiven Dritten in der Situation des Opfers aus. Deswegen kommt es nicht darauf an, ob der Betroffene im Nachhinein wirklich einverstanden war, sonst müssten Ärzte stets fürchten sich strafbar zu machen, wenn sie einem Bewusstlosen helfen.

 P liegt im Koma und bekommt eine lebenswichtige Spritze. Als P erwacht, ist er erzürnt, als er von der Spritze erfährt und will gegen den Arzt vorgehen.

Eine mutmaßliche Einwilligung kommt nicht in Betracht, wenn die Möglichkeit besteht, den tatsächlichen Willen des Betroffenen zu erfragen, sei es, dass dieser ansprechbar und äußerungsfähig ist, sei es, dass er seinen Willen vorab schriftlich niedergelegt hat (Patientenverfügung).

5. Wie prüfe ich die NOTWEHR und die NOTSTÄNDE?

Notwehr und die Notstände haben ein gemeinsames dreistufiges Prüfschema. Mit diesem können Sie sich die Voraussetzungen der einzelnen Normen besser einprägen. Diese drei Stufen sind Lage (äußere Situation), Handlung und Wille:

1. Notwehr-, Notstandslage
2. Notwehr-, Notstandshandlung
3. Notwehr-, Notstandswille

Mit diesem Wissen lesen Sie die einzelnen Voraussetzungen aus dem Gesetz und sortieren sie einer Stufe zu.

6. Wie prüfe ich Notwehr?

§ 32 StGB
(1) Wer eine ⟨Tat⟩ begeht, die durch Notwehr geboten ist, handelt nicht rechtswidrig.
(2) Notwehr ist die ⟨Verteidigung⟩, die erforderlich ist, **um** *einen gegenwärtigen rechtswidrigen Angriff* von sich oder einem anderen **abzuwenden**.

Damit hat die Notwehr folgendes Prüfungsschema:

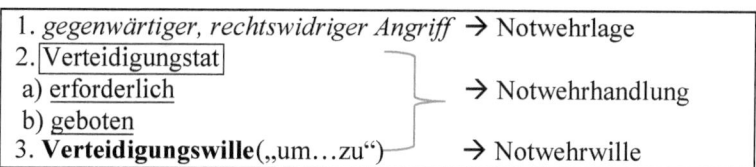

1. *gegenwärtiger, rechtswidriger Angriff* → Notwehrlage
2. ⟨Verteidigungstat⟩
   a) erforderlich
   b) geboten → Notwehrhandlung
3. **Verteidigungswille**("um...zu") → Notwehrwille

Die Notwehrlage ist ein gegenwärtiger, rechtswidriger Angriff. Die Prüfung beginnen Sie stets beim Substantiv, also dem Angriff. Im Anschluss prüfen Sie die Adjektive, also ob dieser gegenwärtig und rechtswidrig war.

Als zweites prüfen Sie die Notwehrhandlung: Diese ist eine Verteidigungstat, sie muss sich also gegen den Angreifer richten, nicht gegen einen Dritten. Des Weiteren prüfen Sie, ob die Handlung erforderlich und geboten war.

Der Wille des Verteidigers ergibt sich aus der Formulierung „um" den Angriff „abzuwenden". Der Verteidiger muss also von der Notwehrlage wissen und es kommt ihm darauf an, den Angriff abzuwenden.

6.1 Was ist ein Angriff?

Ein Angriff ist jede Bedrohung rechtlich geschützter Interessen durch menschliches Verhalten. Rechtlich geschützte Interessen sind zum Beispiel: Leben, körperliche Unversehrtheit, aber auch Eigentum, Besitz und Hausrecht. Sogar die Ehre und bestimmte Anteile des allgemeinen Persönlichkeitsrechts werden geschützt[13]. Nachlesen können Sie die meisten, aber nicht alle, auch von der Notwehr geschützten Rechtsgüter beim Notstand in § 34 StGB: Leben, Leib, Freiheit, Ehre, Eigentum.

 Fotografiert werden gegen den Willen betrifft das allgemeine Persönlichkeitsrecht, was nicht in § 34 StGB aufgezählt wird, aber dennoch von der Notwehr erfasst wird.

Angreifen kann nur ein Mensch. Daher sind Gefahren, die zum Beispiel von Tieren oder Naturgewalten ausgehen, nicht über die Notwehr zu lösen. Es sei denn: Der Angreifer hetzt seinen Hund gezielt auf das Opfer, dann können Sie einen Angriff bejahen.

Der Verteidiger kann auch jemandem helfen, trotzdem ist sein Verhalten durch Notwehr gerechtfertigt, sogenannte Nothilfe. Vergleichen Sie im Wortlaut des § 32 II StGB: Der Verteidiger wendet den Angriff „von sich oder einem anderen" ab. Aus dieser Formulierung ziehen Sie auch den Umkehrschluss, dass der Staat kein anderer im Sinne des § 32 II StGB ist. Nur private Interessen werden geschützt: Vandalismus in einer U-Bahn ermöglicht keine Notwehr (wohl Notstand).

 A sieht, wie ein Passant überfallen wird, und schlägt den Täter nieder und leistet Nothilfe gem. § 32 StGB.

6.2 Wann ist der Angriff gegenwärtig?

Ein Angriff ist recht lange gegenwärtig, nämlich drei Zeitpunkte lang.

Zeitpunkt I: Angriff steht unmittelbar bevor.
Zeitpunkt II: Angriff findet gerade statt.
Zeitpunkt III: Angriff dauert noch fort.

---

13 Rengier, Strafrecht, S. 143 Rn. 8.

In Ihrem Fall entscheiden Sie, welcher Zeitpunkt vorliegt. In der Definition stellen Sie die drei Alternativen vor. In der Subsumtion entscheiden Sie sich für einen Zeitpunkt.

 T zieht sich vor der Bank eine Maske über = unmittelbar bevorstehen

 T schreit „Überfall" in der Bank = gerade stattfinden

 T flieht mit der Beute = noch fortdauern

 Formulierungsbeispiel: Der Angriff des T müsste gegenwärtig gewesen sein. Ein Angriff ist gegenwärtig, wenn er unmittelbar bevorsteht, gerade stattfindet oder noch fortdauert. T zog sich gerade vor der Bank eine Maske über, somit stand der Angriff unmittelbar bevor. Damit war der Angriff gegenwärtig.

Sollte Ihr Angriff wie im Formulierungsbeispiel unproblematisch gegenwärtig sein, können Sie auch kürzen.

 Formulierungsbeispiel: T zog sich gerade vor der Bank eine Maske über, somit stand der Angriff unmittelbar bevor und war damit gegenwärtig.

Nicht gegenwärtig sind künftige oder abgeschlossene Angriffe.

 A weiß, dass B ihn in einer halben Stunde verprügeln will. Daher schlägt er diesen nieder. Das Niederschlagen ist nicht über § 32 StGB gerechtfertigt, aber eventuell über den Notstand gem. § 34 StGB.

 B attackiert A. A schlägt diesen bewusstlos. Jetzt ist der Angriff beendet und damit nicht mehr gegenwärtig. Tritt A nun weiter zu, ist das nicht mehr durch Notwehr gerechtfertigt.

6.3 Wann ist der Angriff rechtswidrig?

Es gibt vor allem zwei Definitionen, wann ein Angriff im Rahmen der Notwehr rechtswidrig ist:

1. Wenn das **Verhalten** des Angreifers im Widerspruch zur Rechtsordnung steht[7].
2. Wenn der Betroffene die drohende **Rechtsgutverletzung** nicht zu dulden braucht.

Die beiden Definitionen unterscheiden sich durch ihre Anknüpfungspunkte: einmal die Handlung des Täters, einmal der Erfolg. Letztlich führen sie meistens zu gleichen Ergebnissen, sodass es sich anbietet, die gleiche Definition wie bei der Prüfung der Rechtswidrigkeit im Rahmen der Strafbarkeit zu nehmen: Der Angriff ist rechtswidrig, wenn das Verhalten nicht gerechtfertigt ist, also im Widerspruch zur Rechtsordnung steht.

6.4 Welche Handlungen erlaubt die Notwehr?

§ 32 StGB kann nur ein Vorgehen <u>gegen den Angreifer</u> selbst rechtfertigen, nicht gegen Dritte. Das lesen Sie aus dem Wortlaut: „Verteidigung". Verteidigen kann man sich nur gegen den Angreifer.

 A wird von B mit einem Messer verfolgt. Um zu fliehen, bricht A das Auto des C auf. Das Aufbrechen des Autos richtet sich nicht gegen B und ist nicht über § 32 StGB gerechtfertigt, wohl aber durch den Notstand gem. § 904 BGB.

6.5 Wann ist meine Verteidigung bei der Notwehr erforderlich?

Die Verteidigung ist erforderlich, wenn sie *geeignet (1)* ist, den Angriff zu beenden und das *relativ mildeste Mittel bei gleicher Eignung (2)* darstellt. Die Handlung ist geeignet, wenn sie es zumindest möglich macht, den Angriff zu beenden.

 A will V ausrauben. V wehrt sich und schlägt A mehrmals, was zu blauen Flecken führt. A lässt sich nicht abhalten und raubt V aus. Die Schläge sind – auch wenn sie den A nicht abhalten können – geeignet den Angriff zu beenden.

 erforderlich = geeignet + relativ mildestes Mittel

14 Rengier, Strafrecht, S. 148 Rn. 30.

Interessanter ist die Frage, ob dem Verteidiger ein relativ milderes, aber genauso effektives Mittel zur Verfügung stand. In der Klausur dürfen Sie an dieser Stelle ein wenig kreativ werden und über Alternativen nachdenken, zum Beispiel: als körperlich weit Überlegener mit einem Faustschlag zu reagieren statt mit einem Messerstich. Der Verteidiger sollte grundsätzlich zwar das mildeste Mittel wählen, ist es aber nicht genauso effektiv, muss er dieses nicht wählen[15].

Stehen dem Verteidiger gegen einen Messerangriff zum Beispiel ein Messer und ein Samuraischwert zur Verfügung, darf er sofort das Samuraischwert wählen. Außerdem ist ihm in der Regel nicht zuzumuten, erst lange nach einem milderen, aber genauso effektiven Mittel zu suchen. Insbesondere da die Notwehr meist schnell erfolgen muss, ist der Ermessensspielraum des Opfers groß.

Bei Schusswaffengebrauch gilt aufgrund ihrer großen Effektivität eine Einschränkung: Zunächst ist ein Warnschuss abzugeben, dann ein nichtlebensbedrohlicher Schuss, zum Beispiel ins Bein, erst dann darf man den Angreifer töten. Der nicht lebensbedrohende Schuss ist nur dann sinnvoll und damit nötig, wenn die Distanz so kurz ist, dass ein solcher eine reelle Chance auf Erfolg hat. Ehe man einen potentiell fatalen Fehlschuss riskiert, darf man auch auf den Körper zielen. Wenn keine Vorstufe eine risikolose Angriffsbeendigung verspricht, darf der Angegriffene auch sofort töten.

Zwei maskierte, mit Pistolen bewaffnete Männer brechen nachts in das Haus des A ein und wollen ihn zwingen, den Tresor zu öffnen. A hat in seiner Schreibtischschublade ein Pfefferspray und eine scharfe Pistole liegen. Der Einsatz von Pfefferspray wäre das mildere Mittel, würde aber den Angriff wahrscheinlich nicht beenden, vor allem weil A sich zwei Tätern gegenüber sieht. Daher wäre der Einsatz der Pistole erforderlich.

Schusswaffengebrauch: erst Warnschuss, dann ein Schuss, der angriffsunfähig macht und erst dann erschießen. Es sei denn, es besteht keine Chance, den Angriff risikolos zu beenden.

---

15 Rengier, Strafrecht, S. 149 Rn. 36.

6.6 Wann ist eine Notwehrhandlung geboten?

Die Notwehrhandlung muss geboten sein, das heißt, Sie prüfen, ob sozialethische Gründe eine Beschränkung der Notwehr erfordern. Bei einem sogenannten Bagatellangriff besteht sogar kein Notwehrrecht.

 Bei einem Konzert wird viel geschubst, um einen besseren Blick auf die Bühne zu erhaschen. Als A wieder angerempelt wird, wird es ihm zu viel und er verpasst demjenigen eine Ohrfeige. Hier hat A kein Notwehrrecht.

In folgenden Fällen gilt das Notwehrrecht nur eingeschränkt:

- krasses Missverhältnis zwischen angegriffenem und verletztem Rechtsgut
  i\ Ein großer Unterschied zwischen Notwehr und Notstand ist, das Sie beim Notstand immer eine Interessensabwägung vornehmen, bei der Notwehr nur falls Anhaltspunkte für ein krasses Missverhältnis vorliegen.
  ex\ Schwere Körperverletzung bei Entwendung eines Butterbrotes

- Angriffe schuldlos Handelnder
  ex\ Kinder, Geisteskranke, Betrunkene

- Angriffe von erkennbar Irrenden
  ex\ A glaubt, B nehme eine Handtasche weg. In Wahrheit spielt B in einem Film mit.

- Angriffe im Rahmen enger persönlicher Beziehungen
  ex\ Ehepartner

- Schuldhafte Provokation der Notwehrlage

Sollte einer dieser Fallgruppen vorliegen, wird das Notwehrrecht beschränkt und zwar die Handlung auf „Schutzwehr vor Trutzwehr". Das sonst so „schneidige" Notwehrrecht wird stumpfer: Der Verteidiger ist in diesen Fällen verpflichtet, wenn es ihm möglich ist, drei Stufen zu durchlaufen.

- Stufe 1: Ausweichen
- Stufe 2: Schutzwehr
- Stufe 3: Trutzwehr

Auf Stufe 1 schöpft der Verteidiger alle Flucht- und Ausweichmöglichkeiten aus. Bei Angriffen von Betrunkenen oder Kindern wird dies zumeist möglich sein.

Auf Stufe 2 kann er sich gegen den Angreifer wehren, indem er sich schützt, zum Beispiel durch Blocken eines Schlages. Auf Stufe 3 darf er sich schließlich wehren, wie es bei der Notwehr üblich ist.

> **Tipp:** Die Gebotenheit prüfen Sie nur, wenn Sie Hinweise auf besondere sozialethische Einschränkungen finden. Ist eine solche Einschränkung nicht ersichtlich, brauchen Sie die Gebotenheit nicht zu erwähnen.

6.7 Muss ich wissen, dass ich in Notwehr handele?

Jeder Rechtfertigungsgrund verlangt eine Kenntnis der Rechtfertigungslage, so muss der Verteidiger wissen, dass er sich in einer Notwehrlage befindet. Außerdem prüfen Sie, ob die Notwehr überwiegend dem Zweck der Verteidigung dient, wobei andere Motive wie Wut, Hass oder Angst hineinspielen dürfen, solange sie nicht überwiegen.

7. Was ist NOTSTAND?

Jede Notstandslage besteht in einer Gefahr, die von einem Menschen ausgehen kann, aber nicht muss, auch Tiere oder Naturkatastrophen können eine solche schaffen. Bei allen Notständen nehmen Sie eine Interessensabwägung vor, die zugunsten des geretteten Rechtsgutes ausfallen muss. Die Interessensabwägung ist erforderlich, weil der Notstand auch eine Verletzung von Rechten unbeteiligter Dritter möglich macht.

 Alle Notstände erfordern eine Interessensabwägung.

7.1 Was sind zivilrechtliche Notstände?

Vor allem zwei Rechtfertigungsgründe aus dem BGB sind klausurrelevant: Die beiden Notstände prüfen Sie, wenn Eigentum betroffen ist, zum Beispiel in Fällen von Sachbeschädigungen. Dann sind sie die spezielleren Rechtfertigungsgründe.

Variante 1: gefährliche Sache § 228 BGB – gefährliches Eigentum?

Geht die Gefahr von der Sache selbst aus, dürfen Sie die Sache beschädigen oder zerstören. Dieser Notstand heißt auch defensiver Notstand, weil Sie sich quasi gegen die Sache verteidigen. § 228 BGB lässt daher eine drohende Gefahr genügen (bei den anderen beiden muss eine gegenwärtige Gefahr vorliegen).

Der Hund des X (rechtlich eine Sache) droht A zu beißen. A schlägt ihm einen Schirm auf den Kopf, was zu einem Schädelbruch führt. Der Hund ist eine gefährliche Sache, der Schlag mithin über § 228 BGB gerechtfertigt.

Variante 2: Die Sache wird gebraucht, um eine Gefahr zu beseitigen § 904 I BGB.

Der Wagen des X rollt die Straße herunter und droht ein Kind zu überfahren. A wirft den Koffer des C vor die Räder. Der Wagen stoppt, der Koffer wird zerstört. Das Werfen des Koffers ist durch § 904 I BGB gerechtfertigt.

Dieser Notstand wird auch aggressiver Notstand genannt, weil man „aggressiv" in die Rechtsgüter eines unbeteiligten Dritter eingreift.

Die Notstandshandlung des § 904 BGB ist fast identisch mit der Notwehrhandlung: sie muss geeignet und erforderlich sein. Die Notstandshandlung des § 228 BGB muss – das lesen Sie auch aus dem Gesetz – *notwendig* sein. Die Wortwahl mag anders sein, letztlich verbirgt sich dahinter ebenfalls die Geeignetheits- und Erforderlichkeitsprüfung. Mit einer Ausnahme: bei den Notständen soll der Betroffene auch flüchten, wenn es ihm möglich ist.

Bei den zivilrechtlichen Notständen wägen Sie ebenfalls die Interessen gegeneinander ab: Sie prüfen, ob diese außer Verhältnis zueinander stehen. Wobei die Abwägung beim aggressiven Notstand eindeutig zu Gunsten des geschützten Rechtsguts ausfallen muss (Genaueres unter 7.3).

7.2 Wie prüfe ich den Notstand gem. § 34 StGB?

Die Voraussetzungen des Notstandes brauchen Sie ebenfalls nicht auswendig zu lernen, diese lassen sich auch aus dem Gesetz lesen:

> § 34 StGB
> Wer in einer *gegenwärtigen*, nicht anders abwendbaren *Gefahr* für Leben, Leib, Freiheit, Ehre, Eigentum oder ein anderes Rechtsgut eine Tat begeht, **um** die Gefahr von sich oder einem anderen abzuwenden, handelt nicht rechtswidrig, wenn bei Abwägung der widerstreitenden Interessen, namentlich der betroffenen Rechtsgüter

und des Grades der ihnen drohenden Gefahren, das geschützte Interesse das beeinträchtigte wesentlich überwiegt. Dies gilt jedoch nur, soweit die Tat ein angemessenes Mittel ist, die Gefahr abzuwenden.

Damit hat der Notstand gem. § 34 StGB dieses Prüfschema:

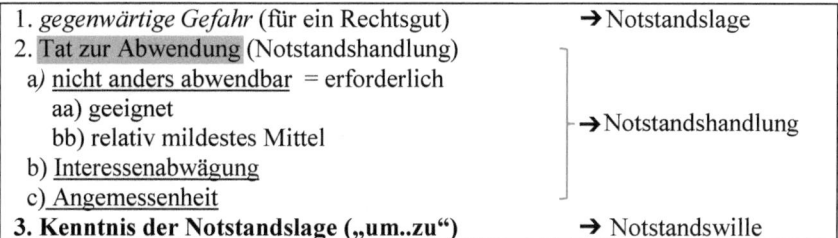

 T zwingt A, ihn ins Krankenhaus zu bringen, weil er sonst verblutet.

1. Notstandslage

Die Notstandlage ist eine gegenwärtige Gefahr. Sie beginnen mit dem Substantiv, also der Gefahr. Im Anschluss prüfen Sie die Gegenwärtigkeit. Eine Gefahr ist gegenwärtig, wenn aufgrund tatsächlicher Umstände der Eintritt eines Schadens wahrscheinlich ist. Die Definitionen der Gegenwärtigkeit bei der Notwehr und dem Notstand unterscheiden sich, in der Praxis ist der Unterschied nicht sehr groß.

2. Notstandshandlung

Als zweites prüfen Sie die Notstandshandlung: die Gefahr darf nicht anders abwendbar sein – das heißt sie muss erforderlich sein, ähnlich wie bei der Notwehr, nur dass der Handelnde, wenn es eine Ausweichmöglichkeit gibt, diese ergreifen soll.

Im Rahmen des Notstands wägen Sie die Rechtsgüter ab: Das geschützte Interesse muss das beeinträchtigte *wesentlich überwiegen* (s. u. 7.3). Im Anschluss prüfen Sie noch, ob die Handlung angemessen war (s. u. 7.4).

3. Notstandswille

Der Notstandwille ergibt sich wie bei der Notwehr aus der Formulierung „um" die Gefahr „abzuwenden".

7.3 Wie wäge ich beim Notstand die Interessen ab?

Sie wägen das Rechtsgut, das sich in Gefahr befindet, mit dem Rechtsgut ab, das zur Abwendung der Gefahr beeinträchtigt wird: Das beeinträchtigte muss das geschützte wesentlich überwiegen. Kriterien zur Abwägung sind[16]:

▶ Rangverhältnis der Interessen, zum Beispiel stehen Personenwerte über Sachwerten (Vergleichen Sie hier auch die Strafrahmen)

 Eigentumsverletzung gegen gefährliche Körperverletzung

▶ Grad der Gefahr: Steht eine abstrakte Gefahr einer konkreten gegenüber?

▶ Ausmaß der drohenden Rechtsgutverletzung: Wird das Rechtsgut leicht / mittel / schwer beeinträchtigt?

 Leichtes Beschädigen eines Koffers, um die vollständige Zerstörung eines anderen zu verhindern.

Es gibt keine zwingende Reihenfolge der Kriterien und vor allem keine festen Regeln, wann ein *wesentliches* Überwiegen vorliegt. Darf eine leichte Körperverletzung begangen werden (z. B. Haare abschneiden), um einen Sachschaden in Millionenhöhe abzuwenden? Im Gutachten argumentieren Sie an dieser Stelle mit Ihrem Einzelfall. In der Regel enthalten Klausursachverhalte Hinweise meist so strukturiert, dass das Ergebnis einer solchen Abwägung ziemlich klar ausfällt.

 A wird von B mit einem Messer angegriffen, B will A schwer verletzen. A springt daher in das Auto des C und zwingt diesen, ihn außer Gefahr zu bringen. Strafbarkeit von A?

A nötigt C, das beeinträchtigte Rechtsgut ist die Freiheit der Willensentschließung und Willensbetätigung. Von B droht eine gefährliche Körperverletzung gem. §§ 223 I, 224 I Nr. 2 StGB, das geschützte Rechtsgut ist die körperliche Unversehrtheit (Leib). Nötigung weist einen Strafrahmen von drei Jahren auf,

---

16 Rengier, Strafrecht, § 19 Rn. 27.

bei der gefährlichen Körperverletzung ist der Strafrahmen sechs Monate bis 10 Jahre. Somit sprechen die Strafrahmen für ein Überwiegen des Rechtsguts der körperlichen Unversehrtheit.

Auch ist die Verletzung der Freiheit zeitlich begrenzt, lediglich die Fahrt weg von der Gefahr. Verletzungen mit einem Messer können sogar tödlich enden. Auch dies spricht für das Überwiegen des Rechtsguts der körperlichen Unversehrtheit.

Somit überwiegt das geschützte Interesse (körperliche Unversehrtheit) gegenüber dem beeinträchtigten (Freiheit) wesentlich.

 Hinweis: Sie könnten hier auch argumentieren, dass ein Messerangriff stets tödlich enden kann und auf das Rechtsgut Leben abstellen.

7.3.1 Kann man über Notstand Leben gegen Leben abwägen?

 Kampfpilot K schießt ein entführtes Passagierflugzeug ab, das in ein vollbesetztes Stadion fliegen will.

In diesem Beispiel stehen sich dieselben Rechtsgüter gegenüber: Leben der Passagiere gegen das Leben der Menschen im Stadion, die in gleicher Weise verletzt werden. Leben kann nicht numerisch gegeneinander aufgerechnet werden – würde der Staat dies ermöglichen, wäre dies ein Verstoß gegen die Menschenwürde gem. Art. 1 I GG, weil den Stadiongästen jede Entscheidungsfreiheit genommen wird und sie damit zu Objekten gemacht werden. Eine Entschuldigung des Kampfpiloten wäre nur über einen übergesetzlichen Notstand möglich, der sehr umstritten ist.

 Leben gegen Leben können Sie nie über § 34 StGB rechtfertigen.

Das gilt aber nur für das Rechtsgut Leben. Gleiche Rechtsgüter können unter § 34 StGB fallen, wenn sie unterschiedlich stark verletzt werden.

 A darf zwei Schafe opfern (Sachbeschädigung), um zwanzig zu retten, und A darf auch Sachwerte von 50 € opfern, um einen Sachschaden in Höhe von 500 € abzuwenden. Die betroffenen Rechtsgüter sind identisch: Eigentum gegen Eigentum. Die Beeinträchtigung ist aber so unterschiedlich stark, dass wesentliches Überwiegen vorliegt.

7.4 Was ist die Angemessenheit beim Notstand?

Bei der Angemessenheit geht es um die Grenzen der Abwägung. Hierunter können Sie die Fälle der erzwungen Blutspenden lösen. Auch wenn die Interessenabwägung für die erzwungene Blutspende spricht, sind diese nicht angemessen: Menschen sind keine Ersatzteillager. Eine Blutentnahme kann aber über den entschuldigenden Notstand gem. § 35 I StGB entschuldigt werden.

Aber es gibt auch andere Erwägungen, die abwägungsfest sind. Zu nennen sind vor allem die Ticking-Bomb-Szenarien: Darf der Terrorist, der weiß, wo der Sprengsatz versteckt ist, gefoltert werden, um potentielle Opfer zu retten? Folter ist immer ein Verstoß gegen die Menschenwürde gem. Art. 1 I GG und damit, unabhängig wie groß das drohende Unheil ist, nie angemessen. Umstritten ist, ob ein solcher Fall – wie der Fall des Kampfjetpiloten – durch einen übergesetzlichen Notstand entschuldigt werden kann.

8. Was ist der Unterschied zwischen Notwehr und Notstand?

Zwischen Notwehr und Notstand gibt es wesentliche Unterschiede:

1. **Menschen**
   Notwehr ist nur gegen einen Menschen möglich.
2. **Angreifer**
   Notwehr ist nur gegen den Angreifer möglich.
3. **Ausweichen**
   Beim Notstand soll der Betroffene flüchten, wenn es ihm möglich ist. Bei der Notwehr ist dies nicht der Fall.
4. **Gegenwärtigkeit**
   Ein weiterer Unterschied besteht in der Gegenwärtigkeit: beide verlangen sie, definieren sie aber anders. So kann es sein, dass der Angriff noch nicht nach § 32 StGB gegenwärtig ist, aber bereits nach § 34 StGB. Das ist möglich – aber nicht die Regel und begründungsbedürftig.

Ein Wirt in einem einsamen Gasthaus betäubt seine Gäste, die ihn in zwei Stunden überfallen wollen[17].

---

17 Rengier, Strafrecht, § 19 Rn. 15.

5. **Rechtsgüter**
   Notstand schützt mehr Rechtsgüter, auch solche der Allgemeinheit. Notwehr schützt dagegen nur persönliche Rechtsgüter.
6. **Interessensabwägung**
   Nur beim Notstand wägen Sie die Interessen ab.

Vergleich der Prüfungsschemata	
Notwehr	**Notstände**
1. gegenwärtiger, rechtswidriger Angriff	1. gegenwärtige/drohende Gefahr
2. Notwehrhandlung	2. Notstandshandlung
a) erforderlich	a) erforderlich
b) geboten	b) Interessenabwägung
--	c) Angemessenheit
3. Kenntnis der Notwehrlage	3. Kenntnis der Notstandslage

9. Was ist, wenn der Täter gezwungen wird, jemanden zu verletzen?

 A zwingt B mit vorgehaltener Pistole, den Tresor des C zu öffnen. C muss dabei zusehen.

Können Sie das Öffnen des Tresors durch B, der mit einer Waffe gezwungen wird, rechtfertigen? Über Notwehr geht es nicht, diese erfasst nur ein Handeln gegen den Angreifer A, nicht gegen C. Allerdings befindet sich B in einer gegenwärtigen Gefahr nach § 34 StGB. Damit müssten Sie das Öffnen des Tresors rechtfertigen können, oder?

Wäre das Handeln des B gerechtfertigt, hätte dies zur Folge, dass C den Angriff über sich ergehen lassen müsste. Er dürfte sein Eigentum nicht mit Notwehr verteidigen, weil kein rechtswidriger Angriff vorliegt. Diese Lösung schützt C nicht[18].

---

18 Daher ermöglichen Teile der Literatur für C, falls er sich wehren will, eine Entschuldigung nach § 35 StGB oder über einen Erlaubnistatbestandsirrtum (wenn er nichts von dem Nötigungsnotstand weiß und B damit für rechtswidrigen Angreifer hält.)

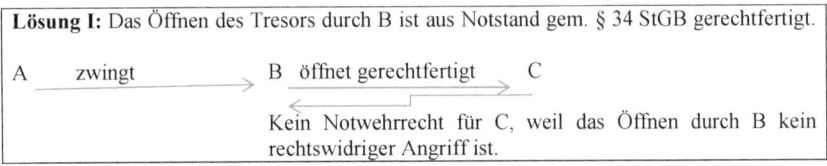

Damit beide Opfer, B und C, geschützt werden, lösen Sie den sogenannten *Nötigungsnotstand* so: B wird über § 35 I StGB entschuldigt, dann bleibt sein Angriff rechtswidrig – und C kann sich durch Notwehr gem. § 32 StGB wehren.

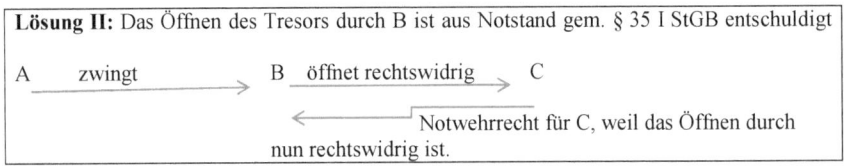

10. In welcher Reihenfolge prüfe ich die Rechtfertigungsgründe?

Spezielles Recht prüfen Sie stets vor allgemeinem. Das gilt auch für die Rechtfertigungsgründe: Je spezieller der Rechtfertigungsgrund ist, desto eher prüfen Sie diesen.

In den Lehrbüchern werden unterschiedliche Reihenfolgen vorgeschlagen. Sie können mit der Einwilligung beginnen: Das Opfer kann in eine Beeinträchtigung einwilligen, dann entfällt die Strafbarkeit des Täters, zum Beispiel bei einer Prügelei. Im Anschluss prüfen Sie die mutmaßliche Einwilligung.

Bei der Prüfung der Rechtfertigungsgründe können Sie diese Reihenfolge einhalten:

1. Einwilligung oder mutmaßliche Einwilligung
2. Notwehr § 32 StGB
3. Zivilrechtlicher Notstand: Defensivnotstand § 228 BGB, Aggressivnotstand § 904 BGB
4. Allgemeiner rechtfertigender Notstand § 34 StGB

Genauso ist es möglich, mit der Notwehr zu beginnen, weil diese die weitesten Eingriffsbefugnisse verleiht. Die Notwehr bezieht sich zudem nur auf menschliche Angriffe und ist also spezieller als die Notstände – daher prüfen Sie die Notwehr stets vor den Notständen. Ist das Eigentum oder der Besitz betroffen, sind die zivilrechtlichen Notstände spezieller als der strafrechtliche Notstand.

11. Warum prüfe ich die Rechtswidrigkeit meistens nur kurz?

Eine Tat, die den Tatbestand eines Delikts erfüllt, ist normalerweise rechtswidrig. Es sei denn – Ausnahme – es liegt ein Rechtfertigungsgrund vor. Das ist gemeint, wenn es heißt, die Erfüllung des Tatbestands indiziere die Rechtswidrigkeit. Sie prüfen die Rechtswidrigkeit nur ausführlich, wenn in Ihrem Fall eine Ausnahme vorliegt. Ihr Sachverhalt muss also Informationen enthalten, die auf einen Rechtfertigungsgrund hindeuten. Sollte Ihr Fall keine derartigen Informationen enthalten, reicht eine kurze Feststellung der Rechtswidrigkeit des Täters. Sie brauchen dann nicht alle vier Gutachtenschritte auszuformulieren.

 zu ausführliches Beispiel: T müsste rechtswidrig gehandelt haben. Die Tatbestandsmäßigkeit indiziert die Rechtswidrigkeit, es sei denn, es liegen Anhaltspunkte für das Vorliegen von Rechtfertigungsgründen vor. In diesem Fall gibt es keine Anhaltspunkte dafür, dass Rechtfertigungsgründe für das Handeln des T vorliegen. Somit hat T rechtswidrig gehandelt.

 Beispiel: Rechtfertigungsgründe sind nicht ersichtlich, sodass T rechtswidrig handelte.

 noch kürzer (aber in fortgeschrittenen Klausuren meist ausreichend): T handelte rechtswidrig.

Aufgaben

Aufgabe 1: Unterstreichen Sie die Prüfungspunkte der Notwehr.

§ 32 StGB
(1) Wer eine Tat begeht, die durch Notwehr geboten ist, handelt nicht rechtswidrig.
(2) Notwehr ist die Verteidigung, die erforderlich ist, um einen gegenwärtigen rechtswidrigen Angriff von sich oder einem anderen abzuwenden.

Tragen Sie diese in das Schema ein.
Hinweis: Der dritte Prüfungspunkt wird nicht wortwörtlich in § 32 StGB erwähnt, sondern ergibt sich aus der Formulierung „um... zu...".

```
1. _____
     a) _____         Notwehrlage
     b) _____
2. _____
     a) nur gegen den Angreifer
     b) _____     _____
     c) _____
3. _____
```

Aufgabe 2: Sortieren Sie die Prüfungsmerkmale zur Definition.

Angriff, Verteidigungswille, Erforderlichkeit, Gebotenheit, Rechtswidrigkeit.

a)	Das Mittel, das geeignet ist, den Angriff zu beenden und gleichzeitig das relativ mildeste bei gleicher Eignung ist.	
b)	Der Angriff verstößt gegen die Rechtsordnung, ist nicht seinerseits gerechtfertigt.	
c)	Bedrohung rechtlich geschützter Interessen durch menschliches Verhalten.	
d)	Die Notwehr wird aus sozial-ethischen Gründen beschränkt.	
e)	Der Täter weiß, dass er angegriffen wird.	

Aufgabe 3: Ein Angriff ist recht lange gegenwärtig, nämlich drei Zeitpunkte lang. Welche?

Zeitpunkt 1:_____
Zeitpunkt 2:_____
Zeitpunkt 3:_____

Aufgabe 4: Welcher Zeitpunkt liegt vor?

a) Bankräuber B ist in der Bank und schreit „Überfall".
_____

b) B ist unmittelbar nach dem Banküberfall mit der Beute auf der Flucht.
_____

c) Bankräuber B ist vor der Bank und setzt sich die Sturmhaube auf.
_____

d) Der Bankangestellte packt das Geld ein.
_____

e) B ist in Sicherheit angekommen.
_____

f) Der Bankangestellte gibt B das Geld.
_____

g) B verlässt die Bank.
_____

Aufgabe 5: Lösen Sie folgenden Fall.
T sitzt im Rollstuhl. Eines Nachmittags bemerkt er, wie der 12-Jährige O von seinem Kirschbaum springt und mit den erbeuteten Früchten zu fliehen versucht. T greift eine bereitliegende Jagdschrotflinte, und gibt einen Warnschuss ab, dann schießt er auf O. O wird am Bein getroffen und bleibt verwundet im Garten liegen.
T hat den Tatbestand einer Körperverletzung gem. § 223 I StGB erfüllt. War diese auch rechtswidrig?
Tragen Sie die Informationen aus dem Sachverhalt bei den Voraussetzungen der Notwehr gem. § 32 StGB ein.

a) Angriff auf _____
aa) gegenwärtig = _____
Welcher Zeitpunkt der Gegenwärtigkeit? _____

bb) rechtswidrig = _____
b) Verteidigung gegen den Angreifer? Ja ☐   Nein ☐
aa) Geeignet = _____
bb) Milderes Mittel bei gleicher Eignung =_____
_____
_____
_____

cc) Erforderlichkeit? Ja ☐   Nein ☐
c) Gebotenheit
aa) Sozial-ethische Schranke 1: _____
bb) Sozial-ethische Schranke 2: _____
cc) Sozial-ethische Schranke 3: _____

Aufgabe 6: Gilt Notwehr?

a) A sieht, wie jemand aus einem Juweliergeschäft rennt. Der Juwelier schreit: „Haltet den Dieb." A schlägt den Dieb nieder. Darf A dies aus Notwehr?
Ja ☐   Nein ☐   Grund: _____

b) Wie Fall a). Nur jetzt wirft er dem Dieb den Koffer eines Passanten zwischen die Beine, sodass dieser stürzt. Der Koffer wird dabei beschädigt. Sachbeschädigung durch Notwehr gerechtfertigt?
Ja ☐   Nein ☐   Grund: _____

c) A sieht wie B gerade auf Facebook aus seinem Smartphone eine massive Beleidigung im Sinne von § 185 StGB posten will. Er fragt sich, ob er sich gegen mit B Notwehr verteidigen darf.
Ja ☐   Nein ☐   Grund: _____

d) T hebt die Hand, um O zu schlagen. O könnte einfach weglaufen. Darf er sich körperlich wehren?
Ja ☐   Nein ☐   Grund: _____

e) A sieht, wie B ein Stoppschild mit einer Axt zerstören will. A schlägt B nieder. Notwehr?
Ja ☐   Nein ☐

Grund: Der Wortlaut des § 32 StGB umfasst das Abwenden des Angriffs nur „von _____(1) oder _____(2)". Opfer in diesem Fall wäre_____(3). Die Notwehr schützt aber nur _____(4).

Aufgabe 7: Bei welchem Prüfungsmerkmal der Notwehr diskutieren Sie in diesen Fällen ausführlicher?

a) Bankräuber B verlässt die Bank. Die beiden Privatdetektive N und K verfolgen ihn. Nach 25-stündiger Verfolgungsjagd ohne Pause schlagen N und K den Bankräuber nieder und bringen ihn zur Polizei.
Prüfungsmerkmal: _____

b) A wird von B mit einem Taschenmesser angegriffen. A hat ebenfalls ein Taschenmesser dabei, greift aber die an der Wand hängende Machete und schlägt mit dieser das Messer aus der Hand des B. Dabei verliert B zwei Finger.
Prüfungsmerkmal: _____

c) Kind K zieht einer Frau (F) von hinten heftig an den Haaren. F verpasst K daraufhin eine Ohrfeige, die zu einer blutenden Wunde führt.
Prüfungsmerkmal: _____

d) A will B überfallen und versteckt sich hinter einer Hecke. Gerade als A den B angreifen will, entdeckt B den A und schlägt ihn nieder, weil er A nicht leiden kann. B wusste nicht, dass A ihn überfallen wollte.
Prüfungsmerkmal: _____

e) A überfällt eine Bank. Er nimmt extra die Patronen aus der Pistole, damit niemand verletzt werden kann. B schlägt A nieder.
Prüfungsmerkmal: _____

f) Ehemann E schlägt immer wieder seine Frau. Eines Nachts beschließt sie, diesen im Schlaf zu töten.
Prüfungsmerkmal: _____

g) Eine Schlägergruppe versammelt sich. In einer halben Stunde wollen sie einen Kiosk überfallen. A gibt der Gruppe ein starkes Schlafmittel.
Prüfungsmerkmal: _____

h) Formulieren Sie das Prüfungsmerkmal von g) im gutachterlichen Viererschritt.

Obersatz
_____
_____

Definition
_____
_____

Subsumtion
_____
_____

Ergebnis
_____
_____

i) N sieht im Fernsehen ein Foto ihres Nachbarn als geuschten Bankräuber. Sie geht hinüber und schießt ihm ins Bein, dann ruft sie die Polizei.
aa) Prüfungsmerkmal: _____
bb) Merkmal erfüllt? Ja ☐   Nein ☐
Grund: _____
cc) Anderer Rechtfertigungsgrund? _____
Was darf N nach diesem lediglich? _____

Aufgabe 8: A ist abends in einer Kneipe. Sein Feind B ist ebenfalls anwesend. A, der weiß, dass B zuschlägt, wenn er gereizt wird, macht sich immer wieder über B lustig. A hofft, dass B zuschlagen wird, damit auch A sich wehren kann und dem B „ordentlich eine verpassen" darf. So kommt es schließlich und A schlägt den B nieder.

a) Ein Argument das Notwehrrecht abzulehnen folgt aus dem Sinn und Zweck der Notwehr. Ergänzen Sie.
Der Sinn und Zweck der Notwehr besteht darin, den Angegriffenen zu _____. Ein Angegriffener, der seine Lage selbst provoziert hat, ist nicht _____.

b) Die Rechtswissenschaft ist sich nicht einig, wo sie die Notwehrprovokation prüft. Mit welcher Begründung?
1. Rechtswidrigkeit des Angriffs: **Lösungstipp:** Die Situation lässt sich juristisch mit einem Arztbesuch vergleichen.

A hat in den Angriff des B _____, damit ist der Angriff des B nicht _____ und A hat kein Notwehrrecht.
2. A will sich nicht _____, sondern angreifen. Damit fehlt ihm der_____.
3. Ein Provozierender darf sich zwar wehren, wenn er tatsächlich angegriffen wird, aber aus sozial-ethischen Gründen muss die Notwehr eingeschränkt werden: Nur Schutzwehr ist erlaubt. Somit wäre das Niederschlagen nicht _____ .

Aufgabe 9: Welche Fallgruppe der Gebotenheit liegt vor?

Angriff Schuldunfähiger, Angriff offensichtlich Irrender, Notwehrprovokation, krasses Missverhältnis, enge familiäre Beziehungen, Bagatellangriff.

a) A reißt B ein Butterbrot aus der Hand, B schlägt A mit einem Totschläger nieder.
Fallgruppe: _____
Notwehrrecht? Ja ☐   Nein ☐   Eingeschränkt ☐

b) Der stark betrunkene B stolpert auf A zu und will diesen unbeholfen schlagen. A schlägt diesen nieder.
Fallgruppe: _____
Notwehrrecht? Ja ☐   Nein ☐   Eingeschränkt ☐

c) A beleidigt B, in der Hoffnung, dieser würde A schlagen, was tatsächlich passiert. A sticht daraufhin B mit einem Messer ins Bein. Entscheiden Sie nach der herrschenden Ansicht.
Fallgruppe: _____
Notwehrrecht? Ja ☐   Nein ☐   Eingeschränkt ☐

d) A rempelt B in der Straßenbahn an, um einen Sitzplatz zu ergattern. Daraufhin verpasst B dem A eine Ohrfeige.
Fallgruppe: _____
Notwehrrecht? Ja ☐   Nein ☐   Eingeschränkt ☐

e) A ist Schauspieler und spielt gerade in einer Überfallszene. Passant P erkennt nicht, dass es sich um ein Filmset handelt, obwohl drei Kameras aufgebaut sind und will A niederschlagen. A ist klar, dass P ein Passant ist, will sich aber nicht schlagen lassen und sticht P mit einem Messer in den Arm.
Fallgruppe: _____
Notwehrrecht? Ja ☐   Nein ☐   Eingeschränkt ☐

f) Im Streit will Ehefrau F ihren Mann schlagen. Der Mann verteidigt sich mit einem Messer und sticht es seiner Frau in den Oberarm.
Fallgruppe: _____
Notwehrrecht? Ja ☐   Nein ☐   Eingeschränkt ☐

g) Der offensichtlich psychisch Kranke K will die Handtasche des A stehlen. A sticht mit einem Taschenmesser in den Arm des K.
Fallgruppe: _____
Notwehrrecht? Ja ☐   Nein ☐   Eingeschränkt ☐

h) Bei einem eingeschränkten Notwehrrecht – wie darf man sich wehren?
1. _____

2. _____

3. _____

i) Wenn das Notwehrrecht nur eingeschränkt gilt, muss man sich immer an alle drei Stufen einhalten? Ja ☐   Nein ☐

Aufgabe 10: B raucht in der Disko. A stört dies und sie fordert B daher auf, das Rauchen einzustellen. Daraufhin bläst B ihr Rauch vermischt mit Spucke ins Gesicht. A wirft sodann ein Glas, das B an der Augenbraue trifft. Es kommt zu einer Beule.

a) Welche Rechtsgüter der A könnte B angegriffen haben?
Rechtsgut 1: _____ Delikt: _____
Rechtsgut 2: _____ Delikt: _____

b) Auf welche Weise sind Spucke und Rauch für das Opfer gefährlich? Das Gericht entschied sich für das Vorliegen eines Angriffs vor allem aus diesen beiden Gründen.

Spucke: _____

Rauch: _____

Aufgabe 11: Die Freundinnen A und B streiten sich. Schließlich entscheiden sie den Streit „wie Männer" auszutragen. Im Kampf schlägt A die B nieder und geht weg. B rappelt sich wieder hoch und rennt A mit einem Messer hinterher. A sieht B und sticht ihr schnell mit dem eigenen Messer in den Arm.

a) Zwei Tathandlungen der A – Welche?
1. _____ Delikt: _____
2. _____ Delikt: _____

b) Welche Gründe können die Tathandlungen der A rechtfertigen?
1. Rechtfertigungsgrund für die erste Tathandlung: _____
2. Rechtfertigungsgrund für die zweite Tathandlung: _____

c) Was wäre wenn, Passant P alles beobachtet hätte und selbst anstelle von A gestochen hätte? Welcher Rechtfertigungsgrund kommt in Betracht?
_____

Aufgabe 12: Lesen Sie die beiden Rechtfertigungsgründe – was sind die Unterschiede?

§ 32 StGB
(1) Wer eine Tat begeht, die durch Notwehr geboten ist, handelt nicht rechtswidrig.
(2) Notwehr ist die Verteidigung, die erforderlich ist, um einen gegenwärtigen rechtswidrigen Angriff von sich oder einem anderen abzuwenden.

§ 34 StGB
Wer in einer gegenwärtigen, nicht anders abwendbaren Gefahr für Leben, Leib, Freiheit, Ehre, Eigentum oder ein anderes Rechtsgut eine Tat begeht, um die Gefahr von sich oder einem anderen abzuwenden, handelt nicht rechtswidrig, wenn bei Abwägung der widerstreitenden Interessen, namentlich der betroffenen Rechtsgüter und des Grades der ihnen drohenden Gefahren, das geschützte Interesse das beeinträchtigte wesentlich überwiegt. Dies gilt jedoch nur, soweit die Tat ein angemessenes Mittel ist, die Gefahr abzuwenden.

a) Kreuzen Sie an.

	Gemeinsamkeit	Unterschied
erfasst nur menschliche Angriffe		
Interessenabwägung		
Rechtsfolge: Rechtswidrigkeit entfällt		

b) Tragen Sie die Unterschiede ein.

Notstand	Notwehr
Interessenabwägung	
	erfasst nur menschliche Angriffe
	nur gegen Rechtsgüter des Angreifers

Aufgabe 13: Tragen Sie aus dem Gesetz ein …

§ 34 StGB	§ 228 BGB	§ 904 BGB
I. die Notstandslage 1. ___ 2. ___	I. die Notstandslage 1. ___ 2. ___ 3. ___	I. die Notstandslage 1. ___ 2. ___
II. die Notstandshandlung	II. die Notstandshandlung	II. die Notstandshandlung
1.	1.	1.
2.	2.	2.
3.	3.	3.
III. Wissen um die Notstandslage	III. Wissen um die Notstandslage	III. Wissen um die Notstandslage

Aufgabe 14: Was prüfen Sie zuerst?

a) Notwehr ☐   Notstand ☐
b) Strafrechtlicher ☐   zivilrechtlicher Notstand ☐

Aufgabe 15: A geht mit seinem Dackel spazieren. Ein Schäferhund rast auf den Dackel zu. A ruft der Hundebesitzerin H zu: „Leinen Sie Ihren Hund an." „Der will nur spielen", ruft H zurück. Allerdings beißt der Schäfer den Dackel in den Nacken. A kann seinem Hund nur dadurch helfen, dass er den Spazierstock seiner Frau auf den Schädel des Schäferhunds schlägt. Dieser stirbt und der Stock bricht dabei entzwei. Strafbarkeit des A?

a) Zwei „Opfer" des A – Welche?
1. _____Delikt: _____
2. _____Delikt: _____

b) Welche Rechtfertigungsgründe könnten für A eingreifen? Für jedes „Opfer" kommt ein anderer Rechtfertigungsgrund in Betracht.
1. _____
2. _____

Aufgabe 16: Welcher Fall gehört zu welchem zivilrechtlichen Rechtfertigungsgrund?

a) A vergisst, die Handbremse seines Wagens zu ziehen. Der Wagen rollt die Straße herunter und droht ein Kind zu überfahren. B sieht dies und sticht mit einem Messer schnell alle Reifen ein. Der Wagen bleibt stehen.
Rechtfertigungsgrund: _____

b) Dieses Mal stoppt B den Wagen des A mit mehreren Koffern des C, die an der Straße stehen. Der Wagen stoppt. Allerdings gehen alle Koffer kaputt.
Rechtfertigungsgrund: _____

c) Spaziergänger S geht in den Wald und wird dort von einem Wildschwein angegriffen. Er nimmt seinen Stock und schlägt das Wildschwein tot.
Rechtfertigungsgrund: _____

d) S wird auf einer Wanderung von einem Unwetter überrascht und bricht in die Hütte des E ein.
Rechtfertigungsgrund: _____

Kapitel 2: Rechtswidrigkeit

Aufgabe 17: Welche Delikte liegen vor? Welche Rechtfertigungsgründe kommen in Betracht? Bewerten Sie das Fettgedruckte.

> Notwehr gem. § 32 StGB, Einwilligung, § 904 BGB, mutmaßliche Einwilligung, Notstand gem. § 34 StGB, § 228 BGB.

a) Ich werde von einem Menschen mit einem Messer verfolgt und **schlage ihn nieder**.
Delikt:_____
Rechtfertigungsgrund:_____

b) Der Hund meines Nachbarn verbeißt sich in mein Bein und **ich töte ihn**.
Delikt:_____
Rechtfertigungsgrund:_____
Warum?_____

c) Ich werde von einem Menschen verfolgt und **zerstöre die Scheibe eines fremden Hauses, und verstecke mich dort**.
Delikt:_____
Rechtfertigungsgrund:_____
Warum?_____

d) Ich gehe zum Zahnarzt, **der mir einen Zahn zieht**.
Delikt:_____
Rechtfertigungsgrund:_____

e) **Ein Arzt gibt einem Bewusstlosen eine lebenswichtige Spritze.**
Delikt:_____
Rechtfertigungsgrund:_____
Warum?_____

f) A montiert nachts alle Verkehrsschilder in seiner Straße ab. Bei dieser handelt es sich um eine Hauptverkehrsstraße. **B beobachtet ihn und schlägt ihn nieder.**
aa) Delikt:_____
bb) Warum keine Notwehr? _____

cc) Warum kein zivilrechtlicher Notstand? (Es werden doch Sachen beschädigt.)
_____

dd) Rechtfertigungsgrund:_____
ee) Welches Rechtsgut muss welches für eine Rechtfertigung wesentlich überwiegen? Kreuzen Sie an.
Rechtsgut 1: _____ ☐
Rechtsgut 2: _____ ☐
ff) Was spricht für eine Rechtfertigung für B, was dagegen?

Fallinformation	Pro oder Contra?
Nachts	
Alle Verkehrsschilder	
Hauptstraße	

gg) Wie würden Sie die Interessensabwägung entscheiden?
_____
_____
_____

g) F wird von einem Mann mit einem Messer verfolgt. F trifft auf D, der in einem Auto sitzt. Dieser weigert sich, F aus der Gefahrenzone zu bringen. **Daher bedroht F den D mit ihrem Taschenmesser, damit dieser sie zur nächsten Polizeistation bringt.**
Delikt:_____
Rechtfertigungsgrund:_____

Aufgabe 18: Einverständnis oder Einwilligung?

a) A erlaubt B, sein Auto zu „stehlen". _____
b) A erlaubt B, ihn zu schlagen. _____
c) A erlaubt B, A für eine halbe Stunde einzusperren.
_____
d) A erlaubt B, sein Auto zu zerstören. _____
e) A erlaubt B, sein Haus zu betreten, der dort etwas stiehlt.
_____

Aufgabe 19: Erlaubt oder nicht?

a) A und B verabreden eine Mutprobe: B soll nachts das Handy des A stehlen, ohne von A erwischt zu werden. B schafft es.
    aa) Was kommt in Betracht?
    Einverständnis ☐   Einwilligung ☐
    bb) Welche Ebene könnte entfallen?
    Tatbestand ☐   Rechtswidrigkeit ☐
    cc) Macht sich B strafbar?
    Ja ☐   Nein ☐

b) A und B verabreden im Internet, dass A sich von B verspeisen lässt. So kommt es.
    aa) Was kommt in Betracht?
    Einverständnis ☐   Einwilligung ☐
    bb) Welche Ebene könnte entfallen?
    Tatbestand ☐   Rechtswidrigkeit ☐
    cc) Macht sich B strafbar?
    Ja ☐   Nein ☐

c) B ist eine Domina und peitscht A wie gewünscht aus.
    aa) Was kommt in Betracht?
    Einverständnis ☐   Einwilligung ☐
    bb) Welche Ebene könnte entfallen?
    Tatbestand ☐   Rechtswidrigkeit ☐
    cc) Macht sich B strafbar?
    Ja ☐   Nein ☐

Aufgabe 20: Welches Rechtsgut wird geschützt? Ist dieses disponibel?

a) Körperverletzung gem. § 223 I StGB: _____
Disponibel? Ja ☐   Nein ☐   Umstritten ☐

b) Gewässerverunreinigung gem. § 324 StGB: _____
Disponibel? Ja ☐   Nein ☐   Umstritten ☐

c) Brandstiftung gem. § 306 StGB: _____
Disponibel? Ja ☐   Nein ☐   Umstritten ☐

Aufgabe 21: Der 16-Jährige M findet seine Nase zu schräg. Daher sucht er den Schönheitschirurgen S auf, um sich die Nase begradigen zu lassen. Vor der Operation klärt S den M über alle Risiken auf. Nach der Operation sind die Eltern des M entsetzt und erstatten Strafanzeige gegen S.

Hat S sich strafbar gemacht?

a) Welches Delikt: _____
b) Welcher Rechtfertigungsgrund: _____
c) Welches Rechtsgut? _____
d) Ist dieses disponibel? Ja ☐   Nein ☐
e) Ist M für dieses verfügungsbefugt? Ja ☐   Nein ☐
Grund: _____
f) Ist M einwilligungsfähig?
    aa) Ist die zivilrechtliche Geschäftsfähigkeit ein Kriterium?
        Ja ☐   Nein ☐
    bb) Was ist ein Kriterium? _____
    cc) Ist M also einwilligungsfähig? Ja ☐   Nein ☐
    Grund: _____

g) Weist der Wille des M Mängel auf? Ja ☐   Nein ☐
Grund: _____
h) Hat M die Einwilligung vor der Tat erklärt und war diese zum Zeitpunkt noch wirksam?
Ja ☐   Nein ☐
i) Wusste S von der Einwilligung des M? Ja ☐   Nein ☐
j) Verstößt eine Schönheitsoperation gegen die guten Sitten gem. § 228 StGB?
Ja ☐   Nein ☐   Grund: _____

k) Liegt eine wirksame Einwilligung vor? Ja ☐   Nein ☐
l) Hat S sich strafbar gemacht? Ja ☐   Nein ☐

Aufgabe 22: Haben sich die Täter strafbar gemacht?

a) A wird bei einer Bergwanderung von starkem Schneefall überrascht. Er kann sich vor dem drohenden Erfrieren und Verhungern nur dadurch retten, dass er die Tür der leer stehenden Hütte des B aufbricht, dort einheizt und die Lebensmittelvorräte teilweise aufbraucht.

Welcher Rechtfertigungsgrund kommt in Betracht? _____

Strafbarkeit: Ja ☐   Nein ☐

b) Was wäre, wenn die Hütte und die Lebensmittel im Eigentum der Gemeinde C stünden. Welcher Rechtfertigungsgrund kommt in Betracht?
_____

c) T steigt durch ein Fenster in die Wohnung des O ein. Er zwingt O mit vorgehaltener Pistole in das Wohnzimmer zu gehen. O ergreift eine Bronzestatue und will diese T auf den Kopf schlagen. T bemerkt dies und schießt den O in den Arm, sodass dieser die Bronzestatue fallen lässt. T wäre durch einen Schlag mit der Bronzestatue auf den Kopf möglicherweise ums Leben gekommen.
Strafbarkeit des T?

aa) Welche der Handlungen des T könnte gerechtfertigt sein: _____

bb) Delikte: _____

cc) Rechtfertigungsgrund: _____

dd) Liegt dieser vor? _____ Grund: _____

ee) Strafbarkeit: Ja ☐   Nein ☐

d) A droht zu verbluten. B weigert sich A ins Krankenhaus zu fahren. Daher zwingt A diesen mit vorgehaltener Waffe ihn ins Krankenhaus zu bringen. Welcher Rechtfertigungsgrund kommt für A in Betracht?
Handlung: _____ Delikte: _____

Rechtfertigungsgrund: _____
Strafbarkeit: Ja ☐   Nein ☐

e) Autofan A und sein Freund B verbringen einen Abend in einer Bar und betrinken sich. A will anschließend mit seinem Auto nach Hause fahren. B versucht ihn davon abzuhalten. Schließlich sieht er keine andere Möglichkeit als A niederzuschlagen.
Hat B sich strafbar gemacht?

aa) Delikt: _____

bb) Warum keine Notwehr? _____

cc) Rechtfertigungsgrund: _____
dd) Welches Rechtsgut muss welches für eine Rechtfertigung wesentlich überwiegen? Kreuzen Sie an.
Bedrohtes Rechtsgut: _____ ☐
Verletztes Rechtsgut: _____ ☐
ee) Ein Kriterium bei der Abwägung ist auch, wer die Gefahr verursacht hat. Wer ist es? _____
ff) Wie würden Sie die Interessensabwägung entscheiden?
_____
_____
_____

Aufgabe 23: A, B und C sind auf einer gemeinsamen Klettertour. Plötzlich droht das Seil zu reißen. A ist ganz oben und erkennt, dass das Gewicht von drei Personen zu viel ist. Daher schneidet er das Seil unter ihm ab. B und C stürzen in die Tiefe und sterben. A kann gerettet werden. Hätte A nicht das Seil abgeschnitten, wäre er mit Sicherheit abgestürzt.

a) Warum ist das Abschneiden nicht von Notwehr gerechtfertigt?
_____

b) Warum ist es ebenfalls nicht von Notstand gem. § 34 StGB erfasst?
§ 34 StGB verlangt eine_____.
Hier steht _____ gegen _____. Damit gibt es kein wesentliches Überwiegen.

c) Welcher Entschuldigungsgrund kommt in Betracht?
§_____ Dieser Entschuldigungsgrund verlangt im Gegensatz zu § 34 StGB keine _____.

Aufgabe 24: Antikunstfan A zwingt Galerist G mit vorgehaltener Pistole, den Künstler K zu schlagen. G gehorcht widerwillig. Strafbarkeit des G?

a) Handlung des G: _____
b) Delikt des G: _____
c) Warum keine Notwehr? _____

d) Welcher Rechtfertigungsgrund kommt in Betracht? _____
_____

e) Liegt dieser vor? Vervollständigen Sie die Argumente und entscheiden Sie, ob es ein Pro- oder ein Contra-Argument ist.

aa) Der Wortlaut des § _____(1) StGB verlangt eine gegenwärtige _____(2) für ein Rechtsgut. A zwingt G mit einer vorgehaltenen Pistole. G hat keine andere Möglichkeit, als den K zu schlagen. Damit befindet sich G in einer solchen Gefahr für das Rechtsgut _____(3).
Pro ☐   Contra ☐

bb) Wäre die Tat des G gerechtfertigt, hätte das für K zur Folge, dass_____

_____

Pro ☐   Contra ☐

f) Verneint man die Anwendbarkeit des § 34 StGB, kann man den Fall mit welcher Norm lösen? _____

Folge für G: _____
Folge für K: _____

Kapitel 3: Schuld

1. Was prüfe ich in der Schuld?

Das StGB geht davon aus, dass jeder erwachsene Mensch grundsätzlich schuldfähig ist. Schuldig ist, wer für seine Tat persönlich verantwortlich gemacht werden kann. Das gilt zum Beispiel nicht für Kinder und Jugendliche unter 14 Jahren (§ 19 StGB) oder psychisch Kranke im Sinne von § 20 StGB. Bei diesen ist die Schuld gesetzlich von vorneherein ausgeschlossen, daher nennt man diese Gründe *Schuldausschließungsgründe*.

 Der 12-jährige T begeht einen Ladendiebstahl[19].

In der Schuld geht es um die Frage, ob sich der Täter anders verhalten hätte *können*. Jemand „ist" nicht verantwortlich, sondern er „wird verantwortlich gemacht". Der Unterschied ist, dass letzteres von der Gesellschaft abhängt: Schon die Strafmündigkeit mit 14 Jahren ist eine politische Festlegung, die auch anders hätte ausfallen können. Gleiches gilt bei den seelischen Erkrankungen bei der Festlegung, wann eine psychische Andersartigkeit als „seelische Störung" im Sinne des § 20 StGB anerkannt wird. Noch deutlicher wird es bei der Anerkennung von Entschuldigungsgründen, die eben nur dann relevant werden, wenn die Rechtsordnung sie ausformuliert und anerkennt. Auch bei diesen kann sich die Person nicht anders verhalten: zum Beispiel, weil sie aus großer Furcht die Grenzen der Notwehr überschreitet (§ 33 StGB) oder nicht wusste und nicht wissen konnte, dass es eine Strafnorm gibt, die sie verwirklicht (§ 17 StGB). Dann spricht man von *Entschuldigungsgründen*.

 Schuld = Schuldausschließungs- und Entschuldigungsgründe

> **Tipp:** Im Gesetz erkennen Sie diese Gründe meist an der Formulierung „handelt ohne Schuld".

---

19 Solche Fälle sind verwaltungsrechtlich ein Problem der Jugendämter und können haftungsrechtlich die Eltern in Anspruch nehmen.

2. Was ist der Unterschied zwischen Rechtswidrigkeit und Schuld?

Die Rechtswidrigkeit entfällt, wenn äußere Voraussetzungen vorliegen, die vom Täter unabhängig sind. Entfällt die Rechtswidrigkeit, ist die Tat von der Rechtsordnung gebilligt. Entfällt dagegen die Schuld, wird die Tat zwar von der Rechtsordnung missbilligt, ist aber genau dieser Person nicht vorzuwerfen[20]. § 17 StGB lautet: Fehlt dem Täter bei Begehung der Tat die Einsicht, Unrecht zu tun, so handelt er ohne Schuld […]. Element der Schuldfähigkeit ist also die Fähigkeit das Unrecht der Tat einzusehen: Manche können das Unrecht der Tat weniger gut einsehen oder sind nicht in der Lage, nach dieser Einsicht zu handeln. Die Schuld entfällt aus Gründen, die in der Person des Täters begründet sind.

> **Tipp:** Ein Entschuldigter, der angreift, begeht eine rechtswidrige Tat, sodass der Betroffene ein Notwehrrecht gegen den Entschuldigten hat[14].

3. Was ist, wenn dem Täter nicht bewusst ist, dass er Unrecht verwirklicht?

Wenn Ihr Täter nicht weiß, dass es eine Strafnorm gibt, die er verwirklicht oder er ein gesetzliches Merkmal falsch interpretiert, handelt er ohne Schuld, wenn er den Irrtum nicht vermeiden konnte. § 17 StGB drückt dies so aus:

> § 17 StGB
> Fehlt dem Täter bei Begehung der Tat die Einsicht, **Unrecht** zu tun, so handelt er ohne Schuld, wenn er diesen Irrtum nicht vermeiden konnte.

 A sieht einen Unfall mit zwei Verletzten an einer einsamen Landstraße. Da er zur Arbeit muss, hilft er nicht. Er ist sicher, sich damit auch nicht strafbar zu machen. Allerdings fällt sein Verhalten unter die unterlassene Hilfeleistung gem. § 323c StGB. Dieser Irrtum war vermeidbar, sodass die Strafbarkeit nicht entfällt.

---

20 Rengier, Strafrecht AT, § 24 Rn. 1.
21 Die Teilnahme-Normen verlangen ebenfalls eine rechtswidrige Tat, sodass auch eine entschuldigte Tat teilnahmefähig ist.

3. Was ist, wenn dem Täter nicht bewusst ist, dass er Unrecht verwirklicht? — 211

Eselsbrücke: Aus dem Wort „Un**recht**" schließen Sie, dass es sich um Rechtliches handelt. Von § 17 StGB sind nur also nur rechtliche Irrtümer erfasst.

Im Kapitel 1 haben Sie erfahren, dass von § 16 StGB Irrtümer über Tatsachen auf Ebene des Tatbestandes erfasst sind. Das ergibt sich aus dem Wort „Umstand":

§ 16 StGB
(1) Wer bei Begehung der Tat einen **Umstand** nicht kennt, der zum gesetzlichen Tatbestand gehört, handelt nicht vorsätzlich.

 A glaubt eine Spielzeugpistole in der Hand zu haben. Daher schießt er auf die Vase des B. Dieser wird zerstört.

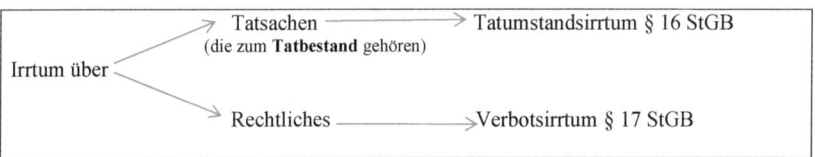

Der Normalfall des § 17 StGB ist, dass der Täter Verbotenes für erlaubt hält. Dieser Irrtum kann auch umgekehrt sein: der Täter hält Erlaubtes für verboten.

 A betrügt seine Ehefrau B. Er denkt, dass er sich durch den Ehebruch strafbar gemacht hat.

A hält sein – strafrechtlich erlaubtes – Verhalten für verboten. Dieser umgekehrte Verbotsirrtum wird deshalb auch Wahndelikt genannt. Der Täter hat eine irrige (Wahn-)Vorstellung über die Strafbarkeit seines eigenen Verhaltens. „Erfindet" der Täter eine Strafvorschrift, die es nicht gibt, kann er nicht nach einer solchen, nur in seiner Vorstellung bestehenden Vorschrift, bestraft werden. Der umgekehrte Verbotsirrtum, das Wahndelikt, führt zu einer Straflosigkeit.

§ 17 StGB prüfen Sie nach der herrschenden Ansicht auch bei Irrtümern über die Rechtswidrigkeit:

Variante 1: Der Täter glaubt, es gebe einen Rechtfertigungsgrund für sein Handeln, obwohl dies nicht der Fall ist.

 Lehrer L schlägt seine Schüler, in dem Glauben er hätte ein Lehrerzüchtigungsrecht. Ein vermeidbarer Irrtum, der die Schuld nicht entfallen lässt.

Variante 2: Der Täter kennt die rechtlichen Grenzen eines an sich anerkannten Rechtfertigungsgrundes falsch.

 A glaubt im Falle der Notwehr, er dürfe jedes beliebige Verteidigungsmittel anwenden.

Tipp: Der indirekte Verbotsirrtum wird auch Erlaubnisirrtum genannt.

 Täter glaubt, sein Handeln sei …
1. erlaubt, er irrt über das Bestehen einer **Strafnorm** = Verbotsirrtum
2. erlaubt, er irrt über das Bestehen/Grenzen eines **Rechtfertigungsgrundes** = indirekter Verbotsirrtum/Erlaubnisirrtum
3. **verboten**, er irrt über eine Strafnorm = strafloses Wahndelikt/umgekehrter Verbotsirrtum

Als nächstes prüfen Sie, ob der Täter den Irrtum vermeiden konnte. Konnte er ihn vermeiden, besteht nach § 17 S. 2 StGB die Möglichkeit die Strafe zu mildern.

An die Unvermeidbarkeit werden sehr hohe Anforderungen geknüpft. In der Regel ist ein Verbotsirrtum durch Einholen von Ratschlägen (von Anwälten etc.), durch Nachfragen oder durch den Einsatz des eigenen gesunden Menschenverstandes vermeidbar. Unvermeidbar kann ein Irrtum bei noch unbekannten Neuentwicklungen in der Rechtsprechung zu unbestimmten Normformulierungen sein.

 Bei § 17 StGB prüfen Sie immer, ob der Irrtum vermeidbar war.

4. Was ist, wenn der Täter sich über das Vorliegen eines Rechtfertigungsgrundes irrt?

 A geht spazieren und raucht dabei eine Zigarette. Er bemerkt in einer dunklen Gasse, dass ein kräftig gebauter Mann (B) hinter ihm immer näherkommt und schnellere Schritte macht. Da A erst am Vortag an einem Selbstverteidigungskurs teilgenommen hat, dreht er sich blitzschnell um und tritt dem B kräftig in den Bauch. B geht sofort zu Boden. Am nächsten Tag stellt sich heraus, dass B den A

4. Was ist, wenn der Täter sich über das Vorliegen eines Rechtfertigungsgrundes irrt?

nur nach einem Feuerzeug zum Anzünden seiner Zigarette fragen wollte. A tut die Sache im Nachhinein sehr leid.

A ging davon aus, dass B ihn überfallen oder zumindest schlagen wollte, stellte sich also einen Angriff (im Sinne des § 32 StGB) vor. Wie dieser Irrtum rechtlich zu qualifizieren ist, ist besonders umstritten, weil diese Situation nicht ausdrücklich im StGB geregelt ist. Daher die Frage:

Warum passt das Gesetz hier nicht?

§ 16 StGB lässt den Vorsatz entfallen, wenn sich der Täter über eine Tatsache irrt, die Teil des Tatbestandes ist. In dieser Situation irrt sich der Täter zwar über Tatsachen (A glaubt, B greife ihn an), aber diese beziehen sich auf die Rechtswidrigkeit, nicht auf den Tatbestand.

§ 17 StGB lässt bei einem Irrtum über *Rechtliches* auch über die Rechtswidrigkeit die Schuld entfallen. Das passt auch nicht recht: Zwar irrt sich die Person über die Rechtswidrigkeit, aber eben über Tatsachen, wenn er glaubt angegriffen zu werden. Ihm fehlt aber – wie in § 17 StGB verlangt – das Bewusstsein Unrechtes zu tun (A weiß, dass er niemanden schlagen darf, der ihn nicht angreift. Er glaubt aber, angegriffen zu werden und ist sich daher des Unrechts seines Tuns nicht bewusst.).

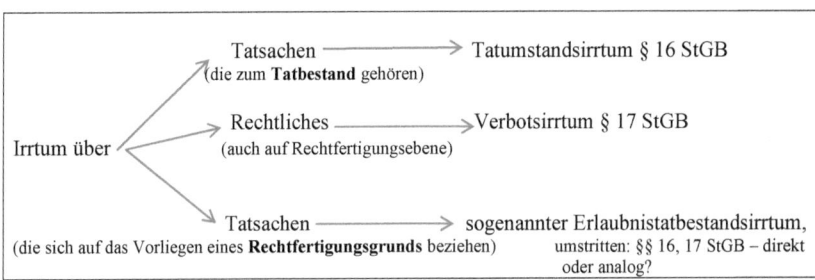

Theorien, wie dieser Irrtum zu lösen ist, gibt es mehrere. Diese werden hier nicht dargestellt[22]. Wichtig ist mit dem Gesetz zu verstehen, warum es zu diesen vielen Theorien kam.

---

22 Rengier, AT, § 30, S. 263–270; Wessels / Beulke / Satzger § 14, Rn. 693–707; Kudlich, Fälle, S. 150 f.

5. Was sind die Schuldausschließungsgründe nach § 20 StGB?

Nach § 20 StGB kann auch die Schuld ausgeschlossen sein, weil die Steuerungs- oder Einsichtsfähigkeit gemindert oder nicht vorhanden sind, zum Beispiel durch Alkohol oder eine Psychose.

§ 20 StGB lässt aus vier Gründen die Schuld entfallen:

1. krankhafte seelische Störung
2. tiefgreifende Bewusstseinsstörung
3. Schwachsinn
4. andere schwere seelische Abartigkeit

Im Studium ist vor allem die tiefgreifende Bewusstseinsstörung relevant. Dazu zählen Ermüdung, Drogen oder Alkohol. Ob jemand so betrunken ist, dass er schuldunfähig ist, ist immer einzelfallabhängig, da Menschen Alkohol besser und schlechter vertragen. Daher gelten die Werte lediglich als Indiz. Die Blutalkoholkonzentration zum Tatzeitpunkt ist daher auch nur ein Anhaltspunkt für das Vorliegen einer tiefgreifenden Bewusstseinsstörung. Ab 2,0 ‰ können Sie eine verminderte Schuldfähigkeit (§ 21 StGB) prüfen, bei Tötungsdelikten ab 2,2 ‰. Ab 3,0 ‰ wird im Allgemeinen eine Schuldunfähigkeit angenommen, bei Tötungsdelikten wegen der höheren Hemmschwelle im Allgemeinen erst ab 3,3 ‰[23].

 A, der sehr trinkfest ist, betrinkt sich mit 2,0‰, und begeht dann einen Diebstahl. Das Vorliegen von 2,0‰ ist ein Indiz für verminderte Schuldfähigkeit, allerdings war A trinkfest, was gegen diese Annahme spricht.

Befindet sich der Täter in einem Zustand, wie in § 20 StGB beschrieben, allerdings weniger stark, ist seine Schuldfähigkeit vermindert. Dann kann die Strafe gem. § 21 StGB gemildert werden. § 21 StGB spielt für Sie in der Fallbearbeitung, in der es um das „Ob" einer Strafbarkeit und nicht um Strafzumessung geht, praktisch keine Rolle.

---

23 Rengier, Strafrecht AT, § 24 Rn. 9.

6. Was ist, wenn der Täter sich betrinkt, um Straffreiheit zu erlangen?

 A betrinkt sich absichtlich schuldunfähig, damit er in diesem Zustand B straffrei verprügeln kann. Genauso passiert es.

Nach § 20 StGB handelt ohne Schuld, wer sich bei Tatbegehung in einer tiefgreifenden Bewusstseinsstörung befindet: Das kann bei einem Betrunkenen der Fall sein, auch bei einem, der sich absichtlich betrinkt, um einer Bestrafung zu entgehen. Wenden Sie § 20 StGB an, macht A sich nicht strafbar. Täter hätten damit einen Freischein, Opfer zu verletzen. Da man nicht gegen den Wortlaut des Gesetzes verstoßen möchte, wenn man diese Täter bestraft, gibt es mehrere Lösungsvorschläge, um doch zu einer Lösung zu gelangen[24]. Hier werden zwei vorgestellt:

Lösung 1: Ausnahme von § 20 StGB

Der Täter missbraucht das Recht zu seinem Vorteil, was eine Ausnahme von § 20 StGB rechtfertigt.

Lösung 2: Ausdehnung des Tatbestands „bei Begehung der Tat"

In § 20 StGB heißt es, bei Begehung der Tat müsse der Täter schuldunfähig sein. Bei dieser Tat gehört das Betrinken zur Tat: Der Täter war also bei Begehung eines *Teils* der Tat schuldfähig und kann daher bestraft werden.

Welcher Lösung Sie sich anschließen, bleibt Ihnen überlassen. Ein Argument gegen die Ausnahmelösung: Eine Ausnahme ist gesetzlich nicht vorgesehen, sie stellt eine verbotene Einschränkung zu Lasten des Täters im Sinne von Art. 103 II GG, § 1 StGB dar.

Sollten Sie beide Lösungen ablehnen, bleibt Ihnen noch die Möglichkeit den Fall über den subsidiären § 323a StGB (Vollrausch) zu lösen, dann käme eine Strafbarkeit wegen Körperverletzung aus dem Beispiel allerdings nicht mehr in Betracht.

---

24 Vertiefender Lesehinweis: Rengier, Strafrecht, § 25 Rn. 5 ff.

7. Wie prüfe ich die actio libera in causa?

Das absichtliche Betrinken um Straffreiheit zu erlangen, bezeichnen Sie als *actio libera in causa*. Sie beginnen die Prüfung mit der „üblichen" Tathandlung und verneinen in der Schuld die Schuldfähigkeit gem. § 20 StGB. Nun fragen Sie, ob sich durch die Grundsätze der actio libera in causa etwas anderes ergeben könnte. Sollten Sie sich für das Ausdehnungsmodell entscheiden, prüfen Sie das Delikt erneut. Dieses Mal ist Ihr Ansatzpunkt die vorgelagerte Handlung, zum Beispiel das Sichbetrinken. Diesmal bezieht sich der Vorsatz auf Zweierlei: sich in einen schuldunfähigen Zustand zu versetzen (durch das Betrinken oder auch durch die Einnahme von Drogen) *und* auf die spätere Tat (sogenannter Doppelvorsatz).

Es gibt noch weitere Fälle, die im Rahmen der Schuld relevant sind:

Wie bewerten Sie einen Täter, der sich schuldunfähig betrinkt, um dann *irgendeine* Straftat zu begehen? Hier ist der Vorsatz auf die spätere Tat noch nicht hinreichend konkretisiert. Daher ist nur noch eine Bestrafung wegen Vollrauschs gem. § 323a StGB möglich.

Wie bewerten Sie einen Täter, der lediglich weiß, dass er *manchmal* betrunken gewalttätig wird, aber hofft, dass nichts dergleichen passieren wird? Das ist die sogenannte fahrlässige actio libera in causa. Diese ist noch umstrittener als die „normale" Variante. Die Lösungen passen noch weniger: Eine Ausnahme von § 20 StGB anzunehmen erscheint ungerechter, da dieser Täter das Recht weniger missbraucht. Eine Ausdehnung auf das Betrinken ist dogmatisch schwierig, denn er handelte in dieser Situation ohne konkreten Vorsatz für eine spätere Tat. Dann können Sie diesen Fall über die normale Fahrlässigkeitsprüfung bzw. über § 323a StGB lösen.

8. Was ist entschuldigender Notstand gem. § 35 I StGB?

Unter § 35 I StGB fallen vor allem die Fälle, in denen der Täter die Rechtsgüter anderer Personen verletzt, um sich oder eine ihm nahestehende Person zu retten, aber es liegt keine Rechtfertigungslage vor.

 A befindet sich auf einem Rettungsboot, das nur für einen Platz bietet und stößt deswegen B beim Heraufklettern weg. B ertrinkt.

Häufig sind Katastrophenfälle oder ähnliche Situationen, in denen sich der Täter in einer Zwickmühle befindet: In einer Situation, in der er nur falsche Entscheidungen treffen kann; deswegen kann ihm persönlich letztlich auch kein

Vorwurf gemacht werden. Bei § 35 I StGB gibt es keine Interessenabwägung, daher kann auch entschuldigt werden, wenn sich die Rechtsgüter Leben gegen Leben gegenüberstehen.

9. Was ist der Unterschied zwischen rechtfertigendem und entschuldigendem Notstand?

Der wohl große Unterschied besteht darin, dass sich jemand zwar in einer gegenwärtigen Gefahr befindet, aber etwas tut, was von keinem Rechtfertigungsgrund erfasst wird. Das gibt Ihnen einen Hinweis darauf, dass es sich um eine außergewöhnliche Situation handelt. Eine Situation, in der man etwas eigentlich Rechtswidriges tut, aber dies dennoch entschuldigt wird. Weil man selbst betroffen ist oder eine nahe stehende Person und weil Rechtsgüter von besonderem Wert betroffen sind: Leben, Leib oder Freiheit. Daran erkennen Sie ebenfalls die besondere Konfliktlage, in der sich der Täter im Rahmen des § 35 I StGB befindet. Deswegen wird auch ausnahmsweise keine Interessenabwägung vorgenommen. Damit haben Sie auch schon die drei wesentlichen Unterschiede in den Voraussetzungen von rechtfertigendem und entschuldigendem Notstand: die Interessenabwägung, der Personenkreis, die geschützten Rechtsgüter.

§ 35 StGB
(1) Wer in einer gegenwärtigen, nicht anders abwendbaren Gefahr für Leben, Leib oder Freiheit eine rechtswidrige Tat begeht, um die Gefahr von sich, einem Angehörigen oder einer anderen ihm nahestehenden Person abzuwenden, handelt ohne Schuld.

Zwar brauchen Sie keine Interessensabwägung, aber eine Verhältnismäßigkeit ist erforderlich: Das Töten eines Unbeteiligten zum Schutz vor einer geringfügigen Körperverletzung ist unverhältnismäßig und nicht über § 35 I StGB entschuldigt.

10. Was ist der Notwehrexzess?

 A greift B unbewaffnet an. Aus großer Panik heraus, erschießt B den A.

Wenn Sie angegriffen werden, befinden Sie sich zumeist in einer Angstsituation. Dann kann es sein, dass Sie deswegen die Grenzen der Notwehr überschreiten. Für diesen Fall kann nach § 33 StGB die Schuld entfallen. § 33 StGB verlangt das

Überschreiten der „Grenzen der Notwehr". Aber was sind die Grenzen? Es gibt zwei mögliche Antworten: 1. Der Täter reagiert auf den Angriff übertrieben, überschreitet also die Grenzen der Notwehrhandlung. Diese Situation wird durch § 33 StGB entschuldigt. 2. Der Angriff ist nicht gegenwärtig. Ob dies vom Notwehrexzess erfass ist, ist umstritten.

 A greift B an. B schlägt A nieder, dieser liegt kampfunfähig am Boden. Weil B über den plötzlichen Angriff des A so erschrocken ist, tritt er weiter auf diesen ein.

Einerseits ist die Gegenwärtigkeit des Angriffs eine Grenze der Notwehr, sodass der Fall vom Wortlaut des § 33 StGB erfasst sein könnte. Andererseits spricht die Norm vom Über*schreiten* und knüpft damit an eine Handlung an. Der Sinn und Zweck des § 33 StGB besteht darin, denjenigen zu schützen, der gerade angegriffen wird und deswegen sehr große Angst hat. Ist der Angriff bereits beendet, braucht er diesen Schutz nicht mehr. Somit spricht sowohl der Wortlaut der Norm („Überschreitung"), als auch der Sinn und Zweck gegen eine Anwendung des § 33 StGB, was auch der herrschenden Ansicht entspricht. Sie können aber auch anders entscheiden: Es macht keinen Unterschied, ob der Angegriffene wegen der Dramatik der Situation noch nach Beendigung des Angriffs reagiert[25].

Das Überschreiten der Notwehrhandlung wird intensiver Notwehrexzess genannt (weil der Täter sich zu heftig, zu intensiv verteidigt). Ist der Angriff nicht mehr gegenwärtig, wird vom extensiven Notwehrexzess gesprochen, weil der zeitliche Rahmen überschritten wird.

 Intensiver Notwehrexzess ▪ *Notwehrhandlung zu stark*
Extensiver Notwehrexzess ▪ *Zeitlicher Rahmen wird überschritten*

---

25 *Roxin*, AT I, § 22 Rn. 88.

Aufgaben

Aufgabe 1: Welche <u>gesetzlichen</u> Entschuldigungsgründe kommen in Betracht (Fettgedrucktes)?

a) A glaubt, dass Tiere nicht von der Sachbeschädigung erfasst werden und **vergiftet den Hund des Nachbarn.**
Entschuldigungsgrund: _____
Strafbarkeit: Ja ☐   Nein ☐

b) A wird von B angegriffen. **Aus großer Panik stößt A den B von der Brücke. B stirbt.**
Entschuldigungsgrund: _____
Strafbarkeit: Ja ☐   Nein ☐

c) A ist so betrunken, dass er schuldunfähig ist und **nimmt die Vase eines Bekannten weg.**
Entschuldigungsgrund: _____
Strafbarkeit: Ja ☐   Nein ☐

Aufgabe 2: Unterschiede zwischen § 34 und § 35 StGB

§ 34 StGB
Wer in einer gegenwärtigen, nicht anders abwendbaren Gefahr für Leben, Leib, Freiheit, Ehre, Eigentum oder ein anderes Rechtsgut eine Tat begeht, um die Gefahr von sich oder einem anderen abzuwenden, handelt nicht rechtswidrig, wenn bei Abwägung der widerstreitenden Interessen, namentlich der betroffenen Rechtsgüter und des Grades der ihnen drohenden Gefahren, das geschützte Interesse das beeinträchtigte wesentlich überwiegt. Dies gilt jedoch nur, soweit die Tat ein angemessenes Mittel ist, die Gefahr abzuwenden.

§ 35 StGB
Wer in einer gegenwärtigen, nicht anders abwendbaren Gefahr für Leben, Leib oder Freiheit eine rechtswidrige Tat begeht, um die Gefahr von sich, einem Angehörigen oder einer anderen ihm nahestehenden Person abzuwenden, handelt ohne Schuld.

a) Finden Sie die drei unterschiedlichen Voraussetzungen.

Unterschied 1: _____
Unterschied 2: _____
Unterschied 3: _____

b) Was ist die unterschiedliche Rechtsfolge?
aa) Rechtsfolge des § 34 StGB: _____
bb) Rechtsfolge des § 35 StGB: _____

Aufgabe 3: Haben sich die Täter strafbar gemacht?

A und B sind mit ihrem guten Freund F auf einer Schiffsreise. Die drei sind seit 15 Jahren befreundet. Mitten auf hoher See kommt es zu einem Unfall, bei dem ihr Freund F so viel Blut verliert, dass eine sofortige Blutübertragung erforderlich ist. Passagier P ist der einzige mit der passenden Blutgruppe. A und B zwingen daher den P zu einer Blutentnahme, bei der sich P heftig wehrt, weil er Angst vor Spritzen hat. A und B halten ihn fest und entnehmen das Blut.
Haben sich A und B strafbar gemacht?

a) Delikte: _____
b) Warum kein rechtfertigender Notstand gem. § 34 StGB? Mehrfachantworten sind möglich.

Die betroffenen Rechtsgüter des P überwiegen das Leben des F. ☐

Die Blutentnahme gegen den Willen ist unangemessen im Sinne des § 34 S. 2 StGB, Menschen sind kein Ersatzteillager. ☐

Über § 34 StGB dürfen keine Unbeteiligten verletzt werden. ☐

Wären Fälle dieser Art gerechtfertigt, hätten die zur Blutentnahme Gezwungenen kein Notwehrrecht. ☐

c) Welcher Entschuldigungsgrund kommt in Betracht: _____
Tragen Sie in die Lücken den gesetzlichen Wortlaut des Entschuldigungsgrunds ein:

F befand sich in einer _____ (1) Gefahr für sein _____ (2).

Die Beteiligten befanden sich auf einem Schiff, daher konnte das Blut für die Übertragung nicht anderweitig beschafft werden. Somit war die Gefahr für F _____(3).

F ist für A und B eine _____(4).

d) Strafbarkeit: Ja ☐   Nein ☐

Aufgabe 4: G greift P mit seinem Totschläger an. P zieht in einem Anfall von Panik seine Pistole und schießt G ins Bein, um sich zu retten. Obwohl P erkennt, dass G nun angriffsunfähig ist, tritt er ihm, immer noch in großer Panik, nochmals mit voller Wucht mit seinen Turnschuhen gegen die Kniescheibe. G erleidet dort eine schwere Prellung. Strafbarkeit des P?

a) Hier sind zwei strafrechtliche relevante Handlungen zu prüfen – welche?
Handlung 1: _____ Delikte:_____
Handlung 2: _____ Delikte: _____

b) Welcher Grund rechtfertigt die erste Handlung? _____

c) Erfasst derselbe Rechtfertigungsgrund auch die zweite Handlung?
Ja ☐   Nein ☐   Begründung: _____

d) Um welche Form des Notwehrexzesses handelt es sich hier?
Überschreitung der Notwehrhandlung = Intensiver Notwehrexzess ☐
Angriff ist nicht gegenwärtig = Extensiver Notwehrexzess ☐

e) Ist dieser nach der herrschenden Ansicht von § 33 StGB erfasst?
Ja ☐   Nein ☐   Begründung: § 33 StGB soll den _____(1) schützen, der überreagiert. Wird derjenige nicht mehr _____ (2), muss er auch nicht mehr über § 33 StGB _____(3) werden.

f) Warum lässt eine andere Ansicht eine Strafbefreiung über § 33 StGB zu?
_____
_____

g) **Variante:** Als G mit seinem Baseballschläger P sich auf 3m nähert, ergreift P in einem heftigen Anfall von Panik und Furcht seine Pistole und erschießt G mit einem Kopfschuss, um sich zu retten. Es wäre für P möglich gewesen, G kampfunfähig zu schießen. Strafbarkeit des P?

aa) Welches Delikt kommt in Betracht? _____

bb) Ist der Schuss gerechtfertigt?
Beim Einsatz von Schusswaffen gelten, aufgrund ihrer Gefährlichkeit, besondere Regeln. Erst muss der Verteidiger einen _____(1) abgeben, dann darf er den Angreifer _____(2) schießen, bevor er den Angreifer _____(3) darf. Es sei denn, der Angegriffene befindet sich in akuter _____(4) oder in einer Gefahr erheblicher Verletzungen davonzutragen. Das war nicht der Fall, P hätte G kampfunfähig schießen können.

Ja ☐   Nein ☐

cc) Wonach könnte man das Verhalten entschuldigen?
§ _____ Begründung: P befand sich in einem heftigen Anfall von Panik und Furcht. Zudem hat er die _____(1) der Notwehrhandlung überschritten, der _____(2) Notwehrexzess ist erfasst.

Aufgabe 5: T feiert seinen Studienabschluss. Er ist nicht sehr trinkfest und betrinkt sich bis zu einer BAK von 3,5 ‰. Plötzlich gerät er in solche Wut, dass er die Kaiser-Augustus-Gips-Büste (im Wert von 5 €) seines Mitbewohners auf den Boden wirft und mit einem Hammer zerschlägt.

a) Delikt: _____
b) Schuldausschließungsgrund: _____
Begründung: Ein BAK-Wert von 3,5 ‰ ist so hoch, dass regelmäßig von einer _____(1) ausgegangen werden kann. Zumal T nicht _____(2) ist und lediglich eine Sachbeschädigung einer _____(3) begeht.

c) Strafbarkeit: Ja ☐   Nein ☐

Aufgabe 6: Welche Alternative aus § 20 StGB können Sie in den beiden Fällen prüfen?

a) Der völlig übermüdete T beleidigt einen Passanten.
_____

b) T, der LSD genommen hat, beleidigt einen Passanten.
_____

Aufgabe 7: A will B töten. Um einer Bestrafung zu entgehen, betrinkt er sich und begeht die Tat im Zustand der Schuldunfähigkeit.

a) Unterstreichen Sie die erfüllte Voraussetzung in § 20 StGB:

> Ohne Schuld handelt, wer bei Begehung der Tat wegen einer krankhaften seelischen Störung, wegen einer tiefgreifenden Bewusstseinsstörung oder wegen Schwachsinns oder einer schweren anderen seelischen Abartigkeit unfähig ist, das Unrecht der Tat einzusehen oder nach dieser Einsicht zu handeln.

Hat A sich nach § 20 StGB strafbar gemacht? Strafbarkeit: Ja ☐   Nein ☐

b) Kreuzen Sie an. Die actio libera in causa ist …
… ausdrücklich im Gesetz geregelt ☐
… gesetzlich nicht geregelt ☐

c) Welche Form der *actio libera in causa* liegt hier vor?
vorsätzlich ☐
fahrlässig ☐

d) Von welcher Norm liegt nach dem Ausnahmemodell eine Ausnahme vor?
_____

e) Gegen welche Verfassungsnorm könnte das Ausnahmemodell verstoßen?
_____

f) Wann beginnt beim Ausdehnungsmodell die Tat des A? _____
_____

g) **Variante:** A ist sauer auf B und betrinkt sich. Er weiß, dass er manchmal in betrunkenem Zustand gewalttätig wird, hofft aber, dass dies nicht passieren wird. Als A sich schuldunfähig betrunken hat, schlägt er B ins Gesicht, was zu einer blutenden Wunde führt.

aa) Delikt: _____
bb) Welchen Schuldausschließungsgrund prüfen Sie: _____
cc) Welche Form der *actio libera in causa* liegt hier vor?
vorsätzlich ☐
fahrlässig ☐

dd) Wird A nach der herrschenden Ansicht wegen Vorsatzes bestraft?
Ja ☐
Nein ☐
ee) Welche zwei Strafnormen kommen also für A in Betracht?
1. Norm:_____
2. Norm:_____

Aufgabe 8: M hat jahrelang seine Ehefrau F und seine beiden Töchter misshandelt. Es kam vor, dass er seine Frau mit einem Baseballschläger schlug. An diesem Abend kommt er betrunken nach Hause und droht seiner Frau, am nächsten Tag werde er sie und die Töchter umbringen. Als M eingeschlafen ist, tötet F ihn im Schlaf, weil sie sicher ist, kein anderer Rettungsweg stünde ihr offen.

a) Welches Mordmerkmal des § 211 StGB kommt in Betracht?
_____

Grund: _____

b) Warum kann F sich nicht auf Notwehr gem. § 32 StGB berufen?
_____

c) Warum kommt auch keine Rechtfertigung nach § 34 StGB in Betracht, selbst wenn Sie eine Gefahr bejaht hätten? § 34 StGB verlangt eine _____(1). Hier stünden sich _____(2) gegen _____(3) gegenüber. Das wird nicht von § 34 StGB erfasst.

d) Kann sich F auf § 33 StGB berufen?
Ja ☐   Nein ☐   umstritten ☐

Lesen Sie § 33 StGB und finden Sie die Voraussetzungen.

aa) Aus welcher Voraussetzung in § 33 StGB lässt sich ein Pro-Argument schließen?
_____ = Gegenwärtigkeit des Angriffs ist erfasst.

bb) Aus welcher Voraussetzung in § 33 StGB lässt sich ein Contra-Argument schließen?
_____ = bezieht sich nur auf eine Handlung des Verteidigers.

e) Sinn und Zweck des § 33 StGB ist es, den Verteidiger zu schützen, der angesichts eines Angriffs überreagiert. Hat der Angriff noch nicht begonnen, ist der Verteidiger noch nicht im für § 33 StGB typischen affektiven Zustand, daher muss er nicht _____ werden. Im Fall hätte F sich an staatliche Stellen wenden können.

f) Ist eine Entschuldigung nach § 35 StGB möglich?
aa) Die Definition der Gefahr in § 35 StGB ist die gleiche wie in § _____,
bb) Dauergefahren sind von beiden Normen erfasst. Eine Dauergefahr ist ein Zustand, bei dem die Gefahr jederzeit, also auch alsbald, in einen Schaden umschlagen kann.
Würden Sie eine Dauergefahr bejahen? Ja ☐   Nein ☐
Grund: _____

cc) Die Gefahr darf gem. § 35 I StGB nicht anders abwendbar sein. Würden Sie sagen, F war verpflichtet, sich an staatliche Stellen zu wenden?
Ja ☐   Nein ☐
dd) Falls Sie sich unter cc) für Ja entschieden haben. Wonach könnte die Strafbarkeit der F entfallen, weil sie dachte, es wäre der einzige Rettungsweg?
§ _____

(1) Welche weitere Voraussetzung enthält diese Regelung?
_____

(2) Hat F diese Voraussetzung erfüllt? Ja ☐   Nein ☐
Wie begründen Sie Ihre Entscheidung? _____
_____
_____

Aufgabe 9: Welcher Irrtum liegt vor?

> direkter Verbotsirrtum, indirekter Verbotsirrtum (Erlaubnisirrtum), Wahndelikt.

a) Der direkte Verbotsirrtum ist ein Irrtum über
Tatsachen ☐   Rechtliches ☐

und bezieht sich ...
auf den Tatbestand ☐   auf die Rechtswidrigkeit ☐

b) Der indirekte Verbotsirrtum ist ein Irrtum über
Tatsachen ☐   Rechtliches ☐

und bezieht sich ...
auf den Tatbestand ☐   auf die Rechtswidrigkeit ☐

c) A kauft im Supermarkt ein. Er verzehrt im Supermarkt einen ganzen Strauß Weintrauben, weil er der Meinung ist, Waren zu probieren sei immer gestattet.
Irrtum: _____
Prüfen Sie die Vermeidbarkeit des Irrtums? Ja ☐   Nein ☐
Falls ja, war der Irrtum vermeidbar? Ja ☐   Nein ☐

d) A schaltet die Beatmungsmaschine seiner Ehefrau ab. Er ist sicher, dass es einen Rechtfertigungsgrund gibt, der die aktive Sterbehilfe unter Ehegatten ausnahmsweise erlaubt.
Irrtum: _____
Prüfen Sie die Vermeidbarkeit des Irrtums? Ja ☐   Nein ☐
Falls ja, war der Irrtum vermeidbar? Ja ☐   Nein ☐

e) A nimmt an der Hoteltheke drei Bonbons mit, in dem Glauben einen Diebstahl zu begehen.
Irrtum: _____
Prüfen Sie die Vermeidbarkeit des Irrtums? Ja ☐   Nein ☐
Falls ja, war der Irrtum vermeidbar? Ja ☐   Nein ☐

f) A lässt die Luft aus einem Autoreifen ab, um seinen Nachbarn zu ärgern. Es befindet sich kein Reserverad am Wagen. Er ist sicher, dass dies noch keine Sachbeschädigung ist, obwohl dies der Fall ist.
Irrtum: _____
Prüfen Sie die Vermeidbarkeit des Irrtums? Ja ☐   Nein ☐
Falls ja, war der Irrtum vermeidbar? Ja ☐   Nein ☐

g) A verschenkt eine Sache von der er weiß, dass sie gestohlen wurde. A glaubt, dass dies keine Hehlerei gem. § 259 StGB ist, weil er kein Geld daran verdient.
Irrtum: _____
Prüfen Sie die Vermeidbarkeit des Irrtums? Ja ☐   Nein ☐
Falls ja, war der Irrtum vermeidbar? Ja ☐   Nein ☐

Aufgabe 10: Liegt ein Irrtum über Tatsachen oder Rechtliches vor?

a) Liegt ein Irrtum über Tatsachen auf Tatbestandsebene vor – Welche Norm prüfen Sie?_____

b) Liegt ein Irrtum über Rechtliches vor – Welche Norm prüfen Sie?
_____

c) A ist sicher, eine Pistole ohne Patronen in der Hand zu halten und schießt zum Spaß auf die Vase des B. Diese wird zerstört.
Irrtum über _____
Prüfen Sie die Vermeidbarkeit des Irrtums? Ja ☐   Nein ☐
Lasst der Irrtum den Vorsatz entfallen? Ja ☐   Nein ☐

d) A glaubt, eine Tötung auf Verlangen sei nicht strafbar. Daher tötet er seine Ehefrau, die ausdrücklich darum gebeten hat.
Irrtum über _____
Prüfen Sie die Vermeidbarkeit des Irrtums? Ja ☐   Nein ☐
Ist der Irrtum strafbefreiend? Ja ☐   Nein ☐

Aufgabe 11: A geht durch eine dunkle Gasse. Plötzlich tritt B aus einem Mauervorsprung und fragt „Hast du eine Kippe?" und greift in seine Jackentasche, um etwas hervorzuholen. A glaubt, dass es sich um eine Waffe handelt und schlägt B nieder. Später stellt sich heraus, dass es sich um ein Feuerzeug handelte.

a) Worüber irrt sich A?
Rechtliches ☐
Tatsachen ☐

b) Betrifft der Irrtum des A …

…die Rechtswidrigkeit? ☐
…den Tatbestand? ☐

c) Warum passt § 16 StGB nicht? Streichen Sie durch, was nicht zutrifft:
§ 16 StGB bezieht sich auf Irrtümer über Tatsachen / Rechtliches, die den Tatbestand / die Rechtswidrigkeit betreffen.

d) Warum passt § 17 StGB nicht? Streichen Sie durch, was nicht zutrifft:
§ 17 StGB bezieht sich auf Irrtümer über Tatsachen / Rechtliches, die den Tatbestand / die Rechtswidrigkeit betreffen.

Teil 3: Öffentliches Recht

Kapitel 1: Verfahrensarten	231
Kapitel 2: Staatsprinzipien	265
Kapitel 3: Staatsorgane	289
Kapitel 4: Gesetzgebung	3317
Kapitel 5: Wahlsystem	339

Kapitel 1: Verfahrensarten

1. Welche Verfahrensarten gibt es?

Wollen Sie einen Fall aus dem Staatsrecht lösen, entscheiden Sie zunächst, welche Verfahrensart vorliegt. Vor dem Bundesverfassungsgericht gibt es im Staatsorganisationsrecht vor allem zwei Typen von Verfahren: Streitigkeiten um Rechte und Normen-Kontrollen.

Streiten sich zwei oberste Bundesorgane, wie der Bundespräsident und der Bundestag miteinander, handelt es sich um ein Organstreitverfahren, streiten Bund und Land miteinander, prüfen Sie den Bund-Länder-Streit.

Wird ein Gesetz für verfassungswidrig gehalten, prüfen Sie dies mit der abstrakten oder der konkreten Normenkontrolle. Unterscheiden können Sie die beiden schnell am Antragsteller: die konkrete Normenkontrolle kann nur von einem Gericht gem. Art. 100 I GG beantragt werden, die abstrakte nur von der Bundesregierung, einer Landesregierung oder ¼ der Mitglieder des Bundestages gem. Art. 93 I Nr. 2 GG.

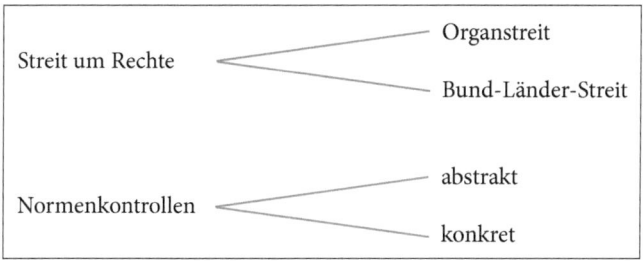

Die Verfassungsbeschwerde zur Durchsetzung von Grundrechten steht zwischen beiden Verfahrenstypen. Da sie typischerweise nicht Gegenstand des ersten Semesters ist, wird sie nicht näher erläutert.

Zuletzt besteht noch die Möglichkeit, eine Partei durch das Bundesverfassungsgericht verbieten zu lassen. In Deutschland wurden erst zwei Parteien verboten, die KPD und die SRP (Nachfolgepartei der NSDAP), beide in den 50er Jahren. Vielleicht ist dies ein Grund, warum das Parteiverbotsverfahren gem. Art. 93 III, 21 II 2 GG weniger prüfungsrelevant ist als die anderen Verfahren.

Prüfungsrelevant sind dagegen der Organstreit und die abstrakte Normenkontrolle. Daher werden hier vor allem diese beiden vorgestellt.

2. Was prüfe ich mit den Verfahren?

Deutschland ist ein Rechtsstaat, indem sich der Staat an die Gesetze halten muss. Die Verfahren vor dem Bundesverfassungsgericht ermöglichen eine Prüfung staatlichen Handelns: Sie prüfen, ob der Staat gegen eine Vorschrift des Grundgesetzes verstoßen hat, also verfassungswidrig gehandelt hat.

Für die beiden genannten Verfahrenstypen heißt das:

- Hat ein oberstes Bundesorgan ein verfassungsrechtliches Recht eines anderen verletzt?
  Das prüfen Sie mit einem Organstreitverfahren bzw. Bund-Länder-Streit.
- Ist die vom Gesetzgeber erlassene Norm verfassungswidrig?
  Das beantworten Sie mit der abstrakten bzw. konkreten Normenkontrolle.

3. Wie finde ich die richtige Verfahrensart?

Lesen Sie Ihren Fall im Hinblick auf die folgenden Fragen: Wer gegen wen gegen was? Wenn Sie diese Frage beantwortet haben, haben Sie die richtige Verfahrensart gefunden.

 Der Bundestag beschließt ein Gesetz, das künftig in ganz Deutschland Religion als Pflichtfach einführt. Landesregierung X ist empört und hält dies für verfassungswidrig.

„Wer gegen wen?" lässt sich in diesem Beispiel leicht feststellen: die Landesregierung gegen dem Bundestag. Dann denkt man zuerst an den Bund-Länder-Streit. Beantworten Sie die letzte Frage „gegen was?" ist es das beschlossene Gesetz – das spricht für eine abstrakte Normenkontrolle. Welches Verfahren ist nun das richtige? Im Bund-Länder-Streit wird festgestellt, dass ein Recht verletzt wurde, die verfassungswidrige Maßnahme wird jedoch nicht aufgehoben und der Antragsgegner wird auch nicht zu einer bestimmten Handlung verurteilt. Die abstrakte Normenkontrolle hat dagegen zur Folge, dass die Norm für nichtig erklärt wird. Damit wirkt die Normenkontrolle stärker als der Bund-Länder-Streit, die Rechtsfolge ist attraktiver für den Antragsteller. Daher prüfen Sie gegen Gesetze, und auch in diesem Fall, stets die Normenkontrolle.

! Gegen was = Gesetz = Normenkontrolle

4. Wie prüfe ich die Verfahren?

Bevor Sie den Gesetzesverstoß prüfen, ist ein Schritt vorab vorzunehmen und zwar prüfen Sie, ob der Verfahrensantrag selbst in Ordnung war (Zulässigkeit). Wurde der Antrag beim richtigen Gericht eingereicht? Kann der Antragsteller das Verfahren überhaupt beantragen? Diese Fragen haben mit dem Inhalt, dem Gesetzesverstoß, noch nichts zu tun, es geht lediglich um die äußeren Bedingungen des Antrags. „Öffentliches Recht ist hässlich und blöd" könnte daher die „Formel" lauten, mit der Sie diese Fälle in den Griff bekommen[26]. Übersetzt in Juradeutsch wäre „hässlich" die Zulässigkeit, weil Sie dort nur das Äußere des Antrags prüfen. „Blöd" verweist auf die Begründetheit, denn dort diskutieren Sie den Inhalt: *Hat der Staat ein Gesetz verletzt?*

 Der Antrag der Landesregierung B hat Erfolg, soweit er zulässig und begründet ist.

Prüfung der Erfolgsaussichten eines Verfahrens

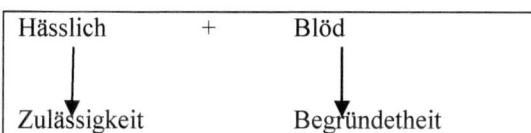

Alle Voraussetzungen für die Zulässigkeit und die Begründetheit lassen sich aus dem Gesetz lesen, diese müssen Sie also nicht auswendig lernen. Sie brauchen dafür zwei Gesetzbücher: das Grundgesetz und das Bundesverfassungsgerichtsgesetz. Wollen Sie beide Gesetzbücher im Gutachten zitieren, zum Beispiel, wenn Sie prüfen, ob das Bundesverfassungsgericht zuständig ist, beginnen Sie mit dem höherrangigen Grundgesetz (Art. 93 I GG) und beziehen sich dann erst auf das BVerfGG: mit § 13 BVerfGG. Für jedes Verfahren gibt es zudem einen gesonderten Abschnitt im BVerfGG, der weitere Voraussetzungen enthält. Diesen hängen Sie an.

---

26 Vgl. Hildebrand, Gutachtenstil, S. 114.

Abschnitte im BVerfGG

► Organstreitverfahren §§ 63 ff.
► Bund-Länder-Streit §§ 68 ff.
► Abstrakte Normenkontrolle §§ 76 ff.
► Konkrete Normenkontrolle §§ 80 ff.
► Verfassungsbeschwerde §§ 90 ff.

 Das Bundesverfassungsgericht ist gemäß Art. 93 I Nr. 2 GG, §§ 13 Nr. 6, 76 ff. BVerfGG für die abstrakte Normenkontrolle zuständig.

5. Wie argumentiere ich in der Begründetheit?

Die Begründetheitsprüfung ist die inhaltliche Prüfung und gibt daher auch die meisten Punkte. Sie erinnert an Argumentationen aus dem Deutschunterricht. Das verunsichert häufig und lässt Studierende fragen: „Ist mein Text juristisch genug?"

Die Schwierigkeit besteht darin, dass die Lösung des Falls selten ausdrücklich im GG geregelt ist. Vielmehr argumentieren Sie mit der Verfassung: Wie frei ist zum Beispiel das freie Mandat der Bundestagsabgeordneten im Sinne des Art. 38 I 2 GG – umfasst es auch ein Fragerecht gegenüber der Bundesregierung? Finden Sie keine konkreten Verfassungsnormen für Ihre Argumentation, arbeiten Sie mit den Verfassungsprinzipien, die in Art. 20 GG geregelt sind. Für diese Argumentation brauchen Sie Wissen über die Staatsprinzipien (Kapitel 2), die Staatsorgane (Kapitel 3), die Gesetzgebung (Kapitel 4) und das Wahlsystem (Kapitel 5).

5.1 Was prüfe ich in der Begründetheit der abstrakten Normenkontrolle?

Bei einer Norm kann – wie bei einem Lebensmittel – die äußere Verpackung oder der Inhalt schlecht sein. Die Verpackung wäre die formelle Verfassungswidrigkeit, also ein Fehler bei der Gesetzgebung, welches in Art. 70–82 GG geregelt ist: Ein Verstoß gegen einen dieser Artikel kann zur formellen Verfassungswidrigkeit der Norm führen. Der Inhalt bezieht sich auf die materielle Verfassungswidrigkeit: ein Verstoß gegen eine materielle Verfassungsnorm.

Sie prüfen, ob die Norm aus Ihrem Fall gegen höherrangiges Recht verstößt. Prüfungsmaßstab bei Bundesgesetzen ist nur das Grundgesetz. Deutlich seltener ist eine Norm aus dem Landesrecht zu prüfen. In dem Fall prüfen Sie auf erster Ebenen einen Verstoß gegen einfache Bundesgesetze.

 Die Fünf-Prozent-Hürde ist in § 6 III 1. Alt BWahlG geregelt und damit Bundesrecht. Das höherrangige Recht ist die Verfassung, das Grundgesetz. Die Fünf-Prozent-Hürde könnte gegen die Gleichheit der Wahl gem. Art. 38 I GG verstoßen. (Die Gleichheit der Wahl ist eine materielle Bestimmung). Für Ihren „Deutschaufsatz" gilt: Sie argumentieren, ob tatsächlich ein Verstoß in materieller Hinsicht vorliegt. Die Argumente entnehmen Sie häufig den Verfassungsprinzipien nach Art. 20 GG.

 Ist die Norm formell oder materiell verfassungswidrig? = Begründetheit.

 Der Antrag der Landesregierung B ist begründet, wenn **§ 6 III 1. Alt BWahlG** formell *oder* materiell verfassungswidrig ist.

Tipp: Nennen Sie die konkrete Norm, die verfassungswidrig sein könnte. Oft wird zu pauschal auf das ganze Gesetz abgestellt: *Der Antrag der Landesregierung B ist begründet, soweit das **BWahlG** formell oder materiell verfassungswidrig ist.*

Verwechseln Sie nicht die Norm und den Antrag miteinander. Das ist ein häufiger Fehler:

Falsches Beispiel: Der Antrag der Landesregierung B ist begründet, soweit *er* formell oder materiell verfassungswidrig ist.

5.2 Wie prüfe ich die Begründetheit im Organstreit?

Auch Bundesorgane, wie der Bundestag, der Bundespräsident, die Bundesregierung etc. können miteinander streiten. Das Grundgesetz gibt jedem dieser Organe bestimmte Rechte. Verletzt ein Organ das Recht eines anderen, kann sich das beeinträchtigte Organ mit dem Organstreitverfahren wehren, welches Sie in Art. 93 I Nr. 1 GG finden:

Art. 93 GG
(1) Das Bundesverfassungsgericht entscheidet:
1. über die Auslegung dieses Grundgesetzes aus Anlaß von Streitigkeiten über den Umfang der Rechte und Pflichten eines obersten **Bundesorgans** oder anderer Beteiligter, die durch dieses Grundgesetz oder in der Geschäftsordnung eines obersten Bundesorgans mit eigenen Rechten ausgestattet sind;

 Der Bundespräsident weigert sich ein Gesetz auszufertigen und könnte damit das Gesetzgebungsrecht des Bundestages verletzen, das aus Art. 77 I GG hergeleitet wird.

Der Antrag eines Organstreits ist begründet, wenn der Antragsgegner ein im GG enthaltenes Recht des Anderen verletzt. Sie werden feststellen, dass in den meisten Fällen im Grundgesetz nicht ausdrücklich steht, ob dem Antragsteller ein solches Recht zusteht – das leiten Sie her, indem Sie mit der Verfassung argumentieren. Ob der Bundespräsident ein Prüfrecht von Gesetzen oder ob ein Abgeordneter ein Recht auf Informationen von der Bundesregierung, steht so nicht in der Verfassung. Vielmehr ziehen Sie Argumente aus der Verfassung, die dafür sprechen, dass ein solches Recht existiert.

Eine Argumentation, ob der Bundestag ein Informationsrecht gegenüber der Bundesregierung hat, könnte so aussehen:

Argumentationsauszug: Der Bundestagsabgeordnete A ist gem. Art. 38 I 2 GG Vertreter des ganzen Volkes. Damit er diese Funktion angemessen ausführen kann, muss er das Recht haben, die Regierung zu bestimmten Themen zu befragen. Andererseits gehört die Bundesregierung zur Exekutive, der Abgeordnete des Bundestages zur Legislative. Damit die Gewalten tatsächlich getrennt gem. Art. 20 II 2, III GG getrennt sind, brauchen sie auch unterschiedliche Rechte und Aufgaben. Allerdings besteht auch ein Kontrollrecht zwischen den Gewalten, speziell gegenüber der Bundesregierung, was sich aus dem Zitierrecht gem. Art. 43 ergibt, der ein Recht des Bundestages auf Anwesenheit und Anhörung der Bundesregierung explizit regelt, was dafür spricht dem A ein Fragerecht zuzugestehen ...

 In der Begründetheit prüfen Sie, ob der Antragsgegner ein grundgesetzliches Recht des anderen verletzt hat.

5.3 Wie formuliere ich den Begründetheits-Obersatz für den Organstreit?

Schritt 1: Für den Obersatz der Begründetheit können Sie sich an § 64 I BVerfGG orientieren. Diesen „korrigieren" Sie nur:

> § 64 BVerfGG
> (1) Der Antrag ist ~~nur zulässig~~ begründet, wenn der Antragsteller ~~geltend macht, daß er oder das Organ, dem er angehört,~~ durch eine Maßnahme oder Unterlassung des Antragsgegners in seinen ihm durch das Grundgesetz übertragenen Rechten und Pflichten verletzt ~~oder unmittelbar gefährdet~~ ist.

In der Begründetheit prüfen Sie also Zweierlei:

1. Verstößt das Verhalten des Antragsgegners gegen das GG oder ist es *verfassungsrechtlich gerechtfertigt*?
2. Werden dadurch Rechte des Antragstellers verletzt?

Auch die umgekehrte Prüfungsreihenfolge ist möglich:

1. Sind Rechte des Antragstellers *betroffen*?
   Hinweis: Hier darf noch nicht „verletzt" stehen = häufiger Fehler, da das Wort „verletzt" ja auch die fehlende Verfassungsmäßigkeit impliziert
2. Verstößt das Verhalten des Antragsgegners gegen das GG?

> **Tipp:** Der für die Begründetheitsprüfung eigentlich maßgebliche § 67 BVerfGG ist missverständlich, da er nicht auf **Rechte** der Verfassungsorgane abstellt. Daraus ergeben sich häufig Fehler bei der Obersatzbildung. Nutzen Sie daher lieber § 64 I BVerfGG.

Schritt 2: Fügen Sie in den „korrigierten" § 64 I BVerfGG in Ihren Sachverhalt ein:

 Bundestag gegen Bundespräsidenten

Der Antrag ist begründet, wenn der Bundestag durch die Weigerung des Bundespräsidenten, das Gesetz auszufertigen, in seinen ihm durch das Grundgesetz übertragenen Rechten und Pflichten verletzt ist.

Begründetheit des Organstreits

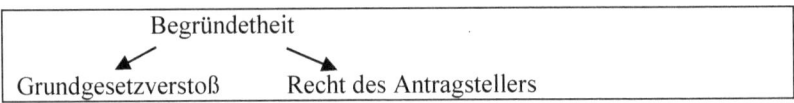

5.4 Wie prüfe ich den Bund-Länder-Streit?

Sie können den umformulierten Obersatz aus § 64 I BVerfGG auch für den Bund-Länder-Streit anwenden: in § 69 BVerfGG steht, dass § 64 BVerfGG auch für den Bund-Länder-Streit gilt. Antragsteller und Antragsgegner sind dann jeweils der Bund oder das Land. Wie in Art. 93 I Nr. 3 GG angegeben, streiten Bund und Land vor allem über die Ausführung von Bundesrecht durch die Länder und bei der Ausübung der Bundesaufsicht (Art. 83 ff. GG).

 Der Bund verlangt, dass die Atomkraftwerke in allen Bundesländern weiterlaufen. Land X will ein Atomkraftwerk abschalten.

6. Was prüfe ich in der Zulässigkeit?

In der Zulässigkeit prüfen Sie den äußeren Rahmen des Antrags: richtiges Gericht, richtige Person etc. Die Zulässigkeitsprüfungen der unterschiedlichen Verfahren haben viele Gemeinsamkeiten, aber auch Unterschiede. Ein Merksatz für die Voraussetzungen existiert nicht. Er könnte so lauten: **Wo beantragt wer gegen wen was warum und wie?**

Zulässigkeitsvoraussetzungen			
I.	Wo?	Zuständigkeit	Ist der Antrag beim **richtigen Gericht** eingegangen?
II.	Wer gegen wen?	Beteiligtenfähigkeit	**Darf** der **Antragsteller** dieses Verfahren beantragen?/ Wenn es einen Gegner gibt: Auch gegen diesen **Antragsgegner**?
III.	Gegen was?	Antragsgegenstand	Kann man gegen diesen **Gegenstand** überhaupt **vor dem Bundesverfassungsgericht** vorgehen?
IV.	Warum?	Antragsgrund	**Warum** beanstandet der Antragsteller das?
V.	Wie?	Form und Frist	Wurde der Antrag **schriftlich eingereicht und begründet**? Wenn eine Frist vorliegt: War der Antrag **fristgerecht**?

I. Wo? Zuständigkeit: In der Zuständigkeit prüfen Sie, ob der Antrag beim richtigen Gericht eingegangen ist. Für die Verfahren aus dem Staatsorganisationsrecht, wie den Normenkontrollen, Organstreitverfahren und Bund-Länder-Streitigkeiten, ist das Bundesverfassungsgericht zuständig.

 Landesregierung B wendet sich mit einer abstrakten Normenkontrolle an das Landgericht Bielefeld. Das LG Bielefeld ist nicht zuständig, der Antrag mithin gem. Art. 93 I Nr. 2 GG, § 13 Nr. 6 BVerfGG unzulässig.

II. Wer gegen wen? Beteiligtenfähigkeit: Hier prüfen Sie, ob der Antragsteller dieses Verfahren beantragen darf und ob das Verfahren gegen diesen Antragsgegner überhaupt möglich ist.

 Bürgermeister B beantragt eine abstrakte Normenkontrolle. Ein Bürgermeister kann keine abstrakte Normenkontrolle beantragen, er ist nicht gem. Art. 93 I Nr. 2, § 13 Nr. 6 BVerfGG beteiligtenfähig, mithin ist der Antrag unzulässig (Genaueres lesen Sie unter 7.).

Tipp: Bei Normen-Kontrollen gibt es keinen Gegner: der Gegner wäre quasi das Gesetz. Daher prüfen Sie nur die Beteiligtenfähigkeit des Antragstellers.

III. Gegen was? Antragsgegenstand: Sie prüfen, ob man gegen diesen Gegenstand überhaupt vor dem Bundesverfassungsgericht vorgehen kann. Die Verfahren haben unterschiedliche Antragsgegenstände: Bei den Normen-Kontrollen ist der Antragsgegenstand eine Norm aus dem Bundesrecht oder Landesrecht, bei den Streitigkeiten eine rechtserhebliche Maßnahme oder ein Unterlassen des Antragsgegners.

 Gegen ein Urteil kann man nicht mit der abstrakten Normenkontrolle vorgehen. Dieses ist kein tauglicher Antragsgegenstand gem. Art. 93 I Nr. 2, § 13 Nr. 6 BVerfGG und der Antrag unzulässig.

IV. Warum? Antragsgrund: Im Antragsgrund prüfen Sie, warum der Antragsteller sich an das Bundesverfassungsgericht gewandt hat. Nicht jeder Grund reicht aus.

Die Landesregierung C hält die Fünfprozenthürde gem. § 6 III 1 1. Alt. BWahlG, also Bundesrecht, für nichtig. Damit liegt ein tauglicher Antragsgrund Art. 93 I Nr. 2, §§ 13 Nr. 6, 76 I BVerfGG vor.

V. Wie? Form und Frist: Im Rahmen der Form prüfen Sie, ob der Antrag gem. § 23 I BVerfGG schriftlich und begründet eingereicht wurde. Für die Schriftlichkeit reicht eine E-Mail nicht aus, ein Telefax oder ein Brief sind dagegen zulässig.

Beim Organ- und beim Bund-Länder-Streit prüfen Sie zusätzlich eine Frist von drei Monaten gem. § 64 III BVerfGG.

> **Tipp:** Die Beteiligtenfähigkeit wird auch Antragsberechtigung genannt, der Antragsgrund auch Antragsbefugnis. Verwenden Sie lieber die praktisch synonymen Begriffe „Beteiligtenfähigkeit" und „Antragsgrund". Diese Begriffe kennzeichnen die Bedeutung etwas deutlicher und haben den Vorteil, dass Sie diese für Normenkontrollen und Streitigkeiten anwenden können. Und die Verwechslungsgefahr ist geringer als bei den ähnlich klingenden Begriffen Antragsberechtigung und Antragsbefugnis (häufiger Fehler).

7. Wie prüfe ich die Zulässigkeit der abstrakten Normenkontrolle?

Die Voraussetzungen für die abstrakte Normenkontrolle brauchen Sie nicht auswendig zu lernen. Diese lassen sich aus dem Gesetz lesen und zwar aus Art. 93 I Nr. 2 GG. Die wichtigen Informationen sind unterstrichen:

> Art. 93 I Nr. 2 GG
> Das <u>Bundesverfassungsgericht entscheidet</u> bei Meinungsverschiedenheiten oder <u>Zweifeln</u> über die förmliche und sachliche Vereinbarkeit von <u>Bundesrecht oder Landesrecht</u> mit diesem Grundgesetze oder die Vereinbarkeit von Landesrecht mit sonstigem Bundesrechte auf <u>Antrag der Bundesregierung, einer Landesregierung oder eines Viertels der Mitglieder des Bundestages</u>;

Die unterstrichenen Informationen verbinden Sie nun mit den Begriffen der Zulässigkeit:

7. Wie prüfe ich die Zulässigkeit der abstrakten Normenkontrolle?

Prüfungsschema Zulässigkeit		
A.	**Zulässigkeit**	**Wortlaut des Art. 93 I Nr. 2 GG**
I.	Zuständigkeit	Das Bundesverfassungsgericht entscheidet …
II.	Beteiligtenfähigkeit	die Bundesregierung, eine Landesregierung oder ein Viertel der Mitglieder des Bundestages
III.	Antragsgegenstand	Bundesrecht oder Landesrecht
IV.	Antragsgrund	Meinungsverschiedenheiten oder Zweifel
V.	Form	auf Antrag gem. § 23 I BVerfGG

Der Kreis der Antragsteller ist begrenzt: beteiligtenfähig sind nur die Bundesregierung, eine Landesregierung und ein Viertel der Mitglieder des Bundestages. Zuständigkeit, Beteiligtenfähigkeit, Antragsgrund und Form sind meist schnell geprüft, die Angaben in Art. 93 I Nr. 2 GG sind eindeutig. Nur beim Antragsgrund gibt es einen Meinungsstreit: das BVerfGG verlangt in § 76 I mehr als Zweifel, nämlich, dass der Antragsteller die Norm für nichtig hält (s. u. 7.2).

7.1 Wie prüfe ich den Antragsgegenstand bei der abstrakten Normenkontrolle?

Nach Art. 93 I Nr. 2 GG kontrolliert das Bundesverfassungsgericht Bundesrecht oder Landesrecht. Das klingt, als müssten Sie sehr viele Normen prüfen, meistens kontrollieren Sie aber nur eine einzige Norm, eben eine *aus* dem Bundes- oder Landesrecht.

Bundesrecht und Landesrecht sind voneinander getrennt: Sie können also immer entscheiden, welchem Recht eine Norm entstammt: Maßstab der Entscheidung ist die Frage, wer die Norm erlassen hat bzw. durfte: der Bundes- oder ein Landesgesetzgeber (Genaueres dazu in Kapitel 4).

> **Formulierungsbeispiel:** Die Landesregierung L will die Fünf-Prozent-Hürde gem. § 6 III 1, 1. Alt BWahlG, also Bundesrecht, kontrollieren lassen. § 6 III 1, 1. Alt BWahlG ist folglich ein tauglicher Antragsgegenstand.

7.2 Wie prüfe ich den Antragsgrund bei der abstrakten Normenkontrolle?

Welcher Antragsgrund vorliegen muss, beantwortet das GG anders als das BVerfGG: Das Grundgesetz lässt in Art. 93 I Nr. 2 Zweifel oder Meinungsverschiedenheiten des Antragstellers an der Norm genügen, das BVerfGG verlangt demgegenüber in § 76 I Nr. 1 BVerfGG, dass der Antragsteller die Norm für nichtig halten muss. Was gilt nun?

Argument 1 (Verfassungskonformität): Das Grundgesetz steht in der Normenhierarchie über dem BVerfGG. Daher genügen Zweifel, wie im Grundgesetz vorgesehen.

Argument 2 (Systematik): Gem. Art. 94 I GG regelt ein Bundesgesetz die Verfassung des Bundesverfassungsgerichts. Somit hat das Grundgesetz dem einfachen Gesetzgeber erlaubt, das Verfahren zu regeln. Dieses Bundesgesetz ist das Bundesverfassungsgerichtsgesetz. Somit gilt, was dort steht, wenn es eine vertretbare Konkretisierung des GG darstellt: Die nur geringfügig gesteigerte Anforderung des Fürnichtighaltens ist vertretbar.

Argument 3 (Sinn und Zweck): Vergleichen Sie die Situation mit Lebensmittelkontrollen – sind die Anforderungen an eine Kontrolle sehr hoch, weil nur Gesundheitswissenschaftler, die schon vor der Kontrolle sicher sind, dass das Lebensmittel schlecht ist, Lebensmittelkontrollen beantragen dürfen, wäre die Zahl der Kontrollen absurd gering. Der Zweck der Kontrollen, die Bürger vor schlechten Lebensmitteln zu schützen, würde nicht erfüllt werden.

Bei der Normenkontrolle ist es ähnlich: Nur ein bestimmter Personenkreis darf die Kontrolle beantragen. Wird jetzt noch verlangt, dass diese sich sicher sein müssen (die Norm für nichtig halten muss), wird es kaum Kontrollen geben und der Zweck, den Bürger vor verfassungswidrigen Normen zu schützen, würde nicht mehr erreicht werden.

Es gibt noch weitere Argumente. Welchem Sie letztlich folgen, ist Ihre Entscheidung. Sollten Sie allerdings den Antragsgrund ablehnen, prüfen Sie hilfsgutachterlich weiter. Dazu schreiben Sie unter das Ergebnis des Antragsgrundes „Hilfsgutachten" als Überschrift und prüfen normal weiter.

Tipp: Diesen Streit erörtern Sie nur, wenn in Ihrem Fall der Antragsteller Zweifel an der Verfassungsmäßigkeit der Norm hat. Hält Ihr Antragsteller die Norm für nichtig, erfüllt er die strengeren Anforderungen, dann verzichten Sie auf eine Streitdarstellung.

8. Wie prüfe ich die Zulässigkeit des Organstreits?

Prüfungsschema Zulässigkeit		
A.	Zulässigkeit	Organstreit
I.	Zuständigkeit	Das Bundesverfassungsgericht entscheidet ...
II.	Beteiligtenfähigkeit	oberste Bundesorgane, Teile dieser Organe und andere Beteiligte
III.	Antragsgegenstand	rechterhebliche Maßnahme oder rechtserhebliches Unterlassen
IV.	Antragsgrund	mögliche Rechtsverletzung
V.	Form	auf Antrag gem. § 23 I BVerfGG
VI.	Frist	§ 64 III BVerfGG: drei Monate

8.1 Wer ist beteiligtenfähig im Organstreit?

Im Organstreit sind nach dem Grundgesetz alle obersten Bundesorgane und andere Beteiligte beteiligtenfähig:

Art. 93 I Nr. 1 GG
(1) Das Bundesverfassungsgericht entscheidet:
1. über die Auslegung dieses Grundgesetzes aus Anlaß von Streitigkeiten über den Umfang der Rechte und Pflichten **eines obersten Bundesorgans** oder **anderer Beteiligter**, die durch dieses Grundgesetz oder in der Geschäftsordnung eines obersten Bundesorgans **mit eigenen Rechten ausgestattet sind;**

Oberste Bundesorgane ist weit gefasst. Was heißt das genau? Eine erste Antwort finden Sie in § 63 BVerfGG, der eine Aufzählung enthält:

§ 63 BVerfGG
Antragsteller und Antragsgegner können **nur** sein: **der Bundespräsident, der Bundestag, der Bundesrat, die Bundesregierung** und die im Grundgesetz oder in den

Geschäftsordnungen des Bundestages und des Bundesrates **mit eigenen Rechten ausgestatteten Teile dieser Organe**.

Gehören in Ihrem Fall Antragsteller und -gegner zu den aufgezählten Beteiligten, ist die Lösung einfach: beide sind nach dem GG als oberste Bundesorgane und nach § 63 BVerfGG beteiligtenfähig.

   Der Bundespräsident ist gem. Art. 93 I Nr. 1, 1. HS GG, § 63 BVerfGG beteiligtenfähig.

Kommen in Ihrem Fall oberste Bundesorgane vor, die nicht in § 63 BVerfGG aufgezählt werden, schauen Sie in das Inhaltsverzeichnis des GG: Dort finden Sie den Gemeinsamen Ausschuss in Art. 53a GG und die Bundesversammlung in Art. 54 GG. Diese beiden fallen nur unter den weiten Begriff „oberste Bundesorgane" des Art. 93 I Nr. 1 GG und sind nicht nach § 63 BVerfGG beteiligtenfähig.

Schwieriger zu lösen sind die Fälle, die nicht unter die Aufzählung fallen und auch keine obersten Bundesorgane sind. Diese können über zwei verschiedene Begründungswege beteiligtenfähig sein: als „Teile" eines aufgezählten Organs (§ 63 BVerfGG) oder als „andere Beteiligte" (Art. 93 I Nr. 1 GG). Vorrangig prüfen Sie, ob ein Teil eines Organs vorliegt, da dies leichter zu begründen ist. Auch ist nicht jeder „andere Beteiligte" beteiligtenfähig, sondern nur solche, die mit eigenen Rechten ausgestattet sind, und zwar entweder durch das Grundgesetz oder durch eine der Geschäftsordnungen eines obersten Bundesorgans.

Sind Bundeskanzler und Bundesminister beteiligtenfähig?

Der Bundeskanzler und die Bundesminister sind als Teile der Bundesregierung nach § 63 BVerfGG beteiligtenfähig. Auch nach dem Grundgesetz wären sie zumindest als „andere Beteiligte" beteiligtenfähig, weil sie durch das Grundgesetz mit eigenen Rechten ausgestattet sind: Ein Recht des Bundeskanzlers ist zum Beispiel die Richtlinienkompetenz gem. Art. 65 S. 1 GG, ein Recht der Bundesminister ist das Ressortprinzip gem. Art. 65 S. 2 GG.

Ist ein Bundestagsabgeordneter beteiligtenfähig?

Umstritten ist, ob der Abgeordnete als Teil des Bundestags gem. § 63 BVerfGG beteiligtenfähig ist. Die Frage brauchen Sie in der Klausur nicht zu beantworten. Ein Bundestagsabgeordneter ist in jedem Fall ein durch das

Grundgesetz mit eigenen Rechten ausgestatteter anderer Beteiligter i. S. v. Art. 93 Abs. 1 Nr. 1, 2. HS GG: Durch Art. 38 I 2 GG erhält der Bundestagsabgeordnete die mit dem Mandat verbundenen Rechte. Für diese ist der Abgeordnete im Organstreitverfahren beteiligtenfähig.

 Abgeordneter A wird aus seiner Fraktion ausgeschlossen und sieht sein Recht auf ein freies Mandat gem. Art. 38 I 2 GG verletzt.

 Abgeordnete sind bei Wahrnehmung *eigener Rechte* aus dem Abgeordnetenstatus (Art. 38 I 2 GG) beteiligtenfähig nach Art. 93 I Nr. 1 GG. Nicht dagegen können sie Rechte des ganzen Bundestages geltend machen; es würde dann jedenfalls am zulässigen Antragsgrund fehlen. Ein einzelner Abgeordneter kann nicht für über 600 Bundestagsabgeordnete in Prozessstandschaft auftreten.

Sind Fraktionen des Bundestages beteiligtenfähig?

Fraktionen sind keine obersten Bundesorgane: Nach § 63 BVerfGG sind sie als Teile des Bundestags beteiligtenfähig. Fraktionen erfüllen auch beide Anforderungen für die anderen Beteiligten aus Art. 93 I Nr. 1 GG. Weil sie durch das Grundgesetz mit eigenen Rechten ausgestattet sind: die Rechte der einzelnen Bundestagsabgeordneten gem. Art. 38 I 2 GG stehen mittelbar auch der gesamten Fraktion zu. Außerdem bekommen Fraktionen Rechte durch die Geschäftsordnung des Bundestages (GO BT): Zum Beispiel haben sie in den §§ 103 ff. GO BT das Recht, Große Anfragen an die Bundesregierung zu stellen.

Sind Parteien beteiligtenfähig?

Parteien sind, anders als Fraktionen, kein Teil eines Bundesorgans, da sie nicht im Bundestag sitzen. Fraktionen und Parteien müssen streng auseinandergehalten werden (häufige Fehlerquelle!). Für Parteien kommt nur die Alternative „andere Beteiligte, die das Grundgesetz mit eigenen Rechten ausgestattet hat" gem. Art. 93 I Nr. 1 GG in Betracht. Mit diesem Recht ist Art. 21 I i. V. m. 3 I GG gemeint: Aus diesem haben die Parteien ein Recht gegenüber dem Staat auf Gleichbehandlung mit anderen Parteien. Eine Verletzung des Art. 21 I GG können Parteien im Organstreitverfahren klären, wenn es sich um eine Maßnahme oder Unterlassung eines obersten Bundesorgans handelt. Und das „nur" in § 63 BVerfGG wird verfassungskonform überwunden.

Beispiel für Organstreit: Die Bundesregierung empfiehlt, Partei C nicht zu wählen. Partei C möchte weitere Äußerungen der Bundesregierung in dieser Hinsicht verhindern und beruft sich auf die Chancengleichheit gem. Art. 21 I i. V. m. 3 I GG.

Merke:

Art. 93 I Nr. 1 GG (Organstreit): Oberste Bundesorgane und andere Beteiligte

§ 63 BVerfGG: Beispiele für oberste Bundesorgane und Teile dieser Organe

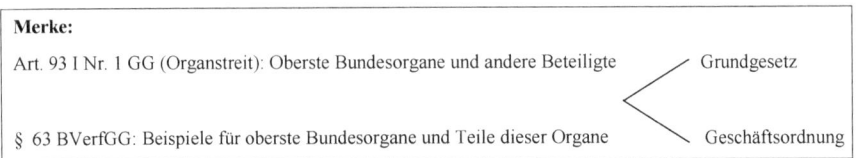

Grundgesetz

Geschäftsordnung

8.2 Wie prüfe ich den Antragsgegenstand beim Organstreit?

Für den Antragsgegenstand beim Organstreit hilft Ihnen wieder § 64 I BVerfGG weiter:

§ 64 BVerfGG
(1) Der Antrag ist nur zulässig, wenn der Antragsteller geltend macht, daß er oder das Organ, dem er angehört, durch eine **Maßnahme oder Unterlassung** des Antragsgegners in seinen ihm durch das Grundgesetz übertragenen **Rechten** und Pflichten verletzt oder unmittelbar gefährdet ist.

Als Streitanlass reicht es nicht aus, dass die Streitparteien unterschiedlicher Ansicht über ein Thema sind, sondern es muss eine konkrete Maßnahme oder Unterlassung vorliegen. Der Begriff der Maßnahme ist weit zu fassen. Darunter fallen alle rechtserheblichen Handlungen. Dies können z. B. sogar gesellschaftspolitische Äußerungen des Bundespräsidenten sein, wenn er etwa Angehörige einer Partei als „Spinner" bezeichnet und damit zumindest in Wahlkampfzeiten Benachteiligungen möglich sind. Eine rechtserhebliche Maßnahme liegt bei einer Meinungsäußerung aber nur dann vor, wenn sie hinreichenden Zusammenhang zur Aufgabenwahrnehmung des Staatsorgans hat, also nicht Äußerungen in rein privatem Rahmen.

 Unterlassung: Die Weigerung der Ausfertigung eines Gesetzes durch den Bundespräsidenten ist eine Unterlassung, die das Recht des Bundestages auf Gesetzgebung betrifft und somit rechtserheblich und damit ein tauglicher Antragsgegenstand ist.

Maßnahme: Die Auflösung des Bundestages durch den Bundespräsidenten ist eine Maßnahme, die die Mandatsrechte der Abgeordneten gem. Art. 38 I 2 GG betrifft und mithin ein tauglicher Antragsgegenstand.

 Geht es um eine rechtserhebliche Unterlassung oder Maßnahme?

Tipp: Im Obersatz ist es üblich, von einem *tauglichen* Antragsgegenstand zu sprechen: *Die Auflösung des Bundestages durch den Bundespräsidenten müsste ein tauglicher Antragsgegenstand sein.*

8.3 Wie prüfe ich den Antragsgrund beim Organstreit?

Gem. § 64 I BVerfGG muss der Antragsteller **geltend machen**, dass er durch den Antragsgegenstand in seinen grundgesetzlichen Rechten verletzt oder unmittelbar gefährdet ist. Der Antragsteller macht dies geltend, wenn er eine Verletzung oder Gefährdung plausibel macht, eine Verletzung also **möglich**, d. h. nicht von vornherein ausgeschlossen ist. Sie dürfen keinesfalls die Begründetheit „vorwegnehmen". Ob tatsächlich eine Verletzung vorliegt, prüfen Sie erst dort.

Ergibt sich das Organrecht aus einer geschriebenen GG-Norm, nennen Sie diese. Andernfalls leiten Sie ein Recht aus einer Aufgaben- oder Verfahrensnorm bzw. den Verfassungsprinzipien her.

 Der Bundestag beschließt gem. Art. 77 I GG die Gesetze. Weigert sich der Bundespräsident, ein Gesetz auszufertigen, kann es nicht zustande kommen. Damit ist eine Verletzung des Rechts der Gesetzgebung des Bundestages gem. Art. 77 I GG möglich.

Merkfrage: Ist eine Rechtverletzung möglich?

8.4 Wie prüfe ich Form und Frist?

Der Antrag muss, wie für alle Verfahren, gem. § 23 I BVerfGG schriftlich und begründet eingereicht werden. Enthält Ihr Sachverhalt keine Informationen zur Form, können Sie davon ausgehen, dass die Vorschriften eingehalten wurden.

Formulierungsvorschlag: Es ist davon auszugehen, dass X den Antrag schriftlich und begründet gem. § 23 I BVerfGG eingereicht hat. Somit hat X den Antrag formgerecht gestellt.

Für den Organstreit denken Sie an die Frist: Gem. § 64 III BVerfGG beträgt die Frist sechs Monate, nachdem die beanstandete Maßnahme oder Unterlassung dem Antragsteller bekannt geworden ist.

Formulierungsvorschlag: Der Bundestag hat den Antrag zwei Monate nach der Weigerung des Bundespräsidenten eingereicht, mithin fristgerecht gem. § 64 III BVerfGG.

Wurde in Ihrem Fall noch kein Antrag gestellt, reicht der Hinweis, dass die Form- und Fristerfordernisse nach §§ 64 III und 23 I BVerfGG eingehalten *werden müssen*.

9. Was sind Unterschiede zwischen abstrakter Normenkontrolle und den Streitigkeiten um Rechte?

Die abstrakte Normenkontrolle und der Organstreit (wie der Bund-Länder-Streit) unterscheiden sich:

1. **Beteiligtenfähigkeit:** Nur bei den Organ- sowie Bund-Länder-Streitigkeiten prüfen Sie einen Antragsgegner.
2. **Antragsgegenstand:** Bei der Normenkontrolle eine Norm, bei den Streitigkeiten um Rechte eine rechtserhebliche Maßnahme bzw. ein Unterlassen.
3. **Antragsgrund:** Bei der Normenkontrolle müssen Zweifel an der Norm vorliegen oder diese für nichtig gehalten werden (Meinungsstreit!). Bei den Streitigkeiten um Rechte muss eine Maßnahme oder Unterlassung vorliegen, die möglicherweise ein Recht des Antragstellers verletzt.
4. **Frist:** Für die abstrakte Normenkontrolle gibt es keine Frist.

Prüfungsschema Zulässigkeit im Vergleich			
A.	Zulässigkeit	Abstrakte Normenkontrolle	Organstreit
I.	Zuständigkeit	Das Bundesverfassungsgericht entscheidet ...	Das Bundesverfassungsgericht entscheidet ...
II.	Beteiligtenfähigkeit	die Bundesregierung, eine Landesregierung oder ein Viertel der Mitglieder des Bundestages	oberste Bundesorgane, Teile dieser Organe und andere Beteiligte (mit Rechten aus dem GG oder einer Geschäftsordnung)
III.	Antragsgegenstand	Bundesrecht oder Landesrecht	rechterhebliche Maßnahme oder rechtserhebliches Unterlassen
IV.	Antragsgrund	Meinungsverschiedenheiten oder Zweifel	mögliche Rechtsverletzung
V.	Form	auf Antrag gem. § 23 I BVerfGG	auf Antrag gem. § 23 I BVerfGG
VI.	Frist	--	§ 64 III BVerfGG: drei Monate

10. Wie gehe ich in der Klausur vor?

Entscheidend ist zunächst die genaue Analyse der Fallfrage: Meist geht es um die Erfolgsaussichten eines Antrags vor dem BVerfG und damit um die Zulässigkeit und Begründetheit des Antrags. Das muss aber nicht so sein. Lesen Sie nach, ob der Antrag bereits gestellt wurde oder ob Sie die Erfolgsaussichten eines künftigen Antrags prüfen. Das hat Auswirkungen auf die Formulierungen.

Entscheiden Sie anhand der „Wer gegen wen gegen was?"-Frage, welches Verfahren vorliegt. Für die normale Aufgabenstellung einer Prüfung der Erfolgsaussichten eines Antrags vor dem Bundesverfassungsgericht gilt: Der Schwerpunkt einer öffentlich-rechtlichen Klausur liegt meist bei der Begründetheit (Faustformel: im Schnitt ¼ Zulässigkeit, ¾ Begründetheit). Halten Sie sich daher nicht zu lange mit der Zulässigkeitsprüfung auf. Sie können auch mit der Begründetheit beginnen und die Zulässigkeit im letzten Viertel der Zeit niederschreiben. Sortieren Sie dann aber die Blätter so, dass das Gutachten mit der Zulässigkeit beginnt.

In der Klausur beginnen Sie das Gutachten mit einer Gutachten-Überschrift. Als nächstes formulieren Sie den Obersatz zum Erfolg des Antrags (ohne eigenen Gliederungspunkt). Unter „A." beginnen Sie die Prüfung der Zulässigkeit:

Klausuraufbau Organstreit	Klausuraufbau abstrakte Normenkontrolle

Gutachten
Der Antrag hat Erfolg, soweit er zulässig und begründet ist.
A. Zulässigkeit
  I. Zuständigkeit
  II. Beteiligtenfähigkeit
  III. Antragsgegenstand
  IV. Antragsgrund
  V. Form und Frist
B. Begründetheit
  I. Verstoß gegen das GG
  II. Recht des Antragstellers (oder umgekehrte Reihenfolge)
	Gutachten
	Der Antrag hat Erfolg, soweit er zulässig und begründet ist.
	A. Zulässigkeit
	  I. Zuständigkeit
	  II. Beteiligtenfähigkeit
	  III. Antragsgegenstand
	  IV. Antragsgrund
	  V. Form
	B. Begründetheit
	  I. Formelle Verfassungsmäßigkeit
	  II. Materielle Verfassungsmäßigkeit

Tipp: Prüfen Sie nicht jeden Punkt der Zulässigkeit im vierschrittigen Gutachtenstil, sondern kürzen Sie die Punkte ab, die unproblematisch vorliegen. Das sind zumeist Zuständigkeit und Form, aber es können sogar alle Punkte unproblematisch sein. Das hängt von der Verfahrensart und Ihrem Fall ab.

Formulierungsbeispiel kurzer Stil: Die Landesregierung L will die Fünf-Prozent-Hürde gem. § 6 III 1, 1. Alt BWahlG, also Bundesrecht, kontrollieren lassen. § 6 III 1, 1. Alt BWahlG ist somit ein tauglicher Antragsgegenstand.

Tipp: Es kann vorkommen, dass Sie nur nach der Verfassungsmäßigkeit einer Norm oder einer Maßnahme gefragt werden. Dann prüfen Sie nur diesen Teil der Begründetheit und keine Zulässigkeit oder Begründetheit. Nicht selten wird die Zulässigkeit noch als Zusatzaufgabe angehängt, sodass sie erst als zweites zu prüfen ist. Das erleichtert das Zeitmanagement, da man nicht zu viel Zeit bei der Zulässigkeit verlieren kann.

Aufgaben

Aufgabe 1: Ordnen Sie zu.

Abstrakte Normenkontrolle	Hat der Staat ein Grundrecht oder ein grundrechtgleiches Recht eines Bürgers/einer juristischen Person verletzt?
Konkrete Normenkontrolle	Hat der Antragsgegner ein verfassungsrechtliches Recht des Antragstellers verletzt?
Organstreitverfahren	
Bund-Länder-Streit	Ist die Norm verfassungswidrig?
Verfassungsbeschwerde	

Aufgabe 2: Finden Sie die richtige Verfahrensart, indem Sie die Fragen „Wer gegen wen gegen was?" beantworten.

Sachverhalt	Wer? Beteiligtenfähigkeit des Antragstellers	Gegen wen? Beteiligtenfähigkeit des Antragsgegners	Gegen was? Antragsgegenstand	Verfahrensart
a) Bundeskanzler B ist mit der Arbeit des Bundesumweltministers M unzufrieden. Daher schickt er ihm ein Schreiben: „Ich errichte eine Abteilung Windenergie." M will das nicht hinnehmen.				
b) Landesregierung X hält die Fünf-Prozent-Hürde des Bundestags für verfassungswidrig.				
c) Das Land X hält ein verfassungsmäßiges Gesetz des Bundes für unsinnig und weigert sich daher, die im Gesetz vorgesehenen Aufgaben für die Länder auszuführen. Der Bund wendet sich an das BVerfG.				

Kapitel 1: Verfahrensarten

d) Richter R muss jemanden wegen Beleidigung gem. § 185 StGB verurteilen, hält aber die Norm für zu unbestimmt und damit für verfassungswidrig.			
e) Der Bundespräsident löst gem. Art. 68 GG den Bundestag auf. Der Bundestag besteht auf sein Fortbestehen.			
f) Bundeskanzler K hält Äußerungen des Ausschussmitglieds A für verfassungswidrig, daher entzieht er ihm seinen Sitz. Die Fraktion des A hält dies wiederum für verfassungswidrig.			
g) Die Opposition verlangt von der Regierungskoalition das Einberufen eines Untersuchungsausschusses gem. Art. 44 I GG. Jedoch weigert sich die Regierungskoalition. Die Opposition wendet sich ans Bundesverfassungsgericht.			

Aufgabe 3: Unterstreichen Sie die Wörter, die vor allem verraten, um welches Verfahren es sich handelt. Setzen Sie dann die Verfahrensart ein.

Organstreitverfahren, Bund-Länder-Streitigkeit, Abstrakte Normenkontrolle, Konkrete Normenkontrolle; Parteiverbotsverfahren

§ 13 BVerfGG

(1) Das Bundesverfassungsgericht entscheidet:

2. über die Verfassungswidrigkeit von Parteien (Artikel 21 Abs. 2 des Grundgesetzes),

Verfahrensart:_____

5. über die Auslegung des Grundgesetzes aus Anlaß von Streitigkeiten über den Umfang der Rechte und Pflichten eines obersten Bundesorgans oder anderer Beteiligter, die durch das Grundgesetz oder in der Geschäftsordnung eines obersten Bundesorgans mit eigenen Rechten ausgestattet sind (Artikel 93 Abs. 1 Nr. 1 des Grundgesetzes),

Verfahrensart:_____

6. bei Meinungsverschiedenheiten oder Zweifeln über die förmliche oder sachliche Vereinbarkeit von Bundesrecht oder Landesrecht mit dem Grundgesetz oder die Vereinbarkeit von Landesrecht mit sonstigem Bundesrecht auf Antrag der Bundesregierung, einer Landesregierung oder eines Viertels der Mitglieder des Bundestages (Artikel 93 Abs. 1 Nr. 2 des Grundgesetzes),

Verfahrensart:_____

7. bei Meinungsverschiedenheiten über Rechte und Pflichten des Bundes und der Länder, insbesondere bei der Ausführung von Bundesrecht durch die Länder und bei der Ausübung der Bundesaufsicht (Artikel 93 Abs. 1 Nr. 3 und Artikel 84 Abs. 4 Satz 2 des Grundgesetzes),

Verfahrensart:_____

11. über die Vereinbarkeit eines Bundesgesetzes oder eines Landesgesetzes mit dem Grundgesetz oder die Vereinbarkeit eines Landesgesetzes oder sonstigen Landesrechts mit einem Bundesgesetz auf Antrag eines Gerichts (Artikel 100 Abs. 1 des Grundgesetzes),

Verfahrensart:_____

Aufgabe 4: Formulieren Sie die Begründetheits-Obersätze in drei Schritten.

a) Der Bundestag verabschiedet ein Gesetz, welches der Bundespräsident verfassungswidrig findet und deswegen die Ausfertigung verweigert. Der Bundestag verlangt die Ausfertigung und wendet sich daher an das Bundesverfassungsgericht.

Schritt 1: Füllen Sie die Tabelle mit dem Sachverhalt.

Wer?	
Gegen wen?	
Gegen was?	
Verfahrensart	

Schritt 2: Verändern Sie § 64 I BVerfGG so, dass daraus ein Begründetheitsobersatz entsteht.

§ 64 BVerfGG
(1) Der Antrag ist nur zulässig, wenn der Antragsteller geltend macht, daß er oder das Organ, dem er angehört, durch eine Maßnahme oder Unterlassung des Antragsgegners in seinen ihm durch das Grundgesetz übertragenen Rechten und Pflichten verletzt oder unmittelbar gefährdet ist.

Schritt 3: Fügen Sie den Fall in § 64 I BVerfGG ein.
(1) Der Antrag ist begründet, wenn der _____ (Antragsteller) durch _____
(Maßnahme oder Unterlassung) des _____
____ (Antragsgegner) in seinen ihm durch das Grundgesetz übertragenen Rechten und Pflichten verletzt ist.

b) Die Landesregierung L erlässt ein neues Luftverkehrsgesetz, weil sie sich vor den sogenannten Chemtrails fürchtet. Die Bundesregierung hält die Landesregierung für unzuständig und wendet sich daher an das Bundesverfassungsgericht.

Tipp: Lesen Sie dazu Art. 73 GG.

Schritt 1: Füllen Sie die Tabelle mit dem Sachverhalt.

Wer?	
Gegen wen?	
Gegen was?	
Verfahrensart	

Schritt 2: Lesen Sie Artikel 93 I Nr. 2 GG und finden Sie die beiden Prüfungsvoraussetzungen der Begründetheit.
 1. _____
 2. _____

Schritt 3: Formulieren Sie den Begründetheitsobersatz.
Der Antrag der _____(1) ist begründet, wenn das _____(2) _____(3) oder _____(4) verfassungswidrig ist.

Aufgabe 5: Welche Verfahrensarten stimmen in der Begründetheitsprüfung weitgehend überein? (Zwei Paare)

1. Paar _____ + _____
2. Paar _____ + _____

Aufgabe 6: Wie heißt die entsprechende Zulässigkeitsvoraussetzung?
a) Wo? _____
b) Wer (ggf. gegen wen)? _____
c) Gegen was? _____
d) Warum? _____
e) Wie? _____

Aufgabe 7: Richtig oder falsch? Kreuzen Sie an.

	Richtig	Falsch
a) Alle Verfahren bedürfen der Form nach § 23 I BVerfGG		
b) Eine Norm ist 50 Jahre alt. Dann ist die Frist zur Kontrolle bereits verstrichen.		
c) Die Bundeskanzlerin und die Bundesminister sind als Teil der Bundesregierung, der mit eigenen verfassungsrechtlichen Rechten ausgestattet ist, in einem Organstreit beteiligtenfähig.		
d) Eine abstrakte Normenkontrolle kann „einfach so" ohne besonderen Anlass beantragt werden.		

Aufgabe 8: Füllen Sie die Lücken der Tabelle:

Das staatliche Verhalten ist ...	Dann ist der Antrag ...
formell verfassungswidrig.	
	begründet.
formell verfassungsmäßig	
auch materiell verfassungsmäßig.	

Aufgabe 9: Unterstreichen Sie die Zulässigkeits- und Begründetheitsvoraussetzungen einer abstrakten Normenkontrolle (5x Zulässigkeit, 2x Begründetheit)

Art. 93 I Das Bundesverfassungsgericht entscheidet
2. bei Meinungsverschiedenheiten oder Zweifeln über die förmliche und sachliche Vereinbarkeit von Bundesrecht oder Landesrecht mit diesem Grundgesetze oder die Vereinbarkeit von Landesrecht mit sonstigem Bundesrechte auf Antrag der Bundesregierung, einer Landesregierung oder eines Viertels der Mitglieder des Bundestages;

Ordnen Sie nun die Tatbestandsmerkmale den Prüfungspunkten zu und legen Sie die Reihenfolge der Voraussetzungen fest.

„der Bundesregierung, einer Landesregierung oder eines Viertels der Mitglieder des Bundestages"	Antragsgrund
„bei Meinungsverschiedenheiten oder Zweifeln"	Formelle Verfassungsmäßigkeit
„Bundesrecht oder Landesrecht"	Zuständigkeit
„auf Antrag"	Antragsberechtigung
„Das Bundesverfassungsgericht entscheidet ..."	Antragsgegenstand
„förmliche Vereinbarkeit"	Form
„sachliche Vereinbarkeit"	Materielle Verfassungsmäßigkeit

Aufgabe 10: Verfassen Sie zu folgendem Fall ein Gutachten in mehreren Schritten.

Die Haustiere-gehören-auf-den-Friedhof-Partei hat bei der Bundestagswahl 4,9 % der Zweitstimmen erlangt. Die Auch-Autowracks-gehören-auf-den-Friedhof-Partei hat ein Ergebnis von 5,1 % erzielt. Die Haustierpartei ist erzürnt und hält die Festlegung von 5 % für eine Farce. Ein Mitglied der Partei ist so wütend, dass er die Regelung über die Sitzverteilung noch einmal genauer liest. Nach reichlicher Überlegung ist er sicher, dass sie materiell verfassungswidrig ist. Er kann die Landesregierung B überzeugen, die Norm beim Bundesverfassungsgericht kontrollieren zu lassen. Allerdings hat die Landesregierung lediglich Zweifel an der materiellen Verfassungsmäßigkeit der Norm, was sie in ihrem schriftlichen und begründeten Antrag beim Bundesverfassungsgericht deutlich macht. In formeller Hinsicht bestehen keine Bedenken gegen die Regelung.

Hat der Antrag der Landesregierung Aussicht auf Erfolg?

Schritt 1: Füllen Sie die Tabelle mit dem Sachverhalt.

Wer?	
Gegen wen?	
Gegen was?	
Verfahrensart	

Schritt 2: Unterstreichen Sie die im Sachverhaltstext enthaltenen Zulässigkeitsvoraussetzungen einer abstrakten Normenkontrolle (5x Infos zur Zulässigkeit).

Schritt 3: Tragen Sie die Informationen aus Schritt 2 ein und was Sie in der Begründetheit prüfen. Markieren Sie die Schwerpunkte der Prüfung.
A. Zulässigkeit
    I. Zuständigkeit = _____
    II. Beteiligtenfähigkeit = _____
    III. Antragsgegenstand = _____
    IV. Antragsgrund = _____
    V. Form = _____
B. Begründetheit
    I. Formelle Verfassungsmäßigkeit = _____
    II. Materielle Verfassungsmäßigkeit = _____

Schritt 4: Formulieren Sie den ersten Obersatz (dieser braucht keinen Gliederungspunkt).

Gutachten

A. Zulässigkeit
I. Zuständigkeit

Schritt 5: Füllen Sie die Lücken aus und streichen Sie danach die überflüssigen Schritte. Verschieben Sie, wenn nötig, die Normenkette.

I. Zuständigkeit
Das Bundesverfassungsgericht müsste zuständig sein.

Die Landesregierung B wendet sich gegen _____, somit handelt es sich um eine abstrakte Normenkontrolle. Daher ist das Bundesverfassungsgericht zuständig.

II. Beteiligtenfähigkeit
Obersatz:

Definition:
Beteiligtenfähig ist gem. Art. 93 I Nr. 2 GG, §§ 13 Nr. 6, 76 ff. BVerfGG die Bundesregierung, eine Landesregierung oder ein Viertel der Mitglieder des Bundestages.
Subsumtion:

Ergebnis:

III. Antragsgegenstand
Obersatz:

Definition:

Tauglicher Antragsgegenstand ist gem. Art. 93 I Nr. 2 GG, §§ 13 Nr. 6 BVerfGG, 76 ff. BVerfGG Bundesrecht oder Landesrecht.

Subsumtion: _____

Ergebnis: _____

Schritt 6: Antragsgrund
Der Antragsgrund richtet sich nach zwei Normen. Unterstreichen Sie die Tatbestandsmerkmale, in denen sich die beiden unterscheiden.

§ 76 BVerfGG
(1) Der Antrag der Bundesregierung, einer Landesregierung oder eines Viertels der Mitglieder des Bundestages gemäß Artikel 93 Abs. 1 Nr. 2 des Grundgesetzes ist nur zulässig, wenn der Antragsteller Bundes- oder Landesrecht
1. wegen seiner förmlichen oder sachlichen Unvereinbarkeit mit dem Grundgesetz oder dem sonstigen Bundesrecht für nichtig hält [...].

Art. 93 I GG
Das Bundesverfassungsgericht entscheidet
2. bei Meinungsverschiedenheiten oder Zweifeln über die förmliche und sachliche Vereinbarkeit von Bundesrecht oder Landesrecht mit diesem Grundgesetze oder die Vereinbarkeit von Landesrecht mit sonstigem Bundesrechte auf Antrag der Bundesregierung, einer Landesregierung oder eines Viertels der Mitglieder des Bundestages;

Schritt 6.1: Was ist der Unterschied zwischen den beiden Formulierungen?
_____

Schritt 6.2: Überlegen Sie sich mindestens drei Möglichkeiten mit diesem Unterschied rechtlich umgehen.

Lösungsmöglichkeit 1: _____

Tipp: Das GG steht in der Normenhierarchie ganz oben, das BVerfGG ist dagegen eine einfachgesetzliche Norm.

Lösungsmöglichkeit 2: _____

Tipp: Was ist schwieriger zu definieren und im Einzelfall festzustellen: Zweifel oder Fürnichtighalten?

Lösungsmöglichkeit 3: _____

Tipp: Ein Merkmal ist ein besonders starkes Beispiel des anderen Merkmals.

Schritt 6.3: Formulieren Sie den Antragsgrund bis zur Erforderlichkeit der Stellungnahme[27].

Obersatz Antragsgrund
_____

Obersatz (Zweifel oder Fürnichtighalten)
Fraglich ist, ob die Zweifel gem. _____ (1) der Landesregierung B an der Fünfprozentklausel als Antragsgrund ausreichen oder ob diese die Norm zusätzlich gem. § _____ (2) für nichtig halten muss.

1. Lösungsmöglichkeit
Einerseits kann man vertreten, dass _____
_____
_____

Hinweis: Die Subsumtion wäre „Die Landesregierung zweifelt." Das wird schon aus dem Obersatz deutlich und kann weggelassen werden.

Ergebnis _____
_____

2. Lösungsmöglichkeit
Andererseits lässt sich ebenso vertreten, dass _____
_____
_____

Ergebnis _____
_____

3. Lösungsmöglichkeit
Schließlich kann man vertreten, dass _____

---

27 Für Aufbau und Redemittel in einem Streit s. Hildebrand, Juristischer Gutachtenstil, S. 59.

Ergebnis _____

4. Stellungnahme erforderlich
Die Positionen gelangen zu unterschiedlichen Ergebnissen, sodass _____

Schritt 6.4: Die Stellungnahme
a) Lesen Sie für das systematische Argument Art. 94 GG: Worauf bezieht sich „seine" in Absatz 2?
(1) Das Bundesverfassungsgericht besteht aus Bundesrichtern und anderen Mitgliedern. Die Mitglieder des Bundesverfassungsgerichtes werden je zur Hälfte vom Bundestage und vom Bundesrate gewählt. Sie dürfen weder dem Bundestage, dem Bundesrate, der Bundesregierung noch entsprechenden Organen eines Landes angehören.
(2) Ein Bundesgesetz regelt **seine** Verfassung und das Verfahren und bestimmt, in welchen Fällen seine Entscheidungen Gesetzeskraft haben. Es kann für Verfassungsbeschwerden die vorherige Erschöpfung des Rechtsweges zur Voraussetzung machen und ein besonderes Annahmeverfahren vorsehen.
Das Pronomen „seine" bezieht sich auf _____
b) Welches ist das in Absatz II angesprochene Bundesgesetz?
_____

c) Füllen Sie die Lücken (systematisches Argument).
Art. 94 Abs. 2 S. 1 GG bestimmt, dass ein _____(1) das Verfahren des Bundesverfassungsgericht näher regeln darf. Von diesem Recht hat der Bundesgesetzgeber in § _____(2) Gebrauch gemacht. Dort hat sich der Gesetzgeber entschieden, die Formulierung *Zweifel haben* näher und konkreter zu regeln. Somit spricht die Systematik der Verfassung für die _____(3) Lösung.

d) Formulieren Sie das teleologische Argument.
Tipp: Was ist der Sinn und Zweck von Lebensmittelkontrollen? Übertragen Sie die Antwort auf Normenkontrollen.

Der Sinn und Zweck abstrakter Normenkontrollen besteht darin, _____
_____(1)
Dann dürfen die Anforderungen an die Zulässigkeit nicht zu _____(2) sein, sonst würde kaum eine Norm kontrolliert werden. Vor allem weil der Kreis der Beteiligtenfähigen schon begrenzt ist.
Somit ist die _____(3) Ansicht abzulehnen.

e) Formulieren Sie das verfassungskonforme Argument.
Das Grundgesetz steht in der Normenhierarchie ganz oben. Daraus folgt, dass _____
_____
_____

f) Entscheidung Favoritenansicht: _____
_____

g) Ergebnis Favoritenansicht: _____
_____

Schritt 7: Form Unterstreichen Sie die beiden zu prüfenden Tatbestandsmerkmale und formulieren Sie die Prüfung für den Fall in einem Satz.

§ 23 BVerfGG
(1) Anträge, die das Verfahren einleiten, sind schriftlich beim Bundesverfassungsgericht einzureichen. Sie sind zu begründen; die erforderlichen Beweismittel sind anzugeben.
_____
_____

VI. Zwischenergebnis Zulässigkeit
_____
_____

Kapitel 2: Staatsprinzipien

1. Welche Staatsprinzipien hat die BRD?

Die Staatsprinzipien sind die tragenden Grundsätze der Bundesrepublik Deutschland. Die ersten vier finden Sie in Art. 20 I GG:

> Art. 20 GG
> (1) Die Bundesrepublik Deutschland ist ein demokratischer und sozialer Bundesstaat.

Sie lauten also: Republik, Demokratie, Sozialstaat und Bundesstaat. Als fünftes kommt der Rechtsstaat hinzu. Dieser ist nicht ausdrücklich genannt, wird aber aus Art. 20 III GG abgeleitet:

> Art. 20 GG
> (3) Die Gesetzgebung ist an die verfassungsmäßige Ordnung, die vollziehende Gewalt und die Rechtsprechung sind **an Gesetz und Recht** gebunden.

Der Rechtsstaat ist vor allem durch die Bindung an die Gesetze geprägt, daher wird er auch aus Art. 20 III GG abgeleitet. Wäre der Bürger in einer Demokratie oder in einem Sozialstaat nicht vor der Willkür des Staates durch die Gesetze geschützt, wären diese letztlich leere Hüllen. Die Bedeutung des Rechtsstaatsprinzips ist daher hoch und ein überzeugendes Argument in Ihrem Gutachten.

Demokratie → Art. 20 I, II GG
Rechtsstaat → abgeleitet aus Art. 20 III GG
Republik, Sozialstaat und Bundesstaat → Art. 20 I GG

Tipp: Mit Art. 20 GG können Sie angeben, auf welche verfassungsrechtliche Norm Sie sich bei Ihrer Argumentation stützen. Für die Argumentation in den Fall-Lösungen brauchen Sie vor allem das Demokratie-, das Rechtsstaats- und das Bundesstaatsprinzip.

2. Was ist eine Demokratie?

Der Begriff Demokratie stammt aus dem Griechischen und bedeutet Herrschaft des Volkes:

> Art. 20 II GG:
> Alle Staatsgewalt geht vom Volke aus. Sie wird vom Volke in Wahlen und Abstimmungen und durch besondere Organe der Gesetzgebung, der vollziehenden Gewalt und der Rechtsprechung ausgeübt.

Das Volk hat die Staatsgewalt – und übt diese auf Bundesebene fast nur durch die Bundestagswahl aus? Ist das nicht ein bisschen wenig? Obwohl es noch so viele weitere Posten zu besetzen gilt! Um den Willen des Volkes auch diesbezüglich zu erfüllen, wählt der Bundestag weitere Organe, wie den Bundeskanzler. Der Bundeskanzler wiederum ernennt die Bundesminister. Auf diese Weise kann jede Personalbesetzung auf den Willen des Volkes zurückgeführt werden: es besteht eine *ununterbrochene Legitimationskette* zwischen dem Volk und den obersten Bundesorganen.

2.1 Warum ein Mehrparteiensystem?

Zu einer funktionierenden Demokratie gehört auch ein Mehrparteiensystem. Nur wenn eine Auswahl besteht, kann man von einer Wahl sprechen. Zu einer Demokratie gehört eine „Herrschaft auf Zeit". Damit eine Wahl so gut wie möglich den Willen des Volkes widerspiegelt, gibt es Wahlrechtsgrundsätze. So sind in Art. 38 I 1 GG Grundsätze festgelegt, wie eine Wahl ablaufen muss: frei, geheim, gleich, allgemein und unmittelbar (Genaueres finden Sie in Kapitel 5).

abstrakte Normenkontrolle: Alle Macht geht vom Volk aus – aber nicht unter 5 % der Zweitstimmen! Die Fünfprozenthürde nach § 6 III 1 1. Alt. BWahlG berührt das Demokratieprinzip, besonders die Wahlrechtsgrundsätze. Der Ausschluss kleinerer Parteien durch die Fünfprozenthürde garantiert die Funktionsfähigkeit des Bundestages, des repräsentativen Organs der Demokratie. Das spricht für die materielle Verfassungsmäßigkeit der Fünfprozenthürde.

2.2 Gibt es in einer Demokratie Minderheitenschutz?

In einer Demokratie entscheidet die Mehrheit. Sind Minderheiten also der Mehrheit schutzlos ausgeliefert? Das deutsche Wahlrecht umfasst auch Minderheitenschutz: Bei diesem zieht nicht nur der Gewinner einer Wahl ins Parlament ein, sondern auch alle anderen Parteien dem Stimmverhältnis entsprechend. Auf diese Weise werden auch Ansichten des Volkes vertreten, die nicht der Mehrheit entsprechen.

 Minderheitenschutz wird insbesondere durch ein Recht auf Opposition gewährleistet.

2.3 Warum darf der Staat die politischen Ansichten des Volkes nicht beeinflussen?

Die Volkssouveränität zeigt sich auch darin, dass das Volk in seinen politischen Überzeugungen nicht vom Staat beeinflusst werden darf. In einer Demokratie verläuft die politische Willensbildung „von unten nach oben": das Volk entscheidet über die politische Ausrichtung der Parlamente (siehe Art. 20 II 1 GG). Zwar ist staatliche Öffentlichkeitsarbeit grundsätzlich erlaubt, wirbt der Staat aber erkennbar für eine Partei, beeinflusst er das Volk auf unzulässige Weise. Ausnahme: Außerhalb ihrer Funktion als Staatsorgane dürfen Politiker für ihre Parteien werben.

 Organstreit: Die Bundesregierung versendet drei Wochen vor der Bundestagswahl farbige Broschüren, in denen nur die Erfolge der letzten Legislaturperiode aufgelistet werden. Partei L hält dies für verfassungswidrig und wendet sich an das Bundesverfassungsgericht.

 Die Willensbildung von unten nach oben und das damit zusammenhängende Neutralitätsgebot des Staates sind Unterprinzipien der Demokratie. Deswegen verstößt Wahlwerbung durch den Staat gegen das Demokratieprinzip.

2.4 Was sind Abstimmungen?

Abstimmungen sind nach Art. 20 II 2 GG die zweite Möglichkeit, durch die das Volk seine Staatsgewalt ausüben kann. Bei diesen entscheidet es sogar direkt, ohne dass der Bundestag eine andere Entscheidung treffen kann. Allerdings sieht das Grundgesetz Abstimmungen nur über die Grenzen von Bundesländern (Art. 29 III, 118, 118a GG) und für eine neue Verfassung gem. Art. 146 GG vor. Damit ist die BRD im Grundsatz eine repräsentative Demokratie: Die Staatsgewalt geht zwar vom Volk aus, wird aber *durch* besondere Organe im Sinne des Art. 20 II 2 GG ausgeübt.

Die geringe Bedeutung von Abstimmungen im Grundgesetz erklärt sich aus den Erfahrungen der Weimarer Republik: Als ein Grund für das Scheitern der Republik gelten die durch die NSDAP vorangetriebenen Volksabstimmungen.

 abstrakte Normenkontrolle: Der Bundestag möchte das Volk darüber abstimmen lassen, ob es das bedingungslose Grundeinkommen einführen möchte. Dafür erlässt er ein „Volksentscheidgesetz". Landesregierung X ist empört und wendet sich an das Bundesverfassungsgericht zur Überprüfung des Gesetzes. Das Gesetz könnte gegen den Grundsatz der repräsentativen Demokratie verstoßen, welches ein Unterprinzip des Demokratieprinzips (Art. 20 I, II GG) darstellt.

Demokratieprinzip, Art. 20 I, II GG – Unterprinzipien
Wahlrechtsgrundsätze, Art. 38 I 1 GG
Gewaltenteilung, Art. 20 II 2, III GG
Mehrheitsprinzip (zB. Art. 42 II GG)
Minderheitenschutz und Recht auf Opposition im Mehrparteiensystem, Herrschaft auf Zeit
Demokratische Legitimation von unten nach oben und staatliches Neutralitätsgebot, Art. 20 II 1 GG
Repräsentative Demokratie; nur ausnahmsweise plebiszitäre Elemente (Art. 20 II 2 GG)

3. Was ist ein Rechtsstaat?

In einem Rechtsstaat dreht sich alles um die Gesetze: Der Staat ist gem. Art. 20 III GG an diese gebunden. Der Staat darf nicht gegen bestehende Gesetze verstoßen (Vorrang des Gesetzes). Auf diese Weise wird der Bürger vor dem Staat geschützt.

Polizist P gibt jemandem eine schriftliche Verwarnung für Falschparken, obwohl dieser den Regeln entsprechend geparkt hat.

Tipp: Wollen Sie das Rechtsstaatsprinzip in der Klausur zitieren, stützen Sie sich auf Art. 20 III GG: Das Rechtsstaatsprinzip wird aus der Gesetzesbindung des Staates gem. Art. 20 III abgeleitet.

3.1 Was ist der Vorbehalt des Gesetzes?

Der Staat darf zum Nachteil eines Bürgers nur mit einer gesetzlichen Grundlage handeln. Dieser Vorbehalt des Gesetzes gilt besonders für die Verwaltung. Eine andere Ansicht verlangt sogar, dass jedes Handeln, egal, ob positiv oder negativ für den Bürger, einer gesetzlichen Grundlage bedarf.

 Die Stadt E enteignet ein Grundstück des Bürgers B. Das darf sie gem. Art. 14 III 2, 20 III GG nur aufgrund eines Gesetzes.

 Vorrang und Vorbehalt des Gesetzes sind Unterprinzipien des Rechtsstaates.

3.2 Was ist das Willkürverbot?

Aufgrund der Bindung an die Gesetze kann der Staat nicht in einem Fall so und dann in einem weiteren, gleichen Fall anders entscheiden: Alle Menschen sind gem. Art. 3 I GG vor dem Gesetz gleich. Damit wird der Bürger vor der *Willkür* des Staates geschützt.

 Das Willkürverbot ist ein weiteres Unterprinzip des Rechtsstaates und wird auf Art. 3 I GG (in Verbindung mit Art. 20 III GG) gestützt.

3.3 Was ist der Bestimmtheitsgrundsatz?

Damit Gesetze wirklich schützen, müssen sie verstehbar, d. h. bestimmt sein (sog. Bestimmtheitsgrundsatz). Nur wenn der Bürger die Gesetze versteht, kann er sich an diese halten. Eine Norm kann materiell verfassungswidrig sein, wenn sie zu unbestimmt ist. Daher prüfen Sie dies unter anderem in der Begründetheit einer abstrakten Normenkontrolle.

 abstrakte Normenkontrolle: Der Tatbestand der Beleidigung gem. § 185 StGB enthält nur ein Wort: Beleidigung. Die Landesregierung X hält dies für zu unbestimmt und stellt daher einen Antrag beim Bundesverfassungsgericht auf Kontrolle des § 185 StGB. Der Spielraum des Gesetzgebers bei der Frage, wie (un-)bestimmt er eine Norm abfasst, ist allerdings groß. Ein Verstoß gegen den Bestimmtheitsgrundsatz liegt damit nur ausnahmsweise vor.

 Der Bestimmtheitsgrundsatz ist ein Unterprinzip des Rechtstaates.

3.4 Was ist das Rückwirkungsverbot?

Gesetze sollen das Vertrauen der Bürger in die Rechtsordnung stärken: daher darf ein belastendes Gesetz nicht für einen vergangenen Fall wirken, als die Rechtslage noch eine andere war.
Für Strafgesetze ist dies ausdrücklich in Art. 103 II GG festgelegt:

Eine Tat kann nur bestraft werden, wenn die Strafbarkeit gesetzlich bestimmt war, bevor die Tat begangen wurde.

 abstrakte Normenkontrolle: Der Bundestag erlässt ein Gesetz, das unbefugtes Streamen von Filmen unter Strafe stellt. Weil sich die Fälle in den letzten Jahren gehäuft haben, sollen auch alle Taten, die zwei Jahre vor Erlass stattgefunden haben, verfolgt werden. Die Landesregierung X stellt einen Antrag an das Bundesverfassungsgericht zur Überprüfung des Gesetzes wegen eines Verstoßes gegen das Rückwirkungsverbot.

Sie unterscheiden in diesem Zusammenhang zwischen einer sogenannten „echten" und einer „unechten" Rückwirkung: Eine echte Rückwirkung bezieht sich auf einen Zeitraum, der vor dem Gesetzeserlass liegt. Eine unechte betrifft einen in der Vergangenheit beginnenden, aber noch nicht abgeschlossenen Sachverhalt.

Prüfen Sie, ob bei einer Norm Rückwirkung vorliegt, entscheiden Sie als erstes, ob es sich um eine echte Rückwirkung oder eine unechte handelt.

Land X erhöht die Rückzahlungsobergrenze für BaföG-Empfänger, die ihr Studium bereits abgeschlossen haben. Hier wird an einen Sachverhalt angeknüpft, der in der Vergangenheit liegt, daher handelt es sich um eine echte Rückwirkung.

 Land X erhöht die Rückzahlungsobergrenze des BaföG für Studierende. Als die Studierenden sich für das Studium entschieden haben, planten sie mit der alten Fassung des BaföG. Die Wirkungen der neuen Fassung knüpfen an gegenwärtige, aber noch nicht abgeschlossene Vorgänge an. Hier liegt eine unechte Rückwirkung vor.

Im zweiten Schritt geht es unterschiedlich weiter, je nach dem, für welche Rückwirkung Sie sich entschieden haben:

Echte Rückwirkung	Unechte Rückwirkung
Ist die Rückwirkung echt, klären Sie, ob das Gesetz begünstigend oder belastend ist.	Unechte Rückwirkung ist grundsätzlich zulässig. Aber auch hier prüfen Sie eine Ausnahme: Ist in Ihrem Fall ausnahmsweise der **Vertrauensschutz** höher zu bewerten als das Allgemeinwohl? Für Ihre Argumentation können Sie vor allem die Grundrechte nutzen und das Rechtstaatsprinzip.
Begünstigende Gesetze sind zulässig. Belastende sind regelmäßig unzulässig, es sei denn, es liegt eine der Ausnahmen vor: • für den Zeitpunkt, auf den sich die Rückwirkung bezieht, war **mit einer Neuregelung zu rechnen** • eine **nichtige Norm** wird durch eine wirksame Norm ersetzt • eine bisher **unklare und verworrene Rechtslage** soll durch eine Neuregelung bereinigt werden • **zwingende Gründe des Gemeinwohls** erfordern die Rückwirkung • die Belastung durch die Rückwirkung ist unwesentlich, sog. **Bagatellvorbehalt**	**Beispiel:** Der Anbau und Verkauf einer bestimmten Gemüsesorte soll mit sofortiger Wirkung verboten werden. Landwirte, die diese bisher sehr beliebte Sorte im Vertrauen auf gute Verkaufszahlen in großer Zahl angebaut haben, sollen nun – kurz vor der Ernte – ihre sämtlichen Bestände vernichten und etwaige Verkaufsverhandlungen sofort abbrechen.

 Das Rückwirkungsverbot bzw. der übergeordnete Grundsatz des Vertrauensschutzes sind Unterprinzipien des Rechtstaates und werden damit auch auf Art. 20 III GG gestützt, sofern nicht schon Art. 103 II GG einschlägig ist.

3.5 Was ist Gewaltenteilung?

Es genügt den Ansprüchen eines Rechtstaates nicht, dass alle Staatsorgane an die Gesetze gebunden sind, wenn ein und dasselbe Staatsorgan die Gesetze ändern, ausführen und auch gerichtlich bestätigen kann. Daher muss in einem Rechtstaat die Gewalt geteilt werden in: ausführende (exekutive), gesetzgebende (legislative) und rechtsprechende (judikative) Gewalt. Die Gewaltenteilung erschöpft sich aber nicht in der Teilung, sondern ermöglicht den einzelnen Gewalten auch eine gegenseitige Kontrolle. So kontrolliert zum Beispiel der Bundestag die Bundesregierung (Genaueres lesen Sie im Kapitel über die Staatsorgane).

Organstreit: Abgeordneter A will Informationen der Bundesregierung über einen aktuellen Gesetzesvorschlag, der gerade vorbereitet wird. Ein Argument kann sein, dass der Abgeordnete A als Mitglied des Bundestages der Legislative angehört und damit ein demokratisches Kontrollrecht gegenüber der Bundesregierung, die zur Exekutive gehört, hat.

Gewaltenteilung ist ein Unterprinzip des Rechtstaates- und Demokratieprinzips (s. o.).

Tipp: Die drei Gewalten werden in Art. 20 II 2 und III GG aufgezählt, Sie können sie dort nachlesen.

3.6 Was ist der Verhältnismäßigkeitsgrundsatz?

Nicht nur Gesetze sollen den Bürger vor dem Staat schützen, denn ein Gesetz ist abstrakt und kann im Einzelfall zu ungerechten Ergebnissen führen. Deswegen prüfen Sie, wenn der Staat zum Nachteil eines Bürgers eingreift, ob das *verhältnismäßig* war: Sie nehmen eine ausführliche Abwägung der Vor- und Nachteile vor. Vor allem brauchen Sie diese Prüfung für die Grundrechte, die üblicherweise Thema des zweiten Semesters sind. Und zwar im Rahmen einer Verfassungsbeschwerde oder auch abstrakten Normenkontrolle, wenn ein Gesetz unmittelbar in Grundrechte des Bürgers eingreift. Zwischen den Staatsorganen gilt dieser Grundsatz hingegen nicht unmittelbar.

abstrakte Normenkontrolle: Landesgesetzgeber L verabschiedet ein Gesetz, das in allen Schulen „Disziplinräume" einrichtet, in die Schüler geschickt werden sollen, die zu sehr stören, und zwar für mindestens 45 Minuten. Die Landesregierung L hält dies für einen unverhältnismäßigen Grundrechtsverstoß und beantragt beim Bundesverfassungsgericht eine Kontrolle des Gesetzes.

Der Verhältnismäßigkeitsgrundsatz ist ein Unterprinzip des Rechtstaates.

3.7 Warum Rechtschutz und das Recht auf ein faires Verfahren?

Sollte der Staat doch ein Rechtsgut seiner Bürger verletzt haben, muss der Bürger sich wehren können: Daher eröffnet Art. 19 IV GG dem Bürger den Rechtsweg gegen den Staat. Auch während des Gerichtsverfahrens gelten die Gesetze: Jeder Bürger hat das Recht auf ein faires Verfahren, insbesondere rechtliches Gehör (Art. 103 I GG).

 NS-Straftäter haben nach dem Rechtsstaatsprinzip ein Recht auf ein faires Verfahren.

 Die Rechtsschutzgarantie und ein faires Verfahren sind Unterprinzipien des Rechtstaates.

Rechtsstaat, Art. 20 III GG – Unterprinzipien
Vorbehalt und Vorrang des Gesetzes
Willkürverbot, Art. 3 I GG
Bestimmtheitsgrundsatz (im StrafR Art. 103 II GG)
Vertrauensschutz, insb. Rückwirkungsverbot bei Gesetzen
Gewaltenteilung, Art. 20 II 2, III GG
Verhältnismäßigkeit
Rechtschutzgarantie, Art. 19 IV GG und Recht auf ein faires Verfahren), insb. Art. 103 I GG

4. Was ist ein Bundesstaat?

Der Bundesstaat besteht aus mehreren Staaten (Bundesländer), die zu einem Gesamtstaat (Bund) verbunden sind. Der Bundesstaat ermöglicht eine weitere Form der Teilung von Staatsmacht. Der Bund entscheidet über alle Fragen, die für den Bestand des Ganzen wesentlich sind. Die Bundesländer ermöglichen es, auf landesspezifische Besonderheiten angemessen zu reagieren und geben sich sogar eigene Verfassungen. Das ist das Prinzip des *Föderalismus*. Die Bundesländer können diese Verfassungen aber nicht so gestalten, wie sie es wollen:

Nach Art. 28 I 1 GG müssen sie die Staatsprinzipien des Art. 20 GG einhalten. Damit konkurriert zwischen Bund und Ländern der Föderalismusgedanke mit dem *Homogenitätsprinzip*.

 Ein Einparteiensystem in einem Bundesland verstößt gegen das Demokratieprinzip gem. Art. 20 I, II GG, welcher gem. Art. 28 I 1 GG auch für die Länder gilt.

Die Länder dürfen nicht regeln, was sie wollen. Manche Themen sind dem Bund zugeordnet, bei anderen konkurrieren Bund und Länder sogar, siehe insbesondere Art. 72 und 74 GG (Genaueres im Kapitel zur Gesetzgebung).

Ein Bundesstaat kann nur funktionieren, wenn seine Mitglieder – der Bund und die Länder – gemeinsame Interessen verfolgen und sich *bundes- bzw. länderfreundlich* verhalten. Dieser Grundsatz ist zwar im Grundgesetz nicht ausdrücklich geregelt, ergibt sich aber aus der Natur des Bundesstaatsprinzips. Er erinnert in seiner Auffangfunktion an den zivilrechtlichen Grundsatz von Treu und Glauben. Den Grundsatz des bundes- bzw. länderfreundlichen Verhaltens prüfen Sie nur, wenn es keine spezielle Verfassungsnorm gibt und stützen ihn dann unmittelbar auf das Bundesstaatsprinzip (Art. 20 I GG).

 Bund-Länder-Streit: Der Bund weist das Land X an, ein Atomkraftwerk zu schließen, ohne vorher eine Stellungnahme einzuholen. Das Land X wendet sich daher an das Bundesverfassungsgericht, weil die fehlende Anhörung den Grundsatz des bundesfreundlichen Verhaltens verletze.

 Staatsgewalt aufgeteilt zwischen Bund und Ländern = Bundesstaat. Zu den Unterprinzipien des Bundesstaatsprinzips gehören zusammenfassend insbesondere die Grundsätze des Föderalismus und das Homogenitätsgebot (Art. 28 I GG) sowie der Grundsatz des bundes- bzw. länderfreundlichen Verhaltens.

Tipp: In der Klausur stellen Sie auf das Bundesstaatsprinzip vor allem bei einem Bund-Länder-Streit ab.

5. Was ist ein Sozialstaat?

Der Sozialstaat schützt die Schwachen einer Gesellschaft, indem er versucht, ihnen Chancengleichheit und soziale Sicherheit zu ermöglichen. Die Chancengleichheit wird zum Beispiel durch die BAföG-Erteilung gefördert. Soziale Sicherheit in Notsituationen garantiert der Staat durch Sozialversicherung und Sozialhilfe. Auch das BGB schützt die Schwachen vor den Starken, zum Beispiel durch den Verbraucherschutz im Zivilrecht (der Verbraucher wird gegen den überlegenen Unternehmer geschützt). Der Staat hat einen Entscheidungsspielraum, wie sozial er sein will, der vor allem durch die Finanzierbarkeit begrenzt wird.

Klausurfälle zum Sozialstaatsprinzip sind im Grundstudium selten.

2010 hat das Bundesverfassungsgericht entschieden, dass der Hartz-IV-Satz zu gering ist. Dieser verstoße gegen die Menschenwürde gem. Art. 1 I GG in Verbindung mit dem Sozialstaatsprinzip gem. Art. 20 I GG.

6. Was ist eine Republik?

Das Republikprinzip bildet eine Ergänzung zum Demokratieprinzip und ist nur ganz selten selbständig zu prüfen. In einer Republik regiert ein regelmäßig gewähltes Staatsorgan. Damit ist die Republik das Gegenteil der Monarchie, in der das Amt geerbt oder auf Lebenszeit gewährt wird.

Nehmen wir an, das GG würde geändert werden und die Institution des Bundespräsidenten durch einen Erbmonarchen ersetzt werden. Das verstieße gegen das Prinzip der Republik. Auch durch eine GG-Änderung dürfen Verfassungsprinzipien nicht außer Kraft gesetzt werden (dazu gleich 7.)

Tipp: Geht es in Ihrem Fall um die Abschaffung von Wahlen, sind sowohl das Republik- als auch das Demokratieprinzip betroffen. Geht es um eine Beschränkung der Wahlen, liegt der Schwerpunkt auf dem Demokratieprinzip.

7. Was ist die Ewigkeitsgarantie?

Art. 79 III GG

(3) Eine Änderung dieses Grundgesetzes, durch welche die Gliederung des Bundes in Länder, die grundsätzliche Mitwirkung der Länder bei der Gesetzgebung oder die in den Artikeln 1 **und** 20 niedergelegten Grundsätze berührt werden, ist unzulässig.

Nach der in Art. 79 III GG enthaltenen Ewigkeitsgarantie dürfen die Staatsprinzipien in Art. 20 GG nicht geändert werden. Ein Gesetz, das zum Beispiel das Bundesstaatsprinzip aus Art. 20 I GG streichen oder wesentlich aushöhlen möchte, ist gem. Art. 79 III GG unzulässig, und damit verfassungswidrig. Die Ewigkeitsgarantie bezieht sich außerdem auf Art. 1 GG. Damit gibt es auch „verfassungswidriges Verfassungsrecht". Auch verfassungsändernde Gesetze können dementsprechend mit der Normenkontrolle angegriffen werden, aber nur indem ein Verstoß gegen Art. 79 GG gerügt wird. Dieser bildet bei verfassungsändernden Gesetzen immer den Ausgangspunkt der Prüfung.

 abstrakte Normenkontrolle: Der Bundestag verabschiedet ein Gesetz und ändert Art. 39 I 1 GG dahingehend, dass der Bundestag jetzt für 10 Jahre gewählt wird. Die Landesregierung X stellt einen Antrag auf Kontrolle des Gesetzes wegen eines Verstoßes gegen das Demokratieprinzip (Art. 20 I, II GG), und zwar insbesondere gegen das Unterprinzip „Herrschaft auf Zeit". Gem. Art. 79 III GG ist eine Veränderung der Grundsätze des Art. 20 I GG unzulässig.

8. Wozu brauche ich die Staatsprinzipien?

Im Staatsorganisationsrecht prüfen Sie, ob sich der Staat verfassungswidrig verhalten hat. Weil der Verstoß oft nicht ausdrücklich im GG geregelt ist, ist es häufig hilfreich, im Rahmen der Begründetheit die Staatsprinzipien heranzuziehen[28]. Die Überzeugungskraft dieser Prinzipien ist hoch, da diese im Grundgesetz, dem in der Normenhierarchie am höchsten stehenden Gesetz, geregelt sind und gem. Art. 79 III GG als unabänderlich gelten. Die Staatsprinzipien sind abstrakt formuliert und enthalten viele Unterprinzipien, was es Ihnen möglich macht, für die unterschiedlichsten Fälle Argumente aus diesen zu ziehen und eine Entscheidung über die Verfassungswidrigkeit des staatlichen Handelns zu treffen.

---

28 Die Staatsprinzipien werden unterschiedlich bezeichnet. Der Einfachheit halber wird hier nur dieser Begriff verwandt.

Aufgaben

Aufgabe 1: Lesen Sie Art. 20 GG.

(1) Die Bundesrepublik Deutschland ist ein demokratischer und sozialer Bundesstaat.
(2) Alle Staatsgewalt geht vom Volke aus. Sie wird vom Volke in Wahlen und Abstimmungen und durch besondere Organe der Gesetzgebung, der vollziehenden Gewalt und der Rechtsprechung ausgeübt.
(3) Die Gesetzgebung ist an die verfassungsmäßige Ordnung, die vollziehende Gewalt und die Rechtsprechung sind an Gesetz und Recht gebunden.

a) Unterstreichen Sie die vier Staatsprinzipien in Art. 20 I GG.

b) Welches Prinzip wird aus Art. 20 III GG abgleitet? _____

c) Auf welches Staatsprinzip bezieht sich Art. 20 II GG? _____
aa) Welche Unterprinzipien enthält Art. 20 II GG? Unterstreichen Sie in Art. 20 II GG die Passagen, die sich auf Unterprinzipien beziehen.
bb) Wie lauten die Unterprinzipien aus Art. 20 II GG?
1. _____
2. _____
3. _____
d) Unterstreichen Sie die drei Gewalten in Art. 20 III GG.

Aufgabe 2: Ordnen Sie die Aussagen den Staatsprinzipien zu. Mehrfachantworten sind möglich.

a) Die Volksvertretung wird gewählt! _____

b) Das Gegenteil von einem Willkürstaat. _____

c) Chancengleichheit für alle Bürgerinnen und Bürger! _____

d) Jedes Bundesland hat eigene Rechte. _____

e) Die Staatsgewalt muss geteilt sein. _____

f) Das Gegenteil vom Zentralstaat. _____

g) Das Gegenteil von Monarchie. _____

h) Jedes Bundesland hat eine eigene Verfassung. _____

i) Gesetze dürfen nicht unverständlich sein und sich nicht widersprechen.
_____

j) Regiert werden darf nur auf Zeit, denn der Wille des Volkes kann sich ändern.
_____

k) Die Schwachen der Gesellschaft müssen beschützt werden.
_____

l) Bundesrecht bricht Landesrecht gem. Art. 31 GG.
_____

m) Zwischen Volk und Hoheitsträger muss eine ununterbrochene Legitimationskette bestehen. _____

Aufgabe 3: Welches Wahlsystem ist Ausdruck des Minderheitenschutzes?

Mehrheitswahl ☐   Verhältniswahl ☐

Grund: Durch dieses Wahlsystem zieht nicht nur die Partei mit den meisten Stimmen ins Parlament ein, sondern auch_____

Aufgabe 4: Der Bundestag beschließt ein Gesetz, dass Hartz IV ersatzlos streichen soll.
Gegen welches Staatsprinzip könnte diese Regelung verstoßen?

Staatsprinzip: _____
Wer wird hier geschützt? _____
Wovor?_____

Aufgabe 5: T ist angeklagt, Morde in 40 Fällen begangen zu haben. Alle Verteidiger weigern sich, diesen zu verteidigen. Kann man T auch ohne Verteidiger verurteilen?

Ja ☐   Nein ☐
Deutschland ist ein _____(a), abgeleitet wird dies aus Art. _____(b). In einem solchen hat jeder das Recht auf_____
_____
_____
_____(c)

Aufgabe 6: Ein Gesetzesentwurf sieht vor, die beschränkte Geschäftsfähigkeit von 14 bis 17 Jährigen im BGB aufzuheben. Diese sollen künftig voll geschäftsfähig sein und alle Verträge schließen können, die sie wollen. Gegen welches Staatsprinzip könnte diese Regelung verstoßen?

Staatsprinzip: _____
Wer wird hier geschützt? _____
Wovor?_____

Aufgabe 7: Die Bundesregierung findet, dass in Frankreich politische Entscheidungen schneller getroffen werden können. Daher schlägt sie vor, aus Deutschland einen zentralistischen Staat zu machen. Geht das?

a) Gegen welches Staatsprinzip könnte die Regel verstoßen? _____
b) Es wäre auch nicht durch eine _____(1) möglich, da eine Änderung des Art. 20 GG gem. _____ GG (2) unzulässig ist.

Aufgabe 8: Mit welchem Staatsprinzip können Sie die Frage beantworten? Mehrfachantworten sind möglich.

a) A ist Bundesminister. Nun will er als Richter an das Bundesverfassungsgericht, aber Bundesminister bleiben. Warum darf er das gem. Art. 94 I 3 GG nicht?

Staatsprinzip: _____
Unterprinzip: _____

b) Darf das Finanzamt Ost im Wahlkampf für die Partei C werben?
Ja ☐   Nein ☐
Staatsprinzip: _____
Unterprinzip 1: _____ Norm: _____
Unterprinzip 2: _____ Norm: _____
Grund: Die politische Willensbildung geht nicht vom Staat, sondern vom _____ aus.

c) B hat in den letzten 10 Jahren 1200 Filme online per Stream geschaut. Der Bundestag beschließt nun ein Gesetz, dass Streamen von Filmen strafbar macht. Kann B für das Streamen der 1200 Filme bestraft werden?
Ja ☐   Nein ☐
Staatsprinzip: _____
Unterprinzip: _____
Wo ist dieses Unterprinzip gesetzlich verankert? _____
_____

d) Darf der Bund die Verfassung des Bundeslandes X ändern?
Ja ☐   Nein ☐   Staatsprinzip: _____

Aufgabe 9: Die Bundesregierung schlägt vor, per Verfassungsänderung die Bundestagswahlen nur noch alle 15 Jahre stattfinden zu lassen. Der Bundestag ist begeistert. Das neue Gesetz wird formell rechtmäßig erlassen. Durfte die Legislative das?

a) Wo ist die Dauer einer Legislaturperiode des Bundestages geregelt?
_____

b) Gem. Art. _____ GG geht alle Gewalt vom Volke aus und es übt diese vor allem durch _____ aus. Wenn dem Volk nur noch alle 15 Jahre die Möglichkeit geboten wird, zu wählen, kann es sein, dass sich der Wille des Volkes in dieser Zeit so sehr ändert, dass die Besetzung des _____ diesen Willen nicht mehr widerspiegelt.

c) Kann der Gesetzgeber das Demokratieprinzip aus Art. 20 I GG streichen?
Ja ☐   Nein ☐   Norm: _____

d) Damit wäre das verfassungsändernde Gesetz _____ _____ .

e) Könnte ein Bundesland die Wahlen nur noch alle 15 Jahre stattfinden lassen?
Ja ☐   Nein ☐
Grund: Gem. Art. _____(aa) muss die verfassungsmäßige Ordnung der Länder den Grundsätzen des _____
_____
_____(bb) entsprechen.

Aufgabe 10: Ein Ausschuss der Stadt X vergibt Standplätze für den Wochenmarkt. Die Teilnahme an diesem Ausschuss ist ein Ehrenamt, auf das sich jeder Bürger bewerben kann.
Gegen welches Staatsprinzip und Unterprinzip könnte das Auswahlverfahren des Ausschusses verstoßen?
Tipp: Wer wählt die Ausschussmitglieder nicht aus?
a) Staatsprinzip: _____
b) Unterprinzip: _____
c) Die Mitglieder im Ausschuss sind nicht _____ legitimiert.

Aufgabe 11: Der Bundeskanzler wird von den Abgeordneten des Bundestages gem. Art. 63 I GG gewählt – und nicht vom Volk.
a) Gegen welches Staatsprinzip könnte das verstoßen?
_____
b) Warum liegt aber kein Verstoß vor?
Das Volk hat gem. _____ (1) den Bundestag gewählt und damit die Abgeordneten. Wenn diese nun den Bundeskanzler wählen, liegt eine _____(2)_____ (3) zwischen Volk und Bundeskanzler vor.

Aufgabe 12: § 1 Datenschutzgesetz des Landes X lautet: Die mobilen Daten Straftatverdächtiger und der Personen, die sich im Umfeld der Verdächtigen aufhalten, können gespeichert werden.
a) Gegen welchen Grundsatz könnte § 1 DatSchG verstoßen?
_____
Tipp: Was würden Sie sich fragen, wenn Sie § 1 DatSchG lesen?

b) Dieser Grundsatz ist ein Unterprinzip welches Staatsprinzips?
_____

c) Bei einem nicht gerechtfertigten Verstoß wäre § 1 DatSchG
_____ .

Aufgabe 13: Die Bundesregierung verschickt am Ende des Wahlkampfes Broschüren mit Fotos der Minister und ihren Erfolgen in der Amtszeit in jeden Haushalt.

a) Gegen welches Staatsprinzip und sein Unterprinzip könnte das Verschicken der Broschüren verstoßen?
Staatsprinzip_____ Unterprinzip:_____
b) Das Gegenteil der verbotenen Wahlwerbung auf Staatskosten ist die erlaubte _____ .
c) Welche zwei Argumente können Sie dem kurzen Fall entnehmen, dass verbotene Wahlwerbung vorliegt?
Fallinformation 1: _____
Fallinformation 2: _____
d) Was erlaubt ist, hängt also hauptsächlich vom _____ ab.
e) Wer könnte durch die Wahlwerbung der Bundesregierung in seiner Chancengleichheit verletzt sein? _____
aa) Wo ist diese Chancengleichheit geregelt?
_____

bb) Welches Verfahren vor dem Bundesverfassungsgericht käme in Betracht?
_____

Aufgabe 14: Der Bundestag möchte das Volk darüber abstimmen lassen, ob es ein bedingungsloses Grundeinkommen einführen möchten. Dafür erlässt er ein (einfaches) Gesetz. Landesregierung X ist empört und wendet sich an das BVerfG zur Überprüfung des Gesetzes. Verstößt das Gesetz gegen das Demokratieprinzip?

a) Lesen Sie Art. 20 II 2 GG:

> (2) Alle Staatsgewalt geht vom Volke aus. Sie wird vom Volke in Wahlen und Abstimmungen und durch besondere Organe der Gesetzgebung, der vollziehenden Gewalt und der Rechtsprechung ausgeübt.

Zwei gegensätzliche Unterprinzipien der Demokratie lassen sich aus dem 2. Satz herauslesen – welche?

Position 1: _____
Position 2: _____

b) Abstimmungen sind Sachentscheidungen, Wahlen Personalentscheidungen. Was liegt hier vor? _____

c) In welcher Norm und zu welchem Thema ist direkte Demokratie im GG geregelt? _____

d) Nach Art. 77 I GG beschließt der Bundestag die Bundesgesetze; für einen _____ gibt es folglich keine Regelung.

e) Wäre der Volksentscheid über ein Grundeinkommen mit Blick auf Art. 29 II GG zulässig?
Tipp: Denken Sie an die Möglichkeit eines Umkehrschlusses.
Grund: _____

f) Warum spricht andererseits der Wortlaut des Art. 20 II GG für eine Zulässigkeit von Volksentscheiden?

Art. 20 II 2 GG: Die Staatsgewalt wird vom Volke in Wahlen und Abstimmungen und durch besondere Organe der Gesetzgebung, der vollziehenden Gewalt und der Rechtsprechung ausgeübt.

Pro-Argument: _____

g) Trotzdem ist der Volksentscheid über ein Grundeinkommen unzulässig. Begründet wird dies mit der repräsentativen Demokratie. Wie?

h) Der Bundestag will eine Befragung der Bürger zu ihrer Meinung zum geplanten Grundeinkommen durchführen. Ist das zulässig?

e) Fraktion F will die Meinung ihrer Mitglieder zum Grundeinkommen wissen und führt eine Befragung durch. Ist das zulässig?
Ja ☐   Nein ☐   Grund: _____

Aufgabe 15: Gewaltenteilung

a) Wer gehört zu welcher Gewalt?

> Exekutive, Legislative, Judikative.

aa) Bundesregierung: _____
bb) Bundestag: _____
cc) Staatsanwaltschaft: _____
dd) Bundesverwaltung: _____
ee) Bundesverfassungsgericht: _____
ff) Polizei: _____
gg) Bundesrat: _____
hh) Bundesgerichte: _____
ii) Bürgermeister: _____
jj) Richter am Landgericht: _____

b) Wer kontrolliert wen?

aa) Die Gesetze der Legislativen werden kontrolliert durch _____ _____. Es kann gem. Art. 93 I Nr. 2 GG kontrollieren, ob eine Norm verfassungswidrig ist.

bb) Die Bundesregierung wird durch _____ kontrolliert, indem die Anwesenheit der Mitglieder der Bundesregierung gem. Art. 43 I GG verlangt werden kann und bei wichtigen politischen Entscheidungen die Zustimmung erfolgen muss.

c) Wer wählt wen?

aa) Die Bundesverfassungsrichter werden je zur Hälfte gem. Art. 94 I 2 GG vom _____ und vom _____ gewählt.

bb) Der Bundeskanzler wird gem. Art. 63 I GG gewählt vom _____.

d) Die Bundesregierung kann durch das Initiativrecht gem. Art. 76 I GG Einfluss auf die _____ nehmen.

Aufgabe 16: Was ist horizontale und was vertikale Gewaltenteilung? Tragen Sie die Begriffe ein.

Bund, Land, Exekutive, Judikative, Legislative

Aufgabe 17: Vorrang oder Vorbehalt des Gesetzes?

a) Stadt X enteignet ein Grundstück des B ohne rechtliche Grundlage. _____

b) A bekommt für sein Bauvorhaben keine Genehmigung, obwohl er alle Voraussetzungen erfüllt. _____

c) Der Bund vergibt Fördermittel an das Unternehmen U zur Neugründung ohne gesetzliche Grundlage. _____

d) Ist die Fördermittelvergabe des Bundes an U wegen der fehlenden gesetzlichen Grundlage zulässig?
Ja ☐   Nein ☐
Grund: _____

Aufgabe 18: Land X subventioniert das Pressehaus H. Braucht das Land dafür eine gesetzliche Grundlage?

a) Argument Pro:
Tipp: Stellen Sie sich vor, Sie besäßen ein anderes Pressehaus im Land X.
_____
_____

b) Argument Contra:
Es handelt sich um eine positive Zuwendung, es entstehen keine _____ für den Bürger, daher braucht das Land auch keine _____ Grundlage.

Aufgabe 19: Studentin S begann im Sommersemester 2013 mit dem Jurastudium. 2016 verabschiedet der Landtag X ein Gesetz, das einen Studienbeitrag einführt. S sieht das Rechtsstaatsprinzip verletzt.

a) Welches Unterprinzip könnte hier betroffen sein? _____

b) Bei diesem Unterprinzip wird nach echt und unecht entschieden. Welche Variante liegt hier vor? Kreuzen Sie an.

echt = Gesetz betrifft einen Zeitraum, der vor dem Gesetzeserlass liegt. ☐
unecht = Gesetz betrifft einen in der Vergangenheit beginnenden, aber noch nicht abgeschlossenen Sachverhalt. ☐

c) Abwandlung: Das Gesetz sieht nun vor, dass auch alle Studierenden von 2013–2016 den Studienbeitrag nachzahlen müssen. Welche Variante ist jetzt betroffen?

echt ☐
unecht ☐

d) Was ist richtig?
Echte Rückwirkungen sind immer zulässig. ☐
Echte Rückwirkungen sind immer unzulässig. ☐
Echte Rückwirkungen sind bei belastenden Gesetzen unzulässig, es gibt aber Ausnahmen. ☐
Echte Rückwirkungen sind nur bei belastenden Gesetzen immer unzulässig. ☐

e) Was ist richtig?
Unechte Rückwirkungen sind immer unzulässig. □
Unechte Rückwirkungen sind zulässig, es sei denn im Einzelfall besteht schutzwürdiges Interesse. □
Unechte Rückwirkungen sind immer zulässig. □

Kapitel 3: Staatsorgane

1. Wofür brauche ich Wissen über die Staatsorgane?

Kenntnisse über die Staatsorgane brauchen Sie hauptsächlich für das Organstreitverfahren, aber auch für die anderen Verfahren. Im Organstreit prüfen Sie, ob ein Organ ein grundgesetzliches Recht eines anderen verletzt hat. Für diese Entscheidung benötigen Sie Wissen über die Rechte der Organe. Prüfungsrelevant sind vor allem Streitigkeiten zwischen Bundestag (auch Fraktionen und Abgeordneten), Bundesregierung, Bundesrat oder dem Bundespräsidenten. Daher werden diese hier vorgestellt.

2. Welche Rechte hat der Bundestag?

Das wichtigste Recht des Bundestages ist die Gesetzgebung, normiert in Art. 77 I GG.

 Organstreit: Der Bundestag hat ein Gesetz beschlossen, aber der Bundespräsident weigert sich, es auszufertigen. Damit kann der Bundespräsident das Gesetzgebungsrecht des Bundestages gem. Art. 77 I GG verletzt haben.

Allerdings ist der Bundestag für die Gesetzgebung nicht allein zuständig: auch der Bundesrat, die Bundesregierung und der Bundespräsident sind in unterschiedlichem, aber weit geringerem Maße beteiligt. Genaueres hierzu können Sie im 4. Kapitel über die Gesetzgebung nachlesen.

Der Bundestag hat weitere Rechte, darunter:

- Wahl bestimmter Bundesorgane, vor allem des Bundeskanzlers
- Kontrolle der Bundesregierung

2.1 Warum hat der Bundestag das Recht, bestimmte Bundesorgane zu wählen?

Das Volk wählt auf Bundesebene nur den Bundestag. Der Bundestag wählt wiederum – dem Willen des Volkes entsprechend – weitere Organe. So sind diese Organe *demokratisch legitimiert*, wenn auch nur mittelbar. Der Bundestag wählt insbesondere den Bundeskanzler gem. Art. 63 GG und die Hälfte der Bundesverfassungsrichter gem. Art. 94 I GG.

 abstrakte Normenkontrolle: Ein Gesetz sieht vor, dass ausschließlich die regierende Koalition, anstelle des ganzen Bundestages, berechtigt ist, den Bundeskanzler zu wählen. Dies könnte gegen das Demokratieprinzip, genauer gegen den Willen des Volkes gem. Art. 20 II GG verstoßen und damit materiell verfassungswidrig sein. Der Bundeskanzler wäre dann nicht mehr ausreichend demokratisch legitimiert.

2.2 Warum und wie kontrolliert der Bundestag die Bundesregierung?

Eine funktionierende Gewaltenteilung erschöpft sich nicht in der Teilung, sondern ermöglicht vielmehr die gegenseitige Kontrolle: eine Gewalt kontrolliert, ob die andere gegen Gesetze verstößt oder Aufgaben übernimmt, die einer anderen Gewalt zustehen. So hat der Bundestag (Legislative) auch die Aufgabe, die Bundesregierung (Exekutive) zu kontrollieren:

▸ **Das Zitierrecht gem. Art. 42 GG**
Der Bundestag kontrolliert die Bundesregierung durch das sogenannte *Zitierrecht*: er hat das Recht, die Anwesenheit jedes Mitgliedes der Bundesregierung im Bundestag zu verlangen, also jedes Mitglied in den Bundestag zu „zitieren". Über den Wortlaut hinaus ergibt sich nach dem Sinn der Norm das Recht, an die anwesenden Regierungsmitglieder Fragen zu stellen und Auskünfte zu verlangen, sonst wäre das Zitierrecht wenig sinnvoll.

▸ **Zustimmung des Bundestages erforderlich**
Die Bundesregierung braucht bei bestimmten, außerordentlich wichtigen politischen Entscheidungen die Zustimmung des Bundestages. Holt sie diese nicht ein, ist das Recht des Bundestages auf Zustimmung verletzt. Der Bundesrat hat das Recht zuzustimmen beim:
  ▷ Abschluss völkerrechtlicher Verträge gem. Art. 59 II GG
  ▷ Haushaltsplan gemäß Art. 110 II 1 GG 2
  ▷ Einsatz der Bundeswehr im Ausland (im Grundgesetz nicht ausdrücklich geregelt, sog. wehrverfassungsrechtlicher Parlamentsvorbehalt)

▸ **Untersuchungsausschuss**
Mit dem Untersuchungsausschuss gem. Art. 44 GG können Sachverhalte geklärt werden, die im öffentlichen Interesse liegen. So wurde 2010 ein Untersuchungsausschuss zum Atommülllager Gorleben, 2012 zur Terrorgruppe NSU und 2014 zur „NSA-Affäre" einberufen.
Wenn in Ihrem Fall die Verfassungsmäßigkeit eines Bundestags-Beschlusses zur Einberufung eines Untersuchungsausschusses zu prüfen ist, prüfen Sie zuerst die formelle, dann die materielle Verfassungsmäßigkeit des Beschlusses. Die Voraussetzungen ergeben sich zum Teil aus dem verfassungskonkretisierenden PUAG (Untersuchungsausschussgesetz), im Übrigen unmittelbar aus der Verfassung. So ergibt sich aus § 1 III PUAG, dass der Umfang des Untersuchungsrechts nicht weitgehender sein darf als die Aufgaben des Bundestages. Für reine Landesangelegenheiten ist der Bundestag zum Beispiel nicht zuständig, was auch aus dem Bundestaatsprinzip gem. Art. 20 I GG folgt. Ungeschriebene materielle Voraussetzung ist ein plausibles öffentliches Interesse an dem Untersuchungsgegenstand.Der Bundestag kann mit dem Untersuchungsausschuss auch die Exekutive kontrollieren

Tipp: Prüfen Sie in Ihrer Klausur einen Untersuchungsausschuss, lesen Sie das Inhaltsverzeichnis des PUAG (Untersuchungsausschussgesetz) – so können Sie die meisten relevanten Normen finden. Das Gesetz regelt den Ablauf des Verfahrens. Meist konkretisiert es wesentliches Verfassungsrecht und ein Verstoß führt damit auch zur Verfassungswidrigkeit.

Organstreit: Die einzige Oppositionspartei O, die bloß 20 % der Bundestagssitze hat, beantragt einen Untersuchungsausschuss. Dies lehnt der Bundestag mit Blick auf Art. 44 I 1 GG ab, der nur ab ¼ der Stimmen eine entsprechende Pflicht regelt. Die Opposition wendet sich an das Bundesverfassungsgericht wegen einer Verletzung des Rechts auf Einsetzung eines Untersuchungsausschusses. Und zwar stützt sie sich unmittelbar auf das Demokratieprinzip (Art. 20 I, II GG), das Unterprinzip Minderheitenschutz in Gestalt des Rechts auf effektive Opposition.

▸ **Misstrauensvotum gem. Art. 67 GG**
Ist der Bundestag der Ansicht, das Handeln des Kanzlers entspreche nicht mehr dem Willen des Volkes, so kann er diesen mit einem Misstrauensvotum abwählen. Bereits in der Weimarer Republik gab es ein solches.

Allerdings konnte damals ein Regierungsmitglied abgewählt werden, ohne dass ein Nachfolger gewählt wurde. Dies konnte die Regierung blockieren. Daher wurde im Grundgesetz ein Misstrauensvotum eingeführt, bei dem stets ein Nachfolger gewählt wird. Deswegen wird das Misstrauensvotum *konstruktiv* genannt.

1972 erfolgte aus dem Bundestag ein Antrag Kanzler Willy Brandt aufgrund seiner Ostpolitik (er sicherte unter anderem Polen die Oder-Neiße-Grenze zu) das Misstrauen auszusprechen. Allerdings erzielte der Antrag keine absolute Mehrheit, sodass Brandt im Amt blieb. Er stellte kurze Zeit später seinerseits die *Vertrauensfrage*.

Das Misstrauensvotum geht vom Bundestag aus, die Vertrauensfrage (s. u. 5.2) vom Bundeskanzler.

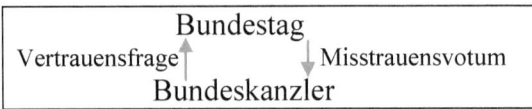

Kann der Bundestag auch ein Misstrauensvotum zu einem der Bundesminister stellen? Da dies nicht ausdrücklich geregelt ist, leiten Sie ein etwaiges Recht des Bundestages aus der Verfassung ab. Dafür nutzen Sie Art. 67 I 1 GG (Misstrauensvotum) und 64 GG (Vorschlagsrecht des Bundeskanzlers).

Argumentationsauszug: Der Wortlaut des Art. 67 I 1 GG („Der Bundestag kann dem Bundeskanzler das Mißtrauen [...] aussprechen.") bezieht sich nur auf den Bundeskanzler, daraus lässt sich im Umkehrschluss folgern, dass ein Misstrauensvotum für einen Bundesminister nicht gewollt ist.

Fraglich ist, ob ein einfacher, unverbindlicher Beschluss nach Art. 77 I GG mit dem Thema des Misstrauens gegen einen Bundesminister als politisches Mittel zulässig ist. Ein solcher Beschluss könnte so großen Druck auf den Kanzler ausüben, dass sich dieser gezwungen fühlt, den Bundesminister zu entlassen, schon um einem eigenen Misstrauensvotum zu entgehen. Ein solcher Zwang könnte das Recht des Bundeskanzlers, die Bundesminister selbst zu ernennen und zu entlassen gem. Art. 64 I GG verletzen. Jedoch repräsentiert der Bundestag das Volk und die politische Einflussnahme ist genau seine Aufgabe. Und der einfache Missbilligungsbeschluss ist eben unverbindlich, sodass Kanzlerrechte aus dem GG nicht verletzt werden. Ein solcher, bloß politischer Missbilligungsbeschluss ist damit zulässig.

2.3 Welche Rechte hat ein Abgeordneter des Bundestages?

Die Abgeordneten im Bundestag diskutieren und verändern Gesetze, bis sie über diese abstimmen. Dafür haben sie das sogenannte freie Mandat gem. Art. 38 I 2 GG:

> Sie sind **Vertreter des ganzen Volkes, an Aufträge und Weisungen nicht gebunden** und nur ihrem Gewissen unterworfen.

Weitere Rechte, die aus Art. 38 I 2 GG abgeleitet werden (und die teilweise in der Geschäftsordnung des Bundestages – GO BT – konkretisiert sind):

- das Teilnahmerecht, also das Recht zur Teilnahme an Sitzungen des Bundestages (§ 13 GO BT)

Beispiel: Der Reichstag verabschiedete 1933 das „Ermächtigungsgesetz". Die Abgeordneten der KPD und einige SPD-Parlamentarier wurden vorher gewaltsam an der Teilnahme gehindert.

- das Rederecht, also das Recht, im Bundestag Reden zu halten (§§ 33 ff. GO BT)

Organstreit: Der fraktionslose Abgeordnete A will vom Bundestagspräsidenten ein Stimm- und Rederecht im Ausschuss Y wegen seiner Abgeordnetenrechte gem. Art. 38 I 2 GG und wendet sich deswegen an das Bundesverfassungsgericht. Ein Rederecht steht ihm zu, ein Stimmrecht im Ausschuss allerdings nicht, weil die Zusammensetzung der Ausschüsse der Zusammensetzung des Bundestages entsprechen soll. Bekäme ein einzelner Abgeordneter ein Stimmrecht, würde dies das Stimmengewicht verzerren. Vgl. § 57 II 2 GO BT, der die Verfassung entsprechend konkretisiert.

- das Gleichbehandlungsrecht gegenüber anderen Abgeordneten
- das Informations- bzw. Fragerecht gegenüber der Bundesregierung (ob dieses besteht, argumentieren Sie mit Hilfe der Verfassung).

Argumentationsauszug: Das Recht aus Art. 42 GG, Mitglieder der Bundesregierung herbeizuzitieren, steht zwar dem Bundestag als Ganzem und nicht dem einzelnen Abgeordneten zu. Ein Abgeordneter ist aber gem.

Art. 38 I 2 GG i. V. m. Art. 20 II 2 GG Vertreter des Volkes. Als solcher hat er ein Recht auf Informationen, die zur Erfüllung seiner verfassungsrechtlichen Funktionen erforderlich sind. Daher hat er ein Informationsrecht. Dieses Recht bezieht sich allerdings nicht auf laufende Verhandlungen und Entscheidungsvorbereitungen.

Organstreit: 2011 richteten die Bundestagsabgeordneten Hans-Christian Ströbele, Katja Keul und Claudia Roth Fragen über Waffenexporte nach Saudi-Arabien und Algerien an die Bundesregierung. Diese weigerte sich, die Fragen der Abgeordneten zu beantworten. Denkbar ist in solchen Fällen allerdings ein Recht zur Geheimhaltung bestimmter Informationen aus übergeordneten Gründen des Staatswohls.

▶ Indemnität und Immunität gem. Art. 46 GG

2.3.1. Was sind Indemnität und Immunität der Abgeordneten?

Durch die Indemnität kann sich jeder Abgeordneter im Parlament frei äußern, ohne ein Strafverfahren wegen Beleidigung fürchten zu müssen (vgl. Art. 46 I GG). Das erleichtert es, Debatten zu führen und damit die Wahrung des freien Mandats gem. Art. 38 I 2 GG. Allerdings dürfen sich die Abgeordneten nicht ehrverletzend und unwahr äußern, also gegenseitig verleumderisch beleidigen.

Abgeordneter A bezeichnet den Abgeordneten B in der Kantine des Bundestages als „Vollidiot". B bekommt dies mit und stellt einen Strafantrag. In Betracht kommt eine Verletzung des Rechts von A auf Indemnität gem. Art. 46 I GG. Allerdings gilt dieses nicht in der Kantine, sondern nur für parlamentarische Äußerungen. Daher wird A höchstens über die Immunität geschützt.

Die Immunität gem. Art. 46 II GG schützt den Abgeordneten vor Strafverfahren, die eingesetzt werden, nur um diesen „loszuwerden". 1933 wurden Abgeordnete verhaftet, um sie an der Abstimmung im Reichstag zu hindern. Eine Strafverfolgung kann daher nur mit Genehmigung des Bundestages erfolgen (vgl. Art. 46 II-IV GG). In der Regel erfolgt aber eine Genehmigung, um Abgeordnete bei normalen Delikten nicht besser zu stellen als einfache Bürger. Ausnahme: politische Beleidigungen, die außerhalb des Parlaments in der Öffentlichkeit erfolgen und damit nicht von der Indemnität nach Art. 46 I GG erfasst werden.

2.4 Was ist eine Fraktion? Welche Rechte hat sie?

Eine Fraktion ist meistens eine Partei im Bundestag. Aber auch Abgeordnete unterschiedlicher Parteien können sich zu einer Fraktion zusammenschließen, wenn sie ähnliche politische Überzeugungen haben (Beispiel: CDU-CSU).

> **Tipp:** Verwechseln Sie nicht Fraktion und Partei miteinander. Eine Partei ist einfach ausgedrückt eine Form von Verein. Die Fraktion hingegen ist ein Zusammenschluss von Abgeordneten, die nur im Bundestag existiert.

Für einzelne Abgeordnete ist es interessant, sich zu einer Fraktion zusammenzuschließen, weil sie dadurch weitere Rechte erhalten: Eine Fraktion kann gemäß §§ 75, 76 GO BT zum Beispiel Gesetzentwürfe (§ 75 Ia GO BT) auf die Tagesordnung des Bundestages setzen.

2.5 Hat der Fraktionsvorsitzende das Recht, den Mitgliedern eine Weisung zu erteilen?

Fraktionen haben ein Interesse daran, eine einheitliche Stimmabgabe herbeizuführen. Das vermittelt der Öffentlichkeit bzw. dem potentiellen Wähler Einigkeit. Ein häufig zu klärender Fall ist folgender: Hat der Fraktionsvorsitzende das Recht, von den Mitgliedern zu verlangen, dass diese bei einer Abstimmung alle gleich abstimmen?

 Organstreit: Fraktionsvorsitzender F verlangt von seinen Mitgliedern bei der nächsten Abstimmung mit einem „Ja" zu stimmen. Wer mit einem „Nein" stimme, werde aus der Fraktion ausgeschlossen. Fraktionsmitglied M wendet sich daher an das Bundesverfassungsgericht wegen der Verletzung seines Rechts auf ein freies Mandat gem. Art. 38 I 2 GG.

Argumentationsauszug im Rahmen der Begründetheitsprüfung: Der Abgeordnete ist aufgrund seines freien Mandats gem. Art. 38 I 2 GG an Weisungen nicht gebunden. Entscheidend ist, ob er noch selbst eine Entscheidung über seine Stimme hat und der Vorsitzende lediglich versucht, *„Fraktionsdisziplin"* herbeizuführen. Droht der Vorsitzende jedoch mit so weitgehenden Konsequenzen wie einem Fraktionsausschluss, sieht es anders aus. Ein solches Verhalten, das auch als *Fraktionszwang* bezeichnet wird, ist unzulässig. Zwar könnte man argumentieren, auch hierbei habe der Abgeordnete eine Wahl hinsichtlich seiner Stimmabgabe. Jedoch hätte ein Fraktionsausschluss für ihn weitreichende Folgen. Der Abgeordnete würde den Einfluss der Fraktion und die dazugehörigen Fraktionsrechte verlieren.

 Fraktionszwang verstößt gegen das freie Mandat gem. Art. 38 I 2 GG, Fraktionsdisziplin nicht.

Tipp: Abgrenzung zwischen Fraktionszwang und -disziplin → Mit welchen Konsequenzen wird gedroht? Wie groß ist der Entscheidungsspielraum des Abgeordneten?

3. Welche Rechte hat der Bundesrat?

Die Aufgaben und damit auch die Rechte des Bundesrates können Sie Art. 50 GG entnehmen:

> Durch den Bundesrat wirken die Länder bei der **Gesetzgebung** und **Verwaltung des Bundes** und in **Angelegenheiten der Europäischen Union** mit.

Anders als im Bundestag werden die Mitglieder des Bundesrates nicht direkt vom Volk gewählt. Jede Landesregierung entscheidet gem. Art. 51 I 1 GG, wer von ihnen im Bundesrat auftritt und wer wieder ausscheidet. Die Mitglieder des Bundesrates sind daher mittelbar über die Landtagswahlen demokratisch legitimiert. Die Vertreter des Landes haben kein „freies Mandat" wie Abgeordnete des Bundestages, daher kann die Landesregierung vorschreiben, wie die Vertreter des Landes im Bundesrat bei bestimmten Punkten abzustimmen haben. Die Weisung wirkt aber nur im „Innenverhältnis"; weichen die Vertreter im Bundesrat davon an, sind die Stimmen trotzdem „nach außen" wirksam. Jedes (Bundes-)Land hat mindestens drei und höchstens sechs Stimmen, abhängig von der Einwohnerzahl (Art. 51 II GG). Die Stimmen eines Landes können gemäß Art. 51 III 2 GG nur einheitlich abgegeben werden.

 abstrakte Normenkontrolle: Für ein zustimmungsbedürftiges Gesetz (Art. 77 II a GG) gibt NRW im Bundesrat fünf Ja-Stimmen und eine Nein-Stimme ab. Unter den Ja-Stimmen befindet sich die Ministerpräsidentin. Ohne die Stimmen von NRW hätte das Gesetz nicht die nach Art. 52 III GG erforderliche Mehrheit. Der Bundesratspräsident wertet die Stimmen von NRW als Ja-Stimmen und stützt sich dabei auf Art. 51 III 2 GG. Das Gesetz wird ausgefertigt und verkündet. Die Landesregierung von Niedersachsen, die gegen das Gesetz gestimmt hatte, beantragt beim Bundesverfassungsgericht, das Gesetz kontrollieren zu lassen.

Entscheidend ist im Rahmen der Begründetheitsprüfung, ob die Abstimmung wegen eines Verstoßes gegen Art. 51 III 2 GG ungültig ist. Dabei ist zu klären, ob (1) die Abgabe der Stimmen als uneinheitlich anzusehen ist und (2) zu welcher Rechtsfolge dies führt.

Argumentationsauszug: Zunächst stellt sich die Frage, ob die Stimmabgabe als uneinheitlich im Sinne des Art. 51 III 2 GG anzusehen ist. Dagegen könnte sprechen, dass der Ministerpräsident mit „Ja" gestimmt hat und seine Stimme entscheidet („Stimmführer"). Der Ministerpräsident ist in seinem Bundesland zwar mit mehr Macht ausgestattet, im Bundesrat ist er jedoch nach der Gesamtregelung des Art. 51 GG mit den anderen Mitgliedern gleichgesetzt. Er muss nicht mal bei der Abstimmung dabei sein, was sich aus Art. 51 I 2 GG ergibt (Vertretungsmöglichkeit), sodass seine Stimme nicht mehr Gewicht haben kann. Damit liegt eine uneinheitliche Stimmenabgabe im Sinne der Vorschrift vor.

Zu welcher Rechtsfolge dies führt, regelt Art. 51 III GG nicht. Denkbar wäre, dass dann die gesamte Abstimmung ungültig ist. Dann könnte ein Land, sogar nur ein Vertreter die Ungültigkeit der Abstimmung provozieren. Ungültig sind also nur die Stimmen des betreffenden Landes. Damit ist keine Mehrheit im Sinne des Art. 52 III GG zustande gekommen, das Gesetz also nicht wirksam geworden.

4. Welche Rechte hat der Bundespräsident?

Der Bundespräsident ist das Staatsoberhaupt – allerdings hat er eine relativ schwache Position: Im Wesentlichen repräsentiert er die Bundesrepublik Deutschland bei kulturellen oder sozialen Veranstaltungen im In- und Ausland. Und wirkt durch die Rede, also durch gesellschaftspolitische Erklärungen, ohne dass dies in der Verfassung steht.

Wie passt das zusammen? Der Bundespräsident ist gewissermaßen der Nachfolger des Monarchen. Diesem Staatsoberhaupt wurde im Laufe der Zeit immer mehr Macht genommen: vom absoluten Monarchen (17. und 18. Jahrhundert) zum konstitutionellen Monarchen (19. Jahrhundert), bis zum parlamentarischen Monarchen mit sehr wenig Macht (wenige Tage im Oktober 1918).

Der Bundespräsident hat neben der Repräsentations- und Integrationsfunktion noch zwei Funktionen, die besonders klausurrelevant sind: Zum einen die Beurkundungsfunktion, indem er insbesondere Gesetze (Art. 82 I GG) und Ministerernennungen (Art. 64 I GG) als eine Art „Staatsnotar" unterschreiben muss. Zum anderen die sog. „Reservefunktion": In Staatskrisen wie einer fehlgeschlagenen Bundeskanzlerwahl (Art. 63 IV 3 GG) oder negativ beantworteten Vertrauensfrage (Art. 68 GG) entscheidet er über die Schlüsselfrage, ob der Bundestag aufgelöst wird. Bei all diesen Handlungen stellt sich immer wieder die Frage, ob und inwieweit dem Bundespräsidenten Entscheidungsspielraum zusteht, wie weit also sein Prüfungs- und Kontrollrecht geht. Besonders klausurrelevant ist dabei die folgende Frage:

Hat der Bundespräsident das Recht, ein Gesetz zu prüfen?

Gem. Art. 82 I 1 GG fertigt der Bundespräsident die nach den Vorschriften dieses Grundgesetzes zustande gekommenen Gesetze nach Gegenzeichnung durch den Bundeskanzler oder eines der zuständigen Minister gem. Art. 58 I 1 GG aus und verkündet sie im Bundesgesetzblatt.

Diese Vorschrift ist deshalb in besonderem Maße klausurrelevant, weil es hier um die wichtige (Macht-)Frage geht, inwieweit der Bundespräsident Gesetze verhindern kann. Insofern stellt sich nicht nur die Frage des Verhältnisses von Bundespräsident zum Parlament, sondern auch zum BVerfG, welches das eigentliche Verfassungsorgan darstellt, das Gesetze kontrollieren darf. Methodisch geht es um eine klassische Auslegungsfrage, welche Art. 82 I GG nicht regelt: Muss der Bundespräsident jedes Gesetz ausfertigen? Kann der Präsident umgekehrt einfach „nein" sagen oder müssen bestimmte Voraussetzungen vorliegen?

 Organstreit: Bundespräsident P weigert sich, ein Gesetz über den Luftverkehr auszufertigen, weil er dies für materiell verfassungswidrig hält. Der Bundestag verlangt die Ausfertigung und wendet sich an das Bundesverfassungsgericht.

Grundsätzlich fertigt der Bundespräsident jedes Gesetz aus, so besagt es die Vorschrift. Die einzige Voraussetzung: das Gesetz muss nach den Vorschriften des Grundgesetzes zustande gekommen sein. Im Umkehrschluss bedeutet das, wenn ein Gesetz nicht nach den Vorschriften des Grundgesetzes zustande gekommen ist, muss er es auch nicht ausfertigen.

Sie prüfen an dieser Stelle, was eigentlich mit „nach den Vorschriften des Grundgesetzes zustande gekommen" gemeint ist. Art. 82 GG befindet sich im Abschnitt über das Gesetzgebungsverfahren. Daher sind offenbar zumindest in erster Linie die Verfahrensvorschriften, also die Art. 70 ff., 76 ff. GG, gemeint. Der Bundespräsident darf also *jedenfalls* prüfen, ob das fragliche Gesetz gegen eine Verfahrensvorschrift aus dem GG verstößt. Aber was ist bei einem inhaltlichen (materiellen) Fehler? Zur (Nach-)Kontrolle solcher Fehler ist grundsätzlich nur das BVerfG befugt. Dem Bundespräsidenten ist es allerdings unzumutbar, völlig offensichtliche materielle Fehler hinnehmen zu müssen („Evidenzformel", h. M.). Weitere Argumente zur dieser Streitfrage finden Sie in Aufgabe 10.

Die wichtigsten Rechte und Pflichten des Bundespräsidenten stehen nicht im Abschnitt V zum Bundespräsidenten, sondern in den beiden nachfolgenden Abschnitten VI. und VII. zur Bundesregierung (insb. Art. 64 I und 68 GG) und zur Gesetzgebung (insb. Art. 82 I GG).

5. Welche Rechte hat die Bundesregierung?

Die Bundesregierung setzt sich zusammen aus dem Bundeskanzler und den Bundesministern. Sie hat die Aufgabe, ihre Ministerien nach Maßgabe der Gesetze zu verwalten, Aufträge zu erteilen, Behörden zu lenken, kurz: die Gesetze auszuführen. Die Bundesregierung bildet die Spitze der Exekutive (unter ihr befindet sich der Verwaltungsapparat). Dennoch hat sie das Recht, Gesetzesvorschläge gemäß Art. 76 I GG zu machen. In Deutschland ist es sogar tägliche Praxis, dass die meisten Vorschläge von der Bundesregierung ausgehen.

Nach Art. 84 III 1 GG übt die Bundesregierung auch die Aufsicht darüber aus, dass die Länder die Bundesgesetze dem geltenden Recht gemäß ausführen.

Ferner kann die Bundesregierung Rechtsverordnungen erlassen, vgl. Art. 80 I 1 GG. Art. 80 GG steht im Abschnitt über die Gesetzgebung – daraus schließen Sie, dass die Rechtsverordnungen der Bundesregierung Gesetze im weiteren („bloß materiellen") Sinne sind. Auch das mag für eine exekutive Gewalt überraschend wirken.

5.1 Welche Rechte hat der Bundeskanzler?

Die Aufgaben des Bundeskanzlers beziehen sich vor allem auf drei Themen: das Vorschlagen und Entlassen der Minister (Kabinettbildungskompetenz) gem. Art. 64 I GG, die Leitung der Sitzungen und Geschäfte der Bundesregierung (Geschäftsleitungskompetenz) gem. Art. 65 S. 4 GG und vor allem das Festsetzen der politischen Ziele und ihre Verwirklichung (Richtlinienkompetenz) gem. Art. 65 S. 1 GG. Diese Richtlinienkompetenz besteht gegenüber den Bundesministern, die gem. Art. 65 S. 2 GG innerhalb dieser Richtlinien wiederum **selbstständig** handeln dürfen (Ressortprinzip). Das birgt Konfliktpotential: Was ist noch Richtlinienkompetenz, was fällt schon ins Ressortprinzip? In der Klausur argumentieren und entscheiden Sie, ob eine Weisung des Kanzlers verfassungswidrig ist, weil sie gegen das Ressortprinzip verstößt.

 Organstreit: Der Bundeskanzler weist seinen Umweltminister an, welche Maßnahmen in welcher Reihenfolge zum Atomausstieg zu treffen sind. Der Umweltminister fühlt sich in seinem Recht auf Selbstständigkeit verletzt und wendet sich an das Bundesverfassungsgericht.

Der Begriff „Richtlinie" umfasst Gestaltungsspielraum für den Adressaten: Bleibt dem Minister kein Entscheidungsspielraum, kann man nicht mehr von einer selbständigen Leitung gem. Art. 65 S. 2 GG sprechen, was für eine Verfassungswidrigkeit der Weisung des Kanzlers spricht. Bei Fehlern einzelner Bundesminister ist auch immer der Kanzler in der Kritik, was wiederum für die Zulässigkeit einer Detailanweisung spricht. Letztlich wird man sich für eine vermittelnde Lösung entscheiden. Ausnahmsweise kann der Kanzler auch eine solche Einzelweisung geben, wenn es sich um ein politisch sehr brisantes Thema wie z. B. den Atomausstieg handelt. Anders hingegen, wenn sich die Detailanweisung auf reine Verwaltungsangelegenheiten bezieht.

Tipp: Die Richtlinienkompetenz nennt man auch das Kanzlerprinzip.

5.2 Was ist die Vertrauensfrage?

Ist der Bundeskanzler nicht sicher, ob er noch die Zustimmung der Mehrheit der Bundestagsabgeordneten hat, kann er die Vertrauensfrage gem. Art. 68 I 1 GG stellen. Diese soll gewährleisten, dass die Bundesregierung dem Willen des Volkes gem. Art. 20 II GG entspricht. Meist erfolgt die Vertrauensfrage im Zusammenhang mit einem wichtigen Gesetzesvorhaben.

2001 stellte Bundeskanzler Gerhard Schröder die Vertrauensfrage und zwar verbunden mit der Frage, ob deutsche Soldaten nach Afghanistan geschickt werden sollen. Der Bundestag sprach ihm das Vertrauen aus.

Spricht der Bundestag dem Bundeskanzler das Vertrauen nicht aus, hat der Bundeskanzler drei Möglichkeiten:

Möglichkeit 1: Regierung als Minderheitenkanzler.
Diese Möglichkeit würde die Arbeit des Parlaments praktisch unmöglich machen, da für umstrittene Gesetzesvorhaben nur noch schwer ausreichende Mehrheiten erzielt werden können.

Möglichkeit 2: Auflösung des Bundestages und Neuwahlen Art. 68 I 1 GG.
Der Bundeskanzler kann dem Bundespräsidenten vorschlagen, den Bundestag gem. Art. 68 I 1 GG aufzulösen. Der Bundespräsident muss diesem Vorschlag nicht zwingend folgen, sondern trifft eine eigene Entscheidung unter Berücksichtigung aller Umstände. Diese kann allerdings „ermessensfehlerhaft" sein.

Organstreit: Der Bundespräsident X weigert sich, den Bundestag aufzulösen, der Bundeskanzler besteht darauf und wendet sich an das Bundesverfassungsgericht.

Möglichkeit 3: Rücktritt des Bundeskanzlers, was zunächst nur zu einer Neuwahl des Bundeskanzlers führt und erst im Falle des Art. 63 IV 3 GG zu Neuwahlen des Bundestags führen kann.

Organstreit: 2005 stellte Kanzler Gerhard Schröder (SPD) eine zweite Vertrauensfrage nach anhaltender, massiver Kritik aus den eigenen Reihen vor allem wegen der „Agenda 2010". Kanzler Schröder hatte aber seiner eigenen Fraktion Stimmenthaltung empfohlen, um bei der Vertrauensfrage zu verlieren. Er wollte vorgezogene Bundestags-Neuwahlen, die insbesondere über die Fortsetzung seiner Reformpolitik entscheiden sollten. Planmäßig entzog der Bundestag ihm das Vertrauen. Nach einigem Zögern des Bundespräsidenten wurde der Bundestag aufgelöst und Neuwahlen angesetzt. Zwei Abgeordnete beantragten beim BVerfG, die Auflösung des Bundestages zu überprüfen. Die Antragsteller hielten die von Bundeskanzler Schröder gestellte Vertrauensfrage für missbräuchlich und rügten einen Verstoß gegen Art. 68 I 1 GG.

Argumentationsauszug: Fraglich ist, ob auch ein solcher „unechter" Vertrauensantrag, bei dem es dem Bundeskanzler um eine Niederlage und vorgezogene Neuwahlen geht, nach Art. 68 I 1 GG verfassungsgemäß ist. Art 68 GG enthält nach seinem Wortlaut *formelle* Voraussetzungen (Antrag, Zustimmung, Fristen), aber keine eindeutigen *materiellen* Anforderungen. Man könnte einerseits also vertreten, dass jeder formal gültige Antrag verfassungsgemäß ist, auch wenn dieser gar nicht mit dem Ziel gestellt wird, das Vertrauen des Bundestags zu bekommen. Andererseits darf eine Vertrauensfrage nicht dazu missbraucht werden, nur um einen günstigen Zeitpunkt für Neuwahlen zu ermöglichen, bei denen die Wiederwahl des aktuellen Bundeskanzlers sehr sicher ist und dieser einer größere Mehrheit seiner Fraktion im Bundestag anstrebt.

Außerdem darf Art. 67 GG nicht umgangen werden, der einen Misstrauensantrag nur „konstruktiv" in Verbindung mit einem neuen Kandidaten, also gerade unter Vermeidung von Bundestags-Neuwahlen erlaubt. Das BVerfG vertritt hier wiederum eine vermittelnde Position. Eine solche *unechte* Vertrauensfrage ist nur, aber immerhin dann erlaubt, wenn eine *schwere politische Krise* vorliegt, welche die Handlungsfähigkeit des Kanzlers lähmt (= ungeschriebene materielle Voraussetzung von Art. 68 I GG). Bei der Beurteilung der Frage, ob eine solche schwere politische Krise vorliegt, lässt das BVerfG dem Kanzler, der das am besten beurteilen könne, aber einen weiten politischen Beurteilungsspielraum. Deshalb hat das BVerfG das Vorgehen von Kanzler Schröder verfassungsrechtlich hingenommen. *Politisch* erfolgreich war das Ganze für ihn und die SPD allerdings nicht. Die anschließende Bundestagswahl ging verloren und seitdem ist Angela Merkel Kanzlerin.

5.3 Wie wird man Bundesminister?

Von wem Bundesminister ernannt werden, können Sie Art. 64 I GG entnehmen:

> (1) Die Bundesminister werden auf Vorschlag des Bundeskanzlers vom Bundespräsidenten ernannt und entlassen.

5. Welche Rechte hat die Bundesregierung?

Interessant ist die Frage, ob der Bundespräsident jeden Vorschlag des Bundeskanzlers annehmen muss. Weigert er sich, wäre das ein Fall für ein Organstreitverfahren.

 1961 weigerte sich Bundespräsident Heinrich Lübke zunächst, den Vorschlag des damaligen Bundeskanzlers Erhard anzunehmen, weil er den künftigen Außenminister für unfähig hielt (dt.-frz. Beziehungen und Mauerfrage). Schließlich ernannte Lübke ihn doch.

Argumentationsauszug: Art. 64 I GG normiert, dass die Bundesminister vom Bundespräsident „ernannt werden". Wäre eine Verpflichtung des Bundespräsidenten gewollt, hätte der Gesetzgeber die Formulierung „hat zu ernennen" gewählt. Vom Wortlaut des Art. 64 I GG könnte eine Weigerung des Bundespräsidenten möglich sein. Die Systematik des Grundgesetzes stattet den Bundespräsidenten allerdings mit repräsentativen Aufgaben aus. Eine Weigerung, einen Bundesminister zu ernennen, ist mehr als repräsentativ.

5.4 Welche Rechte haben die Bundesminister?

Die Bundesminister haben das Recht, ihren Geschäftsbereich selbstständig und eigenverantwortlich gem. Art. 65 S. 2 GG zu leiten (Ressortprinzip), allerdings nur im Rahmen der vom Bundeskanzler ausgegebenen Richtlinien. Wie schon erwähnt, kann es in diesem Zusammenhang zu Spannungen zwischen dem Bundeskanzler und seinen Ministern kommen (s. o. 5.1).

Die zuständigen Bundesminister haben gem. Art. 85 III GG außerdem das Recht, die Landesminister zu bestimmten Themen anzuweisen, wenn es sich um Bundesauftragsverwaltung handelt. Bundesauftragsverwaltung ist die Ausnahme. In welchen Rechtsbereichen eine solche vorliegt, finden Sie innerhalb der Art. 87 ff. GG. Sollten Sie eine Weisung prüfen, erfolgt dies ähnlich wie die Prüfung der formellen Verfassungsmäßigkeit eines Gesetzes und umfasst die Schritte: Zuständigkeit für die Weisung, Einhaltung eines Verfahrens (zum Beispiel Anhörung) und Form (schriftlich). Diese Voraussetzungen sind zumeist nicht im GG (Art. 85 III) normiert, sondern ergeben sich aus dem Grundsatz des bundesfreundlichen Verhaltens, das gilt auch für die (sehr begrenzten) materiellen Voraussetzungen[29].

---

29 Vertiefender Lesehinweis zum – schwierigen und sehr speziellen – Weisungsrecht: Maurer, Staatsrecht, S. 600–609.

Der Bundesminister für Verkehr weist den Landesminister an, die Eisenbahnschienen gem. Art. 87e GG zu warten, da es zu Sicherheitsproblemen gekommen ist. War der Bundesminister zuständig? Hat er den richtigen Adressaten angewiesen? In der richtigen Form? Durfte er das auch inhaltlich?

5.5 Was ist das Kollegialprinzip?

Art. 65 S. 3 GG bestimmt, dass bei Meinungsverschiedenheiten zwischen den Bundesministern und dem Bundeskanzler die Bundesregierung entscheidet. Sie entscheiden als „Kollegen" (*Kollegialprinzip*).

> **Tipp:** Die Bundesregierung wird auch als „Kabinett" bezeichnet.

Aufgaben

Aufgabe 1: Beantworten Sie folgende Fragen anhand der Art. 62–69 GG.

a) Wer kann dem Bundeskanzler das Misstrauen aussprechen, indem er einen Nachfolger wählt?
Antwort: _____
Norm: _____

b) Wer bildet die Bundesregierung?
Antwort: _____
Norm: _____

c) Wer ernennt den neuen Bundeskanzler nach einem Misstrauensvotum?
Antwort: _____
Norm: _____

d) Müssen der Bundekanzler und die Bundesminister einen Amtseid schwören?
Antwort: _____
Norm: _____

e) Wer entscheidet bei Meinungsverschiedenheiten zwischen Bundesministern?
Antwort: _____
Norm: _____

f) Haben die Bundesminister einen Entscheidungsspielraum beim Erfüllen ihrer Aufgaben?
Antwort: _____
Norm: _____

g) Wer begrenzt den Entscheidungsspielraum der Bundesminister?
Antwort: _____
Norm: _____

h) Wer stellt die Vertrauensfrage?
Antwort: _____
Norm: _____

i) Kann der Verteidigungsminister auch Vorsitzender einer Waffenfirma sein?
Antwort: _____
Norm: _____

j) Wer kann Stellvertreter des Bundeskanzlers sein?
Antwort: _____
Norm: _____

Aufgabe 2: Beantworten Sie folgende Fragen anhand der Art. 38–48 GG.

a) Kann die Bundesregierung die Abgeordneten des Bundestages anweisen, für ihren neuen Gesetzesvorschlag abzustimmen?
Antwort: _____
Norm: _____

b) Welche Wahlrechtsgrundsätze gibt es ausdrücklich im Grundgesetz?
Antwort: _____
Norm: _____

c) Wann hat der Bundestag die Pflicht einen Untersuchungsausschuss einberufen?
Antwort: _____
Norm: _____

d) Haben die Mitglieder des Bundesrates das Recht, an Sitzungen des Bundestages teilzunehmen?
Antwort: _____
Norm: _____

e) Welche Ausschüsse muss der Bundestag nach dem Grundgesetz einberufen?
Antwort: _____
Normen: _____

f) Abgeordneter A bezeichnet den Bundeskanzler während einer hitzigen Bundestagsdebatte als „Vollidiot". Kann er deswegen strafrechtlich verfolgt werden?
Antwort: _____
Norm: _____

g) Beim Abgeordneten A findet die Polizei 1,3 kg Kokain. Kann die Staatsanwaltschaft sofort ein Ermittlungsverfahren eröffnen?
Antwort: _____
Norm: _____

Aufgabe 3: Beantworten Sie folgende Fragen anhand der Art. 50–53 GG.

a) Wer kann nur Mitglied im Bundesrat werden?
Antwort: _____
Norm: _____

b) Welche drei Aufgaben hat der Bundesrat?
Antwort: _____
Norm: _____

c) Kann ein Bundesland unterschiedliche Stimmen bei einer Abstimmung im Bundesrat abgeben?
Antwort: _____
Norm: _____

d) Tagt der Bundesrat öffentlich?
Ja ☐   Nein ☐   Norm: _____

e) Wie sind die Mitglieder des Bundesrates demokratisch legitimiert?
Antwort: _____
Norm: _____

f) Kann die Bundesregierung verlangen an Sitzungen des Bundesrates teilzunehmen?
Ja ☐   Nein ☐   Norm: _____

g) Wie viele Stimmen hat NRW (ca. 17 Millionen Einwohner)?
Antwort: _____
Norm: _____

h) Kann der Bundesrat Mitglieder der Bundesregierung in den Bundesrat zitieren?
Ja ☐   Nein ☐   Norm: _____

Kapitel 3: Staatsorgane

Aufgabe 4: Beantworten Sie folgende Fragen anhand der Art. 54–61 GG.

a) Wie lange dauert eine Amtszeit des Bundespräsidenten?
Antwort: _____
Norm: _____

b) Wer wählt den Bundespräsidenten?
Antwort: _____
Norm: _____

c) Darf ein Bundespräsident Atheist sein?
Antwort: _____
Norm: _____

d) Wer nimmt an der Bundesversammlung teil?
Antwort: _____
Norm: _____

e) Darf ein Bundesminister Bundespräsident werden?
Antwort: _____
Norm: _____

f) Welches Gericht ist für die Anklage des Bundespräsidenten zuständig?
Antwort: _____
Norm: _____

g) Was macht der Bundespräsident bei Amtsantritt?
Antwort: _____
Norm: _____

h) Welche Art von Verträgen schließt der Bundespräsident für den Bund?
Antwort: _____
Norm: _____

i) Weswegen darf der Bundespräsident angeklagt werden?
Antwort: _____
Norm: _____

j) Wen ernennt und entlässt der Bundespräsident?
Antwort: _____
Norm: _____

Aufgabe 5: A ist Mitglied der C-Fraktion, allerdings hält er die Umweltpolitik seiner Partei für falsch. Bei einer Abstimmung über Windkraftanlagen stimmt A anders als seine Fraktion. Darf er dies?

a) Wo ist das Recht eines Bundestagsabgeordneten geregelt? _____
b) Entscheidung: Ja ☐ Nein ☐
c) Wie kann sich die C-Fraktion wehren – was ist zulässig? Kreuzen Sie an.
- ▸ Drohung bei der nächsten Bundestagswahl den Landeslistenplatz zu verlieren. ☐
- ▸ Sofortiger Ausschluss aus der Fraktion ☐
- ▸ Ausschluss aus der Fraktion, wenn A häufiger in erheblichen Fragen gegen die Politik der C-Partei stimmt. ☐
- ▸ Strafe in Höhe von 140 € ☐

Aufgabe 6: Unterstreichen Sie in Art. 38 I 2 GG, woraus das Rede- und Stimmrecht der Abgeordneten abgeleitet wird.

Sie sind Vertreter des ganzen Volkes, an Aufträge und Weisungen nicht gebunden und nur ihrem Gewissen unterworfen.

Aufgabe 7: Abgeordneter A der Regierungsfraktion bezeichnet den Vorschlag der Opposition in einer Bundestagssitzung als „Idiotie, die ihresgleichen sucht".

a) Wonach könnte A sich strafbar gemacht haben? _____
b) Kann A bestraft werden?
Ja ☐   Nein ☐
c) Welche Norm im Grundgesetz schützt ihn vor Strafbarkeit in diesem Fall?
_____
d) Dieses Mal bezeichnet der Abgeordnete A das Falschparken seines Nachbarn mit denselben Worten. Wer müsste die Eröffnung des Strafverfahrens gegen A genehmigen und wo steht dies im Grundgesetz?
Wer? _____ Norm? _____

Aufgabe 8: Bundeskanzler B ist mit der Arbeit des Bundesumweltministers M unzufrieden. Daher schickt er ihm ein Schreiben: „Ich errichte durch dieses Schreiben eine Abteilung *Greenstrom durch Wind.*" M will das nicht hinnehmen.

a) Welches Recht des Bundesumweltministers V könnte der Bundeskanzler mit dem Schreiben verletzt haben? Finden Sie die passende Norm und unterstreichen Sie die Antwort:

Artikel 64 GG
(1) Die Bundesminister werden auf Vorschlag des Bundeskanzlers vom Bundespräsidenten ernannt und entlassen.
(2) Der Bundeskanzler und die Bundesminister leisten bei der Amtsübernahme vor dem Bundestage den in Artikel 56 vorgesehenen Eid.

Artikel 65 GG
Der Bundeskanzler bestimmt die Richtlinien der Politik und trägt dafür die Verantwortung. Innerhalb dieser Richtlinien leitet jeder Bundesminister seinen Geschäftsbereich selbständig und unter eigener Verantwortung. Über Meinungsverschiedenheiten zwischen den Bundesministern entscheidet die Bundesregierung. Der Bundeskanzler leitet ihre Geschäfte nach einer von der Bundesregierung beschlossenen und vom Bundespräsidenten genehmigten Geschäftsordnung.

b) Wie nennt sich das Prinzip, das sich auf den Minister bezieht?
_____

c) Welches Recht könnte der Bundeskanzler haben, dieses Schreiben zu schicken? Die Antwort ist in einer der drei Normen (Art. 64–66 GG) enthalten.
_____

Aufgabe 9: Was ist der Antragsgegenstand bei diesen Organstreitigkeiten?

a) Unterstreichen Sie im Fall und kreuzen Sie an.

Sachverhalt	Maßnahme	Unterlassen
Der Bundestag verabschiedet ein Gesetz, der Bundespräsident findet das Gesetz rechtswidrig und verweigert die Ausfertigung. Der Bundestag verlangt die Ausfertigung.		
Der Bundespräsident löst den Bundestag auf. Der Bundestag besteht auf sein Fortbestehen.		
Bundeskanzler B ist mit der Arbeit des Bundesumweltministers M unzufrieden. Daher schickt er ihm ein Schreiben: „Ich errichte durch dieses Schreiben eine Abteilung ‚Greenstrom durch Wind'". M will das nicht hinnehmen.		
Bundeskanzler K hält Äußerungen des Ausschussmitglieds A für verfassungswidrig, daher entzieht er ihm seinen Sitz. Die Fraktion des A hält dies wiederum für verfassungswidrig.		

b) Welches verfassungsrechtliche Recht des Antragsstellers <u>könnte</u> verletzt sein?

Sachverhalt	Verfassungsrechtliche Rechtsverletzung?
Der Bundestag verabschiedet ein Gesetz, der Bundespräsident findet das Gesetz rechtswidrig und verweigert die Ausfertigung. Der Bundestag verlangt die Ausfertigung.	
Der Bundespräsident löst den Bundestag auf. Der Bundestag besteht auf sein Fortbestehen.	
Bundeskanzler B ist mit der Arbeit des Bundesumweltministers M unzufrieden. Daher schickt er ihm ein Schreiben: „Ich errichte durch dieses Schreiben eine Abteilung ‚Greenstrom durch Wind'". M will das nicht hinnehmen.	
Bundeskanzler K hält Äußerungen des Ausschussmitglieds A für verfassungswidrig, daher entzieht er ihm seinen Sitz. Die Fraktion des A hält dies wiederum für verfassungswidrig.	

Aufgabe 10: Was spricht in Art. 82 I GG dafür, dass der Bundespräsident vor der Unterschrift den materiellen Inhalt des Gesetzes prüfen darf, was dagegen?

(1) Die nach den Vorschriften dieses Grundgesetzes zustande gekommenen Gesetze werden vom Bundespräsidenten nach Gegenzeichnung ausgefertigt.

a) Welche zwei Formulierungen können Sie nach dem Wortlaut auslegen, um zu entscheiden, ob der Bundespräsident prüfen darf?
1. _____
2. _____
b) Darf der Bundespräsident inhaltlich prüfen? Füllen Sie die Lücken mithilfe der eingerahmten Begriffe und entscheiden Sie, ob ein Pro- oder Contra-Argument vorliegt.

> allgemeiner Sprachgebrauch, verteidigen, materiell, prüfen, Judikative, wahren.

aa) Der Bundespräsident fertigt nach dem Wortlaut des Art. 82 I GG die Gesetze aus. Im _____ verwendet man „ausfertigen", wenn es nur noch um eine Formalie geht. Der Inhalt des Gesetzes, also die _____ Verfassungsmäßigkeit, gehört nicht zum Ausfertigen.
Pro ☐   Contra ☐

bb) Der Bundespräsident fertigt solche Gesetze aus, die nach den Vorschriften des Grundgesetzes zustande gekommen sind. Die Formulierung „zustande gekommen" deutet darauf hin, dass der Bundespräsident nur die Einhaltung der Verfassungsnormen über den Produktionsprozess von Gesetzen, also nur die formelle Verfassungsmäßigkeit von Gesetzen, zu _____, hat.
Pro ☐   Contra ☐

cc) Die Verfassungsmäßigkeit von Normen kontrolliert gem. Art. 93 I Nr. 2 GG das Bundesverfassungsgericht. Übernähme der Bundespräsident dies, würde er in den Aufgabenbereich des Bundesverfassungsgerichts, also der _____, eingreifen.
Pro ☐   Contra ☐

dd) Gem. Art 56 GG leistet der Bundespräsident bei seinem Amtsantritt vor den versammelten Mitgliedern des Bundestages und des Bundesrates folgenden Eid:
„Ich schwöre, dass ich meine Kraft dem Wohle des deutschen Volkes widmen, seinen Nutzen mehren, Schaden von ihm wenden, das Grundgesetz

und die Gesetze des Bundes wahren und verteidigen, meine Pflichten gewissenhaft erfüllen und Gerechtigkeit gegen jedermann üben werde. So wahr mir Gott helfe." Die Verpflichtung, das Grundgesetz und die Gesetze zu _____ und zu_____, spricht dafür, dass der Bundespräsident die Gesetze auch inhaltlich prüfen darf, denn nur so kann er dieser Verpflichtung gerecht werden.
Pro ☐   Contra ☐

Aufgabe 11: Finden Sie den möglichen Grundgesetzverstoß des Antragsgegners und, ob dadurch ein Recht des Antragstellers verletzt ist.

a) Fraktionsmitglied gegen den Fraktionsvorsitzenden wegen Fraktionszwangs.
GG-Norm: _____
Recht des Antragstellers: Ja ☐   Nein ☐

b) ¼ der Mitglieder des Bundestages gegen ¾, weil sie sich weigern einen Untersuchungsausschuss einzuberufen.
GG-Norm: _____
Recht des Antragstellers: Ja ☐   Nein ☐

c) Bundeskanzler gegen Bundespräsident wegen der Weigerung den Bundestag nach einer gescheiterten Vertrauensfrage aufzulösen.
GG-Norm: _____
Recht des Antragstellers: Ja ☐   Nein ☐

d) Bundeskanzler gegen Bundespräsident wegen der Weigerung einen Minister zu ernennen.
GG-Norm: _____
Recht des Antragstellers: Ja ☐   Nein ☐

e) Fraktion X gegen die Bundesregierung wegen der Weigerung eine Information herauszugeben.
GG-Norm: _____
Recht des Antragstellers: Ja ☐   Nein ☐

f) Partei X gegen die Bundesregierung wegen unzulässiger Werbung.
GG-Norm: _____
Recht des Antragstellers: Ja ☐   Nein ☐

g) Bundesminister gegen Bundeskanzler wegen der Weisung, nur Naturholzmöbel bei der Einrichtung seines Umweltministeriums zu nutzen.
GG-Norm: _____
Recht des Antragstellers: Ja ☐   Nein ☐

Aufgabe 12: 2011 richteten die Bundestagsabgeordneten Hans-Christian Ströbele, Katja Keul und Claudia Roth Fragen über Waffenexporte nach Saudi-Arabien und Algerien an die Bundesregierung. Diese weigerte sich, die Fragen der Abgeordneten zu beantworten.

a) Ist ein Fragerecht ausdrücklich im Grundgesetz geregelt? Ja ☐   Nein ☐

b) Aus welchen beiden Normen könnte ein Informationsrecht abgeleitet werden? _____

Tipp: Eine Norm regelt die wichtigsten Rechte der Abgeordneten, auf abstrakte Weise. Die andere ist eine Grundsatznorm, auf die Sie sich sehr häufig stützen können und die so abstrakt ist, dass sie viel Argumentation ermöglicht.

Norm 1: _____
Norm 2: _____

c) Nun leiten Sie aus diesen Normen Argumente her, ob das Informationsrecht besteht. Sind die folgenden Pro- oder Contra-Argumente?
aa) Ein Abgeordneter ist Vertreter des Volkes. Pro ☐   Contra ☐

bb) Die Bundesregierung gehört zur Exekutive und ist eine andere Gewalt als der Bundestag im Sinne von Art. 20 II 2, III GG. Der Bundestag und der einzelne Abgeordnete hat daher eine Kontrollaufgabe gegenüber der Bundesregierung. Pro ☐   Contra ☐

cc) Zwar kontrollieren sich die Gewalten gegenseitig, dürfen aber nicht die Arbeit des anderen beeinträchtigen. Pro ☐   Contra ☐

d) Wäre ein Informationsrecht über laufende Verhandlungen und Entscheidungsvorbereitungen eine Beeinträchtigung der Arbeit der Bundesregierung?
Ja ☐   Nein ☐

Aufgabe 13: Bundespräsident P weigert sich, Bundesminister M zu ernennen, weil er diesen für inkompetent hält. Daher wendet sich Bundeskanzler K an das Bundesverfassungsgericht.
a) Welches Verfahren prüfen Sie? _____
b) In welcher Norm ist die Ernennung der Bundesminister geregelt? _____
c) Was können Sie aus der Formulierung „ernannt werden" schließen?
Tipp: Setzen Sie für „ernannt werden" „hat zu ernennen" ein.
- Es besteht grundsätzlich eine Verpflichtung des Bundespräsidenten, jeden vorgeschlagenen Bundesminister zu ernennen. ☐
- Eine solche Verpflichtung besteht gerade nicht. ☐

d) Die Systematik des Grundgesetzes stattet den Bundespräsidenten weitgehend mit repräsentativen Aufgaben aus. Die Weigerung, einen Bundesminister zu ernennen, weil dieser inkompetent sei, ist eine Personalentscheidung und mehr als repräsentativ.
- Weigerung ist also zulässig. ☐
- Weigerung ist unzulässig. ☐

Aufgabe 14: Finden Sie die Normen, in denen folgende Themen geregelt sind:
a) Gesetzgebungsrecht des Bundestages: _____
b) Formales Prüfrecht des Bundespräsidenten: _____
c) Gesetzgebungskompetenzen
aa) ausschließliche des Bundes _____
bb) konkurrierende _____
cc) Abweichungskompetenz der Länder _____
d) Richtlinienkompetenz des Bundeskanzlers _____
e) Ressortprinzip der Minister_____
f) Länge der Legislaturperiode des Bundestages _____
g) Wahlrechtsgrundsätze _____
h) Homogenitätsklausel zwischen Bund und Ländern _____
i) Freies Mandat der Bundestags-Abgeordneten _____
j) Gesetzesinitiativrecht der Bundesregierung _____
k) Zustimmung zu finanzwirksamen Gesetzen: _____
l) Erlass von Rechtsverordnungen: _____

Kapitel 4: Gesetzgebung

1. Wann überprüfe ich im Gutachten die Gesetzgebung?

Die Gesetzgebung kontrollieren Sie vor allem bei der abstrakten Normenkontrolle, um zu prüfen, ob ein Gesetz formell verfassungsmäßig zustande gekommen ist. Erinnern Sie sich an die zweistufige Prüfung der Begründetheit einer abstrakten Normenkontrolle: **formelle** und materielle Verfassungsmäßigkeit.

Aber auch bei anderen Verfahrensarten kann inzident ein Gesetz zu überprüfen sein, sowohl beim Organstreit wie auch später bei der Verfassungsbeschwerde, wenn Gesetze gegen Grundrechte verstoßen.

2. Wann ist ein Gesetz formell verfassungsmäßig?

Die drei Fragen, die Sie bei der formellen Verfassungsmäßigkeit eines Gesetzes stellen, lauten: Durfte der Bund oder das Land dieses Gesetz überhaupt erlassen? Wurde dieses Gesetz im richtigen Ablauf erarbeitet? Wurde die Form gewahrt? Ein Gesetz ist also formell verfassungsmäßig, wenn es der richtige Akteur erlassen hat – und zwar mit dem richtigen Verfahren und in der richtigen Form. Diese drei Voraussetzungen lauten kurz: Zuständigkeit, Verfahren, Form. Die formelle Verfassungsmäßigkeit ist im Grundgesetz geregelt und zwar vor allem in den Art. 70 ff. GG:

> **Zuständigkeit:** Wer darf ein Gesetz erlassen? Art. 70–74 GG (u. a.)
> **Verfahren:** Wie wird ein Gesetz erlassen? Art. 76–78 GG
> **Form:** Wie wird es wirksam? Art. 82 GG

 Zuständigkeit + Verfahren + Form = formelle Verfassungsmäßigkeit

Eselsbrücke: Artikel für die formelle Verfassungsmäßigkeit: 70 + 6 + 6 = Art. 70, 76 und 82 GG.

Aber aufpassen: Einerseits sind innerhalb der Art. 70 ff. GG auch Vorschriften enthalten, welche nicht die formelle Verfassungsmäßigkeit von Gesetzen regeln. Insbesondere Art. 79 III GG zur materiellen (!) Verfassungsmäßigkeit von GG-Änderungen und Art. 80 GG zum Erlass von Rechtsverordnungen, welche von der Exekutive erlassen werden. Andererseits gibt es auch außerhalb der

Art. 70 ff. GG Vorschriften zur Gesetzgebungs-Zuständigkeit (z. B. Art. 21 III, 38 III, s. u.).

3. Wer ist zuständig für welches Gesetz?

Zunächst klären Sie, wer für Ihr Gesetz zuständig war: der Bund oder die Länder. Der Grundsatz lautet: Die Länder sind zuständig, soweit das GG dem Bund keine Kompetenz für dieses Thema gem. Art. 70 I GG verliehen hat (Kompetenz = Zuständigkeit). Das Grundgesetz hat dem Bund für viele Themenbereiche die Kompetenz verliehen, Gesetze zu erlassen. Art. 73 I GG enthält eine Liste (den sogenannten *Katalog*) mit Themen, für die ausschließlich der Bund zuständig ist, zum Beispiel Nr. 6 des Katalogs: der Luftverkehr. Der Bund kann allerdings die Länder in einem Bundesgesetz dazu ermächtigen, auch Themen der ausschließlichen Gesetzgebung zu regeln. Das steht in Art. 71 GG.

Bei anderen Themen konkurrieren der Bund und die Länder um die Zuständigkeit. Grundsätzlich sind auch bei diesen Themen gem. Art. 72 I GG die Länder zuständig, regelt allerdings der Bund eins dieser Themen, hat das Land regelmäßig das Nachsehen und darf keine eigenen Gesetze mehr auf dem Gebiet beschließen. Schon bestehendes Landesrecht zu diesem Thema wird sogar außer Kraft gesetzt: Nach Art. 31 GG bricht Bundesrecht Landesrecht. Der Katalog in Art. 74 GG ist so groß und der Bund hat so breiten Gebrauch davon gemacht, dass es in der Praxis deutlich mehr Bundes- als Ländergesetze gibt. Die Föderalismusreform von 2006 hat für die Zukunft die Länderkompetenzen gestärkt, insbesondere durch den eng gefassten Art. 72 II GG und die neu eingeführte Abweichungsgesetzgebung nach Art. 72 III GG.

Das bürgerliche Recht ist gem. Art. 74 I Nr. 1 GG ein Thema der konkurrierenden Gesetzgebung. Das Bürgerliche Gesetzbuch regelt der Bund. Ergänzende, etwa nachbarrechtliche Regelungen, können sich aber ausnahmsweise in den Ländern finden.

Bei wieder anderen Themen kann das Land angemessener und individueller reagieren als der Bund. Diese sind traditionell dem Land zugeordnet (Auffangkompetenz nach Art. 70 GG), zum Beispiel das Schulrecht.

Das Saarland grenzt an Frankreich, Brandenburg an Polen. Die Länder können entscheiden, ob sie Französisch oder Polnisch als Schulfach anbieten wollen und ab welcher Klasse.

4. Wie finde ich heraus, wer zuständig ist?

Wenn Sie herausfinden wollen, wer in Ihrem Fall für das Gesetz zuständig ist, fangen Sie beim Bund an.

> **Schritt 1:** Themen der ausschließlichen Gesetzgebung: Bund gem. (71), 73 I GG
> **Schritt 2:** Themen der konkurrierenden Gesetzgebung: Bund oder Land gem. Art. 72 I, 74 I GG. Innerhalb dessen:
> **Schritt 3:** Themen der Bedarfskompetenz: Bund gem. Art. 72 II GG
> **Schritt 4:** Themen der Abänderungskompetenz: Bund und Land gem. Art. 72 III GG
> **Schritt 5:** Ungeschriebene Gesetzgebungskompetenzen: Bund
> **Schritt 6:** War Schritt 1–5 ergebnislos: Land gem. Art. 70 I GG

Schritt 1: Prüfen Sie den Katalog des Art. 73 I GG – die ausschließliche Gesetzgebung, ausgehend von der allgemeinen Regelung in Art. 71 GG.

Lesen Sie als Erstes im überschaubaren Art. 73 I GG nach, ob ein Fall der ausschließlichen Kompetenz des Bundes vorliegt. Hier finden Sie einen Katalog an Themen, zum Beispiel: auswärtige Angelegenheiten, den Luftverkehr oder die Geldwährung. Vergleichen Sie die Themengebiete – passt eines zu Ihrem Gesetz?

Auch außerhalb des Art. 73 I GG gibt es Normen, die dem Bund eine ausschließliche Kompetenz verleihen: Eine solche verstreute Einzelnorm erkennen Sie an Formulierungen wie: „durch Bundesgesetz näher zu regeln". Für Finanzmonopole und Zölle hat der Bund gem. Art. 105 I GG die ausschließliche Gesetzgebungskompetenz.

 Die Zuständigkeit des Bundes für das Parteienrecht ist in Art. 21 III GG bestimmt. Für das Wahlrecht ist gem. Art. 38 III GG („Das Nähere bestimmt ein Bundesgesetz") der Bund zuständig (Bundeswahlgesetz).

Schritt 2: Themen der konkurrierenden Gesetzgebung: Bund oder Land gem. Art. 74 I, 72 I GG

In Art. 74 I GG finden Sie einen sehr umfangreichen Katalog mit den Themen der konkurrierenden Gesetzgebung. Finden Sie das Thema Ihres Gesetzes? Immer, wenn Sie ein Thema des Art. 74 I GG vorliegen haben, prüfen Sie Art. 72 GG. Sie beginnen mit der Prüfung des Absatzes 1: Bei der konkurrierenden Gesetzgebung hat das Land gem. Art. 72 I GG die Gesetzgebungskompetenz, solange und soweit der Bund diese Themen nicht bereits geregelt hat. *Solange* bezieht sich auf die Zeit: Hat der Bund in Ihrem Fall schon ein Gesetz zu diesem Thema erlassen? *Soweit* bezieht sich auf den Inhalt des Gesetzes: Welchen Teil hat der Bund bereits geregelt, welchen nicht? Den noch nicht geregelten Teil dürfte das Land regeln.

 Das Strafrecht ist gem. Art. 74 I Nr. 1 GG ein Thema der konkurrierenden Gesetzgebung. Dies hat der Bund weitestgehend geregelt, da es hier zu Ungerechtigkeiten führen würde, wenn vom Bundesland abhinge, ob etwas strafbar ist.

Tipp: Oft wird mehr als eine Nummer des Katalogs in Art. 74 I GG in Betracht kommen. Dann müssen die Regelungen ausgelegt und voneinander abgegrenzt werden, vor allem, wenn eine der Nummern unter Art. 74 II GG fällt und die andere nicht.

 Bei einem Gesetz über den Nichtraucherschutz können je nach Ausgestaltung Art. 74 I Nr. 11 (Recht der Wirtschaft, allerdings ohne Gaststätten), Nr. 12 (Arbeitsschutz), Nr. 19 (Maßnahmen gegen gemeingefährliche Krankheiten; Recht der Gifte) und Nr. 20 (Recht der Genussmittel) in Betracht kommen. Zwei der Nummern fallen auch unter Art. 74 II GG. Entscheidend bei der Abgrenzung ist der *Schwerpunkt* der Regelung.

 Wenn Sie die ausschließliche und die konkurrierende Gesetzgebung prüfen, denken Sie jeweils an zwei Normen: Art. 71 und 73 GG für die ausschließliche Gesetzgebung, Art. 72 und 74 GG für die konkurrierende Gesetzgebung.

Schritt 3: Themen der Bedarfskompetenz: Bund gem. Art. 72 II GG

Art. 72 II GG verleiht dem Bund bei Bedarf die Kompetenz, bestimmte Themen zu regeln. Lesen Sie Art. 72 II GG: Wird Ihr Thema in Art. 72 II GG erwähnt, prüfen Sie, ob in Ihrem Fall eine Gesetzgebung durch den Bund „*erforderlich*" ist – und zwar für „die Herstellung gleichwertiger Lebensverhältnisse oder die Wahrung der Rechts- oder Wirtschaftseinheit im gesamtstaatlichen Interesse [...]". Weil die Länderzuständigkeit nach Art. 70 und 72 I GG eigentlich die Regel ist, erfolgt die Erforderlichkeitsprüfung streng. Im Zweifel hat der Bund im Bereich des Art. 72 II GG *keine* Gesetzgebungsbefugnis.

Will der Bund das Aufenthalts- und Niederlassungsrecht der Ausländer gem. Art. 74 I Nr. 4 GG ändern, muss er vorher gem. Art. 72 II GG eine Erforderlichkeitsprüfung durchführen (Art. 72 II GG enthält in seiner Aufzählung Art. 74 I Nr. 4 GG). Formell verfassungsmäßig wäre das Gesetz nur, wenn eine Regelung durch den Bund erforderlich ist.

Schritt 4: Themen der Abänderungskompetenz: Bund und Land gem. Art. 72 III GG

Lesen Sie den Katalog des Art. 72 III GG. Hat der Bund ein Thema der konkurrierenden Gesetzgebung geregelt, das auch in Art. 72 III GG aufgezählt wird, können die Länder bei diesen Themen trotzdem eine andere Entscheidung treffen. Damit wird die Länderkompetenz gestärkt, denn es sind beide zuständig: Bund und Land.

 Hochschulzulassung ist gem. 74 I Nr. 33 GG ein Thema der konkurrierenden Gesetzgebung. Gem. Art. 72 III Nr. 6 GG haben die Länder hier eine Abänderungskompetenz.

Kurios: Bei diesen Materien kann es zu einer Art Abänderungs-„Wettlauf" kommen. Denn der Bund kann seinerseits wieder Änderungen vornehmen. Vgl. Art. 72 III 3 GG, wonach das jeweils spätere Gesetz vorgeht.

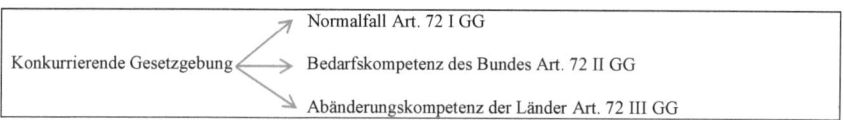

Schritt 5: Prüfen Sie eine ungeschriebene Gesetzgebungskompetenz des Bundes.

Haben Sie in den vorangehenden Schritten keinen Grund für die Zuständigkeit des Bundes gefunden, so kann sich diese nur noch aus einer ungeschriebenen Kompetenz ergeben, sonst sind die Länder zuständig. Weil diese Kompetenz ungeschrieben ist, ist ihre Reichweite umstritten und nur sehr eingeschränkt möglich. Ausnahmsweise muss es aber eine ungeschriebene Gesetzgebungskompetenz geben, wenn nach der *Natur der Sache* oder *kraft Sachzusammenhang* der Bund zuständig ist.

 Die Festlegung der Bundessymbole (Gestaltung der Bundesflagge etc.) und auswärtige Kulturpolitik fallen „naturgemäß" in die Zuständigkeit des Bundes.

Tipp: Wissen Sie nicht, ob eine ungeschriebene Kompetenz vorliegt, konstruieren Sie lieber keine. Denn die Fälle sind selten. Gehen Sie lieber vom Regelfall aus: Länderzuständigkeit.

Schritt 6: Waren Schritt 1–5 ergebnislos sind die Länder gem. Art. 70 I GG zuständig.
Auch wenn es bisher so aussieht, als wären die Länder für sehr wenig zuständig, verbleiben für diese viele Themen: z. B. bei kulturellen Angelegenheiten, im Schul- und Bildungswesen, beim Polizei- sowie beim Gemeinderecht, im Strafvollzug oder beim Versammlungsrecht. In Artikel 74 GG über die konkurrierende Gesetzgebung finden Sie über die Ausnahmeregelung explizit ausschließliche Länderkompetenzen in Nr. 11: das Recht des Ladenschlusses, der Gaststätten, der Spielhallen, der Schaustellung von Personen, der Messen, der Ausstellungen und der Märkte. Und in Nr. 27 Bereiche des Beamtenrechts.

 Die Länder sind (u. a.) für Kultur, Bildung, Polizei und Kommunales zuständig.

Hat in Ihrem Fall ein nicht zuständiges Organ das Gesetz erlassen, ist das Gesetz formell verfassungswidrig. Im Gutachten können Sie die Prüfung mit dem Grundsatz der Länderzuständigkeit nach Art. 70 I GG beginnen (Regel-Ausnahme-Verhältnis).

Formulierungsvorschlag: Fraglich ist, ob das Land für das Gesetz über den Luftverkehr zuständig ist. Grundsätzlich sind gem. Art. 70 I GG die Länder zuständig. Das gilt allerdings nicht, soweit das Grundgesetz dem Bund die Zuständigkeit verliehen hat. In Art. 73 I Nr. 6 GG wurde dem Bund für den Luftverkehr die ausschließliche Gesetzeskompetenz verliehen. Mithin ist der Bund zuständig.

5. Wie prüfe ich das Gesetzgebungsverfahren?

Nach der Zuständigkeit prüfen Sie das Verfahren. Das Gesetzgebungsverfahren besteht aus drei Teilen: dem Einleitungs-, dem Haupt-, und dem Abschlussverfahren. In allen drei Teilen kann es zu Fehlern kommen, sodass Sie – zumindest gedanklich – alle drei Teile durchgehen. Das Grundgesetz regelt viele Aspekte des Verfahrens, allerdings finden Sie nicht alle Vorschriften im GG. Weitere

Informationen finden Sie in der Geschäftsordnung des Bundestages (GO BT). Die Normen sind insbesondere in §§ 75 ff. GO BT geregelt und bilden selbst kein Verfassungsrecht. Das ist wichtig, da bei Normenkontrollen nur das GG den unmittelbaren Maßstab bildet. Die Geschäftsordnungsvorschriften dienen nur, aber immerhin als eine Art Auslegungshilfe für das Grundgesetz.

 Gesetzgebung im GG ab Art. 70 ff., in der GO BT v. a. ab §§ 75 ff.

5.1 Das Einleitungsverfahren – oder wer kann alles einen Gesetzesvorschlag einreichen?

Art 76 GG
(1) Gesetzesvorlagen werden beim Bundestage durch die Bundesregierung, aus der Mitte des Bundestages oder durch den Bundesrat eingebracht.

Gem. Art. 76 I GG können drei Stellen einen Gesetzesvorschlag beim Bundestag einreichen: die Mitte des Bundestags, der Bundesrat und die Bundesregierung. Sie haben das sogenannte *Gesetzesinitiativrecht*.

Faktisch werden die meisten Gesetze von der Bundesregierung vorgeschlagen. 2015 hat der Bundestag an 70 Sitzungstagen 130 Gesetze verabschiedet[30]. Davon hatte die Bundesregierung 116 Gesetzentwürfe eingebracht, 11 der Bundestag und einen der Bundesrat. Zwei weitere Gesetzentwürfe sind entweder der Bundesregierung oder den Koalitionsfraktionen zuzuordnen.

Ein erstes Beispiel, wie die GO BT das GG näher erläutert finden Sie in § 76 I GO BT. Die „Mitte des Bundestages" ist danach entweder eine Fraktion oder 5 % der Mitglieder des Bundestages.

 § 76 I GO BT erläutert Art. 76 I GG.

30 https://www.bundestag.de/dokumente/textarchiv/2016/kw12-bundestag-zahlen/416182

5.2 Wer bekommt den Vorschlag als nächstes?

> Art 76 GG
> (2) Vorlagen der Bundesregierung sind zunächst dem **Bundesrat** zuzuleiten. […]
> (3) Vorlagen des Bundesrates sind dem Bundestag durch die **Bundesregierung** innerhalb von sechs Wochen zuzuleiten. […]

Schlägt die Bundesregierung ein Gesetz vor, prüfen Sie, ob der Vorschlag als nächstes in den Bundesrat gem. Art. 76 II 1 GG gegangen ist. Schlägt der Bundesrat ein Gesetz vor, prüfen Sie, ob ihn danach die Bundesregierung gem. Art. 76 III 1 GG bekommen hat. Das soll die Diskussionen im Bundestag verkürzen. Stammt der Vorschlag aus dem Bundestag, wird er sofort dort diskutiert.

Einleitungsverfahren / Gesetzesinitiative

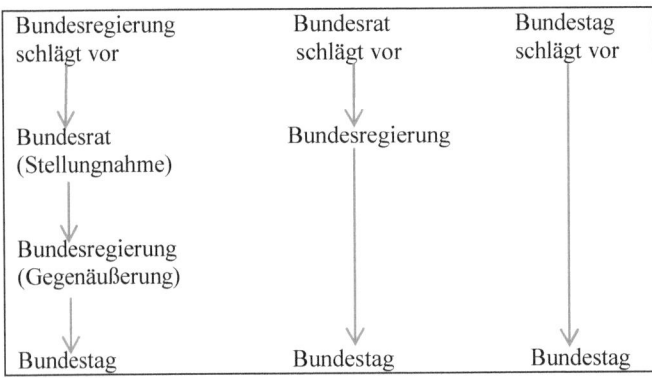

5.3 Was ist, wenn ein Beteiligter im Einleitungsverfahren „vergessen" wurde?

Das Einleitungsverfahren endet, wenn das Gesetz im Bundestag angekommen ist: Je nachdem wer das Gesetz vorgeschlagen hat, dauert dies unterschiedlich lang.

Im Einleitungsverfahren kann es vorkommen, dass die Bundesregierung oder der Bundesrat umgangen werden, obwohl dies in Art. 76 II, III GG vorgesehen ist. Dann prüfen Sie, ob das Gesetz formell verfassungswidrig ist. Um dies zu beantworten, entscheiden Sie, ob Art. 76 II 1 bzw. III 1 GG eine wesentliche Verfahrensvorschrift oder eine bloße Ordnungsvorschrift ist.

6. Was ist eine wesentliche Verfahrensvorschrift?

Das Grundgesetz enthält einige Vorschriften zum Verfahren (Art. 76–78). Immer, wenn Sie einen Verstoß gegen eine dieser Vorschriften gefunden haben, nehmen Sie die Abgrenzung zwischen wesentlicher Verfahrensvorschrift und bloßer Ordnungsvorschrift vor. Da Sie dies nicht für alle Voraussetzungen auswendig lernen können, brauchen Sie Anhaltspunkte für Ihre Entscheidung. Denn auch in der Klausur wird eine Argumentation erwartet.

Bei einem Verstoß gegen eine Ordnungsvorschrift wäre das Gesetz formell verfassungsmäßig, bei einem Verstoß gegen wesentliches Verfahrensrecht wäre es formell verfassungswidrig. Eine Ordnungsvorschrift liegt zum Beispiel vor, wenn die Norm lediglich der Arbeitserleichterung des Parlaments dient. Ein weiterer Anhaltspunkt für eine Ordnungsvorschrift ist, ob der Verstoß im Gesetzgebungsverfahren geheilt werden kann. Wesentliches Verfahrensrecht liegt vor, wenn ein Recht eines Gesetzgebungsorgans betroffen ist und dieser Verstoß nicht geheilt werden kann. Um dies beurteilen zu können, müssen Sie das gesamte Gesetzgebungsverfahren im Blick haben.

Ordnungsvorschrift: Die Bundesregierung leitet ihren Gesetzesentwurf an den Bundestag weiter ohne, wie es eigentlich gem. Art. 76 II 1 GG sein müsste, diesen zuerst an den Bundesrat zu leiten. Das Gesetz wird beschlossen. Der Bundesrat nimmt im Hauptverfahren noch Stellung (Art. 77 II-IV GG), sodass der anfängliche Fehler im weiteren Verfahren geheilt wird. Damit ist Art. 76 II 1 GG eine bloße Ordnungsvorschrift.

wesentliches Verfahrensrecht: Der Bundesrat schlägt ein Gesetz vor und leitet dieses dem Bundestag zu, obwohl er es zuerst der Bundesregierung gem. Art. 76 III 1 GG zuleiten soll. Die Bundesregierung hat keine Möglichkeit mehr, im restlichen Verfahren Stellung zu nehmen. Damit kann der Fehler nicht geheilt werden. Art. 76 III 1 GG ist damit wesentliches Verfahrensrecht.

7. Was passiert im Hauptverfahren?

Sobald das Gesetz im Bundestag angekommen ist, beginnt das Hauptverfahren. Die unterschiedlichen „Stationen", die der Gesetzesentwurf durchläuft, finden Sie im Grundgesetz, aber auch in der GO BT: Bundestag, Bundesrat, evtl. Vermittlungsausschuss, Bundeskanzler (oder zuständiger Minister), Bundespräsident. Die letzten beiden Stationen werden auch dem Abschlussverfahren zugeordnet.

In drei Lesungen berät der Bundestag über das Gesetz gem. § 78 I 1 GO BT. Sollten weniger Beratungen stattgefunden haben, führt dies nicht zur formellen Verfassungswidrigkeit, wenn ausreichend über das Gesetz beraten wurde. § 78 I 1 GO BT ist dann eine bloße Ordnungsvorschrift. Hat der Bundestag das Gesetz beschlossen, ist die nächste Station des Hauptverfahrens der Bundesrat gem. Art. 77 I 2 GG.

8. Was ist, wenn gegen die GO BT verstoßen wird?

Interessanterweise führt ein Verfahrensverstoß gegen eine Norm aus der GO BT in den meisten Fällen nicht zur formellen Verfassungswidrigkeit. Die GO BT regelt zwar das Gesetzgebungsverfahren, hat aber keine Außenwirkung, sondern wirkt nur für den Bundestag. Sie stellt selbst kein Verfassungsrecht dar (s. o.). Dies zeigt sich auch an § 126 GO BT, nachdem die Abgeordneten von der GO BT abweichen dürfen:

> § 126 GO BT
> Abweichungen von den Vorschriften dieser Geschäftsordnung können im einzelnen Fall mit Zweidrittelmehrheit der anwesenden Mitglieder des Bundestages beschlossen werden, wenn die Bestimmungen des Grundgesetzes dem nicht entgegenstehen.

Ausnahmsweise führt auch ein Verstoß gegen die GO BT zur formellen Verfassungswidrigkeit, wenn ihm Bestimmungen des Grundgesetzes entgegenstehen, also die GO BT zwingendes Verfassungsrecht konkretisiert. Betrifft eine Regelung der GO BT zum Beispiel die Staatsprinzipien gem. Art. 20 GG oder gleiche Rechte der Abgeordneten, handelt es sich um zwingendes Verfassungsrecht und eine Verletzung führt zur Verfassungswidrigkeit des Gesetzes.

abstrakte Normenkontrolle: Gesetz X wird in der ersten Lesung nach 5 Minuten beschlossen. Die Bundesregierung stellt beim Bundesverfassungsgericht einen Antrag zur Überprüfung des Gesetzes. Grundsätzlich führt der Verstoß gegen § 78 I 1 GO BT nicht zur Verfassungswidrigkeit, weil es sich um eine Ordnungsvorschrift handelt. Bei einer bloß fünfminütigen Lesung kann aber ein Verstoß gegen das Demokratieprinzip gem. Art. 20 I, II GG vorliegen und damit eine formelle Verfassungswidrigkeit.

Abgeordneter A schlägt ein Gesetz vor. Der Bundestag ist begeistert und beschließt es. Ist das Gesetz formell verfassungswidrig, weil es nicht von 5 % des Bundestages gem. § 76 I GO BT vorgeschlagen wurde?
Argumentationsauszug: In Art. 76 I GG heißt es, dass Gesetzesvorlagen aus der Mitte des Bundestages stammen können – von wie vielen Abgeordneten wird nicht erwähnt. Art. 76 I GG wird also durch § 76 I GO BT konkretisiert. § 76 I GO BT soll den Bundestag vor zu vielen Vorschlägen schützen und damit die Funktionsfähigkeit des Bundestages erhalten, was ein verfassungsrelevanter Inhalt ist. Ein Verstoß gegen § 76 I GO BT führt demzufolge mittelbar zu einem Verfassungsverstoß. Aber: Beschließt der Bundestag das Gesetz, hat die Mehrheit des Bundestags den Vorschlag des einzelnen Abgeordneten angenommen. Dadurch, dass der Bundestag sich für diesen Vorschlag entschieden hat, ist es egal, dass er nur von einem Abgeordneten gemacht wurde. Der Mangel im Gesetzgebungsverfahren wird *geheilt*.

 Verstoß gegen GO BT → Keine Verfassungswidrigkeit → es sei denn, verfassungsrelevante Inhalte werden wiederholt oder konkretisiert → auch das kann im Einzelfall geheilt werden.

9. Wie beschließt der Bundestag ein Gesetz?

Ein Gesetz ist beschlossen, wenn bei der letzten Abstimmung, meist am Ende der 3. Lesung, für dieses gestimmt wurde. Enthält Ihr Fall Angaben dazu, wie viele Mitglieder des Bundestages abgestimmt haben, ist dies zumeist ein Hinweis darauf, dass Sie prüfen sollten, ob das Gesetz bei der Abstimmung gegen eine Vorschrift verstößt:

Für die meisten Gesetze gilt Art. 42 II 1 GG: die Mehrheit der abgegebenen Stimmen. Dafür reicht eine Stimme mehr – man spricht deswegen von einer *einfachen* Mehrheit. Enthaltungen werden nicht mitgezählt.

 50 Abgeordnete stimmen für das Gesetz, 49 dagegen, 30 enthalten sich. Es liegt eine einfache Mehrheit der abgegebenen Stimmen vor.

 1 Stimme mehr = einfache Mehrheit (Enthaltung ist keine Stimme)

Art. 42 II 1 GG spricht lediglich von abgegebenen Stimmen, nach dieser Norm ist also egal, wie viele Mitglieder gerade anwesend sind – Hauptsache es liegt eine Mehrheit vor. Theoretisch könnten sogar zwei gegen einen stimmen. Deswegen erläutert die GO BT:

> § 45 I GO BT
> Der Bundestag ist beschlußfähig, wenn **mehr als die Hälfte seiner Mitglieder** im Sitzungssaal anwesend ist.

Sie prüfen als erstes, ob der Bundestag in Ihrem Fall beschlussfähig war. Gem. § 45 I GO BT ist der Bundestag beschlussfähig, wenn mehr als die Hälfte seiner Mitglieder im Sitzungssaal anwesend ist. Sind weniger Mitglieder des Bundestages anwesend, so ist der Bundestag eigentlich nicht beschlussfähig. Das wäre aber unpraktisch, da es durchaus vorkommen kann, dass weniger Mitglieder anwesend sind. Daher schauen Sie, ob in Ihrem Fall die Beschlussunfähigkeit durch die Anwesenden positiv festgestellt wurde (§ 45 II und III GO BT). Bis zu dieser Feststellung sind Beschlüsse trotz Vorliegens der Beschlussunfähigkeit formell rechtmäßig.

Zur Feststellung der Beschlussunfähigkeit ist eine Fraktion oder 5 % der gesetzlichen Mitgliederzahl des Bundestages erforderlich (§ 45 II S. 1 GO BT). Sind sogar dafür zu wenige Abgeordnete anwesend, ist der Bundestag nicht beschlussfähig. Würde man eine Beschlussfähigkeit annehmen, wäre dies mit dem Prinzip der repräsentativen Demokratie (Art. 20 II GG) nicht vereinbar.

Wann braucht der Bundestag mehr als eine einfache Mehrheit?

Für manche Beschlüsse verlangt das Grundgesetz mehr als eine einfache Mehrheit: die absolute Mehrheit. Sie erkennen dies an der Formulierung: „Mehrheit der Mitglieder": das heißt, es ist mindestens eine Stimme mehr als 50 % der Stimmen erforderlich.

Für das konstruktive Misstrauensvotum gem. Art. 67 GG und die Vertrauensfrage gem. Art. 68 GG ist jeweils eine absolute Mehrheit erforderlich.

Die „Mehrheit der Mitglieder" ist in Art. 121 GG legaldefiniert: Benannt ist „Die Mehrheit der gesetzlichen Mitgliederzahl". Man könnte meinen, es wären die 598 Abgeordneten gem. § 1 I 1 BWahlG gemeint, tatsächlich ist aber die Mitgliederzahl der aktuellen Legislaturperiode gemeint, denn auch diese Anzahl ist gesetzlich – durch die Berechnungen in § 6 BWahlG – festgelegt. Also einschließlich Überhang- und Ausgleichsmandate.

 absolute Mehrheit = 50 % + 1 Stimme.

Wann braucht der Bundestag mehr als die absolute Mehrheit?

In seltenen Fällen braucht der Bundestag mehr als eine absolute Mehrheit und zwar die Stimmen von 2/3 der Mitglieder des Bundestags. Diese höchste Anforderung gilt vor allem bei verfassungsändernden Gesetzen gem. Art. 79 II GG sowie auch bei der Bundespräsidentenanklage gem. Art. 61 I 3 GG. Diese sogenannte „qualifizierte Mehrheit" erkennen Sie leicht: „bedarf der Mehrheit von zwei Dritteln der Mitglieder des Bundestages."

 Mehrheit der abgegebenen Stimmen = einfache Mehrheit.
Mehrheit der Mitglieder = absolute Mehrheit.
Zustimmung von zwei Dritteln der Mitglieder = qualifizierte Mehrheit.

10. Welche Rechte hat der Bundesrat bei der Gesetzgebung?

Der Bundesrat ist wie der Bundestag für die Gesetzgebung zuständig, allerdings mit weit weniger Rechten als der Bundestag. Wie viel er mitbestimmen kann, hängt davon ab, ob es sich um ein Zustimmungs- oder ein Einspruchsgesetz handelt. Bei letzteren hat der Bundesrat nur die Möglichkeit, gegen das Gesetz Einspruch einzulegen (Art. 77 III GG). Der Bundestag kann sich jedoch durch einen überstimmenden Mehrheitsbeschluss über den Einspruch des Bundesrates hinwegsetzen (Art. 77 IV GG). Dann kommt das Gesetz trotzdem zustande. Die meisten Gesetze sind Einspruchsgesetze.

Eselsbrücke: Sprechen bringt nicht viel: Bei Einspruchsgesetzen hat der Bundesrat weniger Macht.

Im Bundesrat sitzen Vertreter der Landesregierungen, vgl. Art. 51 GG. Auf diese Weise haben die Länder ein Mitspracherecht bei den Bundesgesetzen. Betrifft das Gesetz ausnahmsweise im GG geregelte besondere Länderinteressen, steigt die Macht des Bundesrates: stimmt er gegen das Gesetz, ist es gescheitert. Diese

Gesetze nennt man Zustimmungsgesetze, weil sie von der Zustimmung des Bundesrates abhängen. Ein Zustimmungsgesetz liegt gem. Art. 79 II GG auch vor, wenn es die Verfassung ändert und ist daher nur verfassungsmäßig, wenn der Bundesrat dem Gesetz ausdrücklich zustimmt.

 Bei Zustimmungsgesetzen ist die Zustimmung des Bundesrates erforderlich. Bei Einspruchsgesetzen, kann er zwar Einspruch erheben, dieser darf aber vom Bundestag „überhört" werden: der Bundestag kann den Bundesrat überstimmen.

Ob es sich in Ihrem Fall um ein Zustimmungsgesetz handelt, entnehmen Sie dem Grundgesetz: anhand einer Formulierung wie: „bedarf der Zustimmung des Bundesrates" erkennen Sie, dass es sich um ein solches handelt. Zustimmungsbedürftig sind zum Beispiel manche Themen der ausschließlichen Gesetzgebung des Bundes gem. Art. 73 II GG und der konkurrierenden Gesetzgebung gem. Art. 74 II GG sowie der Bundesaufsicht gem. Art. 84 I 6 GG. Diese vereinzelten Anordnungen zeigen Ihnen, dass Zustimmungsgesetze die *Ausnahme* sind. Ungeschriebene Zustimmungspflichten kraft Natur der Sache gibt es *nicht*.

Tipp: Die Absätze 1 der Art. 73 und 74 GG enthalten die Themenkataloge. Die Absätze 2 die wenigen Themen, die aus Absatz 1 zustimmungsbedürftig sind.

Welcher *Mehrheitsbegriff* gilt bei der Abstimmung im Bundesrat? Die einschlägige Regelung wird oft übersehen: Nach Art. 52 III GG fasst der Bundesrat seine Beschlüsse mit der Mehrheit „seiner Stimmen". Aus dem Bezug zu Art. 51 II GG, in dem auch von „Stimmen" gesprochen wird (und zwar derer aller Bundesländer), ergibt sich, dass nicht die Mehrheit der abgegebenen Stimmen, sondern aller Mitglieder gemeint ist (absolute Mitglieder-Mehrheit). Bei Zustimmungsgesetzen, bei denen eine positive Mehrheit erforderlich ist, bedeutet das, dass Enthaltungen wie Nein-Stimmen zählen. Bei Einspruchsgesetzen dagegen zählen Enthaltungen letztlich wie Ja-Stimmen, da eine negative Mehrheit erforderlich ist, um das Gesetz (zunächst) zu Fall zu bringen, vgl. Art. 77 IV GG.

11. Was ist der Vermittlungsausschuss?

Der Vermittlungsausschuss vermittelt zwischen dem Bundestag und dem Bundesrat und besteht daher auch aus Mitgliedern des Bundesrates und des Bundestages gem. Art. 77 II GG. Die Aufgabe des Vermittlungsausschusses ist es, das Gesetzgebungsverfahren zu einem positiven Ergebnis zu bringen: einen Kompromiss zwischen Bundesrat und Bundestag zu finden. Der Vermittlungsausschuss wird zumeist vom Bundesrat einberufen, kann bei Zustimmungsgesetzen aber auch von der Bundesregierung oder dem Bundestag gem. Art. 77 II 4 GG einberufen werden.

 Organstreit: Die Bundesregierung verlangt das Einsetzen eines Vermittlungsausschusses. Dieser weigert sich zu tagen. Nur bei einem Zustimmungsgesetz kann die Bundesregierung gem. Art. 77 II 4 GG das Einsetzen verlangen.

12. Was passiert im Abschlussverfahren?

Das Abschlussverfahren besteht aus zwei Unterschriften: Das Gesetz wird gem. Art. 58 1 GG als erstes vom Bundeskanzler oder einem seiner Minister unterschrieben, dann fertigt der Bundespräsident dieses gem. Art. 82 GG aus, indem er ebenfalls unterschreibt.

Was ist, wenn eine der Personen sich weigert zu unterschreiben? Die Weigerung prüfen Sie im Rahmen eines Organstreits, denn in diesen Fällen besteht meistens der Bundestag auf eine Ausfertigung und das Gesetz ist noch nicht in Kraft getreten. Daher können Sie die Antwort im Kapitel über die Staatsorgane nachlesen.

13. Welche Form-Aspekte müssen bei der Gesetzgebung beachtet werden?

Die Form wird gewahrt, wenn das Gesetz im Bundesgesetzblatt veröffentlicht wird. Manche sehen auch die Ausfertigung des Bundespräsidenten und die Unterschrift des Kanzlers oder Ministers als Teil der Form. Rechtlich ist das kein Unterschied.

Tipp: Das Merkmal „Form" spielt bei der Gesetzesprüfung also kaum eine Rolle.

Aufgaben

Aufgabe 1: Gesetzesvorschlag

a) Ein Gesetzesvorschlag kann nur von drei Stellen ausgehen, welchen?

Bürgermeister	Bundesregierung	Volk
Eine Landesregierung	Stadtparlament	Gewerkschaft
Bundesrat	Bundestag	Öffentlich-rechtliche Rundfunkanstalten

b) In welcher Norm steht das? _____

Aufgabe 2: Zeichnen Sie das Einleitungsverfahren ein.

a) Mit Beginn bei der Bundesregierung.
Bundesregierung → _____ → Bundestag
Norm: _____

b) Mit Beginn beim Bundesrat.
Bundesrat → _____ → Bundestag
Norm: _____

c) Welche der beiden Stellen aus a) und b) ist im weiteren Gesetzgebungsverfahren noch beteiligt? _____
aa) Was macht diese Stelle? _____
Norm: _____
bb) Wenn eine der beiden Stellen im Einleitungsverfahren umgangen wird, führt dies zur formellen Verfassungswidrigkeit. Welche Stelle ist es?
_____
Grund: _____

d) Über wen kann die Bundesregierung nach herrschender Ansicht den „Umweg" über den Bundesrat vermeiden? _____

Aufgabe 3: Abgeordneter A macht einen Gesetzesvorschlag, der vom Bundestag diskutiert und schließlich beschlossen wird. Ist das neue Gesetz verfassungswidrig?

a) Nach welcher Norm im Grundgesetz könnte dies zulässig sein?
Norm: _____ Grund: _____
_____

b) Gegen welche Norm aus der GO-BT könnte dies verstoßen?
Norm: _____ Grund: _____
_____

c) Führt dieser Verstoß zur Verfassungswidrigkeit des Gesetzes?
Ja ☐   Nein ☐   Grund: _____
_____

Aufgabe 4: Die Bundesregierung findet, dass zu wenige Menschen studieren, daher will sie, dass auch eine Fachhochschulreife unter bestimmten Voraussetzungen ein Studium an der jeder Universität in Deutschland ermöglicht. Sie ist sich allerdings nicht sicher, ob der Bund dafür zuständig ist. Ist er es?

Schritt 1: Ausschließliche Kompetenz des Bundes
Lesen Sie Art. 73 GG – finden Sie etwas?

Ja ☐   Nein ☐   Wenn ja, was?: _____

Schritt 2: Konkurrierende Gesetzgebung zwischen Bund und Land
Lesen Sie Art. 74 I GG. Welche Nummer ist einschlägig?
Nr. ____

Schritt 3: Bedarfs- oder Abänderungskompetenz des Landes.
Lesen Sie Art. 72 II und III GG. Findet sich in einem der beiden Absätze die betreffende Materie?
_____

Schritt 4: Wer ist also zuständig?
Bund ☐   Land ☐   Beide ☐

Kapitel 4: Gesetzgebung

Aufgabe 5: Der Bund will die Wahlperiode für den Bundestag von vier auf fünf Jahre erhöhen. Bundesland X ist entsetzt, es hält den Bund für unzuständig. Aus welcher Norm ergibt sich die Zuständigkeit des Bundes?

Norm: _____

Aufgabe 6: Wer ist zuständig? Kreuzen Sie an.

Bereich	Norm	Bund	Land
Waffengesetz			
Raumordnungsgesetz			
Hochschulgesetz			
Urhebergesetz			
Polizeigesetz			
Handelsgesetzbuch			
Schulgesetz			
Atomgesetz			
Gaststättengesetz			

a) Für welches dieser Gesetze muss der Bund also eine Erforderlichkeitsprüfung vornehmen?
_____ Norm: _____

b) Für welchen Teil der Regelungen von Hochschulen besteht eine Ausnahme?
_____ Norm: _____

Aufgabe 7: Der Bundestag schlägt ein Gesetz über ein Tempolimit von 150 km/h auf deutschen Autobahnen vor. Am Ende einer ausführlichen Diskussion in der zweiten Lesung beschließt der Bundestag das Gesetz mit einer 2/3 Mehrheit. Der Bundesrat stimmt dagegen mit einer 2/3 Mehrheit. Der Bundestag setzt sich ebenfalls mit einer 2/3 Mehrheit über den Bundesrat hinweg.
Ist das Gesetz verfassungsmäßig?

a) Lesen Sie hierzu Art. 78 I 1 GO BT.
Problem: _____
Ergebnis Verfassungsmäßigkeit: Ja ☐   Nein ☐

Grund: _____

b) Handelt es sich hier um ein Einspruchs- oder Zustimmungsgesetz?
_____

c) Kann sich der Bundestag bei Einspruchsgesetzen über die Entscheidung des Bundesrates hinwegsetzen?
Ja ☐   Nein ☐   Norm: _____

d) Braucht der Bundestag dafür hier eine 2/3 Mehrheit?
Ja ☐   Nein ☐   Norm: _____

Aufgabe 8: Legen Sie die Reihenfolge für ein Einspruchsgesetz fest. Tragen Sie die passenden Normen ein. Sie brauchen das GG und die GO BT.

Reihen-folge		Norm
	Der Gesetzesvorschlag geht zum Bundesrat. Der Bundesrat prüft den Gesetzesvorschlag und nimmt dazu Stellung.	
	Die Bundesregierung schlägt ein Gesetz vor.	
	Der Gesetzentwurf wird im Bundesgesetzblatt veröffentlicht. Jetzt tritt das Gesetz in Kraft.	
	Dann folgt die „3. Lesung". Die Beschlüsse der zweiten Lesung bilden die Grundlage der dritten Lesung. In der dritten Lesung sind Änderungen nur unter besonderen Voraussetzungen möglich.	
	Der Gesetzentwurf geht an den Bundesrat. Dieser stimmt dafür.	
	Der Gesetzentwurf geht zurück in den Bundestag und wird dort diskutiert. Das nennt man die „2. Lesung", dort können Änderungen vorgeschlagen werden.	
	Der Bundespräsident fertigt das Gesetz aus, indem er dieses unterschreibt.	
	Der Gesetzentwurf geht zum Bundestag. Der Bundestag diskutiert den Entwurf in der „1. Lesung". Am Schluss wird der Entwurf zumeist an den zuständigen Ausschuss weitergeleitet.	
	Der Bundestag verabschiedet/beschließt den Gesetzentwurf.	
	Die Bundeskanzlerin unterzeichnet den Gesetzesentwurf.	

Aufgabe 9: Reicht für eine einfache Mehrheit bei einer Gesetzesbeschlussfassung im Bundestag aus …

a) … wenn zwei gegen eine Stimme abgegeben werden, aber die Beschlussunfähigkeit nicht festgestellt wurde?
Ja ☐   Nein ☐   Norm: _____
Begründung: _____
_____
_____

b) Welche Mehrheit ist erforderlich, wenn es sich um eine Vertrauensfrage handelt?
_____ Norm: _____

c) Welche Mehrheit ist erforderlich, wenn es sich um ein verfassungsänderndes Gesetz handelt?
_____ Norm: _____

Aufgabe 10: Finden Sie folgende Normen in der GO BT und beantworten Sie die Frage.

a) Wie viele Abgeordnete können gemeinsam eine Fraktion bilden?
Norm: _____ Antwort: _____

b) Wie viele Abgeordnete des Bundestages können einen Gesetzesvorschlag einbringen?
Norm: _____ Antwort: _____

c) Wie oft muss über ein Gesetz im Bundestag beraten werden?
Norm: _____ Antwort: _____

d) Wie viele Abgeordnete müssen das Einberufen des Vermittlungsausschusses beantragen?
Norm: _____ Antwort: _____

e) Welche Mehrheit braucht der Bundestag, um von der Geschäftsordnung abzuweichen?
Norm: _____ Antwort: _____

Aufgabe 11: Haben diese Bundespräsidenten aus formellen oder materiellen Gründen die Unterschrift verweigert?

a) Theodor Heuss verweigerte 1951 seine Unterschrift, weil dem Gesetz über die Verwaltung der Einkommens- und Körperschaftssteuer die Zustimmung des Bundesrats fehlte.
Grund:_____

b) Heinrich Lübke unterschrieb 1960 das Gesetz über den Betriebs- und Belegschaftshandel nicht, weil er die Freiheit der Berufsausübung gem. Art. 12 I GG beeinträchtigt sah.
Grund:_____

c) Gustav Heinemann wies 1969 das Ingenieurgesetz und 1970 das Architektengesetz zurück mit der Begründung: Der Bund sei dafür nicht zuständig.
Grund:_____

d) Walter Scheel stellte sich 1976 gegen die Abschaffung der Gewissensprüfung bei Wehrdienstverweigerern, weil die Zustimmung des Bundesrates fehlte.
Grund:_____

e) Richard von Weizsäcker hielt das Gesetz zur Privatisierung der Flugsicherung auf, weil er Artikel 87 d I GG verletzt sah, der die bundeseigene Verwaltung des Luftverkehrs festlegt. Er unterschrieb erst nach einer Verfassungsänderung, die eine privatrechtliche Organisation erlaubte.
Grund:_____

f) 2002 weigerte sich Johannes Rau das Zuwanderungsgesetz zu unterzeichnen, weil die uneinheitliche Stimmabgabe aus Brandenburg im Bundesrat als Ja gewertet wurde. Das Bundesverfassungsgericht hat später das Gesetz für verfassungswidrig erklärt.
Grund:_____

g) Horst Köhler verweigerte seine Unterschrift für das Regelwerk zur Verbraucherinformation. Artikel 84 I 4 GG verbietet es nämlich dem Bund, per Gesetz den Gemeinden und Gemeindeverbänden Aufgaben (hier zur Verbraucherinformation) zu übertragen.
Grund:_____

Aufgabe 12: Es wird vergessen, das neue Gesetz X im Bundesgesetzblatt zu verkünden.
Ist das Gesetz formell verfassungswidrig?

Ja ☐   Nein ☐
Begründung: _____
_____
_____

Aufgabe 13: Was ist der Unterschied zwischen den gleichen Begriffen in der Zulässigkeit und in der Begründetheit?

a) Wer muss „zuständig" sein ...

1. ... in der Zulässigkeit?:
_____ Normen: _____

2. ... in der Begründetheit?:
_____ Normen: _____

b) Form versus Form
1. Was ist die Form in der Zulässigkeit?
_____ Norm: _____
2. Was ist die Form in der Begründetheit?
_____ Norm: _____

Kapitel 5: Wahlsystem

1. Warum brauche ich Wissen über das Wahlsystem?

Wahlsystem – ein Thema für die Politikwissenschaft? Könnte man meinen. Allerdings werden folgende Fragen in Anfängerklausuren gestellt: Ist die Fünf-Prozent-Hürde verfassungsmäßig? Oder die Grundmandatsklausel? Beide Klauseln behandeln die Zweitstimmen für eine Partei ungleich, was die Gleichheit der Wahl gem. Art. 38 I 1 GG betrifft. Diese Ungleichbehandlung kann aber aus zwingenden verfassungsrechtlichen Gründen gerechtfertigt sein. Diese Gründe diskutieren Sie in der Begründetheit einer abstrakten Normenkontrolle und dafür brauchen Sie Kenntnisse über das Wahlsystem.

Die Wahlrechtsgrundrechte sind außerdem grundrechtsgleiche Rechte: das heißt, auch ein Bürger kann eine Verletzung mit der Verfassungsbeschwerde vom Bundesverfassungsgericht überprüfen lassen.

2. Was sind die Wahlrechtsgrundsätze?

Die Wahlrechtsgrundsätze sind in Art. 38 I 1 GG festgelegt. Die Wahl ist allgemein, unmittelbar, frei, gleich und geheim. Hinzu kommt der ungeschriebene Grundsatz der Öffentlichkeit, der auf Art. 38 I 1 GG in Verbindung mit dem Demokratieprinzip gem. Art. 20 I, II GG gestützt wird. Mithin sind es insgesamt sechs Wahlrechtsgrundsätze.

Die Wahlrechtsgrundsätze gestalten das Demokratieprinzip aus Art. 20 I, II GG näher aus. Daher ist bei den Wahlrechtsgrundsätzen stets ein Verstoß gegen das Demokratieprinzip zu prüfen. Das Demokratieprinzip können Sie im Rahmen der Argumentation verwenden, ob ein Verstoß vorliegt oder nicht. Art. 38 I GG gilt nur für die Wahlen zum Bundestag. Näher ausgestaltet werden die Wahlrechtsgrundsätze im Bundeswahlgesetz (BWG) und weitere Details in einer Rechtsverordnung, der Bundeswahlordnung (BWO).

Für Landtagswahlen und Kommunalwahlen gelten nach Art. 28 I 2 GG dieselben Wahlrechtsgrundsätze.

Grundsatz 1: Allgemein

In einer allgemeinen Wahl kann die Allgemeinheit wählen (aktives Wahlrecht), keine Personengruppe ist ausgeschlossen.

Frauen dürfen in Deutschland seit 1918 wählen.

Allgemein heißt auch, dass sich jeder zur Wahl stellen lassen kann (passives Wahlrecht).

 A lässt sich zur Bundestagswahl aufstellen (passives Wahlrecht) und wählt selbst (aktives Wahlrecht).

Eine Ausnahme vom passiven und aktiven Wahlrecht gilt zum Beispiel für Ausländer (§§ 1, 12 BWG). Dieser Verstoß gegen die Allgemeinheit der Wahl ist verfassungsrechtlich gerechtfertigt: Das Volk gem. Art. 20 I, II GG meint das „deutsche Volk", das an die deutsche Staatsangehörigkeit anknüpft (vgl. Art. 116 I GG).

 Franzose F lebt seit 20 Jahren in Deutschland und möchte gerne bei der Bundestagswahl wählen. In diesem Fall prüfen Sie einen Verstoß gegen die Allgemeinheit der Wahl. Dieser liegt aber gem. Art. 20 I, II i. V. m. 116 I GG nicht vor.

Grundsatz 2: Unmittelbar

Unmittelbar bedeutet, dass es in Deutschland keine Zwischenschritte zwischen Wähler und Gewähltem gibt. In den USA besteht dagegen das System der Wahlmänner: Es werden Personen gewählt, die für einen wählen.

 Der Bundeskanzler wird vom Volk nicht unmittelbar gewählt. Die Wahlrechtsgrundsätze beziehen sich aber nur auf die Bundestagswahl. Der Bundeskanzler wird gem. Art. 63 I GG vom Bundestag gewählt. Daher ist er demokratisch legitimiert. Für eine repräsentative Demokratie wie Deutschland ist das ausreichend.

Grundsatz 3: Frei

Frei ist eine Wahl, wenn niemand vom Staat zur Wahl gezwungen oder beeinflusst wird.

 Beeinflusst der Staat den Willen der Wähler durch Werbung, ist das ein Verstoß gegen die Wahlfreiheit. Das gilt nicht für Parteien, die auf eigene Kosten für sich werben.

Grundsatz 4: Geheim

Eine Wahl ist geheim, wenn keiner die Wahlentscheidung einer einzelnen Person herausfinden kann.

 Gegen eine Internetwahl spricht, dass nicht im selben Umfang wie mit den Wahlkabinen das Geheimnis der Wahl gewährleistet werden kann.

Grundsatz 5: Gleich

Die Gleichheit der Wahl bezieht sich zum einen auf den Wähler, zum anderen auf den, der sich zur Wahl stellt.

Für den Wähler gilt:
1. Jede Stimme zählt gleich viel (sog. Zählwert).

 Würden Stimmen von Eltern mit Kindern doppelt zählen, wäre der Zählwert der Stimmen ungleich und damit läge ein Verstoß gegen die Gleichheit der Wahl gem. Art. 38 I 1 GG vor.

2. Die Stimme jedes Wählers muss auch den gleichen Erfolg bei der Umsetzung in Parlamentssitze haben (sog. Erfolgswert).

 Stimmen für eine Partei mit einem Anteil über 5 % haben Erfolg. Die Partei sitzt im Bundestag. Stimmen für eine Partei unter 5 % haben in der Regel keinen Erfolg. Somit behandelt die Fünf-Prozent-Hürde Stimmen ungleich. Diese Ungleichbehandlung kann jedoch verfassungsrechtlich gerechtfertigt sein und führt nicht zwangsläufig zur Verfassungswidrigkeit.

Für den, der sich zur Wahl stellt, gilt: Alle Stimmen zählen für jeden Gewählten gleich. Ein Wahlerfolg wird ihm natürlich nicht zugesichert, vielmehr nur die gleiche Chance auf Erfolg, das gilt sowohl für das Wahlverfahren als auch für den Wahlkampf.

Bei einem *reinen Mehrheitswahlrecht* können bis zu fast 50 % der Stimmen in der Endabrechnung unter den Tisch fallen, sodass man hier für den Erfolgswert der Stimmen von vornherein nur Chancengleichheit verlangen kann oder es für verfassungswidrig halten muss.

Die Chancengleichheit der Parteien *im Wahlkampf*, also *vor* dem eigentlichen Wahlvorgang, wird meist nicht unter Art. 38 I GG subsumiert, sondern unter Art. 21 I i. V. m. Art. 3 I GG diskutiert.

Grundsatz 6: Öffentlich (ungeschriebener Grundsatz)

Eine Wahl, die nicht transparent ist, genügt den Ansprüchen einer Demokratie nicht. Daher bezieht sich die Öffentlichkeit der Wahl auf die Transparenz des Systems: Wie werden die Stimmen ausgezählt? Wie werden die Wahlhelfer ausgewählt? Alle wesentlichen Schritte der Wahl müssen öffentlich überprüfbar sein. Das soll das Vertrauen des Bürgers in die Wahl stärken und Wahlmanipulation verhindern.

Den Grundsatz der Öffentlichkeit leiten Sie aus Art. 38 I 1 GG in Verbindung mit dem Demokratieprinzip gem. Art. 20 I, II GG ab.

 Bei einer reinen Internetwahl wäre die Auszählung der Stimmen wohl nicht transparent genug, die Manipulationsmöglichkeiten zu groß und die nachträglichen Kontrollmöglichkeiten (zweite Auszählung) zu begrenzt. Daher verstößt sie auch gegen den Grundsatz der Öffentlichkeit der Wahl (strittig).

3. Welches Wahlsystem haben wir in Deutschland?

In Deutschland besteht das personalisierte Verhältniswahlrecht. Dieses setzt sich aus zwei Teilen zusammen: einer Personen- und einer Parteienwahl. Daher hat auch jeder Wähler zwei Stimmen: die Erst- und die Zweitstimme. Mit der Erststimme wählen Sie eine Person, mit der Zweitstimme eine Partei.

3.1 Was ist die Zweitstimme?

Mit der Zweistimme wählen Sie eine Partei. Je mehr Stimmen die Partei erhält, desto mehr Sitze im Bundestag erhält sie: Jede Partei bekommt so viele Sitze, wie es ihrem Stimmenverhältnis entspricht. Bei der Verhältniswahl gibt es also mehrere „Gewinner". Im Gegensatz dazu bekäme bei einer Mehrheitswahl nur die gewinnende Partei Sitze.

 In einem fiktiven Bundestag mit 100 Sitzen, bekommt Partei A 55 % der Sitze über die Zweitstimmen[31], Partei B 30 % und Partei C 15 %. Dann bekäme Partei A 55 Sitze, Partei B 30 und Partei C 15 Sitze. Bei einer Mehrheitswahl würde es davon abhängen, wie unterschiedlich die Ergebnisse in den einzelnen Wahlkreisen ausfallen. Erhält die Partei A in jedem Wahlkreis die meisten Stimmen, bekommt sie alle 100 Sitze. Deshalb tendieren Staaten mit reinem Mehrheitswahlrecht zu Zweiparteien-Systemen, weil jeder Wähler weiß, dass kleine Parteien noch viel weniger Chancen haben als in einem Verhältniswahlrecht mit 5 %-Klausel.

---

31 Das Berechnungsverfahren für die Prozentzahl ist kompliziert und Sie müssen es in der Regel nicht kennen.

3.2 Was ist die Erststimme?

Mit der Erststimme wählen Sie eine Person der Partei. Warum reicht die Parteienwahl nicht aus? Die Abgeordneten sollen die verschiedenen Probleme und Interessen der einzelnen Wahlkreise zusammentragen und die Wähler sollen sich effektiv repräsentiert fühlen.

Bei dieser Wahl gewinnt, wer die meisten Stimmen innerhalb seines Wahlkreises bekommt. Die Wahl der Erststimme ist eine Mehrheitswahl. Auf diese Weise kombiniert das deutsche Wahlrecht Verhältniswahl (Erststimme) und Mehrheitswahl (Zweitstimme).

Die Erstimmen für einen Kandidaten müssen nicht über 50 % liegen (absolute Mehrheit), es reicht eine einfache Mehrheit und es gibt keine Stichwahl. Der Gewinner ist auf jeden Fall im Bundestag, egal wie viele Zweitstimmen die Partei erhält. Insgesamt gibt es 299 Wahlkreise und damit 299 Direktkandidaten.

 X gewinnt seinen Wahlkreis, er erhält also ein Direktmandat. Seine Partei wird bei den Zweitstimmen aber nur drittstärkste Partei. Trotzdem zieht X in den Bundestag ein.

 Erststimme = Mehrheitswahl, Zweitstimme = Verhältniswahl

4. Warum ist die Zweitstimme wichtiger als die Erststimme?

Schon die Wortwahl – personalisiertes Verhältniswahlrecht – macht deutlich, welcher Teil überwiegt: Die Verhältniswahl entscheidet hauptsächlich über die Sitzverteilung. Jede Partei bekommt so viele Sitze, wie es ihrem Zweitstimmenverhältnis entspricht. Auf die Sitze durch die Zweitstimmen, werden die Direktkandidaten gesetzt. Die restlichen Sitze werden mit Kandidaten der Landesliste der Partei besetzt.

 In einem fiktiven Bundestag mit 100 Sitzen erlangt eine Partei 6 % der Sitze durch die Zweitstimmen und 4 Direktmandate. Wie viele Sitze bekommt sie? 10 oder 6 Sitze? Durch die 6 % der Sitze durch die Zweitstimmen bekommt sie 6 Sitze. Auf diese werden zuerst die 4 Direktkandidaten gesetzt. Die restlichen zwei Sitze bekommen zwei Kandidaten von der Landesliste der Partei. Insgesamt bekommt die Partei also 6 Sitze. Damit haben die Erststimmen am Ergebnis der Sitze der Partei nichts verändert.

5. Was ist die Fünf-Prozent-Hürde?

Alle Macht geht vom Volk aus – aber nicht unter 5 %. Eine Partei, die unter 5 % der Zweitstimmen erlangt, zieht nicht in den Bundestag ein, obwohl sie vom Volk gewählt wurde. Dies ist in § 6 III BWG geregelt. Diese Ungleichbehandlung kann man rechtfertigen: Zu viele Köche verderben den Brei. Oder historisch argumentiert: In der Weimarer Republik gab es eine 0 %-Hürde mit entsprechender Parteienzersplitterung, was als ein Grund für das Scheitern der Republik und für die Machtergreifung Hitlers 1933 angesehen wird. Zusätzlich können Sie zum Beispiel das Staatsprinzip der Demokratie gem. Art. 20 I, II GG anführen, das Funktionieren der Organe in einer repräsentativen Demokratie. Weitere Argumente finden Sie in Aufgabe 15. Ob heute allerdings immer noch 5 % bei Bundes- und Landtagswahlen als Hürde notwendig sind, was die Chancen gerade neu gegründeter Parteien mindert, ist durchaus umstritten. Auf europäischer und auf kommunaler Ebene gelten solche hohen Sperrklauseln als unzulässig.

abstrakte Normenkontrolle: Die Landesregierung X hält die Fünf-Prozent-Hürde für verfassungswidrig und wendet sich daher an das Bundesverfassungsgericht.

Sollten Sie in Ihrer Klausur die Fünf-Prozent-Hürde prüfen, werden Sie dies wohl im Rahmen einer abstrakten Normenkontrolle bei der Begründetheit tun:

Begründetheit

1. Formelle Verfassungsmäßigkeit
2. Materielle Verfassungsmäßigkeit → Verstoß gegen die Gleichheit der Wahl gem. Art. 38 I 1 GG.

Tipp: Die Fünf-Prozent-Hürde wird auch Fünf-Prozent-Klausel und Sperrklausel genannt.

6. Was ist die Grundmandatsklausel?

Normalerweise zieht eine Partei unter 5 % nicht in den Bundestag ein. Von diesem Grundsatz gibt es eine Ausnahme: die Partei erzielt drei Direktmandate. Dann erhält sie als „Geschenk" auch die Sitze aus den Zweitstimmen durch die sogenannte Grundmandatsklausel gem. § 6 III 1, 2. Alt. BWG. Die Grundmandatsklausel behandelt die Zweitstimmen ebenfalls ungleich: Auf der einen Seite sollen Parteien mit unter 5 % der Stimmen nicht in den Bundestag einziehen, auf der anderen Seite können sie es doch durch die Grundmandatsklausel.

 3 Direktmandate = Grundmandat = Partei zieht mit Zweitstimmen ein.

 Eine Partei erhält 4 % der Sitze durch die Zweitstimmen und 3 Direktmandate. Der Bundestag hat 598 Sitze, daher bekommt sie etwa 24 Sitze, statt bloß 3 für die Direktmandate.

Auch die Verfassungsmäßigkeit der Grundmandatsklausel prüfen Sie zumeist im Rahmen einer abstrakten Normenkontrolle. Auch hier nehmen Sie bei der materiellen Verfassungsmäßigkeit eine Auslegung und Abwägung vor, ob die Ungleichbehandlung gerechtfertigt ist.

Argumentationsauszug: (…) Eine personalisierte Verhältniswahl muss auch das personale Element stärken, vor allem, weil die Verhältniswahl das Ausschlaggebende ist. Allerdings besteht zwischen der Fünfprozenthürde und der Grundmandatsklausel ein Widerspruch: Einerseits will das Grundgesetz den Einzug von Splitterparteien in den Bundestag verhindern, andererseits ermöglicht die Grundmandatsklausel ausnahmsweise ihren Einzug. Diese Andersbehandlung einer Partei mit mehreren gewonnenen Wahlkreisen könnte ihren sachlichen Grund darin haben, dass eine Partei damit eine erhebliche regionale Stärke zeigt und diese besondere Stärke innerhalb einer Region auch im Parlament abgebildet werden soll. Ob als Ausweis einer solchen Stärke aber bereits drei Direktmandate ausreichen sollten, erscheint verfassungsrechtlich zweifelhaft (…).

7. Wie entsteht ein Überhangmandat?

Es kann vorkommen, dass eine Partei mehr Sitze durch die Erststimmen erlangt als durch die Zweitstimmen. Diese Differenz sind die Überhangmandate. Oder kurz: Wer mehr Direktmandate erlangt als Sitze aus den Zweitstimmen, bekommt zusätzliche Sitze – das sind Überhangmandate.

 Im Bundestag wird die Hälfte der Sitze, also 299 der 598 über Direktmandate vergeben, die andere Hälfte, also weitere 299 dann proportional über die Parteilisten („Listenplätze"). Der Einfachheit halber gehen wir von 50 Sitzen für die Direktmandate und weiteren 50 Sitzen über die Parteilisten im Verhältnis der Stimmen = insgesamt 100 Sitzen aus.

Die Zählung ergibt nun Folgendes: Die stärkste Partei A erhält 40 % der Stimmen, die zweitstärkste 25 %. Wurde aber in den Wahlkreisen relativ gleichmäßig gewählt, ist also die A-Partei zum Beispiel in 90 % der Wahlkreise stärkste Partei geworden, bekommt sie aus den Direktmandaten 45 von 50 Sitzen. Ihr stehen aber insgesamt nur 40 von 100 Sitzen zu, sodass sie 5 Sitze zu viel erhält.

In Wirklichkeit ist es noch deutlich komplizierter, da die einzelnen Bundesländer zunächst getrennt gezählt und gewertet werden (Wahl nach „Landeslisten", so auch die Überschrift der zentralen Vorschrift im Bundeswahlgesetz, § 6 BWG).

8. Was sind Ausgleichsmandate?

Bis zur Wahlrechtsreform 2013 wurde diskutiert, ob die Überhangmandate verfassungswidrig sind, weil sie das Verhältnis des Volkswillen verzerren: Eine Partei hat durch die Überhangmandate mehr Sitze, was das Verhältnis der Zweitstimmenverteilung ändert: diese Partei hat mehr Stimmen als eigentlich vom Volk gewollt. Deswegen hat man 2013 die Ausgleichsmandate geschaffen.

Im Bundestag von 2013–2017 bestehen vier Überhangmandate und 29 Ausgleichsmandate.

9. Welche Rechte haben Parteien im Wahlsystem?

Die Wahlrechtsgrundsätze gem. Art. 38 I 1 GG beziehen sich auch auf die Parteien: jede Partei kann sich zur Wahl aufstellen lassen.

Gem. Art. 21 I GG wirken Parteien bei der politischen Willensbildung des Volkes mit. Damit sie das können, müssen sie im Wahlkampf vom Staat gleich behandelt werden. Dieser Grundsatz ist zwar nicht ausdrücklich normiert, ergibt sich aber aus Art. 21 I i. V. m. 3 I GG. Macht eine politische Partei die Verletzung der Chancengleichheit seitens eines obersten Bundesorgans geltend, ist ein Antrag im Organstreitverfahren statthaft.

 Organstreit: Die Bundesregierung wirbt für Erfolge ihrer Partei mit Werbebroschüren. Partei X, die nicht im Bundestag sitzt, sieht sich in ihrem Recht auf Chancengleichheit aus Art. 21 I i. V. m. 3 I GG verletzt.

Gewährt dagegen eine öffentlich-rechtliche Einrichtung Leistungen (z. B. eine Stadt ihre Stadthalle für Parteitagungen oder eine öffentlich-rechtliche Rundfunkanstalt Sendezeiten), prüfen Sie keinen Organstreit, weil jedenfalls auf der anderen Seite kein Verfassungsorgane handelt. Erst einmal wäre der Verwaltungsrechtsweg zu erschöpfen und dann eine Verfassungsbeschwerde zu erheben. In prozessualer Hinsicht ist das allerdings kein Stoff einer Erstsemesterklausur im Staatsorganisationsrecht.

Bestehen für staatliche Leistungen nur begrenzte Kontingente (z. B. bei Sendezeiten im öffentlich-rechtlichen TV), erhalten die Parteien solche Leistungen abgestuft nach ihrer Bedeutung. § 5 PartG mit dem darin enthaltenen Grundsatz der *abgestuften Chancengleichheit* bildet insofern eine verfassungsgemäße Konkretisierung von Art. 21 i. V. m. 3 GG. Ähnliches gilt für die Parteienfinanzierung, vgl. insbesondere § 18 I 2 PartG.

Aufgaben

Aufgabe 1: Ordnen Sie zu

Erststimme   Wahl einer Person

Zweitstimme   Wahl einer Partei

Aufgabe 2: Wie heißen die Mandate?

a) _____: Der Gewinner zieht in den Bundestag ein, ohne einen Listenplatz seiner Partei zu benötigen.

b) _____: Bei mindestens drei Direktmandaten zieht die Partei auch unter 5 % mit den Zweitstimmen in den Bundestag ein.

c) _____: Eine Partei hat mehr Sitze über die Direktmandate errungen, als ihr über die Zweitstimmen zustehen.

Aufgabe 3: Füllen Sie die Lücken.

Gewinnt eine Person einen Wahlkreis, so erzielt er ein _____(a). Das heißt: Auch wenn seine Partei unter 5 % der _____(b) erhält, zieht die Person in den Bundestag ein. Seine Partei kann es jetzt nur noch in den Bundestag schaffen, wenn sie noch zwei weitere _____(c) erzielt. Dann ist nämlich egal, dass sie unter 5 % erzielt hat. Diese Regel nennt man _____(d).

Aufgabe 4: Um die negativen Wirkungen der Überhangmandate zu neutralisieren, hat man 2013 Ausgleichsmandate geschaffen. Was waren die negativen Wirkungen? Kreuzen Sie an.

Der Wille des Volkes wurde verzerrt. ☐
Der Bundestag wurde in seiner Funktionsfähigkeit gestört. ☐

Aufgabe 5: Welche Stimme ist für die Parteien bei der Sitzverteilung wichtiger?

Erststimme   ☐
Zweitstimme   ☐

Aufgabe 6: Mit welcher Verfahrensart prüfen Sie …?

a) … die Verfassungsmäßigkeit der Fünf-Prozent-Hürde.

_____

b) … die Verfassungsmäßigkeit der Grundmandatsklausel.

_____

Aufgabe 7: Unterstreichen Sie die Grundmandatsklausel und die Fünf-Prozent-Hürde in unterschiedlichen Farben.

> § 6 Abs. 3 Satz 1 BWahlG
> Bei Verteilung der Sitze auf die Landeslisten werden nur Parteien berücksichtigt, die mindestens 5 vom Hundert der im Wahlgebiet abgegebenen gültigen Zweitstimmen erhalten oder in mindestens drei Wahlkreisen einen Sitz errungen haben.

Aufgabe 8: Welcher Wahlrechtsgrundsatz berühren Grundmandatsklausel und die 5 %-Hürde? Unterstreichen Sie das Tatbestandsmerkmal.

> **Artikel 38 GG**
> (1) Die Abgeordneten des Deutschen Bundestages werden in allgemeiner, unmittelbarer, freier, gleicher und geheimer Wahl gewählt.

Aufgabe 9: Ordnen Sie die Fälle den Wahlrechtsgrundsätzen zu. Mehrfachantworten sind möglich.

a) Der Bundestag beschließt, dass zur Vereinfachung der Wahl nun in jedem Wahlkreis Wahlmänner gewählt werden, die dann den Bundestag wählen.

_____

b) Eine weitere Vereinfachung sieht vor, auf öffentlichen Plätzen per Handzeichen die Wahl zum Bundestag durchzuführen.

_____

c) Nur Frauen sollen künftig wählen können.

_____

d) Die Stimmen von Frauen zählen doppelt.

e) Wer nicht wählt, muss eine Geldbuße von 60 Euro bezahlen.

f) Nach der Bundestagswahl ändert Partei P die Reihenfolge ihrer Landeslisten.

g) Ein Beamter bei den Bürgerdiensten hängt während des Wahlkampfes ein Poster seiner Lieblingspartei auf.

h) Zur Vereinfachung der Wahl sollen in Zukunft die Stimmen auch im Internet abgegeben werden können.

i) A hat die französische Staatsbürgerschaft und lebt seit 10 Jahren in Deutschland und möchte gerne wählen.

j) Die Grundmandatsklausel.

k) Der Bundestag diskutiert die Politikverdrossenheit der Bürger. Ein Vorschlag ist eine Wahlpflicht einzuführen.

l) Der Bundestag diskutiert die Kosten bei der Wahl und überlegt die Wahlkabinen abzuschaffen.

m) Die Fünf-Prozent-Hürde.

n) Die Bundesregierung verschickt Werbebroschüren für „ihre Partei".

Aufgabe 10:

Gelten die Wahlrechtsgrundsätze auch in den Ländern? Ja ☐   Nein ☐
Wo steht das im Grundgesetz? _____

Aufgabe 11: Was ist in § 6 IV 2 BWahlG geregelt?

In den Wahlkreisen errungene Sitze verbleiben einer Partei auch dann, wenn sie die nach den Absätzen 2 und 3 ermittelte Zahl übersteigen.

Antwort: _____

Aufgabe 12: Partei P wird keine Sendezeit im Wahlkampf von der öffentlich-rechtlichen Rundfunkanstalt R zugesprochen. Die Partei klagt vor den Verwaltungsgerichten erfolglos. Dann wendet sie sich an das Bundesverfassungsgericht.

a) Gegen welches Recht der P-Partei könnte die Rundfunkanstalt verstoßen haben?

_____

b) Welche Verfahrensart ist in diesem Fall statthaft? _____

c) Warum ist in diesem Fall kein Organstreitverfahren zulässig?

_____

Aufgabe 13: Formulieren Sie die Begründetheit in Schritten.

Die Haustiere-gehören-auf-den-Friedhof-Partei hat bei der Bundestagswahl 4,9 % der Stimmen erlangt. Die Auch-Autowracks-gehören-auf-den-Friedhof-Partei hat ein Ergebnis von 5,1 % erzielt. Die Haustierpartei ist erzürnt und hält die Festlegung von 5 % für eine Farce. Ein Mitglied der Partei ist so wütend, dass er die Regelung über die Sitzverteilung noch einmal genauer liest. Nach reichlicher Überlegung ist er sicher, dass sie materiell verfassungswidrig ist. Er kann die Landesregierung B überzeugen, die Norm beim Bundesverfassungsgericht kontrollieren zu lassen. Gehen Sie davon aus, dass der Antrag im Verfahren der Abstrakten Normenkontrolle zulässig ist. Und in formeller Hinsicht bestehen keine Bedenken gegen die Regelung.

Schritt 1: Was ist an diesen Begründetheitsobersätzen falsch?

a) Der Antrag der Landesregierung B ist begründet, wenn er formell oder materiell rechtmäßig ist.

b) Der Antrag der Landesregierung B ist begründet, wenn die Fünf-Prozent-Klausel formell und materiell verfassungswidrig ist.

Schritt 2: Formulieren Sie die formelle Verfassungsmäßigkeit in einem Satz.

I. Formelle Verfassungsmäßigkeit – Was ist richtig?

Der Antrag wurde schriftlich und begründet gem. § 23 I BVerfGG eingereicht, mithin formgerecht. ☐

Die Fünfprozentklausel gem. § 6 BWahlG wurde vom zuständigen Gesetzgeber, dem Bund gem. Art. 38 III GG erlassen, im vorgegebenen Verfahren und formgerecht. Mithin ist die Fünfprozentklausel formell verfassungsmäßig. ☐

Schritt 3: Gegen welche Verfassungsnorm könnte die Fünf-Prozent-Hürde verstoßen?

Schritt 4: Argumente aus dem Sachverhalt ziehen.
Lesen Sie den Sachverhalt noch einmal. Welches Argument enthält er? Formulieren Sie das so um, dass es verfassungsrechtlich besser klingt.

Schritt 5: Bilden Sie nun ein Gegenargument.

Schritt 6: Liegen zwingende verfassungsrechtliche Gründe für die Fünfprozenthürde vor? Welches Argument ist für die Fünfprozenthürde, welches spricht gegen sie?

	Argument	Pro oder Contra?
a)	Fast sieben Millionen Wählerinnen und Wähler haben bei der Wahl zum 18. Deutschen Bundestag ihr Wahlrecht zu Gunsten von Parteien ausgeübt, die an der Fünf-Prozent-Klausel gescheitert sind[26]. Das sind fast 14 Prozent der abgegebenen gültigen Stimmen[27].	
b)	Die Sperrklausel ist nicht so hoch, dass sie den Volkswillen gem. Art. 20 I, II GG unberücksichtigt lässt, was der Aufstieg der Grünen beweist.	
c)	Da der Bundestag mit einer Verhältniswahl gewählt wird, erhalten die einziehenden Parteien mehr Sitze: Die Stimmen für eine Partei mit unter 5 % der Zweitstimmen kommen Parteien zu Gute, die die Wählerinnen und Wähler gerade nicht wählen wollten[28]. Das widerspricht dem Willen des Volkes gem. Art. 20 I, II GG.	
d)	Der Bundestag ist vor dem Einzug extremer Parteien geschützt.	
e)	Die Fünf-Prozent-Klausel des § 6 III 1. Alt BWahlG ist ein einfaches Bundesgesetz und hat keinen Verfassungsrang im Gegensatz zur Gleichheit der Wahl gem. Art. 38 I 1 GG.	
f)	Es ist wahrscheinlich, dass die Wahlbeteiligung steigen würde, was die parlamentarische Demokratie gem. Art. 20 II 2 GG stärken würde.	
g)	Mehr Chancengleichheit für die Parteien gem. Art. 21 I i. V. m. Art 3 I GG.	
h)	Das Wahlsystem ist so gestaltet, dass stabile Regierungen zustande kommen und der Bundestag funktionsfähig arbeiten kann und damit der ganze Staat funktionsfähig ist.	
i)	Der problemlose Anstieg von drei auf fünf Fraktionen im Bundestag seit der deutschen Einheit zeigt, dass der Bundestag auch mehr Fraktionen verträgt.	
j)	Die Weimarer Republik ist daran gescheitert, dass zu viele Parteien vertreten waren, die sich nicht einigen konnten.	

32 https://www.bpb.de/dialog/wahlblog/170398/drei-prozent-waeren-besser-als-fuenf-prozent
33 https://www.bpb.de/dialog/wahlblog/170398/drei-prozent-waeren-besser-als-fuenf-prozent
34 https://www.bpb.de/dialog/wahlblog/170398/drei-prozent-waeren-besser-als-fuenf-prozent

Schritt 7: Markieren Sie das stärkste Argument und geben Sie ihm die letzte Position in Ihrer Argumentation. Je nachdem, ob Sie ein Pro- oder Contra-Argument gewählt haben, haben Sie sich jetzt entschieden, ob die Fünf-Prozent-Hürde verfassungsmäßig oder -widrig ist.

Schritt 8: Formulieren Sie die Ergebnisse. Je nachdem, wie Sie sich entschieden haben.

Ergebnis materielle Verfassungsmäßigkeit

_____

Ergebnis Begründetheit

_____

Gesamtergebnis (Unterstellen Sie die Zulässigkeit des Antrags.)

_____
_____

Lösungen

Teil 1

Lösungen Kapitel 1

Aufgabe 1:

a) „Ich möchte deinen Pullover kaufen."	--
„Gut, für 100 000 €."	Angebot
„Dann lieber doch nicht."	Ablehnung
b) „Ich möchte dein Buch für 2 € kaufen."	Angebot
„Ja gern, aber für 3 €."	(neues) Angebot
„Nein, dann lieber nicht."	Ablehnung
Am nächsten Tag bezieht sich der Verkäufer auf den vorherigen Tag:	
„Na gut, ich verkaufe es dir für 2 €."	(neues) Angebot
„Jetzt habe ich es schon woanders gekauft."	Ablehnung
c) Im Schaufenster hängt ein Pullover für 50 €.	--
A und B betreten den Laden und rufen gleichzeitig: „Ich nehme den Pullover."	Zwei Angebote
Der Pullover ist aber nur noch einmal da. Der Verkäufer V weigert sich, A und B den Pullover zu verkaufen.	Ablehnung beider Angebote

Aufgabe 2:

a) §§ 147 I 1, 150 I BGB „Na gut, ich verkaufe es dir für 2 €."
Hinweis: Diese Annahme hätte sofort erklärt werden müssen (§ 147 I 1 BGB) und ist damit verspätet gem. 150 I BGB und ein neues Angebot.

b) § 150 II BGB: „Nein, aber für 3 € verkaufe ich es dir."
Hinweis: (neues) Angebot, weil Preisänderung

Aufgabe 3:

§ 145 BGB Angebot
§ 146 BGB Annahme

Aufgabe 4:

Wesentliche Vertragsbestandteile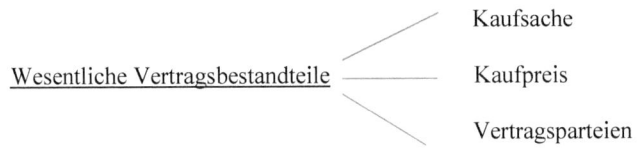
- Kaufsache
- Kaufpreis
- Vertragsparteien

Aufgabe 5:

a)
Obersatz
… könnte ein Angebot sein.
Definition
Willenserklärung, Vertragsbestandteile.
Wesentliche Vertragsbestandteile
Bei einem Kaufvertrag sind die wesentlichen Vertragsbestandteile: die Kaufsache, der Kaufpreis und die Vertragsparteien.
Subsumtion
… das Buch, den Kaufpreis in Höhe von 2 € und die Vertragsparteien K und V, mithin die wesentlichen Vertragsbestandteile. Sie ist eine Willenserklärung, die auf einen Vertragsschluss gerichtet ist.
Ergebnis
Folglich hat K dem V ein Angebot gemacht.

b)
Obersatz
Fraglich ist, ob V das Angebot des K angenommen hat.
Definition
Angebots
Subsumtion
V macht deutlich, dass er das Buch zu einem Preis von 2,50 € an K verkaufen will. Er stimmt dem Angebot des K, das Buch für 2 € zu kaufen, nicht zu.
Ergebnis
Mithin hat V das Angebot des K nicht angenommen.

c) Fraglich ist, ob V durch die Kaufpreisänderung ein neues Angebot gemacht hat.
Gem. § 150 II BGB gilt eine Annahme unter Erweiterungen, Einschränkungen oder sonstigen Änderungen als Ablehnung verbunden mit einem neuen Antrag.
V hat den Kaufpreis geändert.
Somit hat V ein neues Angebot gemacht.

d) Nein.

Aufgabe 6:

(1) <u>Durch den Kaufvertrag wird der Verkäufer</u> einer Sache <u>verpflichtet</u>, dem Käufer die Sache zu übergeben und <u>das Eigentum an der Sache zu verschaffen</u>. Der Verkäufer hat dem Käufer die Sache frei von Sach- und Rechtsmängeln zu verschaffen.

a) Durch den Kaufvertrag wird der Käufer Eigentümer der Kaufsache.

b) aa) § 433 I 1 BGB, bb) § 433 II BGB.

Aufgabe 7:

a) Noch kein Angebot
b) Angebot
c) Annahme → Kaufvertrag geschlossen
d) Käufer wird Eigentümer
e) Verkäufer wird Eigentümer

Aufgabe 8:

3 Rechtsgeschäfte: 1x Verpflichtungsgeschäft (Kaufvertrag), 2x Verfügungsgeschäft (Brötchen, Geld)

Aufgabe 9:

a) Einigung, Übergabe
Hinweis: Für eine Übereignung kommen noch zwei Voraussetzungen dazu, die nicht in § 929 S. 1 BGB enthalten sind: Das **Einigsein** im Zeitpunkt der Übergabe und die Berechtigung.
b) Ja.

c)
Besitz: Tatsächliche Sachherrschaft gem. § 854 I BGB. **Hinweis:** Diese muss von einem natürlichen Besitzwillen getragen sein.
Eigentum: Eigentum ist das Recht zur umfassenden Sachherrschaft über eine Sache gem. § 903 S. 1 BGB

d) § 929 S. 2 BGB

Aufgabe 10:

a) Nein, § 433 I BGB
b) Ja, § 985 BGB

Aufgabe 11:

3. Geschäftswille
1. Handlungswille
2. Rechtsbindungswille / Erklärungsbewusstsein

Aufgabe 12:

a) Erklärungsbewusstsein.

b) Geschäftswille.

c) Handlungswille.

d) Handlungswille.

e) Geschäftswille.

f) b, e

g) a, bei einem potentiellen Erklärungsbewusstsein. Kann hier bejaht werden.

Aufgabe 13:

a)
aa) Nein
bb) Nein
cc) Nein
b)
aa) Nein
bb) Umstritten
cc) Ja

Aufgabe 14:

a) Der Käufer
b) Ohne Käufer kann eine Willenserklärung vorliegen, wenn der Verkäufer nicht vor einer Mehrfachverpflichtung geschützt werden muss.
c) Bei einem Schaufenster wird der Verkäufer nur vor einer Mehrfachverpflichtung geschützt, wenn das Dekorieren ~~ein Angebot~~/kein Angebot ist.
d) Das Erklärungsbewusstsein
e) Rechtsbindungswillen
f) 433 I, Nein.

Aufgabe 15:

a) Invitatio ad offerendum
b) Invitatio ad offerendum (in Form einer Anfrage)
c) Angebot gem. § 145 BGB
d) Ablehnung gem. § 146 Var. 1 BGB
e) Nein
f) V

Aufgabe 16:

a) Käufer

b) Ja

Hinweis: Der Automat enthält nur eine bestimmte Anzahl an Süßigkeiten, was von außen einsehbar ist oder auf einem Display vermerkt ist. Auf diese Weise ist der Verkäufer vor einer Mehrfachverpflichtung geschützt. Außerdem wird es dem Verkäufer egal sein, mit wem er ein Geschäft abschließt.

c)
aa) Angebot
bb) Annahme
cc) Übereignung des Riegels

d) offerta ad incertas personas

e)
1. Die Ware muss vorhanden sein.
2. Der Mechanismus muss funktionieren.
3. Der Käufer bedient den Automaten ordnungsgemäß.

f) § 158 BGB

Aufgabe 17:

a) Die Aktualisierung der Warenangabe kann nicht schnell genug sein, vor allem wenn man bedenkt, dass weltweit auf eine Homepage zugegriffen werden kann. Somit kann es doch zu einer Mehrfachverpflichtung des Verkäufers kommen.
Hinweis: Eine andere Ansicht ist vertretbar.

b) Grundsätzlich handelt es sich bei Anzeigen im Internet, die eine bestimmte Ware anpreisen, nicht um ein Angebot des Verkäufers, sondern nur um eine invitatio ad offerendum, also die Aufforderung an den potentiellen Käufer, ein Angebot abzugeben. Daher liegt in dem Einstellen der Anzeige noch kein Angebot.

Aufgabe 18:

a) Bereitstellen der Ware

b)
- ▶ In diesem Fall besteht nicht die Gefahr einer Mehrfachverpflichtung, denn der Verkäufer kann nur so viele Kaufverträge schließen, wie auch Backwaren vorhanden sind.
- ▶ Die Ware ist mit Preisen ausgezeichnet, sodass Kaufsache, Kaufpreis und potentielle Vertragsparteien hinreichend bestimmbar sind und ein Angebot ad personas incertas vorliegt.
- ▶ Der Käufer kann die Ware aus hygienischen Gründen nicht wieder zurücklegen.

Aufgabe 19:

	Fall	invitatio ad offerendum	Angebot	Annahme
a)	Schaufenster	x		
b)	Aufstellen eines Süßigkeiten-Automaten		x	
c)	Armheben bei einer Auktion		x	
d)	Auktionator stellt Ware vor.	x		
e)	Auktionator gibt den Zuschlag mit einem Hammer.			x
f)	Online zum Verkauf stellen mit Stückzahlangabe	x (andere Ansicht vertretbar)		
g)	Online zum Verkauf stellen ohne Stückzahlangabe	x		

Aufgabe 20:

a)

	Sachverhalt	Angebot	Annahme	ausdrücklich	schlüssig
a)	A ruft: „Ich nehme das Skateboard, das dort im Schaufenster hängt."	x		x	
b)	A hebt die Hand, um eine Weinflasche zu ersteigern.	x			x
c)	A sieht im Katalog einen Pullover für 50 €. Er ruft beim Versandhaus an: „Ich kaufe den Pullover für 50 € auf Seite 3."	x		x	

Aufgabe 21:

Prinzip 1: objektiver Empfängerhorizont
Prinzip 2: wirklicher Wille

Aufgabe 22:

a) Zwei Vasen. Nach § 133 BGB kommt es auf den wirklichen Willen des A an. A wollte im Internet zwei Vasen bestellen, daher enthielte das Angebot zwei Vasen.

b) Drei Vasen. Nach § 157 BGB kommt es auf den objektiven Empfängerhorizont an. Ein objektiver Empfänger der Erklärung des A kann nur sehen, dass A drei Vasen im Internet bestellt hat. Nach dem objektiven Empfängerhorizont käme der Vertrag über drei Vasen zustande.

c)
Contra-Argument § 133 BGB: Die Auslegung nach § 133 BGB kommt nur dem A zugute, der hier nicht schutzwürdig erscheint, da der Fehler in seine Sphäre fällt.

Pro-Argument § 157 BGB: Vielmehr überwiegt der Schutz des Rechtsverkehrs in diesem Fall, sodass die Auslegung nach dem objektiven Empfängerhorizont nach § 157 BGB in diesem Fall gerechter ist.

d) Geschäftswille

e) drei Vasen

f) Anfechtung gem. § 119 I 2. Alt BGB

Aufgabe 23:

a) Haifischfleisch. Nach der Auslegung nach § 157 BGB kommt es darauf an, wie ein objektiver Empfänger die Erklärung verstehen konnte. Ein objektiver Dritter mit dem Sonderwissen dieser Geschäftswelt hätte die Erklärungen von K und V so verstanden, dass sie sich über Haifischfleisch geeinigt haben.
b) Walfischfleisch. Legt man den Vertrag nach dem wirklichen Willen gem. § 133 BGB aus, enthält der Vertrag Walfischfleisch.
c).
Contra: Die Auslegung nach dem objektiven Empfängerhorizont soll den Rechtsverkehr schützen. Dieser muss aber gerade nicht geschützt werden, wenn beide das gleiche wollen.

Pro: Im konkreten Fall scheint die Auslegung nach dem wirklichen Willen der Parteien nach § 133 BGB gerechter zu sein, weil der wirkliche Wille von K und V übereinstimmten. Sie wollten beide Walfischfleisch.

d) Walfischfleisch

e) Nein. **Hinweis:** V hat genau den Vertrag bekommen, den er gewollt hat. Also hat er keinen Anfechtungsgrund.

f)
aa) Haifisch
bb) Walfisch
cc) Contra: Nur K hat sich geirrt, sodass der Fehler nur in seine Sphäre fiel.
Pro: Im Geschäftsverkehr muss man sich darauf verlassen können, dass derjenige sich auch nach außen so verhält, wie er es innerlich will.
Gerechter: § 157 BGB.
dd) Geschäftswille
ee) Haifisch
ff) Durch eine Anfechtung gem. § 119 I 1. Alt. BGB

Aufgabe 24:

a)
Pro 1: In einem Supermarkt ist es dem Geschäftsinhaber egal, mit wem er das Geschäft abschließt. Er muss nicht wissen, wer der Käufer ist.
Pro 2: Durch die Warenauslage in einem Supermarkt besteht für den Geschäftsinhaber keine Gefahr einer Mehrfachverpflichtung.
Contra 1: Der Geschäftsinhaber will sich vor Falschauszeichnungen schützen, die stets vorkommen können.
Contra 2: Der Geschäftsinhaber will nicht mit jedem Kunden einen Vertrag schließen, zum Beispiel weil der Kunde bereits Ladendiebstähle begangen oder Kunden beleidigt hat.

Hinweis: Natürlich gibt es noch weitere Argumente. Wenn Sie also ein anderes gefunden haben, kann dieses genauso relevant sein.

Invitatio ad offerendum

b) das Legen auf das Fließband. In diesem Moment sind alle Voraussetzungen eines Angebots gegeben: wesentliche Vertragsbestandteile und es soll eine Rechtsfolge herbeiführen.

c) Nein. Das Angebot über 20 € hat die Verkäuferin abgelehnt. Sie hat vielmehr ein neues über 40 € abgegeben.

Aufgabe 25:

a) A: „Überzeugt! Ich nehme die Yacht für 23 000 Dollar."
b) V: „Das freut mich."
aa) Objektiver Empfängerhorizont

Kanadische Dollar	US-Dollar
V spricht französisch („meine Sprache")	Das Unternehmen ist aus den USA, sodass der Preis der Jacht auch in US-Dollar angeben wird.
Beide unterhalten sich über Kanada und schwärmen von dem Land.	Der Preis der Segeljacht ist nur mit „Dollar" ausgezeichnet; umgangssprachlich sind darunter US-Dollar zu verstehen.
V macht deutlich, dass er aus Kanada kommt.	Als A den V das erste Mal anspricht, antwortet dieser auf Englisch, nicht auf Französisch.

V bezeichnet K als „Landsmann", also kann man auch von der entsprechenden Währung ausgehen.	Die Bootsmesse findet in Leipzig statt; im internationalen Kontext ist Englisch die Wahlsprache und somit ist bei der Währung auch von US-Dollar auszugehen.
Der Preis der Segeljacht ist nur mit „Dollar" ausgezeichnet.	

bb) Wirklicher Wille des A: Kanadische Dollar

cc) US-Dollar.

d)
aa) Objektiver Empfängerhorizont: US-Dollar
bb) Wirklicher Wille des V: US-Dollar

e) Vertragsschluss: Ja über US-Dollar

f) Durch eine Anfechtung wegen eines Inhaltsirrtums nach § 119 I 1. Alt. BGB

Aufgabe 26:

a)
Satz 1: Zeitungsinserat = Angebot (-)
Satz 2: Erklärung des K, er nehme den Füller für 150 Euro – Angebot (+)
Hinweis: Nicht „Anruf des K" schreiben. Dieser umfasst noch die nächsten beiden Sätze und ist daher zu ungenau, der Korrektor weiß dann nicht, worauf Sie sich beziehen.
Satz 3: Erklärung des V, gerne, aber für 200 Euro = Annahme (-), neues Angebot (+)
Satz 4: Erklärung des K, drei Wochen 150 Euro zu bezahlen = Annahme (-), neues Angebot (+)
Satz 5: Einschreiben = Annahme?

b)
Satz 1: Fraglich ist, ob die Zeitungsanzeige des K ein Angebot ist.
Satz 2: Fraglich ist, ob die Erklärung des K, er nehme den Füller für 150 €, ein Angebot ist.
Satz 3: Die Erklärung des V, gerne, aber für 200 €, könnte eine Annahme sein.
Satz 4: Die Erklärung des K, drei Wochen lang 150 € zu bezahlen, könnte ein neues Angebot sein.

Satz 5: Das Einschreiben, indem V erklärt, er verkaufe den Füller für 150 €, könnte eine Annahme sein.

Aufgabe 27:

b) § 433 II BGB
Tatbestand: Kaufvertrag
Rechtsfolge: Kaufpreiszahlung, Abnahme der Kaufsache

c) § 535 I BGB
Tatbestand: Mietvertrag
Rechtsfolge: Gewährung der Mietsache während der Mietzeit, Überlassen in einem zum vertragsgemäßen Gebrauch geeignetem Zustand, Erhalt der Mietsache in diesem Zustand, Tragen der auf der Mietsache ruhenden Lasten.

d) § 535 II BGB
Tatbestand: Mitvertrag
Rechtsfolge: Entrichtung der Miete

e) § 631 BGB
Tatbestand: Werkvertrag
Rechtsfolge: für den Unternehmer Herstellung oder Veränderung einer Sache (anderer Erfolg);
für den Besteller Entrichtung der Vergütung

f) § 812 I 1 1. Alt. BGB
Tatbestand: 1. etwas erlangt 2. durch Leistung 3. ohne rechtlichen Grund
Rechtsfolge: Herausgabe des Erlangten

g) § 985 BGB
Tatbestand: Anspruchsteller = Eigentümer, Anspruchsgegner = Besitzer
Rechtsfolge: Herausgabe der Sache
Hinweis: Zusätzlich setzt § 985 BGB voraus, dass der Besitzer kein Recht zum Besitz gem. § 986 BGB hat.

a) § 433 I BGB
(1) Durch den Kaufvertrag <u>wird</u> der Verkäufer einer Sache <u>verpflichtet</u>, dem Käufer die Sache zu übergeben und das Eigentum an der Sache zu verschaffen. Der Verkäufer <u>hat</u> dem Käufer die Sache frei von Sach- und Rechtsmängeln <u>zu</u> verschaffen.
b) § 433 II BGB
Der Käufer <u>ist verpflichtet</u>, dem Verkäufer den vereinbarten Kaufpreis zu zahlen und die gekaufte Sache abzunehmen.
c) § 535 BGB
(1) Durch den Mietvertrag <u>wird</u> der Vermieter <u>verpflichtet</u>, dem Mieter den Gebrauch der Mietsache während der Mietzeit zu gewähren. Der Vermieter <u>hat</u> die Mietsache dem Mieter in einem zum vertragsgemäßen Gebrauch geeigneten Zustand <u>zu</u> überlassen und sie während der Mietzeit in diesem Zustand zu erhalten. Er <u>hat</u> die auf der Mietsache ruhenden Lasten <u>zu</u> tragen.
d) § 535 II BGB
Der Mieter <u>ist verpflichtet</u>, dem Vermieter die vereinbarte Miete zu entrichten.
e) § 631 BGB
(1) Durch den Werkvertrag <u>wird</u> der Unternehmer zur Herstellung des versprochenen Werkes, der Besteller zur Entrichtung der vereinbarten Vergütung <u>verpflichtet</u>.
(2) Gegenstand des Werkvertrags kann sowohl die Herstellung oder Veränderung einer Sache als auch ein anderer durch Arbeit oder Dienstleistung herbeizuführender Erfolg sein
f) 812 I 1 1. Alt. BGB
(1) Wer durch die Leistung eines anderen [...] etwas ohne rechtlichen Grund erlangt, ist ihm zur Herausgabe <u>verpflichtet</u>.
g) 985 BGB
Der Eigentümer <u>kann</u> von dem Besitzer die Herausgabe der Sache <u>verlangen</u>.

h) häufigstes Wort: verpflichtet.

Aufgabe 28:

a) § 433 II BGB /Kaufvertrag
b) § 535 II BGB /Mietvertrag
c) § 631 I 2 BGB /Werkvertrag
d) § 433 I BGB / Kaufvertrag
e) § 812 I 1 1. Alt BGB
f) § 535 I BGB / Mietvertrag
g) § 433 I BGB / Kaufvertrag

Aufgabe 29:

Norm	Ja	Nein
§ 929 BGB		x
§ 120 BGB		x
§ 433 BGB	x	
§ 133 BGB		x
§ 812 BGB	x	
§ 142 BGB		x
§ 985 BGB	x	

Aufgabe 30:

a)

Merksatz	Sachverhalt
Wer?	V
Will was?	Zahlung des Kaufpreises in Höhe von 1000 €
Vom wem?	K
Woraus?	Kaufvertrag gem. § 433 II BGB

b) V könnte gegen K einen Anspruch auf Zahlung des Kaufpreises in Höhe von 1000 € aus einem Kaufvertrag gem. § 433 II BGB haben.

Lösungen Kapitel 2: Anfechtung

Aufgabe 1:

(1) Wer bei der Abgabe einer Willenserklärung <u>über deren Inhalt im Irrtum</u> war oder eine <u>Erklärung dieses Inhalts überhaupt nicht abgeben wollte</u>, kann die Erklärung anfechten, wenn anzunehmen ist, dass er sie bei Kenntnis der Sachlage und bei verständiger Würdigung des Falles nicht abgegeben haben würde.
(2) Als Irrtum über den Inhalt der Erklärung gilt auch der <u>Irrtum über solche Eigenschaften der Person oder der Sache, die im Verkehr als wesentlich angesehen</u> werden.
1. Inhaltsirrtum § 119 I 1. Alt BGB
2. Erklärungsirrtum § 119 I 2. Alt. BGB
3. Eigenschaftsirrtum § 119 II BGB

Aufgabe 2:

1. Eigenschaftsirrtum, § 119 II BGB
2. Erklärungsirrtum, § 119 I 2. Alt. BGB
3. Inhaltsirrtum § 119 I 1. Alt BGB

Aufgabe 3:

a) Erklärungsirrtum
b) Inhaltsirrtum
c) Erklärungsirrtum
d) Eigenschaftsirrtum

Aufgabe 4:

a) Erklärungsirrtum gem. § 119 I 2. Alt. BGB
b) Unbeachtlicher Motivirrtum, keine Norm
c) Inhaltsirrtum gem. § 119 I 1. Alt. BGB
d) Inhaltsirrtum gem. § 119 I 1. Alt. BGB
e) Unbeachtlicher Motivirrtum, keine Norm
f) Eigenschaftsirrtum gem. § 119 II BGB

Aufgabe 5: Falschübermittlung

a) Übermittlungsperson oder Übermittlungseinrichtung
b) Bote

Aufgabe 6:

a) Wer zur Abgabe einer Willenserklärung durch <u>arglistige Täuschung</u> oder widerrechtlich durch <u>Drohung</u> bestimmt worden ist, kann die Erklärung anfechten.
b) Wenn das schwerwiegendere Drohen widerrechtlich sein muss, muss das Täuschen erst recht widerrechtlich sein.
Hinweis: Widerrechtlich ist die Täuschung nicht, wenn ein sog. Recht zur Lüge besteht; Beispiel: unzulässige Fragen im Bewerbungsgespräch (z. B. nach geplanter Schwangerschaft).
c) Ja

Aufgabe 7:

a) Nein. Wegen des fehlenden Handlungswillens liegt schon kein Kaufvertrag vor.

b) Ja, Inhaltsirrtum gem. § 119 I 1. Alt. BGB

c) Ja, Erklärungsirrtum gem. § 119 I 2. Alt. BGB (analog)

d) Ja, kein Anfechtungsgrund, unbeachtlicher Motivirrtum.

e) Nein. Es liegt schon kein Kaufvertrag vor wegen des fehlenden Handlungswillens.

f) Ja, Inhaltsirrtum gem. § 119 I 1. Alt. BGB

g) Ja, Drohung gem. § 123 I 2. Alt BGB

h) Ja, falsche Übermittlung gem. § 120 BGB

i) Ja, Inhaltsirrtum gem. § 119 I 1. Alt. BGB

j) Ja, Täuschung gem. § 123 I 1. Alt BGB

k) Nein. Es liegt schon kein Kaufvertrag vor wegen des fehlenden Handlungswillens.

l) Nein, kein Handlungswille

m) Ja, Eigenschaftsirrtum gem. § 119 II BGB

n) Ja, Inhaltsirrtum gem. § 119 I, 1. Alt. BGB

Aufgabe 8:

Höchstens Eigenschaftsirrtum. Nein. Preis ist keine Eigenschaft.

Aufgabe 9:

a) § 123 I BGB
b) § 123 II BGB
c) Ja.
d) von dieser Täuschung wusste oder wissen musste.
e) Nein.

Aufgabe 10:

a) 10 Jahre § 121 II BGB
b) ohne schuldhaftes Zögern (unverzüglich) § 121 I 1 BGB
c) Ja
d)
    aa) innerhalb eines Jahres § 124 I BGB
    bb) nach zehn Jahren § 124 II BGB
e) Wer täuscht oder droht, ist nicht schutzwürdig. Der Getäuschte oder Bedrohte hat vielleicht Angst, anzufechten.

Aufgabe 11:

a) Nichtigkeit des Rechtsgeschäftes
b) Der Kaufvertrag zwischen A und V könnte gem. § 142 I BGB nichtig sein, wenn K seine Willenserklärung wirksam angefochten hat.
c)
1. Anfechtungsgrund

2. Anfechtungserklärung
    a) Abgabe
    b) Zugang
3. Anfechtungsfrist
4. Keine Bestätigung
3. Rechtsfolge: Nichtigkeit

Aufgabe 12:

a) § 812 I 1 1. Alt BGB
b)
1. etwas erlangt
2. durch Leistung
3. ohne rechtlichem Grund
c)
1. Besitz und Eigentum an dem Ring
2. Durch die Übereignung
3. Kaufvertrag nichtig gem. § 142 I BGB

Aufgabe 13:

a)
1. Anspruchssteller = Eigentümer

2. Anspruchsgegner = Besitzer

ungeschrieben:
3. Anspruchsgegner hat kein Recht zum Besitz i. S. v. § 986 I 1 BGB

b)

V könnte gegen K einen **Anspruch** auf **Herausgabe** des Gemäldes aus § 985 BGB haben.

Dann müsste V **Eigentümer** des Bildes sein und K **Besitzerin**.

V könnte sein **Eigentum** an K durch eine **Übereignung** gem. § 929 S. 1 BGB verloren haben.
Dies setzt eine Übergabe und eine Einigung voraus.

Als V der K nach der Auktion das Bild übergeben hat, waren sich beide einig, dass das Eigentum auf K übergehen soll.
Zudem waren sich K und V im Zeitpunkt der Übergabe einig über den Eigentumswechsel.
Somit hat V sein **Eigentum** an K verloren.
Mithin hat V keinen Anspruch auf **Herausgabe** des Bildes nach § 985 BGB gegen **K**.

c)
aa)
1. etwas erlangt

2. durch Leistung

3. ohne rechtlichen Grund

bb) V könnte gegen K einen Anspruch auf **Herausgabe des Gemäldes** aus § 812 I 1 1. Alt. BGB haben.

Dann müsste K etwas erlangt haben und zwar **durch Leistung des V und ohne rechtlichen Grund**.

1. Fraglich ist, ob K etwas erlangt hat.
Etwas erlangt hat der Anspruchsgegner mit jedem vermögenswerten Vorteil.
K ist Eigentümerin des Gemäldes geworden, was ein vermögenswerter Vorteil ist.
Somit hat K **etwas erlangt**.

2. K müsste diesen Vorteil durch **Leistung** des V erlangt haben.
Eine solche ist jede bewusste und zweckgerichtete Mehrung fremden Vermögens. V übergab und übereignete K das Bild, somit hat V das Vermögen der K **bewusst** vermehrt. Dies tat V, um den Kaufvertrag mit K zu erfüllen, somit war die Mehrung des Vermögens auch **zweckgerichtet**.
Folglich hat K **das Gemälde durch Leistung des V erlangt**.

3. K müsste **das Eigentum an dem Gemälde** ohne rechtlichen Grund erlangt haben.

Als Rechtsgrund kommt ein Vertrag in Betracht.

Fraglich ist, ob zwischen K und V ein **Kaufvertrag gem. § 433 BGB** über das Gemälde besteht.

Ein Kaufvertrag kommt durch **Angebot** und **Annahme** zustande.

a) Das Präsentieren durch den Auktionator, könnte ein Angebot sein.
Ein Angebot ist eine Willenserklärung, die die wesentlichen Vertragsbestandteile enthält und auf einen Vertragsschluss gerichtet ist.
Fraglich ist, ob V sich durch das Präsentieren bereits rechtlich binden wollte.
Zum einen steht der **Kaufpreis** zu diesem Zeitpunkt noch nicht fest, zum anderen will sich V erst binden, wenn das vermeintlich **höchste** Gebot eingegangen ist.
Somit wollte er sich noch nicht rechtlich binden. Die Präsentation ist keine Willenserklärung.

b) K könnte jedoch ein Angebot durch **das Gebot** über **1 Mio. €** gemacht haben. Dieses enthält den **Kaufpreis** in Höhe von 1 Mio. €, die Kaufsache, das Gemälde, und die Parteien K und V. Das Gebot ist auf den Abschluss eines Kaufvertrages gerichtet.
Somit ist **das Gebot der K** ein Angebot.

c) Dieses Angebot könnte V durch den **Zuschlag** gem. § 156 BGB angenommen haben.
Eine Annahme ist eine **empfangsbedürftige Willenserklärung, die dem Inhalt des Angebots vorbehaltlos zustimmt.**
Durch den Schlag mit dem Hammer hat V **dem Inhalt des Angebotes über 1 Mio. € zugestimmt.**
Somit hat V das Angebot der K durch den **Zuschlag** angenommen.
Somit liegt ein Kaufvertrag zwischen K und V vor, mithin ein **Rechtsgrund**.

4. Allerdings könnte der Kaufvertrag gem. § 142 I BGB **nichtig** sein, wenn K **wirksam angefochten** hat.

a) Dazu bedarf es eines Anfechtungsgrundes. Bei der Verwechslung über den Künstler könnte es sich um einen **Eigenschaftsirrtum** gem. § 119 II BGB handeln.

Ein solcher liegt vor, wenn sich der Erklärende über eine verkehrswesentliche Eigenschaft einer Person oder Sache irrt. Eigenschaften einer Sache sind Faktoren, die ihr dauerhaft anhaften und wertbildend sind.

K glaubt das Gemälde sei von Picasso, tatsächlich handelt es sich jedoch um ein Gemälde eines Picassoschülers. Wertbildend ist die Qualität mit der Picasso gemalt hat. Dieser Faktor haftet dem Gemälde auch dauerhaft an. Somit irrt sich K über eine **Eigenschaft**.

b) Die Eigenschaft müsste verkehrswesentlich sein.

Verkehrswesentlich ist eine Eigenschaft, wenn sie üblicherweise bei diesem Geschäft von entscheidendem Wert und ausschlaggebend für dessen Abschluss ist. **Die Urheberschaft eines Bildes ist, gerade wenn es von Picasso ist, für das Geschäft von entscheidendem Wert und für K auch ausschlaggebend, den Vertrag zu schließen.**

Somit ist die Eigenschaft **verkehrswesentlich**.

c) Hätte K gewusst, dass dieses Bild nicht von Picasso stammt, hätte sie es nicht gekauft, was die Anfechtung deutlich macht. Somit ist der Irrtum kausal für den **Vertragsschluss**.

d) K hat die Anfechtung gem. § 143 BGB erklärt und zwar sofort, also ohne **schuldhaftes** Zögern gem. § 121 I 1 BGB. Es sind erst drei Wochen seit dem Kauf vergangen, daher ist die Anfechtungsfrist von **10** Jahren nach **§ 121 II BGB** gewahrt. Folglich ist die Anfechtung wirksam und der Kaufvertrag gem. § 142 I BGB **nichtig**.

e) Damit hat K das Eigentum am Gemälde **ohne Rechtsgrund** erlangt. Mithin hat V einen Anspruch auf Herausgabe des Bildes nach **§ 812 I 1 1. Alt BGB** gegen K.

Aufgabe 14:

a) § 433 II BGB
b) § 985 BGB
c) § 433 II BGB
d) § 812 I 1 1. Alt. BGB

Lösungen Kapitel 3

Aufgabe 1:

§ 130 BGB
(1) Eine Willenserklärung, die einem anderen gegenüber abzugeben ist, wird, wenn sie in dessen Abwesenheit <u>abgegeben</u> wird, in dem Zeitpunkt wirksam, in welchem sie ihm <u>zugeht</u>. Sie wird <u>nicht wirksam, wenn</u> dem anderen vorher oder gleichzeitig ein <u>Widerruf</u> zugeht.

a)

1. Abgabe

2. Zugang

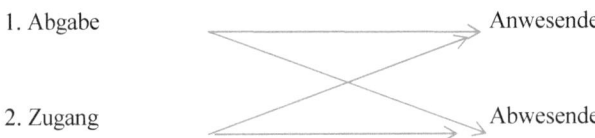

Anwesende

Abwesende

3. Kein Widerruf

Aufgabe 2:

a) Abgabe x, Zugang x, Wirksamkeit x
b) Abgabe (-)
c) Abgabe x, Zugang (-)
d) Abgabe (-)
e) Abgabe x, Zugang x, Wirksamkeit x
f) Abgabe x, Zugang x, Wirksamkeit x

Aufgabe 3:

a) richtig b) falsch (Der Empfänger muss auch die objektivierte Möglichkeit der Kenntnisnahme haben.) c) falsch d) richtig e) falsch f) falsch.

Aufgabe 4:

a) Brief ist im Machtbereich.
b) Möglichkeit der Kenntnisnahme
c) Ja. Es kommt nicht darauf an, dass V die Nachricht nicht gelesen hat, er wusste, dass er eine Antwort erwartet. Da hätte er vorsorgen müssen. Somit hatte er die Möglichkeit der Kenntnisnahme.

Aufgabe 5:

a) Die E-Mail ist schon nicht in den Machtbereich des V gelangt.
b) §§ 242, 164, 815 BGB
c) fingiert.
d) Ja.

Aufgabe 6:

a) Zeit: Am nächsten Tag mit Beginn der Geschäftszeit (ca. 9 Uhr).
Grund: Dann wird regelmäßig der Geschäftsbriefkasten geöffnet.
b) Zeit: Am selben Tag. Spätestens gegen Abend.
Grund: Handys werden meistens morgens angestellt und es ist davon auszugehen, dass die Mailbox bis abends gehört wird.
c) Zeit: 15 Uhr
Grund: Die Mail ist zu den üblichen Geschäftszeiten bei K eingegangen und dieser hat die Möglichkeit der Kenntnisnahme.

Aufgabe 7:

a) Zwei.
b) Zwei.
c) V hat einen Teil der Erklärung des K nicht verstanden, nämlich die Menge.
aa) Nach der strengen Vernehmungstheorie geht eine Willenserklärung nur zu, wenn sie richtig verstanden ist. Nein.
bb) Ein Zugang liegt vor, wenn der Erklärende nicht erkennen konnte, dass der Empfänger seine Worte nicht richtig verstanden hat. Ja.

d)
aa) Zwei. Ein objektiver Empfänger hätte das „Ja" des V als Zustimmung zum Angebot über zwei Decken verstanden.
bb) Drei. Der wirkliche Wille des V bezog sich auf drei Heizdecken.
cc) Zwei. Grundsätzlich ist die Auslegung nach dem Empfängerhorizont entscheidend. Zusätzlich fällt das Verhören in die Sphäre des V, er weiß um seine Schwerhörigkeit und hätte die Bestellung bestätigen können.
dd) Anfechten gem. § 119 I 1. Alt. BGB.

Aufgabe 8:

a) Fraglich ist, ob die Willenserklärung des K bei V zugegangen ist.
b) Zugang unter Anwesenden liegt vor, wenn der Empfänger diese verstanden hat.
c) V hat nur einen Teil der Erklärung falsch verstanden und zwar die Menge.
d) Man kann vertreten, dass ein Zugang nur vorliegt, wenn die ganze Aussage richtig verstanden worden ist.
e) Danach wäre diese Erklärung nicht zugegangen.
f) Andererseits kann man einen Zugang bejahen, wenn der Erklärende nicht erkennen konnte, dass seine Erklärung falsch verstanden worden ist.
g) Die Stimme am Telefon war jung, sodass K nicht erkennen konnte, dass V seine Erklärung falsch verstanden hat.
h) Danach wäre diese Erklärung zugegangen.
i) Die Ansichten gelangen zu unterschiedlichen Ergebnissen. Fraglich ist, welcher Ansicht zu folgen ist.
j) der Vertrag so zustande kommt, wie er es gewollt und nach außen erklärt hat (1) Rechtsverkehr (2).

Aufgabe 9:

Testament
Widerruf
Angebot
Anfechtung
Nicken auf ein Angebot
Kündigung
Annahme
Einigung bei Übergabe einer Kaufsache

a) Testament.

Aufgabe 10:

A muss die Willenserklärung widerrufen, bevor diese beim Empfänger zugeht oder zur gleichen Zeit.
a) Ja
b) 2. Abgabe 3. Zugang 4. Rechtzeitig (vor Zugang der WE)

Aufgabe 11:

Ja. Um 1 Uhr ist die Annahme noch nicht zugegangen, daher gehen der Widerruf und die Annahme morgens gleichzeitig im Sinne von § 130 I 2 BGB zu.

Aufgabe 12:

I. Kaufvertrag
　1. Angebot
　2. Wirksamkeit
　　a) Abgabe
　　b) Zugang
　　c) Kein Widerruf
　3. Annahme
　4. Wirksamkeit
　　a) Abgabe
　　b) Zugang
　　c) Kein Widerruf

Aufgabe 13:

a) Kaufvertrag i. V. m. Zahlungsanspruch nach § 433 II BGB
b) Angebot gem. § 145 BGB
c) Widerruf gem. § 130 I 2 BGB
d) Pro: Tatsächlich hat V erst die E-Mail gelesen und dann den Brief. V hat es versäumt, seinen Briefkasten zu kontrollieren.
Contra: Das BGB schützt die Rechtssicherheit. Man muss davon ausgehen können, dass ein Brief mit Beginn der Geschäftszeit gelesen wird.
f) verspätet

g) Ja

Aufgabe 14:

Anfechtung

Aufgabe 15:

Schritt 1:
a) Aushang des V
a) E-Mail des V
Abgabe (-)
Schritt 2: Abgabe der E-Mail ~~Kaufvertrag~~
Schritt 3: Eine Person gibt nur etwas ab, wenn sie dies willentlich tut.
V wollte die E-Mail noch nicht verschicken. Somit hat er die Erklärung nicht abgeben. Nein.
Schritt 4: Die Verkehrssicherheit wird nur geschützt, wenn man sich auf das äußere Verhalten des Vertragspartners verlassen kann.
Für K sah es so aus, als käme die E-Mail von V und er vertraute auf die Gültigkeit. Ja.
Schritt 5: Ein Vertrag kann nicht ohne eine willentliche Handlung des Erklärenden geschlossen werden. Die Abgabe muss daher auf einer willentlichen Handlung des Erklärenden beruhen. Fahrlässiges Verhalten führt normalerweise nicht zu einem Vertragsschluss, sondern zu Schadensersatzansprüchen.

Lösungen Kapitel 4: Vertretung

Aufgabe 1:

Eine <u>Willenserklärung</u>, die jemand innerhalb der ihm zustehenden <u>Vertretungsmacht</u> <u>im Namen des Vertretenen</u> abgibt, wirkt unmittelbar für und gegen den Vertretenen.
1. eigene Willenserklärung
2. in Namen des Vertretenen → im fremden Namen
3. Vertretungsmacht

a) eigene
b) im fremden Namen

Aufgabe 2:

(1) Die Erteilung der Vollmacht erfolgt durch <u>Erklärung gegenüber dem zu Bevollmächtigenden</u> oder <u>dem Dritten</u>, dem gegenüber die Vertretung stattfinden soll

Aufgabe 3:

a) Nein, § 168 S. 1 BGB
b) Ja, §§ 168 S. 2. 3, 167 I BGB

Aufgabe 4:

c) G. Der Prokurist hat nach § 49 I HGB umfassende Vertretungsmacht nach außen.
d) V, § 177 I BGB; ggf. Genehmigung

Aufgabe 5:

a) Ja, Anscheinsvollmacht, § 170 BGB
b) Ja, Duldungsvollmacht
c) Ja, Anscheinsvollmacht
d) Ja, konkludente Bevollmächtigung

Aufgabe 6:

Zwischen Ihnen und G gem. § 179 I BGB

Aufgabe 7:

Fall 1: § 175 BGB
Fall 2: § 165 BGB
Fall 3: § 167 II BGB
Fall 4: § 174 BGB
Fall 5: § 164 I 2 BGB
Fall 6: § 171 II BGB
Fall 7: § 166 II 1 BGB
Fall 8: § 168 S. 2 BGB
Fall 9: § 170 BGB
Fall 10: § 172 II, § 173 BGB
Fall 11: Nein, § 181 BGB
Fall 12: a) V hatte keine Vertretungsmacht b) § 177 I BGB in Verbindung mit §§ 182, 184 I BGB
Fall 13: Ja, § 180 S. 2 in Verbindung mit § 177 I BGB

Aufgabe 8:

Ja. Es ist die Aufgabe eines Personalleiters, für seinen Arbeitgeber Personal einzustellen, daher wird aus den Umständen deutlich, wer Vertragspartner werden soll, was gem. § 164 I 2 BGB ausreichend ist.

Aufgabe 9:

a) Ja, Duldungsvollmacht, A weiß von den Vertragsschlüssen in seinem Namen und die Vertragspartner sind gutgläubig.
b) Ja, Anscheinsvollmacht, C hätte wissen müssen, dass D für ihn Geschäfte tätigt. **Hinweis:** Anscheinvollmacht ist unter Privatleuten umstritten.

Aufgabe 10:

V, § 164 II BGB.

Aufgabe 11:

a) Ja.
b) § 164 III BGB.
c) Empfangsvertretung.
d) Ja.

Aufgabe 12:

a) Das Offenkundigkeitsprinzip gem. § 164 I BGB
b) Weil es sich um ein Bargeschäft des täglichen Lebens handelt und es dem D egal ist, mit wem er kontrahiert, wird § 164 I BGB teleologisch reduziert. Sog. Geschäft für den, den es angeht.
c) G

Aufgabe 13:

a) § 123 I BGB
b) Ja, § 166 I BGB
c) § 122 I BGB, §§ 823 II BGB i. V. m. § 263 StGB, § 812 I 1, 1. Alt. BGB

Aufgabe 14:

a) Ein Inhaltsirrtum gem. § 119 I 1. Alt. BGB
b) Nein, es kommt nur auf das Wissen des Vertreters an, § 166 I BGB. Das wird dem Geschäftsherrn zugerechnet.
c) Ja, denn jetzt ist es seine eigene WE, die er anficht.

Aufgabe 15:

a) Aufklärung, Schutz vor Übereilung, Beweisfunktion
b) § 167 II BGB
c) Weil die Entscheidung für das Geschäft durch die Vertragsstrafe bereits gefallen ist und G nicht aufgeklärt wird und nicht vor Übereilung geschützt wird.

Aufgabe 16:

a) aa) G bb) V.
b) G, § 164 I BGB.
c) § 164 II BGB, Nein.
d) Tritt der Wille, in eigenem Namen zu handeln, nicht erkennbar hervor, so kommt der Mangel des Willens, im fremden Namen zu handeln, nicht in Betracht.

Aufgabe 17:

a) Außenvollmacht, § 167 I 2. Var. BGB.
b) Nach außen kundgetane Innenvollmacht, § 167 I 1. Alt. BGB § 172 BGB
c) Innenvollmacht, § 167 I 1. Var. BGB
d) Nach außen kundgetane Innenvollmacht, § 171 BGB
e) aa) § 170 BGB bb) § 172 II BGB
f) Nein, § 173 BGB

Aufgabe 18:

a) § 433 II BGB.
b) Vertretungsmacht
c) 1. Mehrmaliges Auftreten als Vertreter (Rechtschein)
    2. Wissen des G um das Auftreten der V und G hätte weitere Geschäfte verhindern können
    3. Gutgläubigkeit und Kausalität
d) Duldungsvollmacht
e) Nein.
f) Nein. Willenserklärung.
g) Ja.

Aufgabe 19:

a) § 433 II BGB.
b) Vertretungsmacht
c) Anscheinsvollmacht
d) 1. Rechtsschein
    2. Gutgläubigkeit
    3. Kausalität
    4. Kennenmüssen und Möglichkeit der Verhinderung
e) 2.
f) Eher dafür: Vertrauen des D ist schutzwürdig, es ist ihm nicht zuzumuten, sich jedes Mal zu erkundigen. (a.A. vertretbar)
g) § 280 I BGB
h) § 179 I BGB

Aufgabe 20:

a) Durch Auslegung und zwar nach dem objektiven Empfängerhorizont in Bezug auf V und auf D.
b) G brauchte schnell und dringend Geld. Berücksichtigt man dies bei der Auslegung der Willenserklärung (Bevollmächtigung), gilt die Kommode auch als Teil des Hauses.
c) Anscheinsvollmacht
d) Nein.

Aufgabe 21:

a) § 108 I, II BGB.
b) schwebend

Aufgabe 22:

a) § 179 III 1 1. Var. BGB
b) § 179 II BGB
c) § 179 III 2 BGB
d) § 179 I BGB
e) Dem Dritten.

Aufgabe 23:

a) Ja
b) Nein
c) § 242 BGB, die Einrede der unzuverlässigen Rechtsausübung
d) Unwirksam.
e) § 179 I BGB
f) § 179 III BGB
Aufgrund des sehr geringem Preises hätte D den Mangel der Vertretungsmacht kennen müssen.

Lösungen Kapitel 5

Aufgabe 1:

Nr. 1: Minderjährige unter 7 Jahren
Nr. 2: Volljährige, die sich in einem die freie Willensbildung ausschließenden Zustand krankhafter Störung der Geistestätigkeit befinden, sofern nicht der Zustand seiner Natur nach ein vorübergehender ist.

Aufgabe 2:

Person kann Verträge schließen.

Aufgabe 3:

An ihrem 7. Geburtstag

Aufgabe 4:

Alter	Minderjährigkeit	Beschränkte Geschäftsfähigkeit
0–6	X	--
7–17	X	x

Aufgabe 5:

Frage 1: Ja, § 110 BGB

Frage 2: Ja, § 104 Nr. 1 BGB

Frage 3:
1. Eine Ermächtigung des gesetzlichen Vertreters
2. Eine Genehmigung des Familiengerichts
§ 112 I BGB

Frage 3.1: Ja, § 112 I BGB

Frage 3.2: Voll geschäftsfähig

Frage 4: Er ist nichtig, § 105 I BGB

Frage 5: Ja, § 105a BGB

Frage 6: Nein, § 106 BGB und Umkehrschluss aus § 104 Nr. 1 BGB

Frage 7: Ermächtigung des gesetzlichen Vertreters § 113 I 1 BGB

Frage 7.1: Voll geschäftsfähig

Frage 7.2: Nein

Frage 8: Nein, § 111 S. 1 BGB

Aufgabe 6:

a) Minderjährigen (1) Verschuldung (2)
b) neutrale

Aufgabe 7:

a) Nein.
   Pro: Die Hängematte ist normalerweise teurer.
   Contra: Das ist ein wirtschaftlicher Vorteil, kein rechtlicher.
b) Der Kaufvertrag verpflichtet den Jugendlichen zu einer Leistung. Das ist ein Nachteil.

c) aa) A hat sein Taschengeld gespart und damit die Hängematte vollständig mit Mitteln bewirkt, die ihm von den Eltern zur freien Verfügung überlassen worden sind.
bb) Bei einem 14-Jährigen ist verständlich, dass die Eltern gerade nicht wollen, dass ihr Sohn sein Geld spart und dann ohne Absprache auf einmal ausgibt.
cc) Es ist allerdings nicht zu erwarten, dass die Eltern etwas gegen den Kauf einer Hängematte haben (anders sicher bei Zigaretten etc.), was für einen Vorrang der Rechtssicherheit spricht.
dd) Somit ist der Kauf der Hängematte von § 110 BGB erfasst. (andere Ansicht vertretbar.)
d) Ja.
e) aa) schwebend (1) unwirksam (2) Genehmigung (3)
bb) ohne (1) Genehmigung (2) Vorteil (3) Hängematte (4) 200 (5) Kaufpreis (6) vorteilhaft (7)

Aufgabe 8:

ausdrückliche (1) vollständig (2) hat (3)

a) konkludente
b) Ratenzahlungskauf
c) Art. 6 I GG, §§ 1626, 1629 BGB

Aufgabe 9:

1. § 107 BGB – rechtlich vorteilhaft?
2. § 107 BGB – rechtlich neutral?
3. § 107 BGB – rechtlich nachteilig?
4. § 110 BGB – Taschengeld?

Aufgabe 10:

a) Nein, § 598 BGB
b) Rechtlichen Vorteil
c) Rückgabepflicht nach § 604 BGB, Verwendungsersatz § 601 I BGB, Vertragsmäßer Gebrauch § 603 BGB
d) Schadensersatz zahlen

e) Nein
f) Ja, die Übereignung ist ein rechtlicher Vorteil gem. § 107 BGB
g) § 812 I 1 1. Alt. BGB

Aufgabe 11:

Nein. Tausch ist ein rechtlicher Nachteil vgl. § 480 BGB.

Aufgabe 12:

a) Pro: M kann die Raten von seinem Taschengeld bewirken.
Contra: Nach § 110 BGB muss der Betrag vollständig bewirkt werden, Ratenzahlungen wären eine Umgehung des § 110 BGB.
b) Nein.

Aufgabe 13:

b) Verbesserung der Rechtsstellung
d) Ein Angebot erhalten
i) Minderjähriger Vertreter (geregelt in § 165 BGB)
l) Minderjähriger bekommt etwas übereignet

Aufgabe 14:

a) Ja. § 107 BGB. Eine Schenkung gem. § 516 BGB ist ein rechtlicher Vorteil.
b) einseitiger. Ja. § 111 S. 1 BGB

Aufgabe 15:

a) Ja. §§ 107, 183 S. 1 BGB
b) Ja. §§ 107, 183 S. 2 BGB

Aufgabe 16:

a) Nein. § 108 II 2 2. HS BGB. Nach zwei Wochen gilt die Genehmigung als verweigert.
b) Der Wortlaut des § 108 II BGB bezieht sich nur auf Genehmigungen.
aa) Der Sinn und Zweck schützt die Rechtssicherheit des Vertragspartners.
bb) Diese ist auch bei einer Einwilligung schützenswert.

Aufgabe 17:

a) Ja, § 165 BGB
b) § 165 BGB (Neutrales Geschäft im Sinne des § 107 BGB)
c) Haftung: § 179 III 2 BGB

Aufgabe 18:

a) Ja. **Hinweis:** Bei einer Hypothek haftet der Eigentümer nur aus dem Grundstück, nicht mit dem eigenen Vermögen.
b) Nein.

Aufgabe 19:

a) Ja. § 110 BGB. Ein Postkartenkauf ist von dem beschränkten Generalkonsums der Eltern erfasst, da dieser üblicherweise zu einer Reise gehört.
b) Nein. § 110 BGB (-). Ein Bierkauf ist von diesem Generalkonsums nicht erfasst.

Aufgabe 20:

a) Ja. § 110 BGB.
b) Nein. Das Motorrad übersteigt den wirtschaftlichen Umfang des Taschengeldes bei weitem.

Aufgabe 21:

Nein. Der gesetzliche Minderjährigenschutz kann nicht umgangen werden.

Teil 2

Lösungen Kapitel 1

Aufgabe 1:

(1) Strafbarkeit (2) Täters (3) Tatbestand (4) Rechtswidrigkeit (5) Schuld (6) kausal (7) Erfolg (8) hinweggedacht (9) Erfolg (10) objektiv zurechenbar (11) Werk (12) Vorsatz (13) Wissen (14) Wollen (15) rechtswidrig (16) Rechtfertigungsgründe (17) Notwehr (18) Schuld (19) Schuldausschließungsgründe (20) Entschuldigungsgründe (21) Kindern unter 14 Jahren (22) stark Alkoholisierten

Aufgabe 2:

a) A. Strafbarkeit
   I. Tatbestand
      1. Objektiver Tatbestand
         a) Erfolg
         b) Handlung
         c) Kausalität
         d) Objektive Zurechnung
      2. Subjektiver Tatbestand
         a) Vorsatz
         b) besondere Absichten
   II. Rechtswidrigkeit
      1. Einwilligung
      2. Notwehr
   III. Schuld
      1. Schuldausschließungsgründe
      2. Entschuldigungsgründe

b)
aa) Kausalität
bb) Vorsatz
cc) Handlung
dd) Objektive Zurechnung
ee) Erfolg

Aufgabe 3:

a) T hat während des Schlafens geschlagen.
b) Handlung
c) Nein
d)
Handlung
Eine Handlung ist jedes vom Willen gesteuerte menschliche Verhalten.
Im Schlaf kann T sein Verhalten nicht durch seinen Willen steuern, somit war auch der Schlag nicht willentlich gesteuert.
Der Schlag des T im Schlaf ist keine Handlung.

Aufgabe 4:

Der Schuss des T müsste kausal für den Tod des O sein.
Eine Handlung ist kausal für den Erfolg, wenn sie nicht hinweggedacht werden kann, ohne dass der konkrete Erfolg entfiele.
Hätte T nicht geschossen, wäre O dennoch aufgrund des Herzinfarkts tot.
Somit ist der Schuss des T nicht kausal für den Tod des O.

Aufgabe 5:

a)
aa)
(1) nicht tot.
(2) kausal.
(3) nicht tot.
(4) kausal.
(5) Kumulative Kausalität
bb) Nein
cc) Objektive Zurechnung
dd) A und B haben sich jeweils wegen eines versuchten Totschlags gem. § 212 I, 22, 23 I StGB strafbar gemacht.
ee) Ja, weil A und B jeder kein tödliches Mittel gegeben haben. Dass der andere den Rest gab, war Zufall. Wäre dieser Zufall nicht eingetreten, wäre es ein versuchter Totschlag gewesen.

b)
aa)
(1) durch das Gift des B gestorben.
(2) nicht kausal.
(3) durch das Gift des A gestorben.
(4) nicht kausal.
(5) Alternative Kausalität
(6) bejaht

bb) Beide wegen vollendeten Totschlags gem. § 212 I StGB (keine Mittäterschaft)

cc) Ja, weil beide tödliches Gift gegeben haben. Die kriminelle Energie beider Täter ist hoch.

Aufgabe 6:

a)
aa) Überreden
bb) Tod des O
cc) Hätte N den O nicht überredet, wäre dieser nicht geflogen.
dd) Der Flugzeugabsturz
    (1) Nein
    (2) Nein

b)
aa) Niederschlagen
bb) Tod des O
cc) Hätte T den O nicht niedergeschlagen, wäre dieser nicht liegengeblieben und vom Blitz getötet worden.
dd) Blitzschlag
    (1) Ja
    (2) Nein

ee) Wegen einer Körperverletzung gem. § 223 I StGB durch das Niederschlagen

d)
aa) Das Niederschlagen durch T müsste kausal für den Tod des O sein.
Eine Handlung ist kausal für den Erfolg, wenn sie nicht hinweggedacht werden kann, ohne dass der konkrete Erfolg entfiele.

Hätte T den O nicht niedergeschlagen, wäre dieser nicht liegengeblieben und wäre folglich nicht durch den Blitz erschlagen worden.
Somit ist das Niederschlagen durch T kausal für den Tod des O.

bb) Obersatz Objektive Zurechnung
Der Tod des O müsste T objektiv zurechenbar sein.
Ein Erfolg ist dem Täter objektiv zurechenbar, wenn er eine rechtlich missbilligte Gefahr geschaffen hat, die sich im konkreten Erfolg realisiert. Das ist der Fall, wenn dieser nach allgemeiner Lebenserfahrung vorhersehbar ist.
Durch das Niederschlagen hat T eine rechtlich missbilligte Gefahr geschaffen. Allerdings war der Tod durch den Blitz nicht vorhersehbar. Damit hat sich die Gefahr nicht im konkreten Erfolg realisiert.
Somit ist der Tod des O dem T nicht objektiv zurechenbar.

Aufgabe 7:

a)
(1) Handlung
(2) Kausalität, objektive Zurechnung
(3) objektive Zurechnung
(4) Kausalität

b) Einerseits könnte der Behandlungsfehler des Arztes ein dem T nicht zurechenbares Dazwischentreten eines Dritten darstellen.
Andererseits sind leicht fahrlässige Behandlungsfehler bei Notoperationen ein nach allgemeiner Lebenserfahrung mögliches Lebensrisiko und O wurde erst durch die Schüsse des T auf den OP-Tisch gebracht.
Somit ist der Tod des O dem T objektiv zurechenbar.

Aufgabe 8:

Fall 1: aa) ja bb) nein cc) Grob fahrlässiger Arztfehler ist nicht vorhersehbar → keine Zurechnung
Fall 2: aa) ja bb) ja cc) Leicht fahrlässiger Arztfehler ist vorhersehbar → Zurechnung
Fall 3: aa) nein bb) – cc) Erlaubtes Risiko und eigenverantwortliche Selbstgefährdung
Fall 4: aa) nein bb) – cc) Risikoverringerung

Fall 5: aa) ja bb) nein cc) Der Bruch des Brückengeländers ist nicht vorhersehbar, es deutet auch nichts auf die Instabilität hin.
Fall 6: aa) nein bb) – cc) Erlaubtes Risiko und eigenverantwortliche Selbstgefährdung
Fall 7: aa) nein bb) – cc) Erlaubtes Risiko und eigenverantwortliche Selbstgefährdung
Fall 8: aa) nein bb) – cc) Erlaubtes Risiko
Fall 9: aa) nein bb) – cc) Eigenverantwortliche Selbstgefährdung

Aufgabe 9:

a) Objektive Zurechnung
b) indem er das Haus in Brand setzte und N in den Flammen starb.
c) eingetreten (1), Willen (2), nicht (3), wäre.
d)
4. Objektive Zurechnung
Der Tod des N müsste P auch objektiv zurechenbar sein. Ein Erfolg ist dem Täter objektiv zurechenbar, wenn er eine rechtlich missbilligte Gefahr geschaffen hat, die sich im konkreten Erfolg realisiert.
Einerseits ist das Anzünden eines Hauses eine rechtlich missbilligte Gefahr und so gefährlich, dass man damit rechnen muss, dass ein Retter bei dem Versuch ums Leben kommt.
Andererseits hat N auch selbst für sich eine Gefahr geschaffen. Bei einem Brand ist es nicht vorhersehbar, dass ein Nachbar ohne Fachkenntnisse und Ausrüstung sein Leben riskiert.
Der Tod des N ist P mithin nicht objektiv zurechenbar.
B. Ergebnis
P hat sich nicht gem. § 212 I StGB strafbar gemacht, indem er das Haus in Brand setzte und N in den Flammen starb.
[**Hinweis:** P ist wegen Brandstiftung gem. § 306a I Nr. 1 StGB strafbar.]

C. Strafbarkeit des P gem. § 212 I StGB an F
P könnte sich wegen Totschlags gem. § 212 I StGB strafbar gemacht haben, indem er das Haus in Brand setzte und F in den Flammen starb.
I. Tatbestand
1. Objektiver Tatbestand
a) F ist tot. Somit ist der tatbestandliche Erfolg des § 212 I StGB eingetreten.

b) Das Inbrandsetzen war vom Willen des P gesteuert und mithin eine Handlung
c) Hätte P das Haus nicht angezündet, wäre F nicht vom Balken erschlagen worden und nicht tot. Das Anzünden ist kausal für den Tod des F.
e) Fraglich ist allerdings, ob der Tod dem P auch objektiv zugerechnet werden kann.
Einerseits hat auch F sich selbst gefährdet und damit eine eigene Gefahr für sich geschaffen. Andererseits ist er beruflich verpflichtet, Bewohner eines Hauses zu retten. Er hat die nötigen Fachkenntnisse und die Ausrüstung. Damit ist es auch vorhersehbar, dass ein Feuerwehrmann das brennende Haus betritt und im Einsatz stirbt.
Somit ist der Tod des F dem P objektiv zurechenbar.
2. P müsste auch vorsätzlich gehandelt haben.
Vorsatz liegt jedenfalls dann vor,. wenn der Täter den objektiven Tatbestand wissentlich und willentlich verwirklicht hat.
Einerseits wusste P nicht, dass Feuerwehrmann F in den Flammen umkommen würde. Allerdings nahm er Todesopfer billigend in Kauf. Somit sah er auch eine Möglichkeit, dass Menschen sterben könnten.
Somit handelte er bedingt vorsätzlich.
II. P handelte mangels Rechtfertigungsgründen rechtswidrig.
III. Zudem ist mangels Hinweisen auf Schuldausschließungs- oder Entschuldigungsgründe von seiner Schuld auszugehen.
D. Somit hat P sich gem. § 212 I StGB strafbar gemacht, indem er das Haus in Brand setzte und F in den Flammen starb.

Aufgabe 10:

Vorsatz-Variante	T hält den Erfolgseintritt für …	T will den Erfolgseintritt …	Vorsatzform
Vorstandsmitglieder	möglich.	mit Absicht.	Vorsatz 1. Grades
Kollegen/Freunde	sicher.	nicht, handelt aber dennoch.	Vorsatz 2. Grades
Obdachlose	möglich.	nicht. T prüft nicht nach, mithin findet er sich mit dem Tod des O ab.	Eventualvorsatz

Aufgabe 11: Eventualvorsatz

Aufgabe 12:

a) aa) Diebstahl gem. § 242 I StGB bb) Ja cc) § 16 I StGB dd) Der Vorsatz des A entfällt ee) Tatumstandsirrtum / Tatbestandsirrtum
b) aa) Fremdheit der Jacke bb) nein cc) versuchter Diebstahl gem. §§ 242 I, 22 StGB
c) Nein. Strafloses Wahndelikt.

Aufgabe 13:

a) Vorsatz
b) Ja
c)
aa) Pro bb) Contra cc) Die erste Ansicht setzt sich über den individualisierten Vorsatz des Täters hinweg, daher wird hier der zweiten Ansicht gefolgt. (Diese ist auch herrschende Ansicht.) Andere Ansicht vertretbar.

d)
(1) Ja, versuchter Totschlag gem. §§ 212 I, 22, 23 I StGB
(2) Nein, fahrlässiger Totschlag gem. § 229 StGB
e) aberatio ictūs

Aufgabe 14:

Fall 1: a) error in persona b) ja c) ja.
Fall 2: a) aberatio ictūs
b)
(aa) Ja, versuchter Totschlag des B gem. §§ 212 I, 22, 23 I StGB
(bb) Nein, fahrlässige Tötung des C gem. § 222 StGB
c)
(aa) Keine Strafbarkeit
(bb) Ja, vollendeter Totschlag des C gem. § 212 I StGB

Fall 3:
a) error in persona vel obiecto
b) nein
c) Ja, versuchte Sachbeschädigung §§ 303 I, 22, 23 I StGB
d) Nein, fahrlässige Tötung des C gem. § 222 StGB.

Aufgabe 15:

a) Handlung. Nein.

b) Kausalität. Nein.

c) Objektive Zurechnung. Ja.
Anderes Ergebnis vertretbar, mit der Begründung: Dass ein grds. denkbarer Unfall des Rettungswagens gleich zum Tod des Opfers führt, ist nicht vorhersehbar.

d) Objektive Zurechnung. Nein. Ja, wegen versuchtem Totschlag gem. §§ 212, 22 StGB, wahrscheinlicher wegen versuchten Mordes aus Habgier gem. §§ 212, 211, 22 StGB.

e) Erfolg. Nein.

f) Vorsatz. Ja.

g) Vorsatz. Ja.

h) Erfolg. Nein.

Kapitel 2: Rechtswidrigkeit Lösungen

Aufgabe 1:

(1) Wer eine <u>Tat</u> begeht, die durch Notwehr <u>geboten</u> ist, handelt nicht rechtswidrig.
(2) Notwehr ist die <u>Verteidigung</u>, die <u>erforderlich</u> ist, <u>um</u> einen <u>gegenwärtigen rechtswidrigen Angriff</u> von sich oder einem anderen ab<u>zu</u>wenden.

1. Angriff
    a) gegenwärtig   Notwehrlage
    b) rechtswidrig

2. Verteidigungshandlung   geeignet
    b) erforderlich
                                      Kein relativ milderes, gleich effektives Mittel
    c) geboten
3. Verteidigungswille

Aufgabe 2:

a) Erforderlichkeit b) Rechtswidrigkeit c) Angriff d) Gebotenheit e) Verteidigungswille

Aufgabe 3:

Zeitpunkt 1: unmittelbar bevorstehen
Zeitpunkt 2: gerade stattfinden
Zeitpunkt 3: noch fortdauern

Aufgabe 4:

a) gerade stattfinden
b) noch fortdauern
c) unmittelbar bevorstehen
d) gerade stattfinden
e) (-), kein gegenwärtiger Angriff mehr
f) gerade stattfinden
g) noch fortdauern

Aufgabe 5:

a) auf das Eigentum und den Besitz an den Kirschen
aa) O hat die Kirschen bereits eingepackt und versucht nun mit diesen zu fliehen. Der Angriff dauert noch fort.
bb) Es ist kein Rechtfertigungsgrund für O ersichtlich.
b) Ja.
aa) Der Schuss beendet die Flucht des O.
bb) Einen Warnschuss, der ein milderes Mittel darstellt, hatte T bereits abgegeben. Ein körperlicher Angriff wäre T nicht möglich gewesen. Das Rufen der Polizei wäre ein milderes Mittel gewesen. Da O sich aber bereits auf der Flucht befand, wäre das nicht genauso effektiv wie der Schuss.
cc) Ja.
c)
aa) Bagatelldiebstahl von einigen Kirschen
bb) krasses Missverhältnis zwischen dem Eigentum an den Kirschen und der Beinverletzung. cc) Angriff eines schuldunfähigen 12-Jährigen.

Aufgabe 6:

a) Ja. Nothilfe ist von Notwehr erfasst.

b) Nein. Nur Eingriffe in die Rechtsgüter des Angreifers gedeckt.
Hinweis: Notstände kommen in Betracht.

c) Ja. Ehrverletzungen sind von § 32 StGB erfasst.

d) Ja. Notwehr ist ein schneidiges Recht und erlaubt Eingriffe, ohne ein Zurückweichen zu verlangen (‚das Recht braucht dem Unrecht nicht zu weichen').

e) Nein. sich (1), einem anderen (2), die Allgemeinheit (3), Individualinteressen / private Interessen (4)

Aufgabe 7:

a) Gegenwärtigkeit

b) Relativ mildestes Mittel

c) Gebotenheit. (Gegen Kinder ist das Notwehrrecht beschränkt.)

d) Verteidigungswille

e) Angriff (Ja, aber auf die freie Willensausübung, nicht auf Leben / oder körperliche Unversehrtheit)

f) Gegenwärtigkeit

g) Gegenwärtigkeit

h) Fraglich ist, ob der Angriff der Schlägertruppe gegenwärtig war.

Gegenwärtig ist ein Angriff, wenn er unmittelbar bevorsteht, gerade stattfindet oder noch fortdauert.

Die Gruppe wollte erst in einer halben Stunde angreifen, in dieser können sich die Täter noch anders entscheiden. Daher stand der Angriff noch nicht unmittelbar bevor.

Der Angriff war nicht gegenwärtig.

i)
aa) Gegenwärtigkeit

bb) Nein. Angriff auf die Bank ist mit der Beutesicherung beendet.
cc) Vorläufige Festnahme gem. § 127 StPO. Festnehmen, zum Beispiel einschließen.

Aufgabe 8:

a) schützen, schutzwürdig.
b)
1. eingewilligt, rechtswidrig.
2. verteidigen, Verteidigungswille.
3. geboten.

Aufgabe 9:

a) krasses Missverhältnis, eingeschränkt (h. A.).

b) Angriff Schuldunfähiger, eingeschränkt.

c) Notwehrprovokation, Nein.
Hinweis: Minderheitsansicht nimmt hier eingeschränktes Notwehrrecht an.

d) Bagatellangriff, Nein.

e) Angriff offensichtlich Irrender, eingeschränkt.

f) Enge familiäre Beziehung: hier Ehegatten, eingeschränkt.
g) Angriff Schuldunfähiger, eingeschränkt.
h)
1. Ausweichen
2. Schutzwehr
3. Trutzwehr

i) Nein (wenn es unzumutbar ist)

Aufgabe 10:

a) Rechtsgut 1: Leib, Körperverletzung gem. § 223 I StGB.
Rechtsgut 2: Ehre, Beleidigung gem. § 185 StGB.

b) Spucke enthält potentiell Bakterien.

Rauch ist gesundheitsschädlich.

Aufgabe 11:

a)
1. Niederschlagen: § 223 I StGB
2. Messerstich: §§ 223 I, 224 I Nr. 2 StGB

b)
1. Einwilligung
2. Notwehr gem. § 32 StGB

c) Notwehr gem. § 32 StGB in Form der Nothilfe

Aufgabe 12:

a)

	Gemeinsamkeit	Unterschied
erfasst nur menschliche Angriffe		x
Interessenabwägung		x
Rechtsfolge: Rechtswidrigkeit entfällt	x	

b)

Notstand	Notwehr
Interessenabwägung	Nur bei krassem Missverhältnis
auch bei Gefahren von Sachen, Tiere, Naturkatastrophen	erfasst nur menschliche Angriffe
auch gegen Rechtsgüter Dritter und der Allgemeinheit	nur gegen Rechtsgüter des Angreifers

Aufgabe 13:

§ 34 StGB	§ 228 BGB	§ 904 BGB
die Notstandslage 1. Gefahr 2. Gegenwärtig	die Notstandslage 1. Gefahr 2. durch die Sache 3. drohend	die Notstandslage 1. Gefahr 2. Gegenwärtig
die Notstandshandlung	die Notstandshandlung	die Notstandshandlung
1. Erforderlichkeit	1. Beschädigen/Zerstören der Sache	1. Einwirken
2. Wesentliches Überwiegen (Interessenabwägung)	2. Erforderlich	2. Notwendig
3. Angemessenheit	3. Verhältnismäßigkeit	3. Verhältnismäßigkeit

Aufgabe 14:

a) Notwehr
b) Zivilrechtlicher Notstand

Aufgabe 15:

a)
1. Schäferhund der H = § 303 I StGB
2. Spazierstock der Ehefrau = § 303 I StGB

b)
1. Defensiver Notstand = § 228 BGB
2. Aggressiver Notstand = § 904 BGB

Aufgabe 16:

a) § 228 BGB
b) § 904 BGB
c) § 34 StGB
d) § 904 BGB

Aufgabe 17:

a) Delikt: Körperverletzung gem. § 223 I StGB
Rechtfertigungsgrund: Notwehr gem. § 32 I StGB

b) Delikt: Sachbeschädigung gem. § 303 I StGB
Rechtfertigungsgrund: defensiver Notstand gem. § 228 BGB
Warum: Gefahr geht von einem Hund aus, auf den gem. § 90a S. 3 BGB die Vorschriften über Sachen anzuwenden sind.

c) Delikt: Sachbeschädigung gem. § 303 I StGB, Hausfriedensbruch gem. § 123 I StGB
Rechtfertigungsgrund: aggressiver Notstand gem. § 904 BGB
Warum: Der Eigentümer des Fensters ist nicht der Angreifer und es handelt sich um Eigentum.

d) Delikt: gefährliche Körperverletzung gem. §§ 223 I, 224 I Nr. 2 StGB
Rechtfertigungsgrund: Einwilligung

e) Delikt: gefährliche Körperverletzung gem. §§ 223 I, 224 I Nr. 2 StGB
Rechtfertigungsgrund: mutmaßliche Einwilligung
Warum: Es ist davon auszugehen, dass die Einwilligung erteilt würde.

f)
aa) Körperverletzung gem. § 223 I StGB
bb) Güter der Allgemeinheit, also die Schilder, sind nicht von Notwehr erfasst (nur private Interessen).
cc) Zivilrechtliche Notstände sind nur zwischen Privatpersonen anwendbar.
dd) Notstand gem. § 34 StGB
ee)
Rechtsgut 1: Sicherheit im Straßenverkehr, abstrakte Gefahr für Leib und Leben der Verkehrsteilnehmer
Rechtsgut 2: Körperliche Unversehrtheit X
ff)

Fallinformation	Pro oder Contra?
Nachts	Contra
Alle Verkehrsschilder	Pro
Hauptstraße	Pro

gg) Die Gefahren, die von einem Entfernen von allen Straßenschildern in einer Hauptstraße ausgehen, rechtfertigen es hier von einem wesentlichen Überwiegen der Sicherheit im Straßenverkehr zu sprechen. (Andere Ansicht ist vertretbar).

g) Nötigung gem. § 240 StGB, Notstand gem. § 34 StGB

Aufgabe 18:

a) Einverständnis
b) Einwilligung
c) Einwilligung
d) Einwilligung
e) Einverständnis

Aufgabe 19:

a) aa) Einverständnis bb) Tatbestand cc) Nein.
b) aa) Einwilligung bb) Rechtswidrigkeit cc) Ja.

Hinweis: Eine rechtfertigende Einwilligung in eine Verletzung des Rechtsgutes Leben gibt es nicht, siehe die Strafbarkeit in Tötung auf Verlangen gem. § 216 StGB.

c) aa) Einwilligung bb) Rechtswidrigkeit cc) Nein.

Aufgabe 20:

a) Körper, Ja.
b) Umwelt, Nein.
c) Eigentum, Umstritten. Eine Ansicht hält Rechtsgüter der Allgemeinheit für erfasst und diese sind nicht disponibel.

Aufgabe 21:

a) gefährliche Körperverletzung gem. §§ 223 I, 224 I Nr. 2 StGB
b) Einwilligung
c) Körperliche Unversehrtheit

d) Ja.
e) Ja, M ist „Inhaber" seines Körpers.
f)
aa) Nein.
bb) natürliche Einsichts- und Urteilsfähigkeit (Reifegrad)
cc) Ja. Ein geistig normal entwickelter 17-Jähriger kann die Risiken und Folgen einer Operation beurteilen, sein Reifegrad ist ausreichend. (Andere Ansicht vertretbar).
g) Nein. S hat ihn umfassend aufgeklärt.
h) Ja.
i) Ja.
j) Nein. Schönheitsoperationen widersprechen nicht dem Anstandsgefühl aller moralisch und gerecht denkender Erwachsenen.
k) Ja.
l) Nein.

Aufgabe 22:

a) § 904 BGB, Nein.

b) § 34 StGB.

c) aa) Schuss in den Arm bb) §§ 223 I, 224 I, Nr. 2 StGB

cc) Rechtfertigungsgrund: Notwehr gem. § 32 StGB

dd) Nein. Der Angriff des O ist rechtmäßig, somit befindet sich T in keiner Notwehrlage.

ee) Strafbarkeit: Ja

d) Zur Fahrt zwingen, § 240 I StGB, Rechtfertigungsgrund: Notstand gem. § 34 StGB
Strafbarkeit: Nein

e)
aa) Körperverletzung gem. § 223 I StGB.
bb) Verkehrssicherheit ist kein von der Notwehr geschütztes Rechtsgut.
cc) Notstand gem. § 34 StGB.
dd) Bedrohtes Rechtsgut: Verkehrssicherheit (Unfall durch A) x

Verletztes Rechtsgut: Körperliche Unversehrtheit des A
ee) A
ff) Die Beeinträchtigung der körperlichen Unversehrtheit des A ist nur vorübergehend. Ein Unfall gefährdet Leib und Leben und Eigentum. A ist Verursacher der Gefahr. Somit überwiegt die Verkehrssicherheit.

Aufgabe 23:

a) Es liegt kein menschlicher Angriff vor.

b) Interessensabwägung, Leben, Leben.

c) § 35 StGB: Interessensabwägung.

Aufgabe 24:

a) Das Schlagen.

b) § 223 I StGB

c) Notwehr ginge nur gegen den Angreifer A.

d) § 34 StGB

e)
aa) § 34 StGB (1) nicht anders abwendbare Gefahr (2) Leben (3)
Pro

bb) Wäre die Tat des G gerechtfertigt und damit rechtmäßig, hätte das für K zur Folge, dass er sich nicht wehren dürfte. K wäre schutzlos. Das ist mit der Schutzfunktion des StGB nicht vereinbar.
Contra

f) § 35 I StGB
Folge für G: Er macht sich nicht strafbar.
Folge für K: C kann sich gem. § 32 StGB wehren, weil der Angriff des B rechtswidrig ist.

Kapitel 3: Schuld

Aufgabe 1:

a) Verbotsirrtum gem. § 17 StGB, Ja (vermeidbarer Irrtum, daher macht er sich strafbar.)
b) Überschreitung der Notwehr gem. § 33 StGB, Nein.
c) Schuldunfähigkeit nach § 20 StGB, Nein.

Aufgabe 2:

a)
Unterschied 1: Rechtsgüter (§ 35 umfasst nur Leib, Leben und Freiheit)
Unterschied 2: geschützter Personenkreis (§ 35 StGB schützt nur Täter, seine Angehörigen und ihm nahestehende Personen)
Unterschied 3: Interessenabwägung/Angemessenheit (§ 35 StGB erfordert keine)
b)
aa) Rechtswidrigkeit entfällt.
bb) Schuld entfällt.

Aufgabe 3:

a) §§ 223 I, 224 Nr. 2 StGB, § 239 StGB, § 240 I, II StGB
b) Die Blutentnahme gegen den Willen ist unangemessen, Menschen sind kein „Ersatzteillager". Wären Fälle dieser Art gerechtfertigt, hätten die zur Blutentnahme Gezwungenen kein Notwehrrecht.
c) § 35 I StGB, gegenwärtigen (1), Leben (2), nicht anders abwendbar (3), nahestehende Person (4).
d) Nein.

Aufgabe 4:

a) Handlung 1: Schuss ins Bein. C: §§ 223 I, 224 I Nr. 2 StGB
Handlung 2: Tritt gegen das Knie: § 223 I StGB
b) Notwehr gem. § 32 StGB. **Hinweis:** Diskutieren ließe sich über das relative mildeste Mittel, aber ein Beinschuss gegen einen Schlag mit einem Totschläger ist erfasst.

c) Nein, der Angriff ist bereits nicht mehr gegenwärtig.
d) Extensiver
e) Nein, Angegriffenen (1) angegriffen (2) geschützt (3)
f) Ein Angriff kann so große Panik auslösen, dass das Opfer überreagiert und noch nach Beendigung des Angriffs weiter zu schlägt.
g)
aa) § 212 I StGB
bb) Warnschuss (1), kampfunfähig (2), erschießen (3), Lebensgefahr (4). Nein.
cc) § 33 StGB, Grenzen (1), intensiver (2)

Aufgabe 5:

a) § 303 I StGB
b) § 20 StGB. Schuldunfähigkeit (tiefgreifende Bewusstseinsstörung genauso möglich) (1), trinkfest (2), Gipsbüste (3)
c) Nein

Aufgabe 6:

a) tiefgreifende Bewusstseinsstörung
b) tiefgreifende Bewusstseinsstörung

Aufgabe 7:

a) tiefgreifenden Bewusstseinsstörung, Nein.
b) gesetzlich nicht geregelt
c) vorsätzlich
d) § 20 StGB
e) Art. 103 II GG
f) Als A mit dem Trinken von Alkohol beginnt.
g)
aa) Körperverletzung gem. § 223 I StGB
bb) § 20 StGB
cc) fahrlässig
dd) Nein
ee) fahrlässige Körperverletzung gem. § 229 StGB, Vollrausch gem. § 323a StGB

Aufgabe 8:

a) Heimtücke. F hat M im Schlaf getötet.
b) Der Angriff war noch nicht gegenwärtig.
c) Interessensabwägung (1) Leben (2) Leben (3)
d) umstritten
aa) Grenzen der Notwehr. **Hinweis:** Eine Grenze ist die Gegenwärtigkeit des Angriffs. Damit spricht der Wortlaut für die Anwendung des § 33 StGB.
bb) Überschreiten. **Hinweis:** Überschreiten knüpft an die Notwehrhandlung an.
e) geschützt
f)
aa) § 34 StGB
bb) Ja. M wollte die Misshandlung gleich am nächsten Morgen weiter ausüben. (andere Ansicht vertretbar).
cc) Ja. Staatliche Hilfe muss Vorrang haben, vor allem weil hier das Rechtsgut Leben verletzt wird. (andere Ansicht vertretbar).
dd) § 35 II StGB
　(1) Vermeidbarkeit
　(2) Ja: Aufgrund der jahrelangen Misshandlung konnte F die Situation nicht richtig einschätzen.
　Nein: Gerade weil die Situation schon so lange andauert, hätte F ihre Rechte kenen müssen.

Aufgabe 9:

a) Rechtliches, auf den Tatbestand
b) Rechtliches, auf die Rechtswidrigkeit
c) direkter Verbotsirrtum, Ja. Ja.
d) indirekter Verbotsirrtum, Ja. Ja.
e) Wahndelikt. Nein.
f) Verbotsirrtum, Ja. Ja.
g) Verbotsirrtum, Ja. Ja.

Aufgabe 10:

a) § 16 StGB
b) § 17 StGB
c) Tatsachen. Nein. Ja. **Hinweis:** Eine fahrlässige Strafbarkeit kommt grundsätzlich in Betracht, allerdings gibt es keine fahrlässige Sachbeschädigung. Daher hier keine Strafbarkeit.
d) Rechtliches. Ja. Nein.

Aufgabe 11:

a) Tatsachen
b) Rechtswidrigkeit
c) § 16 StGB bezieht sich auf Irrtümer über Tatsachen/~~Rechtliches~~, die den Tatbestand / ~~die Rechtswidrigkeit~~ betreffen.
d) § 17 StGB bezieht sich auf Irrtümer über ~~Tatsachen~~/Rechtliches, die den Tatbestand und die Rechtswidrigkeit betreffen.

Teil 3

Kapitel 1: Verfahrensarten

Aufgabe 1:

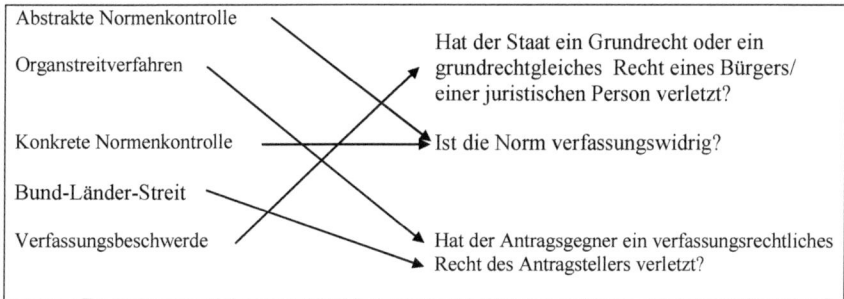

Aufgabe 2:

	Wer?	Gegen wen?	Gegen was?	Verfahrensart
a)	Minister	Bundeskanzler	Errichtung der Abteilung **Greenstorm** = Maßnahme	Organstreit
b)	Landesregierung X	--	Fünfprozent-Hürde = gesetzliche Rechtsnorm	Abstrakte Normenkontrolle
c)	Bund	Land X	Weigerung der Gesetzesausführung = Unterlassen	Bund-Länder-Streit
d)	Gericht	--	§ 185 StGB = gesetzliche Rechtsnorm	Konkrete Normenkontrolle
e)	Bundestag	Bundespräsident	Auflösen des Bundestages = Maßnahme	Organstreit
f)	Fraktion	Bundeskanzler	Sitzentzug im Ausschuss = Maßnahme	Organstreit
g)	Opposition	Regierungskoalition	Unterlassen des Einsetzen eines Untersuchungsausschusses	Organstreit

Aufgabe 3:

2. über die Verfassungswidrigkeit von Parteien (Artikel 21 Abs. 2 des Grundgesetzes),
Parteiverbotsverfahren

5. über die Auslegung des Grundgesetzes aus Anlaß von Streitigkeiten über den Umfang der Rechte und Pflichten eines obersten Bundesorgans oder anderer Beteiligter, die durch das Grundgesetz oder in der Geschäftsordnung eines obersten Bundesorgans mit eigenen Rechten ausgestattet sind (Artikel 93 Abs. 1 Nr. 1 des Grundgesetzes),
Organstreitverfahren

6. bei Meinungsverschiedenheiten oder Zweifeln über die förmliche oder sachliche Vereinbarkeit von Bundesrecht oder Landesrecht mit dem Grundgesetz oder die Vereinbarkeit von Landesrecht mit sonstigem Bundesrecht auf Antrag der Bundesregierung, einer Landesregierung oder eines Viertels der Mitglieder des Bundestages (Artikel 93 Abs. 1 Nr. 2 des Grundgesetzes),
Abstrakte Normenkontrolle

7. bei Meinungsverschiedenheiten über Rechte und Pflichten des Bundes und der Länder, insbesondere bei der Ausführung von Bundesrecht durch die Länder und bei der Ausübung der Bundesaufsicht (Artikel 93 Abs. 1 Nr. 3 und Artikel 84 Abs. 4 Satz 2 des Grundgesetzes),
Bund-Länder-Streit

11. über die Vereinbarkeit eines Bundesgesetzes oder eines Landesgesetzes mit dem Grundgesetz oder die Vereinbarkeit eines Landesgesetzes oder sonstigen Landesrechts mit einem Bundesgesetz auf Antrag eines Gerichts (Artikel 100 Abs. 1 des Grundgesetzes),
Konkrete Normenkontrolle

Kapitel 1: Verfahrensarten — 417

Aufgabe 4:

a)
Schritt 1:

Wer?	Bundestag
Gegen wen?	Bundespräsident
Gegen was?	Unterlassen/Weigerung der Ausfertigung
Verfahrensart	Organstreit

Schritt 2:
(1) Der Antrag ist ~~nur zulässig~~ begründet, wenn der Antragsteller ~~geltend macht, daß er oder das Organ, dem er angehört,~~ durch eine Maßnahme oder Unterlassung des Antragsgegners in seinen ihm durch das Grundgesetz übertragenen Rechten und Pflichten verletzt ~~oder unmittelbar gefährdet~~ ist.

Schritt 3: Der Antrag ist begründet, wenn der Bundestag durch das Unterlassen der Ausfertigung des Bundespräsidenten in seinen ihm durch das Grundgesetz übertragenen Rechten und Pflichten verletzt ist.

b)
Schritt 1:

Wer?	Bundesregierung
Gegen wen?	--
Gegen was?	Luftverkehrsgesetz
Verfahrensart	Abstrakte Normenkontrolle

Anmerkung: In der Falllösung könnte gegenüber dem Bund-Länder-Streit abgegrenzt werden. Von den Beteiligten her – Bund(esregierung) gegen Land(esregierung) – passt nämlich auch ein Bund-Länder-Streit. Und der Beschluss eines Gesetzes kann auch unter „Maßnahme" subsumiert werden. Da der Antragsgegenstand (Gesetz) aber auf eine Normenkontrolle zugeschnitten ist und die Normenkontrolle bei der Antragsbefugnis geringere Anforderungen hat, ist die abstrakte Normenkontrolle hier vorrangig.

Schritt 2:
1. Formelle Vereinbarkeit = formelle Verfassungsmäßigkeit
2. Sachliche Vereinbarkeit = materielle Verfassungsmäßigkeit

Schritt 3: Bundesregierung (1) Luftverkehrsgesetz (2) formell (3) materiell (4)

Aufgabe 5:

1. Paar: Organstreit + Bund-Länder-Streit

2. Paar: Abstrakte Normenkontrolle + Konkrete Normenkontrolle

Aufgabe 6:

a) Zuständigkeit
b) Beteiligtenfähigkeit
c) Antragsgegenstand
d) Antragsgrund
e) Form und Frist

Aufgabe 7:

	Richtig	Falsch
a)	X	
b)		X
c)	X	
d)	X	

Aufgabe 8:

Das staatliche Verhalten ist ...	Dann ist das Verfahren ...
formell verfassungswidrig.	begründet.
materiell verfassungswidrig.	begründet.
formell verfassungsmäßig.	weiter zu prüfen, nämlich die materielle Verfassungsmäßigkeit
auch materiell verfassungsmäßig.	unbegründet.

Kapitel 1: Verfahrensarten 419

Aufgabe 9:

Art. 93 I <u>Das Bundesverfassungsgericht</u> entscheidet
2. bei <u>Meinungsverschiedenheiten oder Zweifeln</u> über die <u>förmliche</u> und <u>sachliche</u> <u>Vereinbarkeit</u> von <u>Bundesrecht oder Landesrecht</u> mit diesem Grundgesetze oder die Vereinbarkeit von Landesrecht mit sonstigem Bundesrechte auf <u>Antrag der Bundesregierung, einer Landesregierung oder eines Viertels der Mitglieder des Bundestages</u>;

a)

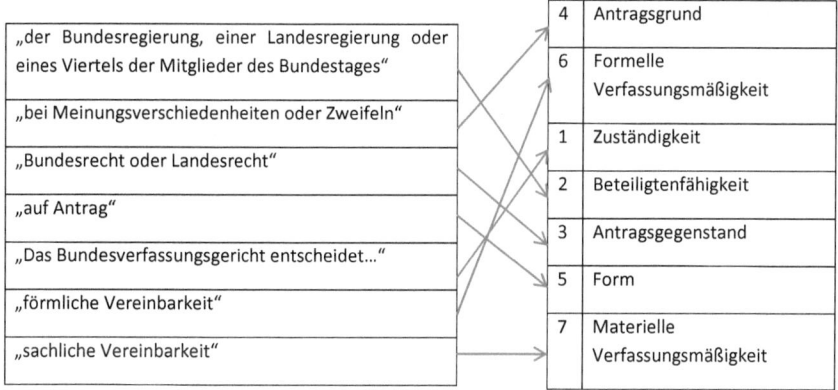

Aufgabe 10:

Schritt 1:

Wer?	Landesregierung B
Gegen wen?	--
Gegen was?	Fünfprozenthürde gem. § 6 III 1 1. Alt. BWahlG
Verfahrensart	Abstrakte Normenkontrolle

Schritt 2:

Die Haustiere-gehören-auf-den-Friedhof-Partei hat bei der Bundestagswahl 4,9 % der Stimmen erlangt. Die Auch-Autowracks-gehören-auf-den-Friedhof-Partei hat ein Ergebnis von 5,1 % erzielt. Die Haustierpartei ist erzürnt und hält die Festlegung von 5 % für eine Farce. Ein Mitglied der Partei ist so erzürnt, dass er die <u>Regelung über die Sitzverteilung</u> noch einmal genauer liest. Nach reichlicher Überlegung ist er sicher, dass sie materiell verfassungswidrig ist. Er kann die <u>Landesregierung B</u> überzeugen, die Norm beim <u>Bundesverfassungsgericht</u> kontrollieren zu lassen. Allerdings hat die Landesregierung lediglich <u>Zweifel</u> an der materiellen Verfassungsmäßigkeit der Norm, stellt jedoch einen <u>schriftlichen, begründeten Antrag</u> beim Bundesverfassungsgericht auf Überprüfung der Norm. In formeller Hinsicht bestehen keine Bedenken gegen die Regelung.

Schritt 3:
A. Zulässigkeit
   I. Zuständigkeit = Bundesverfassungsgericht
   II. Beteiligtenfähigkeit = Landesregierung B
   III. Antragsgegenstand = Fünf-Prozent-Hürde gem. § 6 III 1 1. Alt. GG
   IV. Antragsgrund = Zweifel (1. Schwerpunkt)
   V. Form = schriftlich und begründet
B. Begründetheit
   I. Formelle Verfassungsmäßigkeit = keine Bedenken
   II. Materielle Verfassungsmäßigkeit = Verstoß gegen die Gleichheit der Wahl gem. Art. 38 I 1 GG (2. Schwerpunkt)

Schritt 4:
Tipp: Inhalt + Form + wenn + kein Konjunktiv II

Gutachten
Der Antrag der Landesregierung B hat Erfolg, wenn er zulässig und begründet ist.
A. Zulässigkeit
I. Zuständigkeit

Schritt 5:
I. Zuständigkeit
~~Das Bundesverfassungsgericht müsste zuständig sein.~~
~~Das Bundesverfassungsgericht ist gemäß Art. 93 I Nr. 2 GG, §§ 13 Nr. 6, 76 ff.~~
~~BVerfGG ist für die abstrakte Normenkontrolle zuständig.~~
Die Landesregierung B wendet sich gegen die Fünfprozenthürde, somit handelt es sich um eine abstrakte Normenkontrolle. Daher ist das Bundesverfassungsgericht <u>gemäß Art. 93 I Nr. 2 GG, §§ 13 Nr. 6, 76 ff. BVerfGG</u> zuständig.

II. Beteiligtenfähigkeit
Obersatz:

Die Landesregierung B müsste beteiligtenfähig sein.
Definition:
<u>Beteiligtenfähig ist gem. Art. 93 I Nr. 2 GG, §§ 13 Nr. 6, 76 I BVerfGG die Bundesregierung, eine Landesregierung oder ein Viertel der Mitglieder des Bundestages.</u>
~~Subsumtion:~~
~~Die Landesregierung B ist eine Landesregierung~~
Ergebnis:
Die Landesregierung B ist mithin beteiligtenfähig.

III. Antragsgegenstand
Obersatz:
~~Die Fünfprozentklausel könnte ein tauglicher Antragsgegenstand sein.~~
Definition:
~~Tauglicher Antragsgegenstand ist gem. Art. 93 I Nr. 2 GG, § 13 Nr. 6 BVerfGG, § 76 I BVerfGG Bundesrecht oder Landesrecht.~~
Subsumtion:
Die Fünf-Prozent-Hürde gem. § 6 III 1, 1. Alt BWahlG ist Bundesrecht.
Ergebnis:
Somit ist sie gem. Art. 93 I Nr. 266, § 13 Nr. 6 BVerfGG ein tauglicher Antragsgegenstand.

Schritt 6: Antragsgrund

§ 76 BVerfGG

(1) Der Antrag der Bundesregierung, einer Landesregierung oder eines Viertels der Mitglieder des Bundestages gemäß Artikel 93 Abs. 1 Nr. 2 des Grundgesetzes ist nur zulässig, wenn der Antragsteller Bundes- oder Landesrecht
1. wegen seiner förmlichen oder sachlichen Unvereinbarkeit mit dem Grundgesetz oder dem sonstigen Bundesrecht <u>für nichtig hält</u> [...].

Art. 93 I GG

Das Bundesverfassungsgericht entscheidet
2. bei <u>Meinungsverschiedenheiten oder Zweifeln</u> über die förmliche und sachliche Vereinbarkeit von Bundesrecht oder Landesrecht mit diesem Grundgesetze oder die Vereinbarkeit von Landesrecht mit sonstigem Bundesrechte auf Antrag der Bundesregierung, einer Landesregierung oder eines Viertels der Mitglieder des Bundestages;

Schritt 6.1: Das Fürnichtighalten ist ein höherer Grad an Sicherheit, dass die Norm verfassungswidrig ist, als es bei Zweifeln der Fall ist.

Schritt 6.2:
Lösungsmöglichkeit 1: § 76 BVerfGG ist teilnichtig, also die Anforderung des Fürnichtighaltens verfassungswidrig.

Lösungsmöglichkeit 2: Fürnichtighalten ist bloß konkreter formuliert als der Zweifel und damit eine verfassungsrechtlich vertretbare Konkretisierung des Grundgesetzes.

Lösungsmöglichkeit 3: Fürnichtighalten ist bloß ein Beispiel für besonders starken Zweifel. Die BVerfG-Norm ist nicht abschließend gemeint, so dass bei bloßen Zweifeln auf die weitergehende GG-Norm zurückgegriffen werden kann.

Schritt 6.3:
Obersatz Antragsgrund
Die Zweifel der Landesregierung B müssten ein tauglicher Antragsgrund sein.

Obersatz (Zweifel oder Fürnichtighalten)
gem. Art. 93 I Nr. 2 GG (1), gem. § 76 I BVerfGG (2).

1. Lösungsmöglichkeit
Einerseits kann man vertreten, dass § 76 BVerfGG teilnichtig ist, so dass das Merkmal Fürnichtighalten nichtig ist.

Ergebnis
Die Zweifel der Landesregierung B wären nach diesem Lösungsansatz ein tauglicher Antragsgrund.

2. Lösungsmöglichkeit
Andererseits lässt sich ebenso vertreten, dass das Fürnichtighalten lediglich ein Beispiel für besonders starken Zweifel ist und mithin beides gelten kann.

Ergebnis
Auch danach läge ein tauglicher Antragsgrund der Landesregierung B vor.

3. Lösungsmöglichkeit
Schließlich kann man vertreten, dass das Fürnichtighalten konkreter formuliert ist als der Zweifel und damit eine wirksame Konkretisierung des Grundgesetzes darstellt.

Ergebnis
Der Zweifel der Landesregierung B wären hiernach kein tauglicher Antragsgrund.

4. Stellungnahme erforderlich
Die Positionen gelangen zu unterschiedlichen Ergebnissen, so dass eine Stellungnahme erforderlich ist.

Schritt 6.4: Die Stellungnahme
a) das Bundesverfassungsgericht.
b) Das BVerfGG.
c) (1) Bundesgesetz (2) § 76 Abs. 1 Nr. 1 BVerfGG (3) konkretisierende

d) (1) ... die Rechtsordnung und letztlich den Bürger vor verfassungswidrigen Normen zu schützen. (2) hoch (3) konkretisierende

e) ... dass eine Norm, die gegen das Grundgesetz verstößt, nichtig ist. Die verfassungskonforme Auslegung spricht für die erste Ansicht.

f) Somit ist der ersten Ansicht zu folgen.

g) Die Zweifel der Landesregierung B stellen mithin einen tauglichen Antragsgrund dar.

Schritt 7:
(1) Anträge, die das Verfahren einleiten, sind schriftlich beim Bundesverfassungsgericht einzureichen. Sie sind zu begründen; die erforderlichen Beweismittel sind anzugeben.

Die Landesregierung B hat den Antrag schriftlich gestellt und begründet. Somit hat sie die Form gem. § 23 I BVerfGG gewahrt.

VI. Zwischenergebnis Zulässigkeit
Der Antrag der Landesregierung B ist zulässig.

Kapitel 2: Staatsprinzipien

Aufgabe 1:

a) Die <u>Bundesrepublik</u> Deutschland ist ein <u>demokratischer</u> und <u>sozialer</u> <u>Bundesstaat</u>.

b) Rechtsstaatsprinzip
c) Demokratieprinzip
aa) <u>Alle Staatsgewalt geht vom Volke aus. Sie wird vom Volke in Wahlen und Abstimmungen</u> und <u>durch besondere Organe</u> der Gesetzgebung, der vollziehenden Gewalt und der Rechtsprechung <u>ausgeübt</u>.
bb) 1. <u>Demokratische Willensbildung von unten nach oben</u> 2. Gewaltenteilung 3. Repräsentative Demokratie
d) durch besondere Organe der <u>Gesetzgebung</u>, der <u>vollziehenden Gewalt</u> und der <u>Rechtsprechung</u>

Aufgabe 2:

a) Republik
b) Rechtsstaat
c) Rechtsstaat; Sozialstaat
d) Bundesstaat
e) Demokratie; Rechtsstaat; (im weiteren Sinne auch Bundesstaat: geteilt zwischen Bund und Ländern)
f) Bundesstaat
g) Republik
h) Bundesstaat
i) Rechtsstaat
j) Demokratie, Republik
k) Sozialstaat
l) Bundesstaat
m) Demokratie

Aufgabe 3:

Verhältniswahl. ... alle anderen Parteien ihrem Verhältnis entsprechend.
Hinweis: Die Opposition ist damit ein Aspekt des Minderheitenschutzes.

Aufgabe 4:

Sozialstaatsprinzip. Arbeitssuchende. Ein menschenunwürdiges Leben (Art. 1 I GG i. V. m. dem Sozialstaatsprinzip gem. Art. 20 I GG).

Aufgabe 5:

Nein: a) Rechtsstaat b) Art. 20 III GG c) eine Verteidigung in einem fairen Verfahren. Also muss der Staat sich um einen Pflichtverteidiger bemühen. Erst dann kann das Verfahren weitergehen.

Aufgabe 6:

Sozialstaatsprinzip, möglicherweise auch Rechtsstaatsprinzip. Minderjährige. Verschuldung.
Hinweis: Minderjährige werden im BGB vor Verschuldung geschützt, was dadurch erreicht wird, dass sie erst mit Vollendung des 18. Lebensjahres voll geschäftsfähig und ab ihrem 7. Lebensjahr beschränkt geschäftsfähig sind.

Aufgabe 7:

a) Bundesstaatsprinzip b) Verfassungsänderung (1) Art. 79 III GG (2)

Aufgabe 8:

a) Rechtstaatsprinzip, Gewaltenteilung.

b) Nein, Demokratieprinzip, Demokratische Willensbildung von unten nach oben Art. 20 II 1 GG, Freiheit und Gleichheit der Wahl gem. Art. 38 I 1 GG. Grund: Volk.

c) Nein, Rechtsstaatsprinzip, Rückwirkungsverbot, Art. 103 II GG, einfachgesetzlich in § 1 StGB.

d) Nein, Bundesstaatsprinzip

Hinweis: Keine Zuständigkeit des Bundes und Eingriff durch den Bund in die „horizontale Gewaltenteilung".

Aufgabe 9:

a) Art. 39 I 1 GG

b) Art. 20 II GG; Wahlen; Bundestages.

c) Nein. Art. 79 III GG.

d) materiell verfassungswidrig.

e) Nein. aa) Art. 28 I 1 GG bb) des republikanischen, demokratischen und sozialen Rechtsstaates im Sinne dieses Grundgesetzes

Aufgabe 10:
Der Ausschuss wird nicht vom Volk gewählt.
a) Staatsprinzip: Demokratieprinzip
b) Unterprinzip: Volkssouveränität gem. Art. 20 II 1 GG
c) demokratisch

Aufgabe 11:

a) Demokratieprinzip (Volkssouveränität, Art. 20 II 1 GG)
b) Art. 38 I 1 GG (1) ununterbrochene (2) Legitimationskette (3)

Aufgabe 12:

a) Bestimmtheitsgrundsatz
b) Rechtsstaatsprinzip
c) materiell verfassungswidrig.

Aufgabe 13:

a) Demokratieprinzip Art. 20 I, II GG, Volkssouveränität („alle Staatgewalt geht vom Volke aus") Art. 20 II 1 GG und damit verbundenes Neutralitätsgebot.
b) Öffentlichkeitsarbeit

Hinweis: Parteifinanzierung und Werbung durch die Parteien aus eigenen finanziellen Mitteln ebenfalls erlaubt.

c)
Fallinformation 1: Zeitpunkt: am Ende des Wahlkampfes
Fallinformation 2: Art der Broschüren: Fotos der Minister und nur die Erfolge werden aufgezählt.
d) Einzelfall
e) Alle anderen Parteien
aa) Art 21 I GG i. V. m. 3 I GG.
bb) Organstreitverfahren

Aufgabe 14:

a) Position 1: repräsentative Demokratie
Position 2: direkte (plebiszitäre) Demokratie

b) Eine Sachentscheidung zum Thema bedingungsloses Grundeinkommen, somit eine Abstimmung.

c) Direkte Demokratie ist in Art. 29 GG ausdrücklich nur für Neugliederungen des Bundesgebietes vorgesehen. Entsprechendes gilt für die Länderneugliederung nach Art. 118 und 118a GG.

d) Volksbeschluss

e) Man könnte argumentieren, dass im Umkehrschluss alle Themen, die nicht die Neugliederung des Bundes betreffen, nicht erfasst sind. Das ist aber keineswegs zwingend, da Art. 29 GG nicht aussagt, dass „nur" Gebietsneuordnungen der Volksabstimmung unterliegen.

f) Gem. Art. 20 II 2 GG übt das Volk seine Gewalt auch durch Abstimmungen aus. Unter Abstimmungen fallen auch Volksentscheide. Es wird keine thematische Einschränkung vorgenommen. Daraus kann geschlossen werden, dass ein Volksentscheid über ein Grundeinkommen zulässig ist.

g) Art. 20 II GG wird so ausgelegt, dass die Staatsgewalt in erster Linie durch die Gesetzgebung ausgeübt wird (Grundsatz der repräsentativen Demokratie). Vor allem sprechen dafür die Art. 76 ff. GG, die ein Verfahren der Volksgesetzgebung nicht allgemein regeln. Ein Volksentscheid über ein Grundeinkommen wäre eine Volksgesetzgebung und jedenfalls ohne Verfassungsänderung unzulässig.

Hinweis: Insgesamt ist der Problemkreis in der Literatur ziemlich umstritten.

h) Zwar entfaltet eine Befragung keine rechtliche Bindung des Bundestages. Allerdings könnte dieser sich moralisch verpflichtet fühlen, was mit dem freien Mandat der Bundestagsabgeordneten gem. Art. 38 I 2 GG möglicherweise unvereinbar ist. Ob dieses Argument letztlich durchgreift, ist umstritten.

i) Ja. Die Befragung der Fraktionsmitglieder ist Teil des Klärungsprozesses und der zulässigen Fraktionsdisziplin.

Aufgabe 15:

a)
aa) Exekutive
bb) Legislative
cc) Exekutive
dd) Exekutive
ee) Judikative
ff) Exekutive
gg) Legislative
hh) Judikative

b)
aa) das Bundesverfassungsgericht
bb) den Bundestag

c)
aa) Bundestag. Bundesrat
bb) Bundestag

d) Gesetzgebung

Aufgabe 16:

	Bund _____	
	Land _____	

Judikative _____	Exekutive _____	Legislative _____

Aufgabe 17:

a) Vorbehalt des Gesetzes

b) Vorrang des Gesetzes

c) Vorbehalt des Gesetzes

d) In der Regel ja, da hier kein wesentlicher Eingriff in Grundrechte der nicht geförderten Unternehmen vorliegt.

Aufgabe 18:

a) Land X hat sich für ein bestimmtes Pressehaus entschieden, daher könnte es andere Pressehäuser ungleich im Sinne von Art. 3 I GG behandelt haben. Betroffen ist dabei auch die Pressefreiheit (s. Art. 5 I GG).

b) Nachteile; gesetzliche.

Aufgabe 19:

a) Rückwirkungsverbot von Gesetzen
b) unecht
c) echt
d) Echte Rückwirkungen sind bei belastenden Gesetzen unzulässig, es gibt aber Ausnahmen.
e) Unechte Rückwirkungen sind zulässig, es sei denn im Einzelfall besteht schutzwürdiges Interesse.

Kapitel 3: Staatsorgane Lösungen

Aufgabe 1:

a) Der Bundestag, Art. 67 I 1 GG.
b) Bundeskanzler und Bundesminister, Art. 62 GG.
c) Der Bundespräsident, Art. 67 I 2 GG.
d) Ja, Art. 64 II GG (den gleichen wie der Bundespräsident gem. Art. 56 GG).
e) Die Bundesregierung, Art. 65 S. 3 GG.
f) Ja, Art. 65 S. 2 GG.
g) Der Bundeskanzler über seine Richtlinienkompetenz, Art. 65 S. 1 GG.
h) Der Bundeskanzler, Art. 68 I 1 GG.
i) Nein, Art. 66 GG.
j) Ein Bundesminister, Art. 69 I GG.

Aufgabe 2:

a) Nein, Art. 38 I 2 GG.
b) allgemein, unmittelbar, frei, gleich und geheim (öffentlich ist eine ungeschriebene Voraussetzung), Art. 38 I 1 GG.
c) Wenn ¼ der Mitglieder des Bundestages es verlangen, Art. 44 I 1 GG.
d) Ja, Art. 43 II 1 GG.
e) Einen Ausschuss für die Angelegenheiten der Europäischen Union, einen Ausschuss für auswärtige Angelegenheiten, Verteidigungsausschuss und Petitionsausschuss, Art. 45 1, 45a I 1, 45c I GG. Das sind sogenannte Pflichtausschüsse.
f) Nein, Art. 46 I GG. Die Beleidigung ist nicht verleumderisch im Sinne des S. 2.
g) Ja, weil er bei Begehung der Tat festgenommen wird, Art. 46 II GG.

Aufgabe 3:

a) Mitglieder der Landesregierungen, Art. 51 I 1 GG.
b) Mitwirken der Länder bei der Gesetzgebung und Verwaltung des Bundes und in Angelegenheiten der Europäischen Union, Art. 50 GG.
c) Nein. Art. 51 III 2 GG.
d) Ja, Art. 52 III 3 GG.
e) Über die Landesregierungen (also die Landtagswahlen), Art. 51 I 1 GG.
f) Ja, Art. 53 I 1 GG.
g) Sechs Stimmen, Art. 51 II GG.

h) Ja, Art. 53 I 1 GG.

Aufgabe 4:

a) 5 Jahre, Art. 54 II 1 GG.
b) Die Bundesversammlung, Art. 54 I 1 GG.
c) Ja, vgl. Art. 56 S. 2 GG.
d) Die Mitglieder des Bundestages und eine gleiche Anzahl, die von den Volksvertretungen der Länder gewählt werden, Art. 54 III GG.
e) Nein, Art. 55 I GG.
f) Das Bundesverfassungsgericht, Art. 61 I 1 GG.
g) Den Amtseid schwören, Art. 56 I GG.
h) Völkerrechtliche Verträge, Art. 59 I 2 GG.
Hinweis: Der Bundespräsident hat durch Art. 59 GG keine Kompetenz zur Außenpolitik, er unterzeichnet die Verträge.
i) Wegen vorsätzlicher Verletzung des Grundgesetzes oder eines anderen Bundesgesetzes, Art. 61 I 1 GG.
j) Die Bundesrichter, die Bundesbeamten, die Offiziere und Unteroffiziere, Art. 60 I GG.

Aufgabe 5:

a) Art. 38 I 2 GG
b) ja
c) Drohung bei der nächsten Bundestagswahl den Landeslistenplatz zu verlieren. Ausschluss aus der Fraktion, wenn A häufiger gegen die Politik der C-Partei stimmt.

Aufgabe 6:

<u>Sie sind Vertreter des ganzen Volkes</u>, an Aufträge und Weisungen nicht gebunden und nur ihrem Gewissen unterworfen.

Kapitel 3: Staatsorgane Lösungen — 433

Aufgabe 7:

a) Beleidigung gem. § 185 StGB
b) Nein
c) Art. 46 I GG
d) Der Bundestag gem. Art. 46 II GG

Aufgabe 8:

a) Artikel 65 S. 2 GG: Innerhalb dieser Richtlinien leitet jeder Bundesminister seinen Geschäftsbereich selbständig und unter eigener Verantwortung.
b) Ressortprinzip
c) Richtlinienkompetenz gem. Art. 65 S. 1 GG (hier fraglich, ob erfüllt)

Aufgabe 9:

Sachverhalt	Maßnahme	Unterlassen
a) Der Bundestag verabschiedet ein Gesetz, der Bundespräsident findet das Gesetz rechtswidrig und <u>verweigert die Ausfertigung</u>. Der Bundestag verlangt die Ausfertigung.		x
b) Der Bundespräsident <u>löst den Bundestag auf</u>. Der Bundestag besteht auf sein Fortbestehen.	x	
c) Bundeskanzler B ist mit der Arbeit des Bundesumweltministers M unzufrieden. Daher schickt er ihm ein Schreiben: „<u>Ich errichte</u> durch dieses Schreiben <u>eine Abteilung ‚Greenstrom durch Wind'</u>". M will das nicht hinnehmen.	x	
d) Bundeskanzler K hält Äußerungen des Ausschussmitglieds A für verfassungswidrig, daher <u>entzieht er ihm seinen Sitz</u>. Die Fraktion des A hält dies wiederum für verfassungswidrig.	x	

b)

Sachverhalt	Verfassungsrechtliche Rechtsverletzung?
Der Bundestag verabschiedet ein Gesetz, der Bundespräsident findet das Gesetz rechtswidrig und verweigert die Ausfertigung. Der Bundestag verlangt die Ausfertigung.	Gesetzgebungsrecht (Art. 77 I GG)

Der Bundespräsident löst den Bundestag auf. Der Bundestag besteht auf sein Fortbestehen.	Art. 38 I 2 GG
Bundeskanzler B ist mit der Arbeit des Bundesumweltministers M unzufrieden. Daher schickt er ihm ein Schreiben: „Ich errichte durch dieses Schreiben eine Abteilung ‚Greenstrom durch Wind'". M will das nicht hinnehmen.	Art. 65 S. 2 GG
Bundeskanzler K hält Äußerungen des Ausschussmitglieds A für verfassungswidrig, daher entzieht er ihm seinen Sitz. Die Fraktion des A hält dies wiederum für verfassungswidrig.	Art. 38 I 2 GG

Aufgabe 10:

a)
1. „Nach den Vorschriften dieses Grundgesetzes zustande gekommenen Gesetze"
2. „werden ausgefertigt"

b)
aa) allgemeinen Sprachgebrauch, materielle, Contra
bb) prüfen, Contra
cc) Judikative, Contra
dd) Wahren, Verteidigen, Pro

Aufgabe 11:

a) Art. 38 I 2 GG. Ja.

b) Art. 44 I GG. Ja, wenn ein verfassungsgemäßer Antrag vorliegt.

c) Art. 68 I 1 GG. Nur, wenn der Bundespräsident sein politisches Ermessen („kann" auflösen) pflichtwidrig überschritten hat (Verletzung des potentiellen Rechts des Bundeskanzler auf Auflösung, abgeleitet aus Art. 68 I 1 GG.)

d) Verstoß gegen Art. 64 I GG (wenn der Bundespräsident zur Ernennung verpflichtet ist.)
Grundsätzlich ja. (Recht des Bundeskanzlers auf Ernennung, abgeleitet aus Art. 64 I GG.) Seltene Ausnahme: politische Untragbarkeit (z. B. militanter Neonazi).

e) Art. 38 I 2 GG. Grundsätzlich ja. Freies Mandat gilt auch für die Fraktion. Ausnahmen, etwa bei berechtigten Geheimhaltungsinteressen möglich.

f) Verstoß gegen Art. 21 I i. V. m. Art. 3 I GG, 20 II 1 GG. Ja. (Ein Recht gewährt dabei nur Art. Art. 21 I i. V. m. Art. 3 I GG: Chancengleichheit der Parteien)

g) Verstoß gegen Art. 65 S. 2 GG. Ja.

Aufgabe 12:

a) Nein.
b) Norm 1: Art. 38 I 2 GG
Norm 2: Art. 20 II 2 GG
c) aa) Pro bb) Pro cc) Contra
d) Ja.

Aufgabe 13:

a) Organstreit
b) Art. 64 I GG
c) Es besteht grundsätzlich eine Verpflichtung des Bundespräsidenten, jeden vorgeschlagenen Bundesminister zu ernennen.
d) Weigerung ist unzulässig.

Aufgabe 14:

a) Art. 77 I 1 GG
b) Art. 82 I 1 GG
c)
aa) Art. 71, 73 GG
bb) Art. 72, 74 GG
cc) Art. 72 III GG
d) Art. 65 S. 1 GG
e) Art. 65 S. 2 GG
f) Art. 39 I 1 GG
g) Art. 38 I 1 GG
h) Art. 28 I GG

i) Art. 38 I 2 GG
j) Art. 76 I GG
k) Art. 113 GG
l) Art. 80 GG

Kapitel 4

Aufgabe 1:

a) Bundesregierung, Bundesrat, Bundestag
b) Art. 76 I GG.

Aufgabe 2:

a) Bundesrat gem. Art. 76 II 1 GG.
b) Bunderegierung gem. Art. 76 III 1 GG.
c) Bundesrat.
aa) Abstimmen. Gem. Art. 77 II-IV GG

bb) Bundesregierung. Die Bundesregierung wird im späteren Verfahren nicht mehr beteiligt, sodass der Fehler nicht, wie beim Bundesrat, geheilt werden kann.

d) Über ihre Fraktion im Bundestag, da Art. 76 (I) GG hier keine frühzeitige Beteiligung des Bundesrates verlangt.

Aufgabe 3:

a) Art. 76 I GG. Der Abgeordnete A stammt aus der Mitte des Bundestages.
b) § 76 I GO BT. Ein einzelner Abgeordneter entspricht weder 5 % des Bundestages noch einer Fraktion.
c) Nein, § 76 I GO BT ist zunächst selbst keine Verfassungsvorschrift, da sie nicht im GG steht. Die Vorschrift könnte zwar den Art. 76 I GG zutreffend konkretisieren (§ 76 GO BT als Auslegungshilfe für Art. 76 I GG). Sofern man dadurch auch einen GG-Verstoß konstruiert, würde dieser aber durch die spätere Beschlussfassung geheilt. Durch diese macht sich der Bundestag den Gesetzesvorschlag zu eigen.

Aufgabe 4:

Schritt 1: Nein

Schritt 2: Nr. 33

Schritt 3: Ja, Art. 72 III Nr. 6 GG

Schritt 4: Beide

Aufgabe 5:

Art. 38 III GG. Also eine Norm außerhalb des Zuständigkeitskatalogs der Art. 70 ff. GG.

Aufgabe 6:

Bereich	Norm	Bund	Land
Waffengesetz	Art. 73 I Nr. 12 GG	x	--
Raumordnungsgesetz	Art. 74 Nr. 31, 72 III Nr. 4 GG	x	x
Hochschulgesetz	Keine Zuweisung -> Art. 70 GG	--	x
Urheberrechtsgesetz	Art. 73 I Nr. 9 GG	x	--
Polizeigesetz	Keine Zuweisung, -> Art. 70 GG	--	x
Handelsgesetzbuch	Art. 74 Nr. 11, 72 II GG	x	--
Schulgesetz	Keine Zuweisung, -> Art. 70 GG	--	x
Atomgesetz	Art. 73 Nr. 14 GG	x	--
Gaststättengesetz	Art. 74 Nr. 11 GG (Ausnahme)	--	x

a) Handelsgesetzbuch gem. Art. 72 II GG.
b) Zulassung und Abschluss gem. Art. 74 Nr. 33 GG.

Aufgabe 7:

a) Lediglich zwei Lesungen, obwohl drei gem. § 78 I 1 GO BT vorgesehen sind.
Ergebnis Verfassungsmäßigkeit: Ja
Grund: § 78 GO BT ist keine Verfassungsvorschrift. Ein Verstoß gegen das Demokratieprinzip gem. Art. 20 I, II GG kommt nicht in Betracht, wenn eine ausreichende Beratung stattgefunden hat und zwei Lesungen scheinen in diesem Fall genug zu sein.

b) Einspruchsgesetz. Denn für die Materie des Straßenverkehrsrechts enthält das GG keine Zustimmungspflicht.

c) Ja. Art. 77 IV 1 GG.

d) Ja. Art. 77 IV 2 GG.

Aufgabe: 8

Reihenfolge		Norm
1.	Die Bundesregierung schlägt ein Gesetz vor.	Art. 76 I GG
2.	Der Gesetzesvorschlag geht zum Bundesrat. Der Bundesrat prüft den Gesetzesvorschlag und nimmt dazu Stellung.	Art. 76 II 1 GG
3.	Der Gesetzentwurf geht zum Bundestag. Der Bundestag diskutiert den Entwurf in der „1. Lesung". Am Schluss wird der Entwurf zumeist an den zuständigen Ausschuss weitergeleitet.	§ 80 I 1 GO BT
4.	Der Gesetzentwurf geht zurück in den Bundestag und wird dort diskutiert. Das nennt man die „2. Lesung", dort können Änderungen vorgeschlagen werden.	§§ 81, 82 GO BT
5.	Dann folgt die „3. Lesung". Die Beschlüsse der zweiten Lesung bilden die Grundlage der dritten Lesung. In der dritten Lesung sind Änderungen nur unter besonderen Voraussetzungen möglich.	§ 83 II, 85 GO BT
6.	Der Bundestag verabschiedet/beschließt den Gesetzentwurf.	Art. 77 I, 42 II GG, § 86 GO BT
7.	Der Gesetzentwurf geht an den Bundesrat. Dieser stimmt dafür.	Art. 77 IIa bzw. III 1, 78 GG
8.	Die Bundeskanzlerin unterzeichnet den Gesetzesentwurf.	Art. 58 S. 1 GG

| 9. | Der Bundespräsident fertigt das Gesetz aus, indem er dieses unterschreibt. | Art. 82 I 1 GG |
| 10. | Der Gesetzentwurf wird im Bundesgesetzblatt veröffentlicht. Jetzt tritt das Gesetz in Kraft. | Art. 82 I 1 GG |

Aufgabe 9:

a) Nein, Norm: Art. 42 II 1 GG i. V. m. § 45 II GO BT
Begründung: Eine nach Art. 42 II 1 GG erforderliche Mehrheit der abgegebenen Stimmen liegt auch bei 2:1 eigentlich vor. Allerdings könnte das Demokratieprinzip, Art. 20 I, II GG verletzt sein wegen zu geringer Legitimität des Gesetzes bei bloß drei Stimmen. Insofern kann § 45 GO BT herangezogen werden. Zwar ist nach Absatz 2 der Vorschrift der Bundestag beschlussfähig, solange die Beschlussunfähigkeit nicht explizit festgestellt wird. Die Beschlussfähigkeit kann aber nur von einer Fraktion oder 5 % der Mitglieder festgestellt werden, was hier nicht erfüllt ist.

b) absolute Mitglieder-Mehrheit, Art. 68 I 1 GG.

c) eine Zweidrittelmehrheit, Art. 79 II GG von Bundestag und Bundesrat.

Aufgabe 10:

a) § 10 GO BT; mindestens 5 % des Bundestages.
b) § 76 I GO BT; von einer Fraktion oder von 5 % der Mitglieder des Bundestages.
c) § 78 I 1 GO BT; in drei Beratungen (Lesungen).
d) § 89 GO BT; auf Antrag einer Fraktion oder von fünf vom Hundert der Mitglieder des Bundestages.
e) § 126 GO BT; Zweidrittelmehrheit.

Wichtig ist wiederum, dass Verstöße gegen bloße GO-BT-Vorschriften nicht (automatisch) zur Verfassungswidrigkeit führen.

Aufgabe 11:

a) formell
b) materiell
c) formell

d) formell
e) materiell
f) formell
g) materiell

Aufgabe 12:

Ja. Der Bürger muss sich immer über neue Gesetze informieren können, das ist der Sinn und Zweck der Verkündung gem. Art. 82 I 1 GG. Sonst liegt auch ein Verstoß gegen das Demokratieprinzip gem. Art. 20 I, II GG vor.

Aufgabe 13:

a)
1. BVerfG gem. Art. 93 GG, § 13 BVerfGG
2. Gesetzgebendes Organ, gem. Art. 70–74 GG.

b)
1. Antrag an das Bundesverfassungsgericht schriftlich und begründet gem. § 23 I BVerfGG. 2. Wurde das Gesetz in der richtigen Form erlassen – durch eine Verkündung im Bundesgesetzblatt gem. Art. 82 I 1 GG?

Kapitel 5

Aufgabe 1:

Erststimme → Wahl einer Person
Zweitstimme → Wahl einer Partei

Aufgabe 2:

a) Direktmandat
b) Grundmandat
c) Überhangmandat

Aufgabe 3:

a) Direktmandat
b) Zweitstimmen
c) Direktmandate
d) Grundmandatsklausel

Aufgabe 4:

Der Wille des Volkes wurde verzerrt.

Aufgabe 5:

Zweitstimme

Aufgabe 6:

c) In der Regel mit der abstrakten Normenkontrolle.
d) In der Regel mit der abstrakten Normenkontrolle.

Aufgabe 7:

§ 6 Abs. 3 Satz 1, 2. Alt. BWahlG
Bei Verteilung der Sitze auf die Landeslisten werden nur Parteien berücksichtigt, die mindestens 5 vom Hundert der im Wahlgebiet abgegebenen gül-

tigen Zweitstimmen erhalten oder in mindestens drei Wahlkreisen einen Sitz errungen haben.

Aufgabe 8:

Artikel 38 GG
(1) Die Abgeordneten des Deutschen Bundestages werden in allgemeiner, unmittelbarer, freier, <u>gleicher</u> und geheimer Wahl gewählt. Sie sind Vertreter des ganzen Volkes, an Aufträge und Weisungen nicht gebunden und nur ihrem Gewissen unterworfen.

Aufgabe 9:

a) Unmittelbare Wahl.

b) Geheime Wahl.

c) Allgemeine Wahl.

d) Gleiche Wahl.

e) Freie Wahl. (Allerdings umstritten, ob rechtfertigungsfähig.)

f) Unmittelbare Wahl (weil die Landeslisten vor der Wahl bekannt sind und der Wähler weiß, wen er potentiell wählt).

g) Freie (und gleiche) Wahl.

h) Öffentliche (Transparenz der Technik nicht gewährleistet), geheime Wahl (Abschirmung wie bei den Wahlkabinen kann nicht gewährleistet werden).

i) Allgemeine Wahl, Art. 20 II 1 GG: Wahlen „vom Volke".

j) Gleiche Wahl. (Aber rechtfertigungsfähig, str.)

k) Freie Wahl. (Möglicherweise rechtfertigungsfähig, vgl. oben Bußgeldregelung)

l) Geheime Wahl.

m) Gleiche Wahl. (Aber wegen Funktionsfähigkeit des Parlaments rechtfertigungsfähig; str. ob wirklich in dieser Höhe).

n) Freie (und gleiche) Wahl.

Aufgabe 10:

Ja. Art. 28 I 2 GG.

Aufgabe 11:

Überhangmandate

Aufgabe 12:

a) Chancengleichheit der Parteien gem. Art. 21 I i. V. m. 3 I GG.
b) Verfassungsbeschwerde
c) Weil die Rundfunkanstalt kein oberstes Bundesorgan ist, kein Teil eines solchen und auch kein anderer Beteiligter im Sinne des Art. 93 I Nr. 1 GG bzw. § 63 BVerfGG.

Aufgabe 13:

Schritt 1:
a) Der Antrag der Landesregierung B ist begründet, wenn § 6 III 1 Alt. formell oder materiell ~~rechtmäßig~~ verfassungswidrig ist.

b) Der Antrag der Landesregierung B ist begründet, wenn die Fünf-Prozent-Klausel formell ~~und~~ oder materiell verfassungswidrig ist.

Schritt 2:
Die Fünfprozentklausel gem. § 6 III 1. Alt. BWahlG wurde vom zuständigen Gesetzgeber, dem Bund gem. Art. 38 III GG erlassen, im vorgegebenen Verfahren und formgerecht. Mithin ist die Fünfprozentklausel formell verfassungsmäßig.

Schritt 3: Gegen den Grundsatz der Wahlgleichheit gem. Art. 38 I 1 GG.

Schritt 4: Die Haustierpartei ist erzürnt und hält die Festlegung von 5 % für eine Farce, also offenbar in der Höhe für willkürlich und nicht erforderlich.

Schritt 5: Die Fünfprozenthürde gewährleistet aber die Funktionsfähigkeit des Parlaments. Diese hat sich in der bundesdeutschen Geschichte bewährt, da sie stets regierungsfähige Koalitionen ermöglicht hat.

Schritt 6:

	Pro oder Contra?
a)	Contra
b)	Pro
c)	Contra
d)	Pro
e)	Contra
f)	Contra
g)	Contra
h)	Pro
i)	Contra
j)	Pro

Schritt 7: Hier wird kein Vorschlag gegeben.

Schritt 8:
Variante 1: Verfassungswidrigkeit

Mithin ist die Fünfprozenthürde materiell verfassungswidrig.

Der Antrag der Landesregierung B ist folglich begründet.

Der Antrag der Landesregierung B ist zulässig und begründet und hat daher Erfolg.

Variante 2: Verfassungsmäßigkeit

Mithin ist die Fünfprozenthürde materiell verfassungsmäßig.

Der Antrag der Landesregierung B ist folglich unbegründet.

Der Antrag der Landesregierung B ist zulässig, aber unbegründet und hat daher keinen Erfolg.

Literatur

Bork, Reinhard	Allgemeiner Teil des Bürgerlichen Gesetzbuchs, 4. Aufl., Tübingen 2016
Bitter, Georg; Röder, Sebastian	BGB Allgemeiner Teil, 3. Aufl, München 2016
Brox, Hans Walker, Wolf-Dietrich	Allgemeiner Teil des BGB, 40. Aufl., München 2016
Fritzsche, Jörg	Fälle zum BGB Allgemeiner Teil, 6. Aufl., München 2016
Hildebrand, Tina	Juristischer Gutachtenstil. Ein Lehr- und Arbeitsbuch, 3. Aufl., Tübingen, 2017
Kudlich, Hans	Strafrecht, Allgemeiner Teil, 5. Aufl., München 2016
Maurer, Hartmut	Staatsrecht I, Grundlagen, Verfassungsorgane, Staatsfunktionen, 7.Aufl., München 2017.
Rengier, Rudolf	Strafrecht Allgemeiner Teil, Grundrisse des Rechts, 7.Aufl., München 2015
Roxin; Claus	Strafrecht Allgemeiner Teil, Band I: Grundlagen. Der Aufbau der Verbrechenslehre, 4. Aufl., München 2006
Wessels, Johannes; Beulke, Werner; Satzger, Helmut	Strafrecht Allgemeiner Teil, die Straftat und ihr Aufbau, 46. Aufl., Heidelberg 2016